高等院校应用经济

CORPORATE FINANCE:
THEORY AND APPLICATION

公司金融理论及应用

原毅军 编著

大连理工大学出版社

图书在版编目(CIP)数据

公司金融理论及应用 / 原毅军编著. 一 大连：大
连理工大学出版社，2012.11
  ISBN 978-7-5611-7004-5

  Ⅰ.①公… Ⅱ.①原… Ⅲ.①公司—金融—研究
Ⅳ.①F276.6

中国版本图书馆 CIP 数据核字(2012)第 133834 号

大连理工大学出版社出版
地址：大连市软件园路 80 号 邮政编码：116023
发行：0411-84708842 邮购：0411-84703636 传真：0411-84701466
E-mail：dutp@dutp.cn URL：http://www.dutp.cn
大连力佳印务有限公司印刷 大连理工大学出版社发行

幅面尺寸：170mm×240mm	印张：20.75	字数：430 千字
2012 年 11 月第 1 版	2012 年 11 月第 1 次印刷	

责任编辑：汪会武 邵 婉   责任校对：王千川
              封面设计：波 朗

ISBN 978-7-5611-7004-5   定 价：36.00 元

前　言

　　公司金融是应用经济学研究领域的一个最重要的分支领域,其研究对象是作为法人主体的公司的融资、投资、收益分配以及与之相关的问题,是研究公司在不确定的市场经济环境中,如何以最低成本从金融市场获得经营所需的资金,并通过投资以实现其价值最大化的一门学科。

　　如果以美国经济学家莫迪格利安尼与米勒在 20 世纪 50 年代后期提出的"MM 定理"作为现代公司金融理论研究的开端,经过半个多世纪的发展,这一领域研究的热点问题层出不穷,研究内容日趋丰富,理论体系和分析框架不断得到充实和完善,形成了投资组合理论、资本结构理论、股利政策、资本资产定价模型、有效资本市场理论、期权定价理论、代理理论、信号理论、现代公司控制理论、金融中介理论、市场微观结构理论等标志性研究成果,多名著名经济学家因在这一领域研究中的突出贡献而获得诺贝尔经济学奖。

　　公司金融理论的快速发展给编写一本适合于中国高等院校本科生教学用的教材增加了难度。尽管国内外已经出版的公司金融教材种类繁多,但是知识体系和内容结构并不一致,不同教材的侧重点和涵盖的内容不尽相同。我们编写的这本《公司金融理论及其应用》教材,在融合了这一领域的主流知识体系和动态发展成果的基础上,力求概念、方法和理论的讲解通俗易懂,便于学习和掌握。

　　本教材的内容由 10 章构成。第 1 章绪论介绍公司金融及其相关概念、公司金融的研究对象和范围和公司金融的管理目标。第 2 章阐述公司财务及其管理的基本概念和方法,包括公司主要财务报表及其相互关系、基于公司财务报表的主要分析方法、公司价值的概念及其主要分析方法。第 3 章介绍金融市场的相关知识,包括金融市场的分类、金融市场有效性、金融机构和金融规制。第 4 章讨论金融资产的定价问题,包括风险与收益关系的分析、资本资产定价理论、资本资产定价模型和金融证券的定价。第 5 章介绍资本预算的概念、特点、方法和管理的基本知识。第 6 章阐述资本结构理论、资本结构的影响因素和资本结构优化问题。第 7 章介绍股利政策的类型、影响因素及其相关理论。第 8 章讨论公司的融资问题，包括短期融资类型及其组合，长期债务融资的类型和特点，权益融资的概念、类型与特点，以及公司的期权融资问题。第 9 章介绍公司重组的理论、动机和方式，以及公司并购、破产、清算和分立等相关概念。第 10 章阐述公司治理问题，重点是公司内部治理结构和公司外部治理机制。

在本教材的编写过程中，杨光、孙思思、刘柳、王雪和徐梦参加了资料收集、英文文献翻译、文字校对和部分初稿的编写，在此对他们的努力表示感谢。期望读者能从这本教材的阅读中受益，并对教材中的不妥之处给予批评指正。

原毅军
2012 年 9 月 20 日

目录

第 3 章 金融市场   `69`

第 1 章

绪 论

　　金融是信用货币出现以后形成的一个经济范畴,是货币流通和信用活动,以及与之相联系的经济活动的总称。广义的金融泛指一切与信用货币的发行与回笼、保管、兑换、结算、融通有关的经济活动,以及金银和外汇的买卖;狭义的金融专指信用货币的融通。专门从事金融活动的机构主要有银行、信托投资公司、保险公司、证券公司,还有信用合作社、财务公司、投资信托公司、金融租赁公司以及证券、金银、外汇交易所等。

　　在现代市场经济中,金融活动不仅体现在宏观经济的运行中,更体现在构成国民经济微观基础的公司的经营活动中。金融领域的研究不仅涉及宏观层面的金融市场运行理论,也涉及微观层面的公司投融资理论。而公司投融资理论是公司金融的主要研究内容。

1.1 公司金融及其相关概念

　　公司金融一词出自英美国家的 Corporate Finance,又称公司理财,是金融学的一个分支学科,其研究的焦点集中在三类问题上:一是公司的融资问题,即公司如何有效地利用各种融资渠道,获得最低成本的资金来源;二是公司的投资问题,即公司如何通过投资有效配置各种稀缺资源,实现公司的价值最大化;三是分配问题,即公司如何对投资产生的利润进行分配,保证公司的可持续发展。公司金融领域的研究还会涉及现代公司制度中的一些诸如委托-代理结构的金融安排等深层次的问题。

1.1.1 公司

1. 公司的定义

　　公司是依法设立的从事生产经营活动、以营利为目的的独立核算的经济组织。公司作为一个经营主体,必须确定一个明确的管理目标,依此来制定金融决策和判断金融决策是否有效。公司金融管理的一个核心问题,就是最终为谁获取收益,以及获得怎样的收益。

公司是依照法律规定的条件和程序设立,具有法人资格的公司组织。在这种公司组织中,投资者为了共同的目的,将各自的财产结合在一起。所以,公司是资本的联合而形成的经济组织,具有广泛的筹集资金的能力,这种功能是适合社会生产力发展需要的。根据中国现行的公司法(2005),公司的主要形式为有限责任公司和股份有限公司。两类公司均为法人,投资者可受到有限责任保护。

公司是一种营利性经济组织,以营利为目的。它拥有独立的财产,独立承担法律责任,自负盈亏,独立核算。关心公司是否盈利的不仅仅是投资者,还包括公司员工、债权人、供货商、政府等利益相关者群体。利润是投资者取得投资收益、债权人收取本息、供货商收回货款、政府获得税收的资金来源,也是公司职工集体福利设施不断完善的重要保障,更是经营者经营业绩和管理效能的集中表现。因此,公司盈利能力十分重要。公司金融理论提供了评价公司盈利能力的各种方法。公司从事经营活动,其直接目的是最大限度地赚取利润,并维持公司持续稳定地经营和发展。只有在不断地获取利润的基础上,公司才有可能发展。

在现代公司制度下,公司实行所有权与经营权分离。在通常情况下,特别是在有相当规模的公司中,投资者入股仅仅是为了投资的收益,而不是为了自己去经营。为了公司的发展,他们委托专业的经营者负责经营。所以公司中的基本关系是投资者出资,通常自己不直接参与经营,但是对公司的重大事项采用会议形式行使决定权;经营者受投资者的委托,对投资者负责,独立地管理运用由投资者集合起来的财产,得到的利益在投资者之间按出资比例分配。公司投资者承担有限责任,即仅以其出资额为限,承担间接、有限的责任。公司一旦出现了债务或亏损,由公司对债权人负责,投资者不直接对债权人负责,所受到的损失仅限于作为投资的部分,最多是丧失全部投资。这就为投资者分散了投资风险,使投资者在投资中不致影响投资外的个人财产,所以这种责任形式具有吸引力,增加其投资的积极性。

公司形态完全脱离个人色彩,是永续存在的公司组织形式。这就是说,公司是资本的永久性联合,公司投资者的股权可以转让,投资者可以流动,但公司仍然可以作为一个独立的实体而存在,正常地从事经营活动。公司的存在并不取决于其投资者是谁,只要不破产,就永续存在。

2. 公司的分类

公司主要形式为有限责任公司(Limited Company)、个人无限责任公司、合伙无限责任公司(Proprietary Company)以及公开上市的股份有限公司等。从西方公司理论看,根据不同条件和标准,公司可以有多种分类。例如,根据是否适用有限责任分为有限责任公司和无限责任公司。中国现行的公司法规定的公司分为有限责任公司和股份有限公司两大类,这种分类是根据组建公司的特征并配合社会经济需要而确定的,但并未排除独资经营和合伙公司等其他公司形态在社会经济生活中的作用。

有限责任公司,又称有限公司,是指符合法律规定的股东出资组建,股东以其出资额为限对公司承担责任,公司以其全部资产对公司的债务承担责任的公司法人。《中华人民共和国公司登记管理条例》规定登记注册的有限责任公司,是由两个以上、五十个以下的投资者共同出资,每个投资者以其所认缴的出资额对公司承担有限责任,公司以其全部资产对其债务承担责任的经济组织。有限责任公司包括国有独资公司以及其他有限责任公司。

股份有限公司是指公司资本为股份所组成的公司,作为股东的投资者以其认购的股份为限对公司承担责任的公司法人。设立股份有限公司,应当有五人以上作为发起人。股份有限公司全部注册资本由等额股份构成并通过发行股票(或股权证)筹集资本,股东以其所认购股份对公司承担有限责任,每一股有一表决权,股东以其持有的股份,享受权利,承担义务。公司以其全部资产对公司债务承担责任。

有限责任公司与股份有限公司的共同点:

(1)股东都对公司承担有限责任。无论在有限责任公司中,还是在股份有限公司中,投资者都对公司承担有限责任,"有限责任"的范围,都是以投资者的投资额为限。

(2)投资者的财产与公司的财产是分离的,投资者将财产投资公司后,该财产即构成公司的财产,投资者不再直接控制和支配这部分财产。同时,公司的财产与投资者没有投资到公司的其他财产是没有关系的,即使公司出现资不抵债的情况,投资者也只以其对公司的投资额承担责任,不再承担其他的责任。

(3)有限责任公司和股份有限公司对外都是以公司的全部资产承担有限责任。"有限责任"的范围,就是公司的全部资产,除此之外,公司不再承担其他的财产责任。

有限责任公司与股份有限公司的主要区别:

(1)两种公司在成立条件和募集资金方面有所不同。有限责任公司的成立条件比较宽松,股份有限公司的成立条件比较严格;有限责任公司只能由发起人集资,不能向社会公开募集资金,股份有限公司可以向社会公开募集资金;有限责任公司的投资者人数,有最高和最低的要求,股份有限公司的股东人数,只有最低要求,没有最高要求。

(2)两种公司的股份转让难易程度不同。在有限责任公司中,投资者转让自己的出资有严格的要求,受到的限制较多,比较困难;在股份有限公司中,投资者转让自己的股份比较自由,不像有限责任公司那样困难。

(3)两种公司的股权证明形式不同。在有限责任公司中,投资者的股权证明是出资证明书,出资证明书不能转让、流通;在股份有限公司中,投资者的股权证明是股票,股票是公司签发的证明投资者所持股份的凭证,股票可以转让、流通。

(4)两种公司的股东会、董事会权限大小和两权分离程度不同。在有限责任公司中,由于股东人数有上限,人数较少,召开股东会等也比较方便,因此股东会的权限较大,董事经常是由股东自己兼任的,在所有权和经营权的分离上程度较低;在股份有限公司中,由于股东人数没有上限,人数较多且分散,召开股东会比较困难,股东会的议事程序也比较复杂,所以股东会的权限有所限制,董事会的权限较大,在所有权和经营权的分离上,程度也比较高。

(5)两种公司财务状况的公开程度不同。在有限责任公司中,由于公司的人数有限,财务会计报表可以不经过注册会计师的审计,也可以不公告,只要按照规定期限送交各股东就行了;在股份有限公司中,由于股东人数众多很难分类,所以会计报表必须要经过注册会计师的审计并出具报告,其中以募集设立方式成立的股份有限公司,还必须要公告其财务会计报告。

1.1.2　公司金融

公司金融是研究公司在现在或未来不确定的环境中,如何以最低成本从金融市场获得经营所需的资金,并通过投资进行有效配置以实现其价值最大化的一门学科。

公司金融研究的核心是不确定环境中的跨时间价值交换。借贷交易是最简单的跨时间价值交换,公司今天从银行借到100万元,明年或者3年后再把本钱加利息还给银行。在现代市场经济中,已经发展出了规模庞大的各类金融市场,包括建立在一般金融证券之上的各类衍生金融市场,金融交易已经远远超出简单的借贷交易,要复杂得多。比如,股票所实现的金融交易,表面上看也是跨时间的价值配置,但是,这种跨时间的价值互换又跟未来的不确定性连在一起。如果公司在未来赚钱了,投资者可以获得分红;如果公司在未来不赚钱,投资者就有可能血本无归。

作为金融学的一个分支学科,公司金融侧重考察公司如何有效地利用各种融资渠道,获得最低成本的资金来源,并形成合适的资本结构;还包括涉及公司的投资、利润分配、运营资金管理,以及现代公司制度中的一些诸如委托-代理结构的金融安排等深层次的资源配置方式问题。与其他资源配置方式相比,公司金融所研究的资源配置有三个基本特点:

(1)公司是运用金融市场来实现资源有效配置的。它是在市场上通过金融工具(如股票、债券等)的运用,金融中介机构(如银行、保险公司、投资基金、金融咨询公司等)的服务,在监管机构和法规管理下进行资源的配置。

(2)公司的成本与收益是在现在或未来时间上的分布。体现为公司成立时资金的筹集、投资时与经营过程中的资金运用、获取收益的分配以及公司持续经营的扩张或收缩等时间上的资金成本和收益。因此,公司金融管理是实现资源跨时期有效配置的过程。

(3)公司金融管理具有事先的不确定性。公司管理者或决策者事先无法确切地知道公司未来某一时间资源的成本和收益,金融决策具有事先的不确定性。因此,就需要运用一系列的定量模型来进行价值的测算和评估,用以选择方案、制定和执行决策。

1.1.3　公司治理

公司治理(Corporate Governance),又称法人治理结构,是指以公司的不同利益相关者之间的关系为基础而进行的管理和控制过程。经济合作与发展组织(Organisation for Economic Co-operation and Development)在《公司治理结构原则》中给出了一个有代表性的定义:"公司治理结构是一种据以对工商公司进行管理和控制的体系"。公司治理结构明确规定了股东、董事会、经理层等公司的利益相关者的责任和权利。公司治理研究的基本问题,是如何使管理者在利用股东提供的资本开展经营管理活动的同时,承担起对股东的责任。利用公司治理的结构和机制,明确不同公司利益相关者的权利、责任和影响,建立委托代理人之间激励兼容的制度安排,最大限度地为股东创造价值。

在国内的相关研究中,公司治理的概念有狭义和广义之分。狭义上,公司治理主要是指公司的股东、董事及经理层之间的关系,即股东对经营管理者的一种监督与制衡机制,主要涉及公司董事会的功能与结构、股东的权利等方面的制度安排。广义上,公司治理还包括公司与员工、客户、供应商、债权人、社会公众等其他利益相关者之间的关系,以及公司控制权和剩余索取权分配的一整套法律、文化和制度性安排,这些安排决定了公司的目标,谁在什么状态下实施控制,如何控制,风险和收益如何在不同公司成员之间分配等问题。

在国外的相关研究中,公司治理的含义也不尽相同。一部分学者对公司治理内涵的界定偏重于所有者(即股东)的利益,主张"股东治理模式"。例如,伯利和米恩斯(Berle and Means,1932)以及詹森和梅克林(Jensen and Meckling,1976)认为公司治理应致力于解决所有者与经营者之间的关系,公司治理的焦点在于使所有者与经营者的利益相一致。法马和詹森(Fama and Jensen,

1983)进一步提出,公司治理研究的是所有权与经营权分离情况下的代理人问题,其中心问题是如何降低代理成本。施莱佛和维什尼(Shleifer and Vishny,1997)认为公司治理要处理的是公司的资本供给者如何确保自己可以得到投资回报的途径问题,认为公司治理的中心课题是要保证资本供给者(包括股东和债权人)的利益。另一部分学者对公司治理的界定强调利益相关者的作用,把利益相关者放在与股东相同的位置上,提倡"利益相关者治理模式"。例如,科克伦和沃提克(Cochran and Wartick,1988)认为,公司治理要解决的是高级管理人员、股东、董事会和公司的其他相关利益者相互作用产生的诸多特定的问题。布莱尔(Blair,1995)认为公司治理是指有关公司控制权或剩余索取权分配的一整套法律、文化和制度性安排,这些安排决定公司的目标,谁拥有公司,如何控制公司,风险和收益如何在公司的一系列组成人员,包括股东、债权人、职工、用户、供应商以及公司所有的社区之间分配等一系列问题。

从利益相关者的角度界定公司治理的概念,公司治理可以理解为一种法律、文化和制度性安排的有机整合。这一整合决定了公司行为的范围,控制权的归属,控制权行使的方式和程序,风险承担与收益分配的机制等等。公司治理结构是公司治理理论的核心内容,它具有以下特征:

(1)动态性特征。动态性特征是指公司治理结构必须根据公司发展战略、股权结构、外部监管要求等客观因素的变化而进行适应性调整。

(2)契约性特征。契约性特征是指公司各利益相关者通过签订契约来明确各自的权利、责任和义务。但是由于在现实经营活动中公司各利益相关者的行为具有一定的不可预测性和随机性,因此这些契约不可能周延各利益相关者的所有行为,而只能是一种关系契约。公司治理结构的建立是以公司章程等公司治理文件为依据,章程在本质上就可以理解为一种关系契约,它以文件的形式,明确规范公司各利益相关者之间的关系。

(3)依法合规性特征。依法合规性特征是指公司治理结构的建立是以国家相关法律法规为依据的。公司各利益相关者的权利、责任和义务均由有关法律法规加以明确,以保护其利益不受侵损。公司治理结构完善与否,一定程度上取决于国家法律法规对于公司治理监管规定的完备性。

(4)强制约性特征。强制约性特征是指公司治理结构强调公司股东、董事会、监事会、高级管理人员之间的权利、责任和义务配置及相互制衡。在公司治理中,股东将自己的资产交由公司董事会托管,董事会是公司的决策机构;高级管理人员由董事会聘任,组成对董事会负责的执行机构,在董事会的授权范围内行使经营权;监事会负责对董事会和高级管理层进行监督。不仅在公司内部有制约,在公司外部还有外部审计、行业监管等制约措施。

（5）价值导向性特征。价值导向性特征是指公司的本质是进行价值创造，评价公司治理结构的一个最重要标准是看它能否有效促进公司的价值创造。完善的公司治理结构能够通过激励约束机制充分调动人力资本的积极性和主动性，保证公司决策更加科学、技术不断进步、管理不断优化、公司核心竞争力不断提升，使公司在市场竞争中保持持续性优势，从而达到公司价值最大化的目标。

（6）地域差异性特征。地域差异性特征是指不同国家或地区具有不同的政治、经济、法律、文化等背景，其公司治理结构也会存在着不同的模式。目前，在世界范围内存在着英美模式、德日模式和东南亚国家的家族模式等不同的公司治理模式，随着经济全球化的发展和各国经济文化交流的加强，公司治理结构呈现趋同之势。

1.1.4　资本结构

资本结构指公司的短期及长期负债与股东权益（普通股、特别股、保留盈余）的比率，即公司全部资金来源的构成。资本结构，也称融资结构，反映的是公司债务与股权的比例关系，它在很大程度上决定着公司的偿债和再融资能力，决定着公司未来的盈利能力，是公司财务状况的一项重要指标。合理的融资结构可以降低融资成本，发挥财务杠杆的调节作用，使公司获得更高的自有资金收益率。从公司价值角度看，公司的总价值为短期负债、长期负债和权益资本价值之和。资本结构是指公司各种资本的价值构成及其比例关系。资本结构决策的目标就是选择使公司价值最大化的资本结构。

目前，有关资本结构研究对其内涵有两种不同界定：一是狭义资本结构，指长期负债与所有者权益的比例关系，它反映了公司长期资本项目的组合及相互关系；二是广义资本结构，指不同负债之间、不同权益之间以及不同负债与不同权益之间的关系，它反映了公司全部资金来源的构成及其比例关系，涉及债务结构和股权结构。

资本结构有两种衡量方式：账面资本结构和市场资本结构。账面资本结构用账面价值表示资本结构中的负债和权益资本的比例关系；市场资本结构用市场价值表示资本结构中的各种比例关系。用于衡量资本结构的指标主要包括：总负债率、长期负债率、短期负债率、长期负债与权益之比等。

现代公司独资的情况很少，每个公司都会采取多种方式筹集所需资本。各种资本的资金成本、约束条件、融资效益、相关风险、权利要求等会有所不同。由于资本结构决定了公司的价值构成，必然会涉及公司的一系列结构问题，其中与公司筹资活动相关的结构有：

（1）筹资效益结构。筹资活动本身并不创造收益，但是可以改变和影响公司最终经营成果。筹资效益结构意味着确立和改变资本结构应该有利于公司价值的最大化。

（2）筹资风险结构。筹资风险主要产生于负债经营，负债比率越高，筹资成本越高，筹资风险也就越大。因此，资本结构涉及降低公司筹资风险的问题。

（3）筹资产权结构。不同的筹资渠道形成公司的不同产权结构，资本结构的变化实质是公司产权关系的变更。

（4）筹资成本结构。筹资成本是筹资必须付出的代价，公司采用不同筹资方式或渠道会产生不同的筹资成本，降低资本成本就必须优化资本结构。

（5）筹资时间结构。长期资金与短期资金的数量关系影响着公司的经营风险大小、资本成本高低和筹资弹性强弱。资本结构必须考虑各种不同筹资的期限结构。

资本结构优化是公司金融的理论和实践中最重要的一个问题。一般的，资本结构优化是指通过对公司资本结构的调整，使其资本结构趋于合理化，达到既定目标的过程。资本结构是一个存量概念，是公司以往各种融资决策选择的结果。而资本结构优化则属于增量概念，指在分析过去资本结构运行情况的基础上，根据经营目标和所处的经营环境对资本的构成比例关系进行的调整。

1.2 公司金融的研究对象和范围

1.2.1 公司金融的研究对象与范围

公司金融是以公司理论为基础，以法人主体的公司为研究对象，主要研究公司的融资、投资、收益分配以及与之相关的问题。公司金融是将公司理论和公司财务相结合的学科，属微观金融学范畴。

公司金融是近 30 年在中国实行市场经济导向的改革和发展过程中，从欧美等市场经济发达的国家引进的一种理论。对于英文 Corporate Finance，常见的中文译法有公司财务、公司理财或译为公司金融。在国内的相关理论研究和公司实践中，财务、理财和金融这些概念是有显著区别的。财务或理财是以现金收支为主的公司资金收支活动的总称，主要是指建立在公司的会计信息和财务核算基础上的财务管理。在国内的学科分类中，金融学偏重于宏观的货币银行学，属于应用经济学科中的一个研究领域；财务偏重于会计，属于工商管理学科中的一个研究领域。实际上，在市场经济中，公司金融关注的主要是公司的融资、投资、上市和兼并等决策及其对公司市场价值的影响。

公司金融所研究的内容要远远超过公司财务的范围。就公司内部的管理而言,公司金融既研究"财务"或"理财"内容,还研究与公司融资、投资以及收益分配有关的公司治理结构方面的非财务性内容。现代公司的生存和发展离不开金融系统,必须注重研究公司与金融系统之间的关系,以综合运用各种形式的金融工具与方法,进行风险管理和价值管理。

中国理论界对于公司金融理论的研究,产生于国有公司的改革需求。20 世纪 90 年代,国有公司普遍陷入财务困境。对这种现象的一种解释是国有公司的资本结构不合理,即它们所背负的债务过重。更多学者则把这种现象解释为国有公司效率低下,在市场经济中缺乏竞争力,而深层次的原因则是国有公司产权不清,公司治理上存在较为严重的弊端。为此,应该大力推进股份制改革,改善公司治理结构与资本结构,以此来提高公司的效率。在这种意义上,公司治理、公司绩效、利益相关者的协调等问题都应该归入公司金融学的研究范畴。

国内在公司金融领域的许多研究,主要是利用上市公司数据进行实证检验,研究的问题涵盖了公司资本结构、公司治理、控股股东的控制权、业绩评价和信息披露,以及上市公司多元化经营与公司业绩之间关系等各个方面。另外,将战略管理理论与公司金融理论相结合,从战略的角度研究公司金融问题,进一步扩大了公司金融的研究范畴。这类研究将公司融资结构和市场行为的关系作为研究重点,分析要素市场和产品市场的互动关系、财务杠杆对于公司竞争策略的影响、金融决策与生产决策的关系等问题。

在研究方法上,与标准的金融理论假设不同,近年兴起的融合心理学的行为公司金融研究方法,开始受到理论界的重视。学者们运用行为方法所进行的IPO(Initial Public Offering,首次公开募股)、增发股票、股票回购和公司分立方面的研究,得出了与传统研究方法所不同的结论,进一步丰富了公司金融理论的研究方法。

1.2.2 公司金融研究的主要问题

从相关研究文献来看,现代公司金融的理论研究主要集中在以下问题上。

1. 公司的融资问题

公司通过出售各种证券筹集资金,而资本市场则在公司的融资理论和实践中扮演着重要角色。公司的融资决策或行为在资本市场上会产生什么反应,对于这个问题可以从多个方面考察,例如证券价格的变化、股票每股收益的变化、资本结构的变化、所有权的变化,等等。其中,资本结构的研究是公司融资问题研究的核心。公司发行新证券,往往会改变其资本结构,从而改变其资本结构与最优资本结构之间的关系。

　　有关资本结构问题的研究已有一百多年历史,到目前为止,从资本结构优化的角度,可以将其分为三大类:第一类以著名的 MM 定理为代表,核心观点是债务和权益融资选择对公司价值及资金成本没有影响,因此不存在最优的资本结构;第二类研究从不同角度放松了 MM 定理中无摩擦理想资本市场等假设,加入破产风险、代理成本、信息不对称等影响因素,认为存在最优的债务权益比例;第三类研究融入了信息经济学、契约理论和产业组织等研究成果,它们不讨论是否存在最优资本结构,而是更加关注公司资本结构形成的不同原因以及公司应该采取的融资行为。

　　1958 年,莫迪格利安尼和米勒(Modigliani & Miller)合作发表的《资本结构、公司融资和投资理论》一文中提出了 MM 第一定理(无公司税模型),用套利的方法证明,如果公司的投资政策和金融政策是相互独立的,在完美资本市场的假定和没有税收的情况下,任何公司的市场价值取决于按预期收益率进行资本化所得到的预期收益水平,而与该公司的资本结构无关。此后的公司金融理论研究中,大量文献集中于公司最佳资本结构是否存在以及如何决定的问题。其中,也包括大量的实证研究成果,如通过研究证券市场对不同类别的证券发行及其信息发布的反应,来寻求公司融资决策的依据。

　　1969 年,斯蒂格利茨(Stiglitz)证明了在个人借款和风险债务受限条件下,资本结构仍与公司价值无关。其他学者,罗伯特(Robert)和詹姆斯(James)于1971 年,马克(Mark)于 1973 年先后将 MM 定理的"无风险债务"假设改为"风险债务",也得到不存在最优资本结构的结论。

　　1977 年,MM 理论创立者之一的米勒(Miller,1977)在继续忽略破产成本的同时对税收差异的影响给予了分析,将"MM"理论修订成为一个新的市场均衡模型。米勒指出,在一定条件下,公司负债的抵税收益正好被个人负债的税收所抵消,无论公司采用何种形式的负债,都不会有所收获。此后,税差理论研究就全都集中到了"米勒假设"和"财务杠杆税收追随者效应"两个核心问题上。

　　1963 年,莫迪格利安尼和米勒又联合在《美国经济评论》上发表《公司所得税与资本成本率的修正》一文,提出了修正的 MM 理论。该理论认为,在公司所得税存在的条件下,由于利息支出可以从应税收益中扣除,所以公司可以用提高财务杠杆率的办法来降低资本成本率,增加公司总价值。这说明,公司中存在最优资本结构。

2. 公司的治理结构问题

　　治理结构问题与资本结构问题的研究有密切的联系。人们在考察影响和决定公司目标资本结构的各种因素时,除了考虑到税差效应与破产成本之外,还尝试利用信息经济学的理论来分析公司不同利益主体的决策行为,主要包括信号效应与代理成本理论,由此把公司金融理论的研究拓展到公司治理结构的新领域。

公司治理涉及公司投资者确保获取投资回报的方式,有关公司治理结构问题的研究核心是公司的所有权和控制权结构以及怎样对投资者进行保护。一些学者从代理理论出发,认为适当的资本结构安排能够帮助完善公司治理。詹森和梅克林证明了最优融资结构存在着股权代理成本和债权代理成本之间的权衡。适当的债务融资可以限制管理层滥用公司的自由现金流。股权结构分散使任何单一股东缺乏积极参与公司治理和驱动公司价值增长的激励,导致公司治理系统失效,产生管理层内部人控制问题,形成公司管理层强、外部股东弱的格局。因此,为了调和公司管理层与外部股东之间的利益偏差,减少代理成本,可通过恰当的薪酬结构设计,使双方的利益趋于一致。

在现实中,许多公司已开始在经理薪酬中加入一定比例的公司股份或期权。理论界关于薪酬设计的争论焦点在于最优的股权和现金比例。公司的并购重组也涉及公司治理结构方面,因此,与公司融资结构密切联系的控制权市场有助于增强现有管理层的危机感,从而控制其危害股东利益的行为。

3. 公司的投资决策问题

在公司金融理论的研究中,公司的投资与融资决策是相分离的。然而,现实中的公司可能面临着投资不足或者投资过度的两难处境。为了保证公司能够有效把握投资机会,并能从可供选择的投资机会中筛选出最能实现其价值最大化的投资项目,需要运用相应的金融技术与程序。

公司投资政策研究还包括公司并购的绩效和动机研究,以及公司投资的"融资约束"现象的研究。在并购绩效方面的研究主要包括两种方法:一是基于并购行为的市场反应;二是比较并购前后公司经营业绩的变化。

4. 公司的股利策略问题

股利政策是指公司股东大会或董事会对一切与股利有关的事项所采取的较具原则性的做法,是关于公司是否发放股利、发放多少股利以及何时发放股利等方面的方针和策略,所涉及的主要是公司对其收益进行分配还是留存以用于再投资的策略问题。

影响公司股利分配政策的因素众多,主要包括:契约约束,即公司在借入长期债务时,债务合同对公司发放现金股利的限制;法律约束,即法律对公司的利润分配顺序、资本充足性等方面都有所规范;现金充裕性约束,公司发放现金股利必须有足够的现金;公司的投资机会,如果公司的投资机会多,对资金的需求量大,则公司很可能会考虑少发现金股利,将较多的利润用于投资和发展;资本结构,公司的股利政策要与其理想的资本结构保持一致;偿债能力,公司在确定股利分配数量时,一定要考虑现金股利分配对公司可偿债能力的影响,保证在现金股利分配后公司仍能保持较强的偿债能力;信息传递,股利分配是股份公司向外界传递的关于公司财务状况和未来前景的一条重要信息。公司在确定股利政策时,必须考虑外界对这一政策可能产生的反应。

在20世纪60年代,对股利政策问题的研究主要集中在股利政策是否会影响股票价值,其中最具代表性的是"一鸟在手"理论、MM股利无关论和税差理论,这三种理论被称为传统股利政策理论。"一鸟在手"理论认为,公司的留存收益再投资时会有很大的不确定性,并且投资风险随着时间的推移将不断扩大,因此投资者倾向于获得当期的而非未来的收入,即当期的现金股利。MM股利无关论认为,在一个无税收的完美市场上,股利政策和公司股价是无关的,公司的投资决策与股利决策彼此独立,公司价值仅仅依赖于公司资产的经营效率,股利分配政策的改变就仅是意味着公司的盈余如何在现金股利与资本利得之间进行分配。理性的投资者不会因为分配的比例或者形式而改变其对公司的评价,因此公司的股价不会受到股利政策的影响。税差理论认为,只要股息收入的个人所得税高于资本利得的个人所得税,股东将情愿公司不支付股息。他们认为资金留在公司里或用于回购股票时股东的收益更高,或者说,从税赋角度考虑,公司不需要分配股利。如果要向股东支付现金,也应通过股票回购来解决。

自20世纪70年代以来,信息经济学的兴起改变了理论界对股利政策问题的研究思路,并形成了现代股利政策的两大主流理论,即股利政策的信号传递理论和股利政策的代理成本理论。信号传递理论从放松MM定理中"投资者和管理者拥有相同的信息"这个假定出发,认为管理当局与公司外部投资者之间存在信息不对称。管理者占有更多关于公司前景方面的内部信息,股利是管理者向外界传递其掌握的内部信息的一种手段。如果他们预计到公司的发展前景良好,未来业绩将大幅度增长时就会通过增加股利的方式将这一信息及时告诉股东和潜在的投资者;相反,如果预计到公司的发展前景不太好,未来盈利将持续性不理想时,那么他们往往会维持甚至降低现有股利水平,这等于向股东和潜在投资者发出了不利的信号。因此,股利能够传递公司未来盈利能力的信息,这样导致股利对股票价格有一定的影响。当公司支付的股利水平上升时,公司的股价会上升;当公司支付的股利水平下降时,公司的股价也会下降。代理成本理论认为管理者和所有者之间的代理关系是一种契约关系,代理人追求自己的效用最大化。如果代理人与委托人具有不同的效用函数,就有理由相信他不会以委托人利益最大化为标准行事。委托人为了限制代理人的这类行为,可以设立适当的激励机制或者对其进行监督,而这两方面都要付出成本。

而代理成本是激励成本、监督成本和剩余损失三者之和。

　　在中国,有关股利政策问题的研究主要包括三个方面:国内上市公司的股利分配现状;公司股利政策的影响因素;股利是否具有信号传递效应,以及什么样的信号效应。这类研究主要考察公司特征、持久盈利和代理问题与股利政策之间的关系,研究结论认为代理问题和公司治理结构是影响上市公司股利政策的重要因素。

1.2.3　公司金融理论的主要流派

　　公司金融研究领域的一个基本特征,是不同的公司金融问题需要用不同的理论来解释。现代公司金融理论产生于美国经济学家莫迪格利安尼和米勒在20 世纪 50 年代末 60 年代初提出的"不相关"定理,即 MM 定理。他们把严格的经济学逻辑运用于公司融资决策的分析中,证明无论公司的融资决策选用债券融资还是股权融资,对公司价值都没有实质性影响。自那以后的半个多世纪以来,大量的理论研究及创新都围绕着放松 MM 定理的假定来进行的。其中的一些研究集中在放松"完美市场"这个假设上。学者们逐步考虑了税收、破产成本、信息不对称等因素,这期间著名的理论有:权衡理论、非对称信息理论等。而另一些研究则放弃了经营决策外生性的假设。人们开始认识到公司的所有权结构会影响到公司的经营管理,研究的视角开始放在公司金融和管理经营的互动上来。这期间产生的理论有:代理理论、公司治理理论、产品市场与资本结构理论等。

　　目前,公司金融的研究领域形成了理论流派众多,理论框架也比较多的格局。主要理论框架包括有效市场理论、信息不对称理论和公司治理理论。

1. 有效市场理论

　　有效市场理论是根据经济学中有效市场的假设推导出的理论,在资产定价理论中的运用很广。获得诺贝尔经济学奖的资本资产定价模型(Capital Asset Pricing Model)和布莱克-斯克尔斯期权定价模型(Black Scholes Option Pricing Model),都是在有效市场的条件下推导出来的。

　　有效市场可分为内部有效市场和外部有效市场两类。内部有效市场,又称交易有效市场,主要反映投资者买卖证券时所支付交易费用的多少,如证券商索取的手续费、佣金与证券买卖的价差。外部有效市场,又称价格有效市场,主要反映证券的价格是否迅速地反映出所有与价格有关的信息,这些"信息"包括有关公司及其外部环境的所有公开可用的信息,也包括所能得到的所有的私人的、内部非公开的信息。

　　根据有效市场理论,在有效市场中,存在着大量理性的、追求利益最大化的投资者,他们积极参与竞争,每一个人都试图预测单个股票未来的市场价格,每一个人都能轻易获得当前的重要信息。因此,当市场中的价格完全反映了所有可以获得的信息,这样的市场就可称为有效市场。针对资本市场来说,有效市场理论有三种基本假说:

(1)弱式有效市场假说。该假说认为在弱式有效的情况下,市场价格已充分反映出所有过去的证券价格信息,包括股票的成交价、成交量、卖空金额、融资金额等。如果弱式有效市场假说成立,则股票价格的技术分析失去作用,基本分析还可能帮助投资者获得超额利润。

(2)半强式有效市场假说。该假说认为价格已充分反映出所有已公开的有关公司营运前景的信息。这些信息包括成交价、成交量、盈利资料、盈利预测值、公司管理状况及其他公开披露的财务信息等。假如投资者能迅速获得这些信息,股价应迅速作出反应。如果半强式有效假说成立,则在市场中利用技术分析和基本分析都失去作用,内幕消息可能获得超额利润。

(3)强式有效市场假说。该假说认为价格已充分地反映了所有关于公司营运的信息,这些信息包括已公开的或内部未公开的信息。在强式有效市场中,没有任何方法能帮助投资者获得超额利润,即使有内幕消息者也一样。

2. 信息不对称理论

信息不对称理论是指在市场经济活动中,各类人员对有关信息的了解是有差异的;掌握信息比较充分的人员,往往处于比较有利的地位,而信息贫乏的人员,则处于比较不利的地位。该理论认为:市场中卖方比买方更了解有关商品的各种信息,掌握更多信息的一方可以通过向信息贫乏的一方传递可靠信息而在市场中获益,买卖双方中拥有信息较少的一方会努力从另一方获取信息。

在现实经济中,信息不对称影响了市场机制配置资源的效率,造成占有信息优势的一方在交易中获取太多的剩余,出现因信息力量对比过于悬殊导致利益分配结构严重失衡的情况。这种理论认为,信息不对称是市场经济的弊病,要想减少信息不对称对经济产生的危害,政府应在市场体系中发挥强有力的作用。这一理论为很多市场现象如股市沉浮、就业与失业、信贷配给、商品促销、商品的市场占有等提供了解释,并成为现代信息经济学的核心。

市场中的人因获得信息渠道之不同、信息量的多寡而承担不同的风险和收益。最早研究这一现象的是阿克尔洛夫,1970 年,他在哈佛大学经济学期刊上发表了《次品问题》一文,首次提出了"信息市场"概念。他认为,信息不对称现象的存在使得交易中总有一方会因为获取信息的不完整而对交易缺乏信心,对于商品交易来说,这个成本是昂贵的,但仍然可以找到解决的方法。例如,卖主的声誉可增加买主的信任,降低交易成本。

斯宾塞的研究着重于劳动力市场,他从长期的观察中发现,在劳动力市场存在着用人单位与应聘者之间的信息不对称情况,为了谋到一个较好的职位,应聘者往往从服装到毕业文凭挖空心思层层包装,使用人单位良莠难辨。斯宾塞提出了一个所谓的"获得成本"概念,即对于用人单位而言,应聘者如果具有越难获得的学历就越具可信度,比如说拥有哈佛文凭应聘者的才能,就比一般学校的毕业文凭更有可信度。

斯蒂格利茨将信息不对称这一理论应用到保险市场,他针对被保险人与保险公司间信息的不对称问题,提出的解决办法是,让买保者在高自赔率加低保险费及低自赔率加高保险费两种投保方式间作出抉择,以解决保险过程中的逆向选择问题。信息不对称现象在现代公司金融领域的表现十分普遍和突出,包括公司骗贷、出口骗退和银行呆坏账的产生。

信息不对称理论最重要的应用领域是公司理论。如果有一个委托人和一个代理人,代理人对自己的行动或能力拥有私人信息。由于委托人无法准确观测到代理人的行为,那么,无论采取何种奖励措施,代理人都会选择最大化自己效用水平的行动。换言之,在非对称信息条件下,委托人只能通过合理地设计一套机制来诱使代理人显示其私人信息,从而达到双方的利益协调。委托代理理论或机制设计理论进一步把非对称信息区分为以下几类:若非对称性发生在签约前,称为逆向选择;若签约后发生了非对称性,则属于道德风险;若行为人的行动不可观测,称为隐藏行动;若行为人具有对手无法观测的知识,称为隐藏知识或隐藏信息。

3. 公司治理理论

公司治理理论的思想渊源可以追溯到亚当·斯密在《国富论》中对代理问题的论述,他认为,在股份制公司中由于所有权和经营权的分离而产生了一系列的问题,从而应当建立一套行之有效的制度来解决所有者和经营者之间的利益冲突。在 20 世纪 80 年代以后,公司治理问题受到理论界越来越多的关注和重视。在公司治理理论的发展过程中,逐渐产生了以"股东利益至上"为基础的单边治理和以"利益相关者"为核心的共同治理两种代表性的治理理论。

(1)股东利益至上的单边治理理论

这种理论认为,公司是股东的公司,股东拥有公司的全部所有权,公司的目的是股东利益最大化,从而主张物质资本主导治理模式的稳定性和合理性。单边治理的理论依据是现代公司理论和委托-代理理论。由科斯开创的公司理论回答了为什么公司必须按照股东利益最大化目标经营的问题,而委托-代理理论则为如何进行公司治理即治理机制的构建提供了理论上的支持,它主要研究委托人如何设计激励-约束机制使代理人努力工作。对于为何只有股东才拥有公司的治理权，即公司治理的权力来源问题，"股东利益至上"的单边治理理论主要有两种理论流派：一是剩余索取权理论，认为谁承担剩余索取权，就承担了剩余风险，从而具有对公司进行治理的权力，并认为所有者是剩余索取权的天然拥有者，占有剩余的动机促使所有者关心公司的生产经营；二是剩余控制权理论，认为契约是不完全的，使得不可能在初始合同中对所有的或然事件及其对策都做出详尽可行的规定，这就需要有人拥有"剩余控制权"，以便在那些未被初始合同规定的或然事件出现时做出相应的决策，而这种权力归非人力资本所有者所有，物质资本所有权是这种权力的来源。

单边治理理论的基本内容包括：股东所有权论，即作为公司所有者的股东才享有公司权力，他们对公司的财产不仅享有"剩余索取权"，而且还对公司的经营享有最高的直接控制权，为了体现这种股东至上主义，股东大会被认为是最高权力机关；信托关系论，即董事会与股东大会之间被认为是一种信托关系，董事会对股东有信托义务，负责托管股东的财产并对公司高级管理人员的行为进行监督，以维护股东的利益；委托代理关系论，即董事会与高层管理层之间被认为是一种委托代理关系，董事会负责聘任或者解聘高级管理人员，高级管理人员作为董事会的代理人在董事会的授权范围内从事经营活动并受董事会的监督。

(2)利益相关者理论

利益相关者广义上指凡是与公司产生利益关系，与公司发生双向影响的自然人或者法人机构，都是公司的利益相关者。如股东、债权人、员工、顾客、供应商、零售商、社区及政府等个人和团体。该理论认为，公司的目的不能局限于股东利益最大化，而应同时考虑其他利益相关者，包括员工、债权人、供应商、用户、所在社区及经营者的利益，公司各种利益相关者利益的共同最大化才应当是现代公司的经营目标，也才能充分体现公司作为一个经济组织存在的价值。因此，有效的公司治理结构应当能够向这些利益相关者提供与其利益关联程度相匹配的权利、责任和义务。

利益相关者理论认为，股东利益的最大化不应当是公司董事唯一的追求，他们还应当代表其他相关利益主体如员工、债权人、消费者和社区的整体利益。1963年斯坦福研究所最先提出"利益相关者"的概念。20世纪70年代以来，利益相关者的定义越来越多。尽管这个领域的学者对公司利益相关者的具体范围尚存分歧，但也已经达成了一定范围内的共识，即公司不仅仅是一个由资本所有者组成的联合体，更重要的是它在本质上是为物质资本所有者、人力资本所有者等利益相关者之间的契约关系充当连接点。在这一理论背景下，公司法人治理结构被定义为股东、债权人、职工等利益相关者之间有关公司经营与权利的配置机制。利益相关者共同治理公司成为这种理论对公司法人治理结构改革的核心思想,由此产生了利益相关者共同治理理论。

与传统的"股东至上"理论不同的是,"利益相关者"共同治理理论认为公司是一个责任主体,在一定程度上还必须承担社会的责任,公司追求的不能仅仅限于最大化股东利益,而且也要考虑其社会价值方面。任何一个公司的发展都离不开各种利益相关者的投入或参与,当这些利益相关者在公司中注入了一定的专用性投资后,他们或是分担了一定的公司经营风险,或是为公司的经营活动付出了代价,就应该参与治理并分享公司控制权和剩余索取权。

1.3　公司金融的管理目标

在实践中,公司金融是为实现一定目标所进行的一系列的金融决策与管理过程,主要包括资产的配置、资产的获得以及资产的运营。因此,公司金融管理主要包括以下三个方面的基本内容。

1. 投资决策及其管理

投资决策是公司最重要的决策。在公司战略发展上首先做出的决策就是进入哪个行业进行投资。在决策过程中主要包括提出和评估投资项目,然后组织实施。投资决策决定着公司所需持有的资产总额,以及资产的构成(即现金、存货、固定资产的比例)。在一个投资项目中,公司管理人员必须决定如何安排厂房、机器设备、研究室、实验室、仓库和其他长期资产,以及培训操作设备的员工等。所以,投资决策也是资本预算管理的过程。

2. 融资决策及其管理

融资决策亦称资本结构决策,主要涉及公司的负债和权益资本的比例关系。一旦决定投资项目后,公司就必须为其筹集资金。公司的融资方案必须以公司的资本结构为基础,公司的资本结构决定了公司未来的现金流量、公司的控制权、股东的权益以及未来收益的分配等。融资计划一旦确定,公司便可考虑选择融资的最佳途径和优化的融资组合方式(比如,银行贷款、金融租赁、债券或股票等),以保证投资项目的实施。

3. 资产管理决策

资产管理决策也称营运资本管理决策,它涉及公司如何在日常运营和金融业务中有效地管理所购置的资产。其中,流动资产管理要保证在营运中当现金流出现赤字时及时得到融资,在现金有盈余时有效地进行投资,从而获得收益;营运资本的管理关系到公司的经营效率和支付能力,乃至公司的成败。

公司金融的管理目标必须与公司的总体战略目标一致。在公司制发展的不同阶段,由于公司的内外部环境不同,公司金融的管理目标也在不断变化,其中主要的目标有:利润最大化目标,股东财富最大化目标和公司价值最大化目标。

1.3.1 利润最大化目标

1.利润最大化目标的含义

利润最大化是指公司在预定的时间内实现最大的利润。从管理经济学角度进行界定,利润最大化是指当公司按其边际收益与边际成本相等时的产品产量开展生产经营活动所实现的利润。

公司以利润最大化为目标,其主要理论依据是:追求盈利是公司作为一种组织形态的本质特征,是市场竞争赋予公司的本能,无盈利能力的公司是没有生命力的公司,最终将被逐出市场。在利润最大化这一假设下建立起来的微观经济学,用以解释和预测公司行为时,往往具有较强的说服力。

利润最大化作为公司金融的管理目标,要求公司通过合理配置资源,增加产量、降低成本,最大限度地提高效率。增加产量是以增加市场销售量为前提的,因此,想实现利润最大化,就必须注重于深入了解顾客需求、及时掌握市场瞬息万变的动态和主要竞争对手的反应,有针对性地制定和实施竞争战略,实行产品差别化和市场细分化的措施,不断开拓新市场,扩大市场份额。

降低成本涉及公司生产经营活动的各个环节,从研发、原材料和零部件采购、生产,到销售和售后服务,以及资本运营、人力资源管理、公司文化的建设和组织管理的效率等各个方面。在公司的成本管理中,产品结构的调整是重点,公司必须明确回答生产什么和如何生产才能实现利润最大化的问题。要正确处理"节支"与"开源"的关系,转变"节约、节省"就是降低成本的传统管理模式,善于从投入与产出进行对比来分析看待投入的必要性和合理性,做到以尽可能少的成本付出,创造尽可能多的利润。

2.利润最大化目标的缺陷

在现代市场经济中,社会日益多元化发展,公司作为社会的一个组成部分,不可能只追求利润最大化这个单一目标。而且公司的形态已呈现出许多新的特征:规模越来越大,股东日益分散;受不同利益相关者的制约加强,信息不完全和不确定性程度提高,导致公司决策经常偏离利润最大化的方向。具体来说,利润最大化目标的缺陷主要表现在以下四个方面:

(1)利润最大化的概念模糊不清。利润有许多不同的定义,譬如有会计利润与经济利润、公司利润与股东利润、税前利润与税后利润,等等。利润最大化不能明确利润的计量,也没有明确公司利润归谁所有这一核心问题。而且,利润作为收入超出成本的盈余部分,是一个"增量"的概念,而不是"存量"的概念。

而公司作为一个资产存量与增量的统一体,既追求增量,也追求存量的保值和增值。这导致追求利润最大化的公司往往只注重产量和价格,忽视资本市场对公司发展的作用。

(2)利润最大化的目标没有考虑时间因素,忽略了对资金时间价值的分析。今天获得的 1 元利润与明年获得的 1 元利润在价值上是有区别的,这种差异非常重要。忽略利润获取的时间,当成本和收益随时间(如若干年)延续发生时,利润的计量就无法恰当地调整时间差异对价值的影响。所以,利润最大化的动机容易导致公司行为的短期化。而公司作为一个持续经营的主体,公司的经营更应注重的是长期的发展,而不仅仅是短期利润。

(3)利润最大化的目标忽视了对风险因素的分析。任何公司的理性决策都是收益与风险的权衡,收益越大,风险越大,所以公司追求利润最大化,相伴而生的可能是风险最大化。高风险的项目较之低风险的项目,其预期收益具有更大不确定性。在两个项目预期收益相同的情况下,不考虑风险的差异,就很难做出正确的选择。尤其是金融投资类公司,如果说一般公司追求以最小成本获取最大利润的话,那么金融投资类公司往往更注重以最小风险获取最大利润。

(4)利润最大化偏重反映公司管理者的目标函数,忽视了与公司密切相关的其他利益主体的目标。在现代经济中,公司是股东、经理、职工、客户、供货商、债权人、债务人等不同利益相关者的结合体,他们期望从公司获得的利益不尽相同。公司股东追求财产的保值和增值;公司职工追求的是工作的稳定性、住房医疗保障、加薪升职等等;公司的客户更注重伙伴关系的长期稳定性,及佣金的比例等;债权人更关心资产的安全性;公司经理则追求自身利益的最大化。所以,公司金融的管理目标应该是多元目标的均衡。

1.3.2　股东财富最大化目标

1. 股东财富最大化的含义

在股份经济条件下,股东财富包括股利收入和资本利得,由其所拥有的股票数量和股票市场价格两方面来决定,在股票数量一定的前提下,当股票价格达到最高时,则股东财富也达到最大。因此,股东财富最大化最终体现为股票价格最大化。在考虑股东财富增长时,公司管理人员更愿意保留盈余并利用财务杠杆增加股东收益。

在计量上,股东财富最大化表述为股东价值最大化,也称股东权益价值最大化。股东财富最大化要求以未来一定时期归属于股东权益的现金流量,按照风险报酬率的资本成本折算为现值,得到的股东投资报酬现值是股东财富的具体体现。股东财富最大化是指通过财务上的合理经营,为股东带来更多的财富。

2.股东财富最大化目标的合理性

与利润最大化目标相比,股东财富最大化目标的合理性主要表现在以下五个方面:

(1)概念清晰。股东财富最大化将利润动机和归属明确地定位于公司的所有者,明确了预期流向股东的未来现金流量,而不是模糊不清的利润。而且,股东财富最大化可以用股票市价来计量。

(2)股东财富最大化考虑了资金的时间价值,明确了取得未来现金流量的时间。

(3)股东财富最大化的计量过程考虑了风险的差异,因为风险的高低会对股票价格产生重要影响。

(4)股东财富最大化一定程度上能够克服公司在追求利润上的短期行为,因为不仅目前的利润会影响股票价格,预期未来的利润对公司股票价格也会产生重要影响。

(5)股东财富最大化目标比较容易量化,便于考核和奖惩。

3.股东财富最大化目标的缺陷

股东财富最大化目标的缺陷主要体现在以下三个方面:

(1)股东财富最大化目标未考虑其他利益相关主体的利益,它要求公司管理人员鼓励资本流动,即让资本从效益不好的地方流向更好的投资机会,但是事实上管理人员都是有自身利益的,因为他们对公司投入了自己的人力资本,包括工作生涯、知识和经验,如果他们的利益无法与股东利益一致,就会出现委托代理问题。

(2)股东财富最大化目标只适用于上市公司,对非上市公司很难适用。仅提股东财富最大化,不能概括大量非股份制公司的理财目标,因此没有广泛性,兼容能力也小。

(3)股票价格除了受财务因素的影响之外,还受其他因素的影响,股票价格并不能准确反映公司的经营业绩。

1.3.3 公司价值最大化目标

1.公司价值最大化的含义

公司价值通俗地讲就是"公司本身值多少钱"。公司价值最大化是指通过充分利用资金的时间价值和风险与报酬的关系,保证把公司长期稳定发展放在首位,强调在公司价值增长中应满足各相关利益集团的要求,最大限度地兼顾这些利益集团的利益,不断增加公司财富,使公司总价值达到最大化。

公司价值通常可以通过两种途径表现出来:一是把公司作为一种商品在资

本市场上买卖的途径,通过市场评价确定公司的市场价值;二是通过其未来预期实现的现金流量的现值之和来表达。公司价值最大化是一个抽象的目标,在资本市场有效性的假定下,它可以表达为公司市场价值最大化。

主张以公司价值最大化作为公司金融管理目标的观点认为,公司金融管理应该有效协调与公司有关的不同利益集团关系,其管理目标是这些利益集团共同作用和相互妥协的结果。在一定时期和一定环境下,某一利益集团可能会起主导作用。但从长期发展来看,不能只强调某一集团的利益,而忽视其他集团的利益,不能将公司金融的管理目标集中于某一集团的利益。从这一意义上讲,股东财富最大化不是公司金融管理的最优目标。

与股东财富最大化目标相比,公司价值最大化目标的最主要特点是把不同利益相关者对公司价值的认可或评估糅合在一起,实现公司作为一个整体的价值最大化。在公司价值最大化的前提下,也必能增加利益相关者之间的投资价值。

2. 公司价值最大化目标的合理性

公司价值最大化目标的合理性主要表现在三个方面:

(1)价值最大化目标考虑了货币时间的价值,将未来现金性收益的时间因素作为评估公司潜在或预期获利能力最重要依据,从而考虑了资金的时间价值和风险问题,有利于统筹安排长短规划、科学选择投资方案、有效筹措资金、合理制订股利政策等等。

(2)价值最大化目标有利于克服公司管理人员在追求利润上的短期行为。公司价值是一个长期概念,它不仅考虑过去和目前的利润对公司价值的影响,而且考虑预期未来现金性利润的多少对公司价值的影响。公司的未来预期寿命越长,未来各个时期现金净流入量的现值越大,则公司价值就越大。

(3)价值最大化目标充分考虑了风险与报酬之间的联系,能有效地克服公司财务管理人员不顾风险的大小,只片面追求利润的错误倾向。公司实施不同的投资项目,通过不同的融资渠道,所承担的风险和资金成本是不同的。高风险的投资和融资活动,会导致高资金成本,从而对未来收益的折现系数也会加大。

3. 公司价值最大化目标的缺陷

公司价值最大化目标的缺陷主要体现在以下五个方面:

(1)对公司股东的利益重视不够。公司价值包括股东权益和负债两个部分的价值,而股东财富只包括股东权益这部分的价值加上分配的股利。虽然负债对股东财富有影响,但它不属于股东财富的内容。公司股东承担着生产经营活动的最大风险,公司价值最大化并未充分考虑债权人与股东所承担的风险、拥有权利的不同,导致所有者利益受到损害。在此理财目标下,公司管理人员会倾向于资金成本较低的负债融资方式，而非权益筹资方式，这样公司价值上升，但公司创造的一部分财富却流向债权人而非所有者，而由增加负债所增加的财务风险却要由所有者来承担，这可能有失公平，也有损于公司的长期发展。

(2)不能处理好积累与分配的关系。强调公司价值最大化，就会片面强调积累，忽视分配。公司管理者往往能影响甚至控制公司的利润分配政策。若将公司价值定义为包括一定数量负债、所有者权益的公司整体在某一时间的公平出售价值，那么对于达到公司价值最大化这一目标来说，不分利润显然比分配利润要好。若将公司价值定义为公司各期能创造的财富(利润)的现值之和，那么同样地不分利润更有利于达到公司价值最大化。不分利润可增加公司积累，降低风险，增加收入。

(3)公司管理层的服务对象不明确。金融管理的目标应为具体的人服务，明确服务对象。公司价值最大化这一目标，强调管理者对公司负责，而公司只是拟人化的、法律意义上的实体，并非真正的人。在公司价值最大化下，管理人员的服务、负责对象是拟人化的"公司"；而在股东财富最大化下，管理人员的服务、负责对象是股东。

(4)公司价值这一指标适用范围有限。公司价值的评估较为复杂。若资本市场是有效的，可以通过股票价格来对公司市值进行衡量。对于单人业主制公司、合伙制公司和非上市公司来说，其价值虽然通过买卖的形式来确定，或者通过计算其未来预期实现的现金流量的现值来估计，但前一种方式需要进行资产评估或公开拍卖，不可能连续不断地进行，也很难做到客观和准确；后一种方式则需要能准确估计未来预期的现金流量，由于未来的不确定性和信息不对称，难度也很大。

(5)公司价值受到多种不可控因素的影响，增加了管理难度。尽管上市公司的公司价值可通过股票价格的变动来体现，但是股价是受多种因素影响的结果，而这些因素很多是公司本身不可控制的，如宏观经济波动所带来的系统风险，政府政策的变动，投资者的非理性预期，等等。

本章小结

公司金融是金融学的一个分支学科，其研究的焦点集中在三类问题上：一是公司的融资问题；二是公司的投资问题；三是分配问题，即公司如何对投资产生的利润进行分配，保证公司的可持续发展。公司金融领域的研究还会涉及现代公司制度中的一些诸如委托-代理结构的金融安排等深层次的问题。公司金融是研究公司在现在或未来不确定的环境中，如何以最低成本从金融市场获得经营所需的资金,并通过投资进行有效配置以实现其价值最大化的一门学科。

公司是依照法律规定的条件和法律规定的程序设立,具有法人资格的公司组织。公司是资本的联合而形成的经济组织,具有广泛的筹集资金的能力。公司主要形式为有限责任公司、个人无限责任公司、合伙无限责任公司以及公开上市的股份有限公司等。

公司金融是以公司理论为基础,以法人主体的公司为研究对象,主要研究公司的融资、投资、收益分配以及与之相关的问题。公司金融是将公司理论和公司财务相结合的学科,属微观金融学范畴。

在实践中,公司金融是为实现一定目标所进行的一系列的金融决策与管理过程,主要包括资产的配置、资产的获得以及资产的运营。因此,公司金融管理主要包括投资决策及其管理、融资决策及其管理和资产管理决策。

公司金融的管理目标必须与公司的总体战略目标一致。在公司制发展的不同阶段,由于公司的内外部环境不同,公司金融的管理目标也在不断变化,其中主要的目标有:利润最大化目标,股东财富最大化目标和公司价值最大化目标。

关键概念

公司;有限责任公司;股份有限公司;公司金融;资本结构;公司治理;金融中介机构;利益相关者;资本结构优化;有效市场理论;信息不对称理论;公司治理理论

复习思考题

1. 什么是公司金融?
2. 公司金融主要研究什么问题?
3. MM 定理在公司金融理论的发展中具有什么作用?
4. 有限责任公司与股份有限公司的主要区别有哪些?
5. 什么样的资本结构是最优资本结构?
6. 在信息不对称的情况下,怎样建立法人治理结构?
7. 公司治理理论的主要观点有哪些?
8. 谁最关心公司最大化的目标?
9. 公司金融管理的目标有哪些? 它们之间的主要区别是什么?

第 2 章

公司财务及其管理

2.1 公司主要财务报表

任何一个公司的经营环境都在不断发生着变化。在这种动态环境中,财务报表为管理人员提供了快速解决经营管理问题所需要的信息。理论上,财务报表能够揭示公司从事的不同类型经营活动之间存在的内在联系,以及需要保持的适当平衡。因此,系统掌握有关财务报表的知识,可以推进公司管理水平的提高。具体来说,财务报表具有以下几个基本功能。

(1)为公司的所有者提供关于公司现在和过去经营业绩的财务信息。

(2)为公司的债权人提供公司运营和资金使用状况的信息。

(3)为政府相关管理部门提供相关的信息。

(4)为公司的管理者制定决策、控制和管理公司的经营活动提供财务信息。

记录和反映公司经营状况的主要财务报表有资产负债表、损益表和现金流量表。

2.1.1 资产负债表

资产负债表是公司运用的资产以及与资产相联系的资金的瞬时记录,它是与某一时点相联系的静态文件,反映了公司在某一时点(如月末、季度末或年末)的资产、负债与所有者权益的基本状况。因此,公司在固定时间间隔反复做瞬时记录,为管理人员和公司的相关利益集团提供有关资产和资金随时间变动的数据。

1.资产负债表的结构

资产负债表是公司最基本的财务报表。传统上,资产负债表由左右两栏构成,左边一栏是"资产",右边一栏是"负债"和"股东权益"。"资产"一栏是公司拥有的资产价值的汇总表;"负债"一栏列出了公司欠外部债权人(包括机构和个人)的账款数额。现在采用的资产负债表的格式是单栏设计,"资产"、"负债"和"股东权益"分上、中、下三部分记录。单栏设计的资产负债表格式具有某些优点,但是从解释资产负债表结构及其基本原理的角度看,双栏格式的资产负债表更容易帮助初学者理解。因此,本章主要采用如图 2-1 所示的双栏格式资产负债表进行分析。

资产	负债
固定资产 (长期资产)	长期负债
	流动负债
流动资产 (短期资产)	股东权益

图 2-1　构成资产负债表的五个基本部分

在资产负债表中,"资产"一栏可以进一步分为"固定资产"和"流动资产"两部分;"负债"一栏也可以进一步分为"长期负债"和"流动负债"两部分。因此,公司的资产负债表由五部分组成。

下面分别解释资产负债表中各个组成部分的内容:

(1)固定资产。一个公司的全部长期资产构成了该公司的固定资产。严格意义上说,这一项应称作"长期投资",其中一些内容并不属于固定资产,而固定资产一词的使用更为普遍。固定资产通常包括三项内容:无形资产、固定资产净值和长期投资。无形资产项目中的所有资产都不具有实物形态,如商誉、技术专利、许可证,等等。固定资产净值包括公司经营所需要的大量昂贵、长期使用的实物资产,如土地、厂房、机器设备、办公室和运输工具,等等。它等于固定资产的原始成本减去累计折旧,其中地产通常要根据市价进行调整。长期投资包括公司长期持有的其他公司的上市股票,但并非公司的所有投资都表现为这种形式,如果公司凭借控股或其他手段取得支配权后,原先单独的子公司的账目会全部合并、汇总到母公司资产负债表的对应项目中。

(2)流动资产。一个公司的全部短期资产构成了该公司的流动资产,短期一词是指资产通常可以很快变现。流动资产通常包括四项内容:存货、应收账款、现金和其他流动资产。存货包括原材料、半成品、产成品、维修部件。应收账款是指在公司正常经营中,因客户赊欠而产生的款项,是购货人对公司的债务。现金包括所有现金等价物(Cash Equivalent),例如,短期银行存款、流动债券等。其他流动资产是指所有其他短期资产,如预付货款、非营业性应收账款,等等。在公司的运营过程中,流动资产中的项目不断发生转变。原材料和零部件存货转变为产成品,产成品在销售过程中转变为应收账款,而应收账款以现金的形式回收。存货和应收账款通常是流动资产中最重要的两个项目,由于公司的职能不是持有现金,因而现金数额通常较小。

(3)长期负债。公司的长期负债的主要形式包括抵押贷款、定期贷款、公司债券,等等。长期负债的偿还期在一年以上,公司实践中通常将长期负债细分为中期和长期两种类型:中期是指偿还期在 3～5 年的负债,长期是指偿还期在 5～20 年的负债。

(4)流动负债。公司的流动负债是一种短期负债,偿还期在一年以下。流动负债的主要内容有：应付账款，即公司正常营业发生的应支付给供货商的款项；短期贷款，包括银行透支和所有其他的附息性短期债务；其他，包括所有其他短期负债，例如应付款项、应计利息、应缴税款和应付股息，等等。流动负债与流动资产具有很强的对应关系："应付账款"对应于"应收账款"；"现金"对应于"短期贷款"，两者均反映公司日常经营的现金状况。

（5）股东权益。这一项记录公司的所有者对公司的全部索取权，它的变动反映了财富的获得与失去。股东权益通常分为三类：实收资本、资本公积和未分配利润。实收资本由公司以筹措现金为目的发行的普通股构成，是把股东资本注入公司的主要方式。实收资本具有三种不同价值，即票面价值、账面价值和市场价值。票面价值是公司主管赋予股票的名义价值，标注在股票的票面上，用以确定公司对外发行的普通股的价值。账面价值是通过股东权益除以股票发行数目得到的。市场价值是市场对公司股票的估价。资本公积是来自正常营业之外的盈余，属于普通股股东。这个项目资金的主要来源是，固定资产重估增值，上市股票高于票面价值的溢价，资产负债表项目上的货币收益，以及某些非营业利润等。由于它几乎是永久性资金，不能以股息的形式支付，所以与实收资本十分相似，不能用于分配。未分配利润是公司经营利润中留存下来的部分，也称作留存盈余。对于多数公司来说，这是公司增长的正常途径，尽管它们可以作为股息分配，但很少有公司这样做，它们趋于成为公司永久性资金的一部分。

2. 资产负债表的含义

在资产负债表中，左右两栏的金额合计必须相等。它实际上反映的是公司的同一笔资金的两个方面，即资金从何而来，用在何处。因此，资产负债表记录着公司经营中的资金来源与使用，如图 2-2 所示。

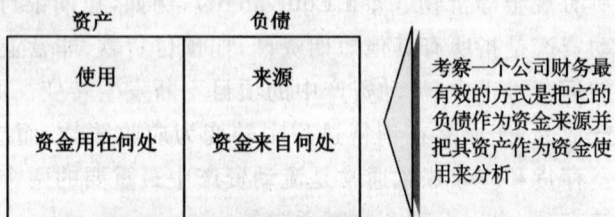

资产	负债
使用	来源
资金用在何处	资金来自何处

考察一个公司财务最有效的方式是把它的负债作为资金来源并把其资产作为资金使用来分析

图 2-2　资产负债表/资金的来源与使用

另一方面，资产负债表反映了公司所拥有的东西。"资产"一栏表明了公司所拥有的各种物品，"负债"一栏表明了公司所拥有的资金。所有注入公司的现金都是资金来源，而所有支出的现金都是资金使用。因此，从这个角度来理解，资产负债表可以看做是资金的来源与使用表。

公司的资产负债表是按照会计原则以成本来计量资产、负债和权益的价值的。因此,"资产"栏是以各项资产对公司的现在成本表示的价值汇总表。它可以看成是由资金的使用或支付所形成的资产持续价值的汇总。资产负债表编制的基础和描述的内容在会计上的准确表述是资产负债表的基本等式,即

$$资产 = 负债 + 股东权益 \tag{2-1}$$

3. 资产负债表中的基本术语

在资产负债表中,总资产、运用资本、财产净值和营运资本是四个最基本的术语。

(1)总资产。在资产负债表中,无论左边的"资产"栏还是右边的"负债"栏,由上至下加总所有数值,就得到总资产的数值,即

$$总资产 = 固定资产 + 流动资产 \tag{2-2}$$
$$总资产 = 长期贷款 + 流动负债 + 股东权益 \tag{2-3}$$

总资产在不同类型的财务分析中具有不同意义。有时从资产的角度考察这个数值更有意义,有时从资金角度分析这个数值则更有意义。

(2)运用资本。运用资本代表着公司中的长期资金,相当于长期贷款与股东权益之和。常用的计算方法是总资产减去流动负债,即

$$运用资本 = 固定资产 + 流动资产 - 流动负债 \tag{2-4}$$

运用资本是公司中具有基金性质的长期资金,这部分资金是否递减直接反映公司绩效的好坏。

(3)财产净值。财产净值,或称净资产,由资产负债表中的股东权益构成,有两种计算方法,即

$$财产净值 = 实收资本 + 资本公积 + 未分配利润 \tag{2-5}$$
$$财产净值 = 固定资产 + 流动资产 - 长期贷款 - 流动负债 \tag{2-6}$$

第一种计算方法的依据是会计原理,其中的实收资本和资本公积是随时间推移根据不同会计准则和惯例积累起来的。第二种方法是用资产总额减去负债总额,剩下的所有项目均归股东所有,能够更准确地揭示财产净值的含义。如果资产的账面价值与实际价值十分接近,两者计算方法的结果基本相等。

(4)营运资本。营运资本衡量公司日常经营的流动性的高低,其计算方法如下:

$$营运资本 = 流动资产 - 流动负债 \tag{2-7}$$

公司获得现金的能力与获得财产的能力是不同的,流动性反映了公司获得

现金能力的高低。如果一家公司拥有大量不易变现的资产，则该公司的财产缺乏流动性，可能难以满足其日常经营活动中对现金的需求。

计算营运资本的另一种方法：

$$营运资本＝股东权益＋长期贷款－固定资产 \qquad (2\text{-}8)$$

这种计算方法可以揭示出营运资本更有意义的内在含义。公司拥有的营运资本数量取决于没有被长期资产占用的长期资金。公司的长期资金很大一部分用于购买长期固定资产，但必须留足能够满足日常营运对现金的需求，这种需求通常随公司的发展而增长。

2.1.2 损益表

损益表是衡量公司在一段时期内(如一年)的收入和费用，并以净利润衡量其收益的财务报表。损益表是连接期初资产负债表和期末资产负债表的桥梁，其作用是确定公司在这个时期内获得的总收入和发生的总成本，而总收入减去总成本就是该时期的营业利润。

1. 损益表的构成

损益表主要由四部分构成，见表 2-1。

表 2-1　2010 年 XYZ 公司损益表　　单位：百万元

销售收入	226
销售成本	(166)
营销费用	(12)
管理费用	(15)
折旧	(9)
纳税付息前利润	24
利息费用	(4)
税前利润	20
所得税	(5)
净利润	15
现金股利	7
存留收益	8

损益表中的第一部分记录了一定时期内公司经营活动的收入与支出。其中，销售收入是指公司销售商品或提供劳务的现金收入和应收销售款项；销售成本是指直接与经营活动有关的费用，主要包括直接人工成本、原材料、燃料及制造费用等成本；营销费用是指销售人员的工资、销售产品的运输费、促销费和广告费；管理费用是指管理人员的工资及福利等；纳税付息前利润是损益表中特别重要的一项，它反映了在计算所得税和筹资费用之前的利润，也称作营业收入。

损益表中的第二部分记录了一定时期内公司非经营活动的支出,主要包括利息费用在内的所有财务费用。

损益表中的第三部分记录了一定时期内税务部门对公司利润所征的所得税。

损益表中的第四部分记录了一定时期内公司经营活动的净利润,是公司股东可以分配的利润。它可进一步分为两部分,即可以分配给普通股股东的现金股利和用于再投资的存留收益。

2. 损益表的分析

在分析损益表时,通常需要注意以下三方面问题:

(1)会计准则。在损益表中,收入与成本的核算往往会遇到一些困难。销售收入通常是售货发票上所示金额的合计,多数情况下,这种收入确定起来并不存在问题。但是,一家公司出售一个仓库的所得是否应该算做收入的一部分?如果公司的财产价值增值,但尚未实现时,则不能确认收入。这就使得公司有可能在需要的时候售出已增值的资产,调节利润。例如,如果某公司所拥有的一个林场的价值翻了一番,那它就可以在某个经营业绩不好的年份卖掉一些林木来提高总利润。按公认会计准则中配比原则的要求,收入应与费用相配比。这样,一旦收入实现,即使没有实际的现金流入,也要在损益表上报告[1]。成本的确定会遇到更多的问题,例如,研发费用是否应该在它们发生的年份计入成本?有两项会计准则可以帮助确定必须考虑的成本:一是计入与收入直接相关的成本,二是计入与会计期直接相关的成本。附在公布会计报告中的会计准则说明会提供一些有关信息,分析损益表之前应该细读这些说明。

(2)非现金项目。在损益表中,与收入相配比的费用中有些属于非现金项目,其中最重要的一个是"折旧"。折旧反映了会计人员对生产过程中设备的耗费成本的估计,采用不同的折旧方法,固定资产在其寿命期内每年的摊入费用也是不同的。但从理财的角度看,这笔资产的成本是固定资产取得时的实际现金流出,而不是会计上的每年所分摊的折旧费。另一种非现金费用是"递延税款"。递延税款是由会计利润和实际应税所得之间的差异引起的。从理论上说,如果本年的应税所得小于会计利润,以后年度的应税所得就会大于会计利润,递延税款在本年不实际缴纳,而在以后年度付出,这就形成了公司的负债。从现金流量的角度来看,递延税款不是一笔现金流出。

(3)时间和成本。时间可以分为"短期"和"长期"。"短期"是指在这样一个时间长度内公司特定的设备、资源和责任义务都是固定的,但可以通过增加劳

① 斯蒂芬,A·罗斯,伦道夫,W·维斯特菲尔德,杰夫利,F·杰富. 公司理财. 吴世农,等,译. 北京:机械工业出版社,2005

动力和原材料来改变产量。尽管对于不同的行业来说,短期并没有一个统一的期限标准,但所有的公司制定短期决策时一定都有固定费用,比如业务活动中的债券利息、管理费、财产税等。非固定的费用,即变动费用,随产量的变化而变化,比如原材料和生产工人的工资。"长期"是指"所有的费用都变动"的一个时间长度。财务会计人员通常将费用分为产品成本和期间费用。产品成本是指某一期间内所发生的全部生产成本,包括直接材料、直接人工和制造费用,产品销售出去后,这一部分在损益表上作为销售成本列示。产品成本中既有变动费用,也有固定费用。期间费用是指分配到某一期间的费用,包括营销费用、一般费用和管理费用。

2.1.3 现金流量表

1. 现金流量表的作用

现金流量表是记录公司在一段时间内(如一年)的现金流入与流出状况的财务报表。编制现金流量表的目的是追踪公司内资金流量,确定现金的来源和去向,它反映的现金增减变化就是现金及等价物的变化。

现金流动的规则非常简单。公司每签发一张支票,就发生一笔现金流出;每收到一张支票,就有一笔现金流入。作为现金流动的唯一原则,这种简单性意味着,编制者很难通过做手脚来掩盖公司经营中不尽如人意的地方。虽然损益表也在一定程度上反映了公司在一定时期内的现金流量,但是现金流量表比损益表更加可信、客观。许多营业性的现金变动并没有反映在损益表上。这是因为损益表是按"应计原则"编制的。它要对公司的现金流量进行调整,使之与特定期间赚取的收入和发生的成本相匹配。虽然确定真实的收入和成本是财务报表最主要的目的,但这种调整有时却掩盖了公司经营中一些重要的方面。

现金流量表的主要数据来自于资产负债表和损益表,参考这两个基本财务报表提供的信息来使用现金流量表,现金流量表具有以下基本作用。

(1)现金流量表集中反映了公司在一段时期内的现金头寸的变化,也就是公司在运营中产生的偿还债务、支付利息和股利的未来净现金流入量的能力。

(2)现金流量表显示了净现金流与净收益的区别。损益表中的净收益,是以权责发生制为基础计算的结果,所以其每一笔经营收入或每一笔费用支出并不都是现金流入或现金流出。而现金流量表则是以实际发生的现金流为基础的,这有助于管理者正确地判断公司未来净现金流量的能力。

(3)现金流量表反映的现金增减变化是现金及等价物的变化,按现金流量的产生与公司经营活动的对应关系,现金流量可分为三个类型:经营活动中的现金流量、投资活动中的现金流量、融资活动中的现金流量。

2. 现金流量表的构成

公司在运行过程中产生的现金流量大体上由三部分组成：

(1)经营活动中产生的现金流量。经营活动中产生的现金流入,主要包括销售商品和提供劳务收入的现金、债权投资的利息收入和股权投资的股息收入的现金。经营活动中产生的现金流出,主要包括购买商品或劳务支付的现金、向员工支付工资的现金、向债权人支付的利息、向政府支付的税金,以及其他经营费用的支出。

(2)投资活动中产生的现金流量。投资活动中产生的现金流入,主要包括出售固定资产取得的现金、出售公司对外贷款和其他实体的股票获得的现金。投资活动中产生的现金流出,主要包括为获得固定资产支付的现金、购入债券或股权支付的现金。

(3)融资活动中产生的现金流量。融资活动中产生的现金流入,主要包括借款收到的现金、出售公司股票收到的现金。融资活动中产生的现金流出,主要包括偿还债务支付的现金、回购公司股票支付的现金、分配股利支付的现金。

现金流量表的结构及其细分项目之间的关系见表2-2。

表 2-2 现金流量表的结构

经营活动中产生的现金流量	
销售收入	
−	应收账款的增加
来自客户的现金收入	
−	销售成本
+	存货的减少
+	应付账款的增加
对供应商的现金支出	
−	销售和管理费用
−	利息费用
	预付费用的增加
+	其他应计负债的增加
其他经营性现金支出	
	缴纳的税金
+	应付税金的增加
纳税的现金支出	
投资活动中产生的现金流量	
−	固定资产增加
−	长期投资增加
+	其他长期资产减少
融资活动中产生的现金流量	
+	短期负债增加
+	长期负债增加
−	股利支付
现金与有价证券的变动(净现金流)	

2.1.4   三个财务报表之间的关系

资产负债表、损益表和现金流量表是公司财务系统中密切相关的三种财务报表。资产负债表是静态报表，而损益表和现金流量表都是动态报表。资产负债表、损益表和现金流量表共同反映了一个公司的财务状况、经营成果和现金流量，都是用一个公司相同的会计账簿、会计凭证和其他会计信息编制的。在编制过程中，往往先编制损益表和资产负债表，然后根据资产负债表和损益表中的相应数据编制现金流量表。

一般的，一套完整的公司财务报表包括：期初资产负债表、期末资产负债表、损益表和现金流量表，如图 2-3 所示。

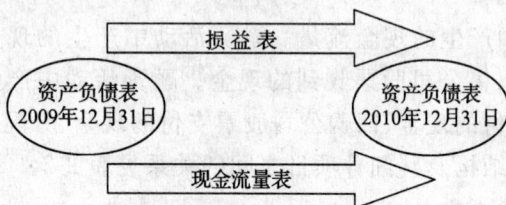

图 2-3   一套完整的财务报表

资产负债表提供公司资产在某一时点上的瞬时记录，如 2009 年 12 月 31 日。以后的瞬时记录要在具有相同时间间隔的时点上不断做出。每过一个时期，公司运用的资产以及与资产相联系的资金会发生变动，对这些变动的分析可以帮助回答公司是否运行正常的问题。

损益表量化并解释在由期初资产负债表和期末资产负债表界定的时间内，公司的收益或亏损。损益表中的一些数值是根据期初和期末资产负债表得出的，改变损益表中的数值，就需要对资产负债表做出相应的调整，因此，损益表与资产负债表相互为辅。

现金流量表取决于期初和期末资产负债表以及损益表。它把三种报表中的重要项目联系在一起，是补充资产负债表和损益表最重要的报表。

这三种财务报表之间存在着紧密的内在联系，其中基本的平衡关系有：资产＝负债＋所有者权益；收入－费用＝利润；现金流入－现金流出＝现金净流量。如果人为通过改变报表中的某些项目，就很可能会造成某种关系的破裂或不合理。例如，损益表中的收入与成本费用之差得出的利润并不是一个虚无的数字，它最终要表现为资产的增加或负债的减少。若公司隐瞒收入，使损益表中的净利润减少，从而未分配利润减少，会直接影响到资产负债表中的"未分配利润"项目。

在资产负债表与损益表之间,可以根据资产负债表中短期投资和长期投资分析损益表中"投资收益"的合理性。如检查是否存在资产负债表中没有投资项目而损益表中却列有投资收益,以及投资收益大大超过投资项目的本金等异常情况;还可以根据资产负债表中固定资产、累计折旧金额分析损益表中"管理费用—折旧费"的合理性,即结合生产设备的增减情况和开工率、能耗消耗,分析主营业务收入的变动是否存在产能和能源消耗支撑。"资产=负债+股东权益+(收入-成本费用)"这一等式揭示了资产负债表与利润表之间的关系。

资产负债表、损益表与现金流量表之间,可以根据资产负债表"货币资金"项目期末与期初差额,与现金流量表"现金及现金等价物净增加"之间的关系来分析现金变动是否合理。一般公司的"现金及现金等价物"所包括的内容大多与"货币资金"口径一致;现金流入是由主营业务收入、其他业务收入、预收账款增加额、应收账款增加额、应收票据增加额等项目确定;而现金流出则是由主营业务成本、其他业务成本、存货增加额、预付账款增加额、应付账款增加额、应付票据增加额等项目确定。这三种财务报表之间的关系如图 2-4 所示。

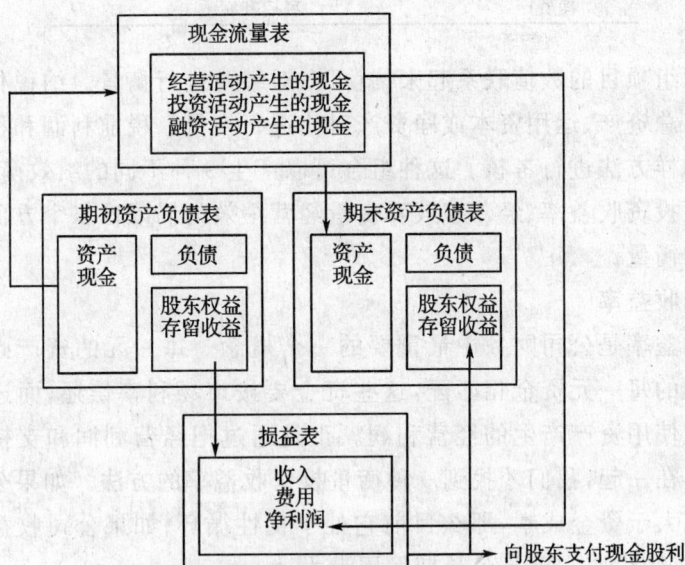

图 2-4 三种基本财务报表之间的关系

■ 2.2 公司财务报表分析

利用财务报表中的信息对公司的经营状况进行分析,可以采用多种方法。这类分析主要涉及公司的财务状况和经营绩效、公司经营对资金的需求量以及经营风险。分析的结果可以用于公司融资需求的决策。

本章仅介绍财务比率分析方法。财务比率一般是根据两种财务报表中的数据相比得出的指数，运用财务比率对公司的运行状况进行分析，称之为财务比率分析法。

2.2.1　经营绩效的衡量

衡量公司经营绩效的财务比率通常是根据资产负债表和损益表的数据来计算，即以损益表中的流量项目去除资产负债表中的存量项目。例如，把资产负债表中的三个重要项目与损益表中三个重要项目联系起来，就可以着手分析公司报表了，见表 2-3。

表 2-3　资产负债表与损益表中的重要项目

资产负债表	损益表
总资产	纳税付息前利润
运用资本	税前利润
净资产	税后利润

把这两组项目的数值联系起来，就可以对绩效进行衡量。纳税付息前利润可以通过与总资产、运用资本或净资产对比进行衡量。税前利润和税后利润也可以采用同样方法进行考核。这种组合可以产生 9 种不同的绩效衡量方法。

下面从投资收益率、经营绩效和衡量经营绩效的局限性三个方面解释公司经营绩效的衡量。

1. 投资收益率

投资收益率是公司财务中最重要的一个概念。每一元的资产必须与金融市场上筹集的每一元资金相匹配，这些资金要按市场利率偿还，而还款资金只能来自有效使用资产产生的经营利润。正是通过把经营利润和支持它的资产或资金联系在一起，我们才找到一种衡量投资收益率的方法。如果公司的投资收益等于或大于资金成本，那么目前它处于良性循环；如果公司收益长期小于其资金成本，则说明它不具备长期发展潜力。

衡量投资收益率有两种互为补充的方法：一是总资产收益率，二是股本收益率。总资产收益率和股本收益率分别揭示了公司经营过程中两个重要方面。总资产收益率着眼于公司整体的经营效率，股本收益率考虑的则是这种经营效率转化为所有者收益的情况。

总资产收益率是公司形成良好股本收益率的必要基础。公司的总资产收益率不理想，其股本收益率也不会令人满意。如上所述，总资产收益率是纳税付息前利润与总资产之比率。纳税付息前利润是总收入扣除经营总成本后的余额。经营总成本包括：直接生产成本、管理费用、销售和分销费用。这种营业利润与资产负债表中的总资产进行比较，二者间的百分比关系反映出总资产的收益率。因此，这一比率衡量的是公司管理人员综合利用全部资产、创造营业利润的状况。公司总资产收益率的计算要利用三个主要的经营变量：总收入、总成本和使用的资产。因此，在衡量公司整体的管理绩效方面，它是我们能够得到的最为全面、综合的一个指标。

股本收益率的计算，是将损益表中的税后利润表示为占资产负债表中所有者权益的百分比。股本收益率能够衡量出公司股东所获得的绝对回报水平的高低。良好的股本收益率会给公司带来成功，使得公司的股票价格上扬，吸引新资金更为容易。这些有利因素将促使公司在合适的市场条件下扩大规模，实现增长。而增长又会给公司带来更多利润，从而提高公司价值，不断增加所有者的财富。对经济整体而言，股本收益率则具有刺激产业投资，促进国民生产总值、就业、政府税收收入等方面增长的作用。因此，不论对整个现代市场经济，还是对单个公司，股本收益率都是至关重要的一个因素。

2. 经营绩效

在对总资产收益率和股本收益率的标准值进行分析时，很容易发现其中的杠杆效应。尽管总资产收益率是税前指标，但要比税后计算的股本收益率低。2011 年中国企业 500 强平均总资产收益率仅为 1.93%。

总资产收益率是指导公司管理者日常工作的重要工具之一，它给管理人员提供了一种衡量经营活动的基准。要想使总资产收益率在决策制定中真正发挥作用，必须首先将它按各组成部分进行分解。分解工作由两阶段构成。第一阶段，将总资产收益率分解为两个子比率，即毛利率和销售收入对总资产比率（资产周转率）；第二阶段，将每一子比率进一步分解为具体的构成部分。下面借助虚拟的资产负债表和损益表来解释总资产收益率的具体分解过程，如图2-5 所示。

其中：

$$总资产收益率＝纳税付息前利润/总资产 \qquad (2\text{-}9)$$

将该式的分子"纳税付息前利润"除以销售收入，将销售收入除以分母"总资产"，又得到两个比率：

$$毛利率＝纳税付息前利润/销售收入 \qquad (2\text{-}10)$$
$$资产周转率＝销售收入/总资产 \qquad (2\text{-}11)$$

由此可知，总资产收益率＝毛利率×资产周转率

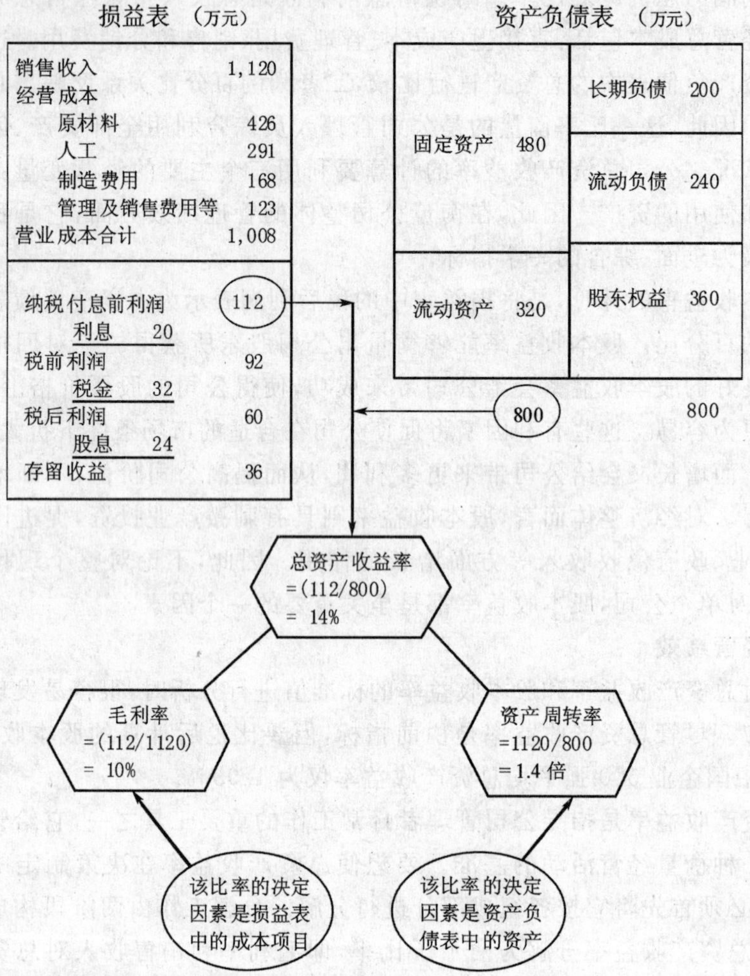

损益表 （万元）   资产负债表 （万元）

损益表（万元）	
销售收入	1,120
经营成本	
原材料	426
人工	291
制造费用	168
管理及销售费用等	123
营业成本合计	1,008
纳税付息前利润	112
利息　20	
税前利润	92
税金　32	
税后利润	60
股息　24	
存留收益	36

资产负债表（万元）	
	长期负债　200
固定资产　480	流动负债　240
流动资产　320	股东权益　360
	800

800

总资产收益率
=（112/800）
= 14%

毛利率
=（112/1120）
= 10%

资产周转率
=1120/800
=1.4 倍

该比率的决定因素是损益表中的成本项目

该比率的决定因素是资产负债表中的资产

图 2-5　总资产收益率的分解

　　"毛利率"将利润表示为销售收入的百分数，在衡量公司盈利性方面有着广泛的应用。"资产周转率"考察的是公司实现的销售收入与总资产间的关系。公司的管理者要想提高经营业绩，必须集中精力改善毛利率和资产周转率。然而，管理人员并不能直接控制这两个比率。它们取决于经营过程中各种相关因素的影响，这些影响因素也可以用财务比率来分析。

　　(1)毛利率的决定因素

　　简单地说，毛利就是销售收入扣掉经营总成本后剩下的部分。如果经营总成本占90%，毛利就占10%。只有这占90%的经营总成本减少了，毛利才能够增加。要想降低经营总成本，首先必须弄清它的组成部分。下一阶段将确定构成经营总成本的成本要素，并找出各主要成本要素占销售收入的比重。

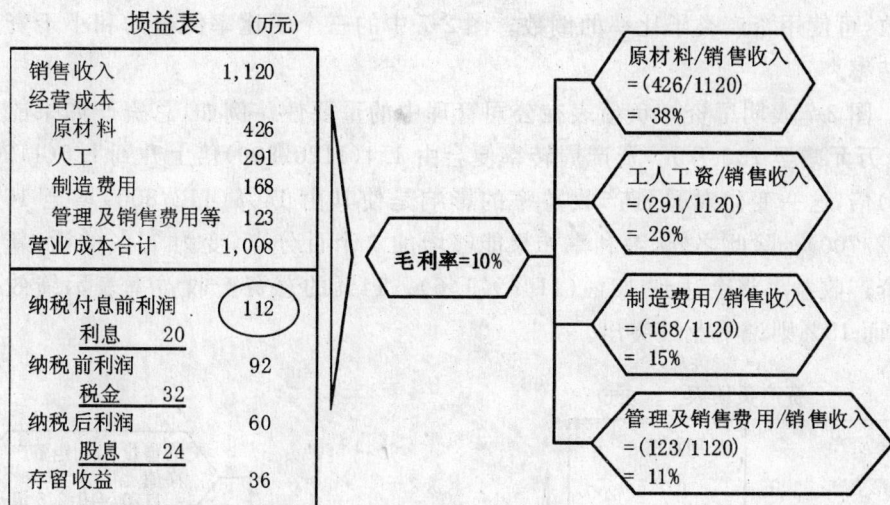

图 2-6　毛利率的决定因素

如图 2-6 所示,经营成本由四大类成本要素构成,即原材料、人工、制造费用和管理及销售费用等。将成本划分为这几类大的成本组是为了举例方便。各成本要素均被表示成销售收入的百分数。例如,原材料费用占销售收入的百分比为 38%。所有成本要素占销售收入的百分数合计为 90%,因此毛利率为 10%。

如果公司的管理者希望提高毛利率,就必须降低这四大类成本在销售收入中所占比重。例如,原材料占销售收入的百分数如果能够减少 2 个百分点,由 38% 降至 36%,在其他条件不变的情况下,毛利率将增加 2 个百分点,升到 12%。12% 的毛利率结合 1.4 倍的资产周转率,会使总资产收益率提高到 16.8%(即 12%×1.4)。

这些成本比率为管理人员制订计划、编制预算、确定任务以及监控其所负责的各职能部门的绩效提供了依据。利用这些比率,可以量化各部门的经营目标,计算出任何一个子比率的变化对公司总体绩效的影响。

(2)资产周转率的决定因素

资产周转率也可分解为若干组成部分。如图 2-7 所示,直接从资产负债表中找到主要的资产组,然后用比率表示出每一资产组与销售收入间的关系。公司均拥有三大类资产:固定资产、存货和应收账款。这三类资产与销售收入的比率关系分别表示在图 2-7 右边的框内。

如图 2-7 所示,销售收入对固定资产的比率为 2.5 倍(销售收入 1120 万元除以固定资产 440 万元)。需要注意的是,虽然毛利率等于分解后的各子比率之和,但资产周转率却并不等于分解后的资产类子比率相加的结果。为了保持一致,可使用资产类子比率的倒数。图 2-7 中的三个子比率倒数的和小于资产周转率。

图 2-7 表明了资产负债表在公司管理中的重要性。例如,总资产如果能从 800 万元减至 700 万元,资产周转率便会由 1.4(1120/800)倍上升到 1.6(1120/700)倍,这一变化对总资产收益率的影响是使其由 14%(112/800)增至 16%(112/700)。除此之外,毛利率如果能够增加 1 个百分点,变为 11% 的话,新的总资产收益率将会达到 18%(11%×1.6)。14% 的总资产收益率表示绩效平平,而 18% 则说明业绩突出。

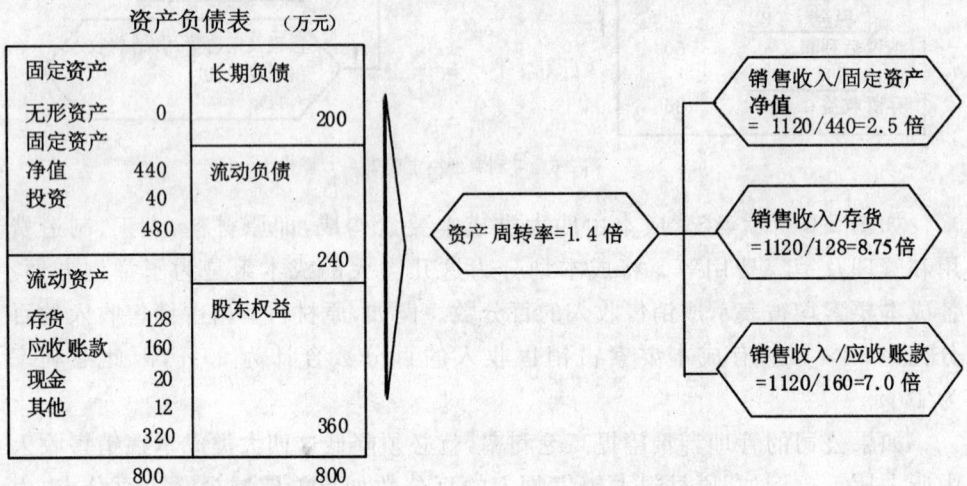

资产负债表　(万元)

固定资产		长期负债	
无形资产	0		200
固定资产净值	440	流动负债	
投资	40		
	480		240
流动资产		股东权益	
存货	128		
应收账款	160		
现金	20		
其他	12		
	320		360
	800		800

资产周转率=1.4 倍

销售收入/固定资产净值
= 1120/440=2.5 倍

销售收入/存货
=1120/128=8.75 倍

销售收入/应收账款
=1120/160=7.0 倍

图 2-7　资产周转率的决定因素

3. 经营绩效衡量的局限性

利用毛利率和资产周转率衡量经营绩效,还存在若干局限性:

第一,公司通常经营多种产品,而不是一种。因此上述方法中算出的成本百分比是各产品成本要素的平均值。在管理控制上,仅仅掌握平均值是不能令人满意的。因为某种产品的成本降低、销售收入增加等有利的变化会掩盖掉其他产品成本上升、销售收入减少等不利的事实。

第二,成本百分比的变化,如原材料,可能源于两种完全不同的原因:一是单位原材料成本的绝对变化,二是产品销售单价的变化。虽然提高价格是降低成本百分比的最有效方式,上述方法却很难对这两种原因进行区分。

第三,上述方法没有考虑产量变化。这是公司提高业绩所能利用的最有效的方式之一。产量增加会加速资产周转,如果上述虚拟公司的产量提高 10%,资产周转率将由 1.4 倍上升至 1.54 倍。由于固定成本的存在,产量变化很可能也会对毛利率产生影响。

第四,总资产收益率取决于资产负债表中资产的价值。由于不同公司或部门在厂房设备的使用时间、折旧方法等方面的差异,上述方法的结果很难进行横向比较。

第五,很多财务比率的名称和计算方法是不统一的,往往给人们的理解及应用带来混乱。例如,在上述财务比率中,应收账款周转率和存货周转率便有多种不同的表现形式。

(1)应收账款周转率。这一比率通常以销售收入天数的形式表示,除了上述方法中使用的"销售收入/应收账款"的公式外,另一种算法是用应收账款除以销售收入,然后乘以 365,其结果表示的是,顾客付款前享有的平均信用天数。这一比率经常被称作"应收账款天数"或"应收账款回收期"。应收账款天数的概念很容易理解,数值也非常精确,其比率值还可与公司赊销的标准天数进行对比,可以在一定程度上用来评价公司销售或财务部门工作的有效性。

(2)存货周转率。存货周转率的计算方法与上面介绍的应收账款周转率非常相似,也可转化为存货天数的形式。存货与销售收入的联系没有应收账款与销售收入那样密切。因此,可将存货同"原材料采购"或"原材料使用"进行比较,这两个指标对指导公司经营更为有用。将本公司的这一比率与行业的平均水平进行比较,可以考察公司存货管理效率的高低。一般来说,存货周转率越高,存货管理效率越高。但是,某一高水平的存货周转率可能反映了存货占用过少的事实,是缺乏存货的信号。所以,存货周转率只是一种粗略的衡量指标。

2.2.2 流动性的衡量

公司必须保持足够的现金资源,以便及时满足各种支付。若做不到这一点,公司就会发生流动性危机,处于十分严峻的财务状况中。即便公司当前实现了丰厚利润,也会发生流动性危机。这种情况下的现金可能是正项余额的银行存款,或公司有权使用的贷款资金。

当现金告罄时,公司管理人员不再拥有独立制定决策的权力。外部机构,如债权人或被拖欠的贷款银行,将会决定公司的命运。这种命运可能是破产、强制性改组、非意愿性接管,或是公司被获准以某种其他方式继续经营。但不管怎样,事实都是公司的管理者失去权力,股东的全部投资可能化为泡影。

亏损通常是引发灾难的直接原因。但如前所述,即使公司利润喜人,也可能发生流动性危机。实际上,高利润、快速增长的小型公司现金时常周转不灵,从而使得最初的创业者或所有者两手空空离去,任由他人接管并收获这些公司成功的果实。

公司的现金流动通常被比喻为人体的血液流动,现金在公司的"动脉"中不断循环,输送各种经营活动所需营养,如果流量中断或严重减少,后果将不堪设想,如图 2-8 所示。

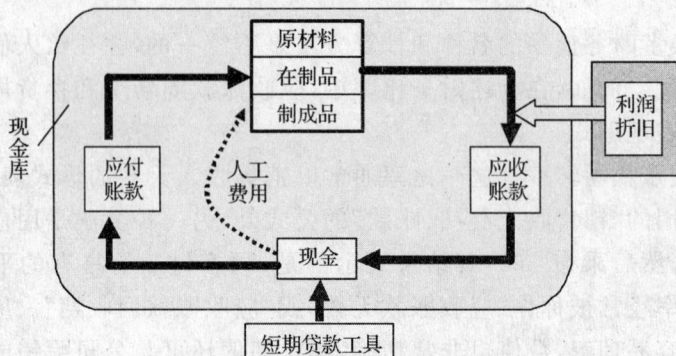

图 2-8　营运现金流动

图 2-8 描述的是整个现金循环中被称作营运现金流动的部分。该系统的核心是现金库或蓄水池,现金通过它不断流动。公司尚未使用的短期贷款工具是支持现金库的一项辅助性供给,在现金短缺时,它们提供了保护公司的第一道防线。公司日常的流动性就是由这两部分(现金库和短期贷款)独立的现金储备构成的。

流入现金库的现金主要来自"应收账款",是顾客从公司获得产品、劳务后支付给公司的货款。现金的主要流出包括两项:一是支付从供应商处获得原材料和服务所形成的"应付账款",二是支付员工工资和其他营业性费用。

现金循环通过几个步骤完成。首先,"应付账款"供给公司原材料,然后,原材料经过"在制品"阶段转变为"制成品"。在这一转换中,现金体现在劳动、费用和支付供货商货款等形式中。"制成品"被售出后,其价值进入"应收账款",并由此流回现金库,完成一次现金循环。

分析公司流动状况,必须首先区分资产负债表中的长期项目和短期项目。"流动资产"和"流动负债"均属于短期项目,余下三个部分:"股东权益"、"长期贷款"和"固定资产"则属于长期项目。

长期资产与长期资金之间、短期资产与短期资金之间应当分别保持一定均衡。一般原则是:公司长期资产应与相应的长期负债一致,短期资产应与相应的短期负债一致。

1. 短期流动性衡量

短期负债通常在公司全部债务中占有很大比重,并总要高于公司的纯现金资源。衡量公司短期流动性的财务比率,可以用来评价公司的短期偿债能力。公司若有足够的现金,就不会造成债务违约,避免陷入财务困境。

公司中的现金是不断运动的。顾客每天付款时,现金由应收账款流入公司。每次付款都减少应收账款余额,直到新的销售收入形成,完工产品存货再转化为应收账款。同样,完工产品存货是由原材料和在制品转化而成的。我们可将这些资产,即各种形式的存货和应收账款,看做是临时性的现金储备。它们与现金共同构成"流动资产",在公司总投资中占有较高比重。

在获得现金的同时,公司利用商业信用向供应商购买物品,形成短期债务,加上公司的其他短期贷款,被合称为"流动负债"。衡量公司的短期流动状况,是通过比较"流动资产"和"流动负债"之间的关系来进行的。反映这种关系的比率有三种:一是流动比率,二是速动比率,三是"流动资金对销售收入"比率。

(1)流动比率

流动比率是信贷机构喜欢使用的一个比率。它的计算是建立在简单比较"流动资产"和"流动负债"总值的基础之上。前者代表公司可以利用的流动性资产,即现金和准现金的数量,后者反映的则是公司短期内的现金需求。信贷机构希望看到现金盈余,因此正常情况下,流动比率应当大于1。这一标准适用于大多数类型的公司,但某些公司却有能力以低于1的流动比率从事经营。

不同类型公司的情况千差万别。相同的流动比率下,有些公司游刃有余,有些公司却会陷入危机。有些公司必须保持大量存货、给予顾客较长的信用期限,等等。而有些公司却几乎没有存货,享受供应商给予的信用优待。单独一个比率值不能说明什么问题。要想全面掌握公司情况,必须设置恰当的衡量基准。这些基准可以借助多种途径获得,如历史数据、竞争者的财务报表及对外公布的各种数据等。对于各种流动性比率,最有价值的信息来自流动比率在一段时间内的变化趋势,而不是该比率的绝对数值。

流动比率的缺点是没有对不同类型的流动资产进行区分。有些类型的流动资产的流动性要高于其他类型的流动资产。因此,流动比率很高的公司也会出现缺少现金的问题。

(2)速动比率

速动比率的计算方法与流动比率非常相似,只是在"流动资产"中扣除"存货",然后再除以"流动负债",即

$$速动比率=(流动资产-存货)/流动负债 \qquad (2\text{-}12)$$

或表示为

$$速动比率=(现金+应收账款)/流动负债 \qquad (2\text{-}13)$$

相对于现金和应收账款,存货的流动性较差。因此,速动比率指标能够反映出公司经营中的存货积压的程度。"流动性"一词通常用来表示一项资产在

需要时能够多快转变为现金,以及相当于其账面价值的多大百分比。如果遇到的情况是一个公司的流动比率不变,速动比率却在迅速降低,说明这家公司的存货正大量积压,牺牲掉了流动性强的现金和应收账款。

对于各种类型存货的流动性,信贷机构是很难作出判断的,而现金和应收账款则让它们放心得多,因此,它们非常注重速动比率。

(3)"流动资金对销售收入"比率

流动比率和速动比率是应用最广泛的短期流动性衡量指标。但这两种比率都是静态的,仅能反映出资产负债表填报日一个时点的流动状况。公司可以通过"包装"财务报表来人为提高这一天的比率值。为了克服这一缺点,近期内的现金流量可能是一种更合理的流动性衡量指标,"流动资金对销售收入"比率在一定程度上满足了这一要求。

流动比率和速动比率只使用资产负债表中的数据,而"流动资金对销售收入"比率却通过引入损益表中的数据在动态的基础之上考察公司的流动状况。由于销售收入在一定程度上是对整个公司系统内营业现金流量的反映,因此该比率将短期流动性与年度营业现金流量联系了起来。

"流动资金对销售收入"比率通常还能反映出其他比率忽视的"过度经营"现象,即流动比率和速动比率不变,而该比率却在下降。这种现象出现在销售收入增长迅速,但流动资金不变或减少的情况下。"过度经营"用来描述资产负债表中的资源不足以支持公司当前业务规模的状况。其症状是:资金持续短缺,无法满足日常需要,公司存在破产的危险。解决这种状况的唯一办法就是注入长期流动资金。

2. 长期流动性衡量

与公司的短期流动性相比,其长期流动状况更为重要。公司的长期流动状况在很大程度上反映了其"财务实力",或公司承受经营挫折的能力。衡量公司的长期流动状况,需要结合现金流量考察其全部借款。主要衡量方法包括:利息偿付比率、债务对股本比率和财务杠杆。

(1)利息偿付比率

"利息偿付比率"衡量的是公司偿还各种借款的能力,其独特性在于它是完全由损益表派生出的一种长期流动性衡量方法,计算公式如下:

$$利息偿付比率＝纳税付息前利润/利息费用 \qquad (2-14)$$

利息偿付比率的数值由三方面因素决定:营业利润、借款总额和实际利率。对利润高的公司而言,即使资产负债表中的债务过多,它们也会有足够的资金偿还借款的本金和利息。利率水平会严重影响利息偿付比率。

（2）债务对股本比率

债务对股本比率衡量的是资产负债表中的资金组合方式，对所有者提供的资金（股本）和借入资金（债务）进行比较。虽然这一比率的计算思路非常简单，但在操作上却存在两方面困难：一是债务的含义是什么，二是如何确切表示该比率的计算方法。

"债务"一词有三种常用解释：一是仅指长期贷款，二是长期贷款和短期贷款（即产生利息的所有债务），三是长期贷款加上所有流动负债（即总债务）。前两种解释注重正规的生息债务（Interest Bearing Debt），即来自银行或其他金融机构、需要支付利息的资金。银行计算"债务对股本"比率时，普遍使用这两种定义。第三种解释则包括应付账款和所有与利息相似的支出，如股息、税金和其他杂费等。银行的财务分析人员使用狭义债务，是因为银行的利益索取权通常排在供应商和其他债权人之前。然而，从公司角度看，欠供应商的债务和欠银行的债务一样，都很重要。

债务对股本比率的计算方法主要有三种。

方法 1：债务/股本

方法 2：股本/总资金

方法 3：总债务/总资金

强调债务对股本比率，是因为如果这个比率恶化，公司就真正面临长期流动性问题，而这种问题可以导致公司破产。公司借债越多，风险就越大。资产负债表中的所有债务都赋予债权人针对本公司的法定清偿权，包括定期的利息支付和约定时刻的本金偿还。本金偿还既可采用分期付款的方式，也可在贷款期末一次性还清。

因此，债务在为公司提供资金的同时，也使公司背上沉重的包袱，即要在未来某个时刻支出一大笔数额固定的资金。而公司的现金流入总是最不稳定的。固定的现金流出和不确定的现金流入形成了公司的财务风险。贷款数额越高，风险就越大。那么，公司为什么还要借债，承担这种额外的风险呢？资金的相对成本是问题的答案。债务的成本低于股本资金的成本。所以，通过增加资产负债表中的债务数量，公司一般可以改善盈利能力，提高股票价格，增加股东财富，造就更大的增长潜力。

债务同时增加公司的利润和风险。公司管理者的一项重要工作就是要在利润和风险间保持适当的平衡。公司的债务数量保持多少才算合适呢？公司必须预测未来现金收入的不确定程度，据此安排债务水平。收入稳定的行业中，公司债务水平较高。而在收入难以预测的行业中，公司主要通过股本获取资金。公司对债务的态度除了存在行业差异外，还随地区不同而有所变化。债务水平的行业和地区差异并非产生于财务上的原因,而是观念、文化、历史等因素作用的结果。

(3)财务杠杆

"财务杠杆"与公司的债务融资和权益融资的多少有关,它反映的是利润和固定利息费用间的关系。财务杠杆的水平取决于"债务对股本"比率,财务杠杆高表示"债务对股本"比率高,利息费用在"付息前利润"中占有很大比重。债务是一种主要的筹资方式,其利息可以在税前扣减而具有节税的好处。如果公司具有高的财务杠杆,在营业利润变化1%时,股东收益可能会变化10%,甚至更多。因此,财务杠杆高的公司在经济繁荣时期能够蓬勃发展,但在经济衰退时会很快陷入困境。表2-4说明了财务杠杆的不同水平对股本收益率的影响。

表 2-4　　　财务杠杆的不同水平对股本收益率的影响　　单位:万元

选择	股本	债务	利息	税前利润	股本收益率(税前)
1	100	0	0	15	15.00%
2	80	20	2	13	16.25%
3	60	40	4	11	18.33%
4	50	50	5	10	20.00%
5	40	60	6	9	22.50%
6	20	80	8	7	35.00%
7	10	90	9	6	60.00%

如表2-4所示,当一家公司的股本为100万元、税前利润为15万元、债务为0时,利息费用为0,股本收益率为15%。当该公司的资金组合方式变为80万元股本和20万元债务,按10%利率计算,利息费用为2万元。15万元的利润扣除利息费用后,余下13万元归股东所有,此时的股本投资为80万元,股本收益率是16.25%,公司引入20%债务的结果,是股本收益率由15%上升到16.25%。这就是实际中的财务杠杆。随着财务杠杆的逐步加长,股本收益率随债务的增加不断上升。当债务占资金组合的90%时,股本收益率为60%。财务杠杆高的公司能够获得超额利润,但承担更多的风险则是它们为之付出的代价。因此,管理者为股东实现高额收益的冲动必须用风险监控加以制约。

2.2.3　投资比率

公司需要通过不断地投资保持可持续增长,并为股东赚取收益。以获取高收益率为目的制订未来的发展计划,是公司经营管理活动的核心职能之一。而完成这一职能,关键是要有足够好的新投资项目。为此,公司需要对各种投资方案进行周密的遴选,以确保有限的资金能够投入到最优的项目之中。

1. 货币的时间价值

公司的多数投融资决策都涉及未来时期的成本和收益的核算，不同时期的投资会产生不同价值的现金流量。公司金融中的一个十分重要的概念是：当前时期的一元钱与未来时期的一元钱具有不同的价值。例如，某公司在本年投资建设一个 100 万元的项目，预计该项目在未来 10 年中每年产生的收益是 20 万元。如何评价这个项目是否可行呢？本年的 100 万元现金流出是确定的，而未来十年内项目产生收益的现金流入则具有很大的不确定性。因此，在评估一项投资时，必须了解该项投资在本期的现金流出与在未来各期的现金流入之间的关系。这种关系被称作"货币的时间价值"。

货币的时间价值，是指本期所持有的一定货币量比未来时期获得的等量货币具有更高的价值。假如，某人今年和明年的收入均为 15000 元，扣除 5000 元生活费用后，余下的 10000 元可以用于投资。如果金融市场上的利率为 10％，那么他今年 10000 元剩余收入投资到金融市场，明年的价值是 11000 元，而明年的 10000 元剩余收入折合成今年的价值则是 9091 元。货币具有时间价值是因为：

（1）货币用于投资可获得利息，本期的一定量货币可在未来时期获得更多的货币量；

（2）现实生活中经常发生的通货膨胀会影响货币购买力，因此本期的货币要比未来时期等量的货币价值更高；

（3）由于未来时期获得收入的不确定性，由此产生的风险成本会降低未来时期货币的价值。

投资活动中现金流量的标准模式，是初期一大笔现金流出伴随着未来若干年内一系列现金流入，如图 2-9 所示。投资者总是希望流入的现金既能补偿初始投资，又能产生足够的利润。问题是，要想确定出投资项目真正的收益率，应怎样对当前的现金支出与未来的现金收入进行比较呢？

在图 2-9 中，该项投资最初（即时期 0）的现金支出为 1000 万元，6 年内收回的现金累计 2200 万元。那么，该项目的投资收益率是多少？初始投资的价值 6 年内增加了 120％，是否可以解释成每年增加 20％呢？项目的收益能否补偿初始投资？通货膨胀又对项目收益率产生了怎样的影响？这些都是投资者通常遇到的问题。回答这些问题，需要借助下面科学的评估方法。

2. 投资项目评估方法

传统上，很多方法被用来帮助公司的管理者制定投资决策。其中，"投资回收期法"是经过充分尝试、检验，并且至今仍在使用的一种。它比较简单，计算的是完全收回项目投资所需的年数。在不同的投资项目之间进行比较，投资决

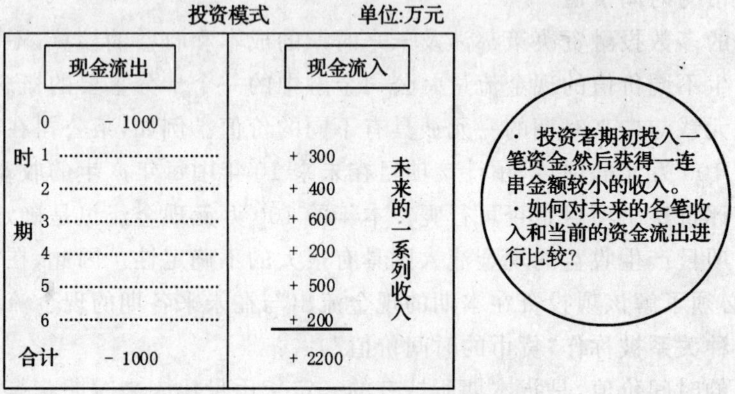

公司金融理论及应用
Corporate Finance：Theory and Application

投资模式   单位:万元

现金流出	现金流入
0 − 1000	
时 1 ·················	+ 300
2 ·················	+ 400
期 3 ·················	+ 600
4 ·················	+ 200
5 ·················	+ 500
6 ·················	+ 200
合计 − 1000	+ 2200

· 投资者期初投入一笔资金,然后获得一连串金额较小的收入。
· 如何对未来的各笔收入和当前的资金流出进行比较?

（未来的一系列收入）

图 2-9 投资的现金流模式

策的原则是选择投资回收期最短的投资项目。作为一种粗略的评价方法,投资回收期法能够反映投资项目的一个方面,但结果的可靠性较低。目前较为常用的是净现值法和内部收益率法。

(1)净现值法

评估投资项目之所以困难,是因为现金流量发生在不同时期的缘故。如图2-9 所示,投资项目的现金流动遵循一定的模式:期初是一笔较大金额的现金流出,然后是发生在未来一定时期内的一系列金额较小的现金流入。

我们将这些时期指定为:

• 0 期:今天;

• 1 期:从今天算起的第 1 年;

• 2 期:从今天算起的第 2 年,依此类推。

由于货币时间价值的存在,发生在不同时期内的现金流量总额不能直接进行比较,即未来某个时刻所能收到的现金与目前手头持有的现金在价值上是不一样的。我们必须使用一种方法,计算出所有现金流量在某一特定的时期的价值。最常选用的时期是 0 期。图 2-10 说明了这种转换方法。未来的各笔现金流量通过折现系数(Discount Factor)转换为现在的价值,即现值(Present Value)。

现金流量的现值是可以直接比较的。它们已经被标准化,其和即是未来所有现金流量的总现值。总现值可以直接与投资项目的初始现金流出进行比较。通过这种比较,我们能够得出有关投资项目价值的结论。

由于货币具有时间价值,与当前持有的一定资金相比,未来等量资金的价值较低。但究竟低多少呢?回答这一问题可从另一问题着手:"如果我在银行存了 100 元,利率 10%。一年后,这笔资金价值多少?"答案当然是 110 元。因此,在利率为 10% 时,一年后的 110 元的现值是 100 元。通过与利率相联的一

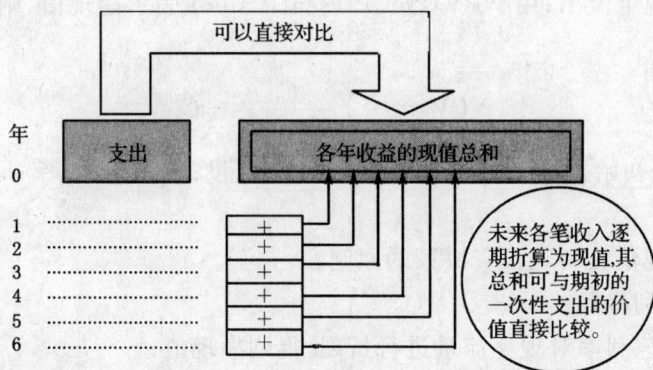

图 2-10　基于现值的各年现金流量的比较

个系数,可把未来的资金价值转换为现值。如果未来的现金流量发生在第 2 期,就必须重复计算两次。

理解现值的概念,首先需要解释复利与终值两个概念。

复利是指将每一计息期所产生的利息再加入本金一并计算的利息。复利计息就是将当前价值(现值)转变为未来价值(终值)的过程。以 FV 表示终值,PV 表示现值,n 表示计息期限,r 表示利率,则终值的计算公式为

$$FV = PV(1+r)^n \qquad (2\text{-}15)$$

在上例中,如 100 元存入银行 5 年,则 5 年后这 100 元的终值为

$$FV = 100(1+10\%)^5 = 100 \times 1.1^5 = 100 \times 1.61 = 161$$

公式中的 $(1+r)^n$ 称之为终值系数,即计算 1 元资金在 n 期后的终值的系数。在上例中,终值系数为 1.61。

现值计算是终值计算的逆运算,计算中所用的利率称为折现系数,或贴现率。其计算公式为

$$PV = \frac{FV}{(1+r)^n} \qquad (2\text{-}16)$$

公式中的 $\frac{1}{(1+r)^n}$ 称之为现值系数,或折现系数,即计算 n 期后的 1 元资金折现到本期的现值的系数。在上例中,折现系数为 0.621。通过折现系数可将未来的现金收入转换为现值。投资评估方法主要依靠折现系数。

以现值的计算为基础,可以计算净现值。一个项目的净现值,是该项目在未来各时期产生的现金流入的现值与本期和未来各时期的投资成本(或现金流出)的现值之差。

$$\text{投资项目的净现值} = \text{投资收益的现值} - \text{投资成本的现值} \qquad (2\text{-}17)$$

设 C_t 为各时期的现金流量,$t = 0,1,2,3,\cdots,n$,数值为正代表现金流入,数

值为负代表现金流出；用 *NPV*(Net Present Value) 表示净现值，则净现值的计算公式为

$$NPV = \sum_{t=1}^{n} \frac{C_t}{(1+r)^t} - C_0 \qquad (2\text{-}18)$$

式中：C_0 表示初始投资额；C_t 表示各时期现金流量；r 表示贴现率；n 表示投资项目寿命周期。

利用净现值法制定投资决策的原则：

- 选择利率；
- 运用该利率对现金流量进行折现，得到净现值；
- 如果净现值为正数，项目可行，反之则不可行。

(2)内部收益率法

投资项目的内部收益率(Internal Rate of Return, IRR)是指净现值为 0 时的投资项目收益率。根据净现值的概念，当项目未来现金流量的现值超过投资总额时，项目的投资收益率必将高于计算中所使用的利率。然而，我们并不知道该项目的实际收益率到底是多少。要想得到这种信息，还需进一步的计算。

利用内部收益率法制定投资决策的原则：

- 找出使投资项目的净现值为 0 的利率，即内部收益率；
- 对内部收益率与投资资金的成本进行比较；
- 如果内部收益率令人满意，项目可行，反之，则不可行。

上述评估方法考虑的只是在已知项目未来现金流量的情况下，如何运用数学方法计算项目的价值。在实际投资项目评估中，这部分工作是比较容易的，计算机程序能够替他们完成这一工作。而预期现金流量的实现则需要公司付出极大的努力应对经营环境中的不确定性。不过，公司的管理者必须掌握投资评估方法及其计算的原理，以便于能够准确提出问题和解释计算机算出的结果，从而在投资项目评估中制定出合理的决策。

2.3 公司价值及其评估

在传统的微观经济理论中，把公司的生产过程看成一个"黑匣子"，即公司被抽象成一个由投入到产出的追求利润最大化的"黑匣子"，是生产函数的实现者和载体。从社会角度看，公司是从事生产、流通、服务等经济活动，以生产或服务满足社会需要，实行自主经营、独立核算、依法设立、具有经济法人资格的一种营利性的经济组织。

在现代市场经济中，公司可以被看成是一种有价值的商品。对这种商品进

行交易的市场是资本市场,经营公司就是经营公司的价值,公司的所有者唯一关心的是公司的价值,公司管理层最关心的也是公司的价值。公司经营管理的最终目的是不断创造价值和实现价值最大化。

2.3.1 公司价值的概念

1.公司价值的定义

公司价值是公司在未来各个时期所创造和实现的现金净流量的折现值之和。用公式表示:

$$V = \sum_{t=1}^{N} \frac{C_t}{(1+WACC)^t}$$
(2-19)

式中:V 表示公司价值;C_t 表示现金流量;N 表示公司的预期寿命;$WACC$ 表示加权平均的资本成本。

现金流量 C_t 是公司在时期 t,通过经济活动(包括经营活动、投资活动、筹资活动和非经常性项目)而产生的现金流入和现金流出的总称,即公司一定时期的现金和现金等价物的流入和流出的数量。一项投资被确认为现金等价物必须同时具备四个条件:期限短、流动性强、易于转换为已知金额现金、价值变动风险小。

公司的预期寿命 N 是公司作为一个经济实体从注册成立到注销存续的时间长度。公司的预期寿命的长短取决于多种因素:技术进步和产品更新换代的速度、公司的核心竞争力、管理水平和治理机制、经营环境因素、政府政策、宏观经济,尤其是公司内部的利润分配机制。公司的预期寿命越长,公司的价值通常越大。

加权平均的资本成本 WACC(Weighted Average Cost of Capital)是公司各种类型资金的融资成本的综合反映。公司的资金通常有多种来源:银行贷款、债券融资、股市融资、自有资金,等等;不同资金来源或融资渠道具有不同的融资成本,加权平均的资本成本综合地反映了公司的整体融资成本。

2.公司价值的几个不同概念

(1)市场价值

在市场经济中,当人们谈及公司价值时,通常是指公司在资本市场上的价值或其普通股的总价值。上市公司的价值是由股票市场决定的,未上市公司的价值也在很大程度上受股票市场影响。

公司的市场价值是证券交易所对上市公司股票的报价或未上市公司股票的估价。在证券交易所中,股票的市场价格像股票交易指数反映的那样,每天都随公司的实际或预期经营结果、行业市场状况以及宏观经济波动而发生着变化。市场价值就是市场的交易价格,每股市价就是投资者愿意就公司每股普通股所支付的价格。公司高层管理人员的主要目标是确保公司股票在任何情况下都能保持最好的市场价格。

(2)账面价值

公司的账面价值是按照会计标准入账的所有者权益的会计价值。它是按照账面价值列示的资产总额减去负债与优先股之和。以股东权益的账面价值除以发行在外的普通股股数,就是公司的每股价值。例如,某公司发行的股票数目是 32 000 000 股,股票总账面价值(股东权益)是 360 000 000 元,则每股账面价值为 11.25 元。

公司的账面价值不等于其市场价值,主要有三方面原因:

首先,账面价值忽略了公司一些具有重要经济价值的资产和负债。智力资本的价值是公司会计上的资产负债表经常忽略的一类具有重要经济价值的资产。这类资产包括公司的良好信誉、长期的研发和职工培训形成的知识和经验的积累、已经建立的良好的客户关系,等等。

其次,资产负债表中的无形资产往往不是按照市场价格核算,也没有细分。资产负债表中的资产是按照历史成本计价而不是按照市场价值计价的。只要在一段时期内,公司的这些资产没有发生交易,即使资产的市场价格发生了波动,资产的账面价值也不会发生变化。

再次,财务报表中核算的资金成本是利息费用,不是加权平均的资本成本,不能反映市场风险对公司价值的影响。

公司的账面价值与市场价值之间的关系可以用“市价对账面价值比率”来衡量。该比率综合了投资者对公司管理、盈利、流动性、未来发展等各方面的看法,是股票市场对公司整体实力作出的最终评价,也是最全面的评价。该比率的计算结果可能小于、大于或等于1,这要取决于投资者对公司绩效和发展潜力的看法。

该比率小于1意味着股东投资没有得到有效使用,发生了贬值。投资者会对公司不满,会估计该公司未来的利润将不足以保证当前的投资。

该比率大于1则表明股东的投资在增值。该比率的值大不仅意味着一段时间内的留存盈余增加了公司财产,还将产生乘数作用。不过,高的“市价对账面价值”比率也可能是人为削减资产负债表中所有者权益部分数额的结果。

(3)票面价值

票面价值是公司主观赋予股票的名义价值,数值较小,多标注在股票票面上,用以确定公司对外发行的普通股的价值。它以“元/股”为单位,其作用是用来表明每一张股票所包含的资本数额。在我国上海和深圳证券交易所流通的股票的面值均为 1 元,即每股 1 元。

股票面值有两个主要作用:一是表明股票的认购者在股份公司的投资中所占的比例,作为确定股东权利的依据;二是在首次发行股票时,将股票的面值作为发行定价的一个依据。一般来说,股票的发行价格都会高于其面值。当股票进入流通市场后,股票的面值就与股票的价格没有什么关系了。增发新股时,即使发行价格可能接近市场价格,远远地超出票面价值,新股也要保持与原有股票相同的票面价值。

票面价值与公司价值的关系主要表现在三个方面:一是发行股票筹资时,相当于票面金额的资金列入公司的注册资本;二是股票票面金额总值即公司的注册资本总额;三是在公司注册资本额确定的前提下,通过票面金额可以确定每一股份在公司资本中所占的比例。

从本质上讲,股票仅仅是一种凭证,用来证明持有人的财产权利。当持有股票后,股东不但可参加股东大会,对股份公司的经营决策施加影响,且还能享受分红和派息的权利,获得相应的经济利益,所以股票又是一种虚拟资本,它可以作为一种特殊的商品进入市场流通转让。

2.3.2 公司价值的主要分析方法

1. 每股收益(Earnings Per Share,EPS)

每股收益是分析公司绩效或价值时最常用的方法之一,其计算公式为

$$每股收益 = \frac{税后收入}{普通股股数} \tag{2-20}$$

由于公司的普通股股东拥有的是公司利润的剩余索取权,即他们排在公司利润分配次序的最末一位,公式中的税后收入是在满足所有其他债权人利润分配要求之后的净利润。其中,利息和税收是损益表中最常见的优先支付款项。因此,计算"每股收益"是用税后利润除以普通股的股数。这一比率反映了公司的普通股股东持有的每一股股票赚取了多少利润。

对不同公司的每股收益进行比较毫无意义。因为公司不但可以选择发行较多的低面值股票或较少的高面值股票,还可以决定是否需要增加或减少已发行股票的数量。这些决策本身就会改变每股收益。因此,对于每股收益分别为50% 和 40% 的两个公司,不能简单地认为前者的经营业绩要好于后者。

尽管每股收益的绝对数值不能说明公司绩效,但一段时间内每股收益的增长率却是反映公司增值潜力的一个非常重要的数字,它比利润总额的增长更能说明公司的价值。利润的增长往往来自多方面因素。例如,一家公司可以通过

收购其他公司股票的方式增加利润总额。然而,如果利润增加的百分比小于股票数目的增加,利润提高,每股收益却会减少。很多公司总裁将其视为年终报告的首要指标。公司股票的市场价格也在很大程度上受这一数字的影响。

每股收益的稳定性也是非常重要的。投资者非常关心收益的质量,他们不喜欢利润大幅度波动、绩效忽高忽低的公司。稳定、持续增长的公司往往被认为是风险小、价值创造能力强的公司。

2. 每股股息(Dividend Per Share,DPS)

公司的净利润通常不会以现金形式全部分配给股东,分配给股东的只是一小部分,余下部分则留在公司中,用于再投资扩大生产经营。一段时期内,股东获得的全部回报是由实收股息和股票价格上涨得到的收益两部分构成的。有些投资者最为看重的是股票价格的上涨,而多数股东和潜在投资者却更关心股息。他们注重每股股票的实际股息金额以及公司过去的股息支付是否稳定并持续增长。每股股息的计算公式为

$$每股股息 = \frac{普通股股息}{普通股股数} \tag{2-21}$$

普通股股息只能以现金形式从公司净利润中支付。除利润之外,任何其他来源的资金都不能用于支付股息。不过,盈利不必与股息发生在同一年份。因此,公司在某一年支付的股息可能会超过当年的盈利。在这种情况下,股息是用往年未分配的盈利来支付的。

如果降低股息给股票价格造成了严重影响,则会赶跑投资者。公司除非万不得已是不会采用削减股息的做法的。在经营困难的年份,公司非但不会减少股息,还可能会决定支付高于盈利的股息。当然,这种做法只能在短时间内使用,公司还要有把握使将来盈利能够恢复到高于股息的水平。

3. 股息周转率(Dividends Cover)及股息支付率(Pay-out Ratio)

这两个比率互为倒数,但提供的信息却是相同的,表示的都是公司盈利与支付股息的现金间的关系,其计算公式为

$$股息周转率 = \frac{每股收益}{每股股息} \tag{2-22}$$

$$股息支付率 = \frac{每股股息}{每股收益} \tag{2-23}$$

公司根据经营需要采取不同的股息政策。这既反映出它们所在行业的特点,也与实施的特定战略有关。快速增长的公司需要大量资金,会支付较少的股息;而稳定、低速发展的公司通常会将盈利的很大一部分用于支付股息。

股息周转率的作用是它揭示了公司在未来支付股息的稳定性及增长性：高股息周转率表明股息非常安全，因为即便利润意外下跌，股息也能保持不变。高股息周转率还意味着利润的高存留政策，说明现阶段公司的目标是快速增长。总体说来，如果公司利润中留存的部分大于支付股息的部分，则公司股东50％以上的回报应当来自资本增值。而资本增值又是由股票的市场价格决定的。多数股票的市场价格具有围绕某一数值上下波动的特点。因此，具体的投资者实际获得的资本收益在很大程度上要取决于他购买股票和抛出股票的时间。例如，高增长股的投资者如果在股价波动周期的高点买进，低点卖出，其资本将会遭受损失。

4. 盈利及股息收益率（Earnings and Dividend Yield Ratios）

无论是对投资者还是对公司来说，盈利收益率和股息收益率都非常重要，它们反映的是公司股票提供给股东的回报与该股票当前市价的关系，计算公式为

$$盈利收益率 = \frac{每股收益}{股票价格} \tag{2-24}$$

$$股息收益率 = \frac{每股股息}{股票价格} \tag{2-25}$$

盈利收益率反映了每股盈利与股票价格的关系。例如，每股盈利与股票价格分别是 2 元和 20 元时，盈利收益率为 10％。如果股票价格升至 25 元，相应的收益率将为 8％。随着股票价格上涨，盈利收益率会不断下降。低收益率暗示着投资者正在争相购买某种股票。

从公司的角度看，盈利收益率揭示了公司为吸引投资者必须提供的回报水平。如果某公司在股票市场上不受欢迎，它的股票价格将会下跌，盈利收益率则会提高，公司不得不支付高回报在资本市场上筹集资金。

股息收益率则反映了每股股息与股票价格的关系。由于盈利收益率偏重总体回报，对于依赖股票收入的投资者来说，股息收益率更为重要。股息收益率可以用于对投资于不同股票或其他渠道获得的现金流量进行比较。

5. 市盈率（Price to Earnings Ratio，P/E）

市盈率或"价格对盈利倍数"是应用广泛的股票价值参数。用每股盈利与股价进行比较，反映了投资者对每一元利润所愿支付的价格，也反映了股东回收投资所需的年数，计算公式为

$$市盈率 = \frac{股票价格}{每股收益} \tag{2-26}$$

市盈率的计算虽然以历史数据为基础，但它的数值却是由注重公司未来发

展潜力的投资者们所决定。这些投资者最感兴趣的是盈利的增长,他们密切关注行业动态、公司的产品、管理、财务以及发展历史等各个方面。

公司无法直接控制市盈率,必须向股东提供满意的回报才能保证市盈率维持在较高的水平之上。市盈率高对公司的发展十分有利。公司为股东创造的财富不断增加,使得公司能够以较低的成本筹措新的资金,被恶意收购的可能性也大大降低。

2.3.3 公司价值评估

公司价值评估是一项综合性的资产、权益评估,是对公司整体价值、股东全部权益价值或部分权益价值进行分析、估算的过程。由于影响公司价值的因素众多,侧重不同的影响因素进行评估,评估方法也不尽相同。目前国际上通行的评估方法主要分为成本法、市场法和收益法三大类。

成本法是在公司资产负债表的基础上,通过合理评估各项资产和负债的价值来评估公司价值,主要方法为重置成本法。这种方法的理论基础是假设理性人对某项资产的支付价格将不会高于重置或者购买相同用途替代品的价格。

市场法是将评估对象与可参考公司或者在市场上已有交易案例的公司、股东权益、证券等权益性资产进行对比以确定评估对象价值,主要方法有参考公司比较法、并购案例比较法和市盈率法。这种方法的理论基础是假设在一个完全市场上相似的资产一定会有相似的价格。

收益法通过将被评估公司预期收益资本化或折现至某特定日期来评估公司价值。这种方法的理论基础是经济学原理中的贴现理论,即一项资产的价值是利用它所能获取的未来收益的现值,其折现率反映了投资该项资产并获得收益的风险的回报率。主要方法包括贴现现金流量法(Discounted Cash Flow,DCF)、内部收益率法(Internal Rate of Return,IRR)、CAPM(Capital Asset Pricing Model)和 EVA(Economic Value Added)估价法等。

收益法关注公司的盈利潜力,考虑未来收入的时间价值,因此对于处于成长期或成熟期并具有稳定持久收益的公司,适合采用收益法进行价值评估。成本法侧重于公司的发展历史所形成的积累,考虑公司现有资产和负债,对于非持续经营的公司来说,成本法是更合适的价值评估方法。市场法将评估重点从公司本身转移至行业,其本质在于寻求合适标杆进行横向比较,对于具有发展潜力但未来收益又无法确定的公司来说,市场法的应用较为合适。

传统上,成本法和市场法是应用较为广泛的方法。但是,这两类评估方法有其局限性,很难适应经济全球化背景下公司经营所面临的日趋复杂的环境。这些方法属于会计方法,它们在很大程度上依赖于来自财务报表的历史数据,不能反映公司在未来面临的风险和资本性投资等因素的影响。

在收益法中,"股东增值法"是最重要的一种方法。该方法也被称作"经济增值法"或"市场增值法"。根据公司价值的定义,决定公司价值的是公司在未来的现金流量,而不是其过去获得的利润。公司今天的投资是为了将来获得收益。未来的现金流量必须既能还清初始投资,又能补偿投资期内的资金成本。这种现金流量方法多年来一直用于资本投资项目的评估。股东增值法运用同样的原理,对公司整体或部分的价值进行评估。

假如我们面对的是是否购置一台专用设备的资本投资项目的决策,在制定决策前需要估计出设备生命期内的收入及成本,将它们转换成设备将来的现金流入量,并把现金流入量与流动资金等其他现金运动结合起来,得到总现金流量。通过计算该投资项目的净现值,就可以估计出该投资项目的财务价值。然而,将该方法应用于公司价值评估时,还需考虑一些特殊的情况:

第一,一个公司的内部存在多种不同的经营活动,每一经营活动都会形成各自的现金流量。公司作为一个整体的收益的计算要比一台设备的收益的计算复杂得多。

第二,单独一台设备的寿命通常是非常具体和有限的,容易估计;而影响公司寿命的因素众多,各种因素交织在一起,极大地增加了公司寿命估计中的不确定性。

第三,简单的投资项目评估中,折现率的选择通常具有方便实用的方法。但公司的整体现金流量应当选用什么样的折现率进行评估,却是需要慎重考虑的问题。

第四,公司能够通过多种不同方式筹集资金,不同融资渠道的融资成本往往存在很大差异。在公司采用杠杆经营模式中,债务和股本的组合比例会对公司价值产生很大影响。而且,最优债务和股本比例是动态变化的,公司的规模、其经营所涉及的行业以及核心业务在市场中的竞争地位等因素,都会对公司的最优债务和股本比例产生显著影响。

运用股东增值法评估公司价值,包括三项内容:

1. 评估公司经营活动的价值

(1)估计净营业资产

在资产负债表中,营业资产包括三个独立的部分:固定资产、流动资产和流动负债。由于应收账款与销售收入间存在直接的线性关系,与存货也存在线性关系;而应付账款同样与销售收入线性相关。应收账款、存货和应付账款是"净流动资金"中三个主要的科目。流动资产和流动负债相互抵消,可以得到净流动资金。因此,

$$净营业资产＝固定资产＋净流动资金 \qquad (2\text{-}27)$$

流动资产中的现金可分为经营所需的基本现金和为其他目的而持有的剩余现金。经营所需的基本现金在总资产中所占比重很小,与公司的业务量有密切联系。

（2）净现金流量的预测

计算出净营业资产后,就可以着手预测公司在未来各时期的现金流量。公司的现金流量由两个主要部分构成:税后营业利润和资产变动产生的现金流量。第一部分通常为正值（现金流入）,第二部分则为负值（现金流出）,即资产增加会导致现金流出。为了简化预测计算,需要对以下项目作出一定假设,见表 2-5。

表 2-5　　　　　　未来现金流预测的假设

预测项目	假设
未来销售收入增长率	年均增长率,如 10％
预测期	如 5 年
毛利率	如 10％
税率	如 25％
固定资产需要量	与销售收入线性相关
净流动资产需要量	与销售收入线性相关

假定净流动资金与销售收入之间存在线性关系通常是可以接受的,但假设固定资产和销售收入之间存在线性关系却可能与现实不相符。不过,从长期看,这种假设通常能够成立。

净现金流量的预测包括四个部分:

第一部分:销售收入。假设年增长率为 10％,用假定的毛利率乘以销售收入,得到营业利润。按假定的税率计算出税金,并将其从营业利润中扣除,由此得到的税后净营业利润,是公司每年通过经营获得的正现金流量。

第二部分:固定资产。负的现金流量反映出各年固定资产数额的增加。

第三部分:净流动资金。负的现金流量反映出各年净流动资金数额的增加。

第四部分:总现金流量。前三部分的现金流量相互抵消,得到未来四年内各年预计的净现金流量。

（3）折旧和所得税对现金流量的影响

一定期间内净现金流量（现金流入与现金流出的差额）的确定与各个时期的折旧额有直接联系。因此,现金流量的预测还需考虑损益表和固定资产投资对折旧的调整。由于公司在各期的现金流入主要是营业收入,而各期的现金流出则主要是除折旧以外的以现金支付的营运成本,可以说,各期净现金流量主要是由营业净利润和折旧两大部分构成。折旧费用是一项非现金费用,它的发生并不意味着公司的现金流出。但是,公司的折旧费越高,支出的所得税额就会越低;因而相对增加公司的现金流量。公司采用不同的折旧方法,会导致不同的折旧额,进而对各期的现金流量产生不同影响。

折旧是资本回收的一种方式,如果采用加速折旧的方法会使现金保留在自己手上的时间更长,同时降低净利润,减少纳税。例如,加速折旧法同直线法相比,折旧总额一样,但是因为前期计提折旧费用大,就使得前期应纳税的所得额减少,而后期折旧费用减少,应纳税的所得额相应增加。这样做,实际上允许公司应当在前期交缴的所得税推迟到后期去缴,这部分推迟交缴所得税所产生的资金的时间价值,就是加速折旧方法较之直线法给公司带来的净现值的增加部分。

所得税是公司的一项现金流出,它取决于利润大小和税率高低。在所得税税率不为零,并考虑投资的时间价值和风险价值的前提下,公司各期的营业现金流量也可以用以下公式表示:

营业现金流量＝收入×(1－税率)－付现成本×(1－税率)＋折旧×税率　　(2-28)

(4)预测连续价值

在公司价值评估的整个过程中,最重要的数据可能就是连续价值(Continuing Value),即公司在预测期之后的价值。公司的预期现金流量可以分为两个时期:明确的预测期内的现金流量和明确的预测期后的现金流量。公司的连续价值是指明确的预测期后的现金流量现值,而公司价值是这两个时期现金流量的现值之和。

对公司连续价值的评估与对公司在明确预测期内价值的评估并不一样。估算公司的持续价值可使用多种方法和公式,主要方法有:长期明确预测法、自由现金流量恒值增长公式法、价值驱动因素公式法和经济利润法[①]。

①长期明确预测法。该方法是通过明确预测很长一段时期(如 50 年或更长),完全避免估计连续价值。公司在如此长的明确预测期以后的价值将变得很小,可以忽略不计。

②自由现金流量恒值增长公式法。该方法假定公司的自由现金流量在连续价值期内以不变比率增长,计算公式为

---

① 汤姆·科普兰,等. 价值评估:公司价值的衡量和管理. 贾辉然,等,译. 北京:中国大百科全书出版社,1997

$$连续价值 = \frac{C_{T+1}}{WACC + g} \tag{2-29}$$

式中：T 表示明确的预测期长度；C_{T+1} 表示明确预测期后第一年中现金流量的正常水平；$WACC$ 表示加权平均的资本成本；g 表示现金流量预测增长率恒值。

如果对公司现金流量增长率的预测相同，使用这种方法与长期明确预测法结果相同。

③价值驱动因素公式法。该方法从投资资本回报率和增长率的角度反映现金流量恒值增长公式，投资资本回报率和增长率被作为公司价值的主要驱动因素，计算公式为

$$连续价值 = \frac{NOPLAT_{T+1}(1 - g/ROIC)}{WACC - g} \tag{2-30}$$

式中：$NOPLAT_{T+1}$ 表示明确预测期后第一年中扣除调整税的净营业利润的正常水平；g 表示扣除调整税的净营业利润的预测增长率的恒值；$ROIC$ 表示新投资净额的预期回报率；$g/ROIC$ 表示扣除调整税的净营业利润投入额用于投资的资本的比率或投资率。

价值驱动因素公式的计算结果与现金流量恒值公式相同，即分母相同，分子用主要价值驱动因素表示现金流量。

④经济利润法。该方法估算的连续价值是预测期结束时公司投资资本增加的价值，而公司价值可以表述如下：

公司价值＝初期投资资本价值＋明确预测期的经济利润现值＋……＋
明确预测期之后的经济利润现值 (2-31)

上式中的最后一项表示经济利润的连续价值。虽然它与现金流量贴现的连续价值不同，只要预测的财务状况相同，两种方法评估的公司价值则会相同。经济利润法的计算公式如下：

$$连续价值 = \frac{经济利润_{T+1}}{WACC} + \frac{NOPLAT_{T+1}(g/ROIC)(ROIC - WACC)}{WACC(WACC - g)} \tag{2-32}$$

2. 评估股东价值

公司经营活动的价值并不等同于股东的价值，将公司经营活动的价值转换成股东价值还需要进行两项调整：

(1)非营业性资产。资产负债表中有些资产并不是公司目前经营所必需的，最明显的例子是公司出于某种目的而持有的大量现金，这种公司通常计划在未来收购其他公司。计算公司的股东价值，必须加上此类非营业性资产的价值。

(2)非股本资金。在公司资金供给者中，贷款银行和优先股股东享有优先

分享利润和清偿的权利,普通股股东排在最后。因此,计算普通股股东的价值,必须在公司价值中扣除所有的非股本资金。

股东增值法不仅可以用来计算某一具体经营活动的价值,还可以对一项业务的几种战略进行比较和挑选。它能够识别出公司的哪些经营活动能够增加股东价值,哪些经营活动会导致股东价值减少。

3. 确定折现率

公司用来维持经营的所有资金都具有一定成本。这种成本在贷款中表现得比较明显,作为贷款成本的利息费用要在营业利润中扣除。

股本资金的使用也具有成本,但通常表现得不明显。在股东增值法中,用加权平均的资本成本(Weighted Average Cost of Capital,WACC)计算股本资金的成本,并以该成本为基础确定折现率。任何一种资金的使用都具有机会成本,因此,加权平均的资本成本是所有资金提供者的税后机会成本的加权平均数,也可以认为是公司现有资金结构的税后成本的加权平均数。

在确定加权平均的资本成本时,必须兼顾公司的不同利益相关者群体的要求。公司的管理人员要考虑投资者在具有同等风险的市场上进行其他投资时可获取的最低投资收益率。股东们所期望的可接受的最低收益是无风险收益率加上市场上同类投资的风险补偿率。债券商可以接受的最低收益是根据债券市场上通行的收益率来计算的。(这个收益率通常与票面利率不同)。加权平均的资本成本的计算公式将公司债券投资者和股东的机会成本加以综合平均,即

$$WACC = \left\{ k_e \times \frac{E}{D+E} \right\} + \left\{ k_d \times (1-T) \times \frac{D}{D+E} \right\} \qquad (2-33)$$

式中:k_e 表示风险调整后的股本金的机会成本;$\frac{E}{D+E}$ 表示权益资本金占全部资金的比例;k_d 表示风险调整后的负债资金税后机会成本;T 表示企业的税率;$\frac{D}{D+E}$ 表示债务资金占全部资金的比例。

股本金的机会成本 k_e 是 WACC 计算公式的基本部分,其含义是:股东所期望的无风险比率加上基于与整体市场上股票投资的风险相比该投资风险收益大小的风险补偿率。k_e 的计算公式为

$$k_e = r_f + (r_m - r_f) \times \beta \qquad (2-34)$$

式中:r_f 表示无风险收益率,可用政府债券的利率代替;r_m 表示全部市场有价证券投资组合的预期收益率,可用一段时间内整个股市的平均收益率代替。所选的时间段必须是正常的,即股票价格没有被人为地抬高或压低。$(r_m - r_f)$ 表示市场风险溢价;β 表示股本系统性的风险。

计算公式中的 β 反映了已知股票与市场投资组合之间的收益差异,是与股市整体风险比较而言的具体公司风险的衡量指标,可用于衡量一个给定的股票高于还是低于整个市场的系统风险。高 β 值的股票较之整个市场更加不稳定,低 β 值的股票则比整个市场要稳定。正常取值范围为 0.5 ~ 1.5。β 值为 1 时,说明该股票的风险与股市整体风险相同。

2.3.4　财务报表与公司价值管理

公司的主要财务报表数据综合地反映了公司从事的各种生产经营活动的情况,也体现了公司以追求价值最大化为经营目标的管理绩效。下面我们借助资产负债表和损益表来介绍公司的价值管理。

1. 资产负债表与价值管理

如本章第一节所述,公司的资产负债表大体上由五个部分构成:短期资产、长期资产、短期负债、长期负债和股本收益,每一部分反映的是不同类型的经营管理活动的情况。从公司的价值管理角度看,其经营管理活动可以分为三大类,即:投资活动、融资活动和经营收益的分配活动。公司的资产负债表与其价值管理之间的关系如图 2-11 所示。

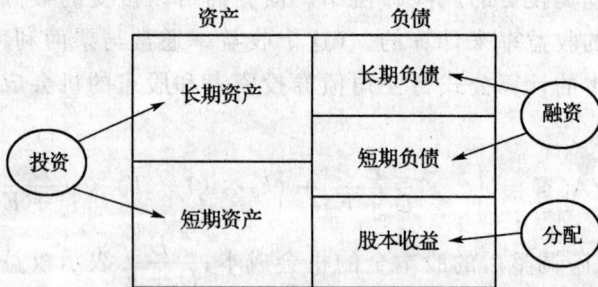

图 2-11　资产负债表与价值管理

公司的投资活动体现在其资产负债表的资产栏中。公司进入哪个行业,经营什么业务,定位于哪个细分市场,为满足什么样客户的需求而提供产品或服务,决定了其资产负债表中的长期资产和短期资产的内容和比例关系。在不同行业或地区经营,公司需要建立不同类型的厂房,购买不同类型的机器设备,维持不同的存货水平,以不同形式营造品牌优势,等等。即使在同一个行业内部,定位于不同的细分市场,对公司资产的资本密集度和技术密集度的要求也有很大不同,为获得所需资产而进行的投资活动的规模、形式和内容也有很大不同。行业中的市场结构、公司竞争行为和市场绩效对公司的投资活动也会产生显著影响。如果公司所在的市场结构是寡头垄断结构,为了获得与主要竞争对手抗衡的实力,公司的投资规模就需要足够大。因此,公司资产负债表的资产栏反映了公司投资活动的方向、规模和内容,以及投资管理的绩效。

公司的投资活动需要资金支持,其获得资金的融资活动体现在其资产负债表的负债栏中。公司为什么样的投资项目筹集资金,从什么渠道获得所需资金,以多大代价获得了资金,决定了其资产负债表中的长期负债和短期负债的内容和比例关系。在不同的宏观经济形势下,进入不同行业或地区经营,为不同类型的投资项目筹集资金,公司面临的融资环境有很大不同。在宏观经济形势较好的时期,公司能够以较低代价获得所需资金;在宏观经济形势较差的时期,公司必须以较高的代价才能获得所需资金,甚至很难获得足够的资金。在不同地区或国家从事经营活动的公司,可能会面临不同的融资环境,因而有更多的机会选择低成本融资渠道。在重化工行业经营的公司,其投资项目往往规模大、周期长,因而长期负债的比例通常较高。而在一般加工业,尤其是来料加工,资金周转较快,对流动资金的需求较大,因而需要大量短期贷款,短期负债的比例通常会高一些。即使在同一行业中经营的不同公司,由于其融资能力的差异,融资成本也不尽相同。因此,公司资产负债表的负债栏反映了公司融资活动的方向、规模和内容,以及融资管理的绩效。

公司经营获得的收益最终要进行分配,如何进行分配则是价值管理的一项重要内容。公司经营获得的税后利润,是股东可以分配的净利润。这部分利润通常分为两部分:一是分配给普通股股东的现金红利,二是用于公司再投资的留存收益。资产负债表中的股本收益一栏在很大程度上反映了公司经营收益的分配活动,以及分配管理的绩效。

2. 损益表与价值管理

公司的价值不仅仅是一个经济概念,更是一个社会概念。在公司内部,管理人员尤其是高层管理者对公司的内部价值通常有一个基本的判断。公司的内部价值与公司的市场价值往往不一致。在资本市场上,投资者根据一家上市公司的发展潜力、管理水平、经营战略等因素对其价值进行评估。如果他们认为值得在该公司投资,就会通过购买该公司的股票成为其股东。公司的股东最关心的是公司的市场价值的变化,或他们所持有的该公司的股票的价格变化。当然,与公司价值有关的不仅仅是公司的股东和管理人员,还有其他一些与公司利益相关的群体,包括客户、公司的普通员工、债权人、政府、供货商、广告商和经销商等中间商,甚至竞争对手。这些群体被统称为利益相关者。

所谓的利益相关者(Stakeholder)是指那些在公司发展过程中,对其生产经营活动能够产生重大影响的团体或个人。价值管理意义上的利益相关者,是指在公司内外部环境中受公司决策和行动影响同时又会影响公司价值的任何相关者。利益相关者理论是 20 世纪 60 年代，在美国、英国等长期奉行外部控制型公司治理模式的国家中逐步发展起来的。与传统的股东至上的公司理论主要区别在于，该理论认为任何一个公司的发展都离不开各种利益相关者的投入或参与，比如股东、政府、债权人、雇员、消费者、供应商，甚至是社区居民，公司不仅要为股东利益服务，同时也要保护其他利益相关者的利益。

公司价值只有得到利益相关者的认可，公司才能生存和发展。利益相关者能够影响公司，他们的意见一定要作为公司管理人员决策时需要考虑的因素。但是，不同利益相关者不可能对所有问题保持一致意见，其中一些群体要比另一些群体的影响力更大，如何平衡各方利益成为战略制定时要考虑的关键问题。如果把公司价值比喻为一块蛋糕，所有对这块蛋糕有索取权的利益相关者之间存在着博弈关系。公司的股东得到的通常是其他利益相关者对公司价值这块蛋糕瓜分后的剩余部分。公司损益表反映了利益相关者之间的关系，及其在利益分配中的格局。

表 2-6　　　　损益表与公司价值

项目	利益相关者
销售收入	客户
销售成本	
工资	公司员工
原材料费用	供货商
广告、促销费用	中间商
管理费用	管理人员
利息费用	债权人
所得税	政府
净利润	股东
现金股利	股东
存留收益	股东

如表 2-6 所示，在公司的损益表中，公司的价值首先要得到客户的认可。公司必须以客户愿意接受的价格提供能够很好满足他们需求的产品和服务。在市场经济中，只要不是垄断市场，就会有多家公司争夺有限的客户需求。激烈的市场竞争会迫使公司不断创新，在降低成本和价格、改进产品和服务质量、加快提供产品和服务的速度上建立显著的竞争优势。这样才能保证销售收入的不断增加。

公司员工是公司内部利益相关者的最大群体，他们最关心的是从公司获得的工资和奖金等福利待遇、工作环境和晋升的机会。好的公司会吸引并留住优秀的员工，差的公司则很难招聘到满意的员工。当员工的利益得不到满足的时候，他们会消极怠工，或通过工会向公司的高管或董事会争取自己的利益。在市场环境和内部经营条件不变的情况下,公司提高员工的工资,就会增加其经营成本。结果是要么提高产品的销售价格从而损害客户的利益,要么削减其他利益相关者的利益。

供货商是公司外部的利益相关者,他们关心的是如何从为公司提供原材料等投入要素中最大限度地获得利润。对他们来说,有价值的客户公司能够及时支付货款,并维持稳定的供货关系。供货商希望不断提高供货的价格,而公司则希望尽可能压低购货价格。双方的讨价还价能力及其相应的市场机制会最终确定双方的博弈关系。

包括广告商和经销商等在内的中间商是公司外部利益相关者的另一群体,他们关心的是如何从为公司提供的各类服务中最大限度地获得利润。购买中间商的服务的费用支出形成了公司的经营成本,公司的股东和内部员工希望以尽可能低的价格购买中间商提供的服务。因此,公司与中间商之间的关系是利益上的博弈关系。

现代公司制度要求公司中的所有权与经营权分离,即投资人将资本投入到公司中,并委托管理人员负责公司的日常经营管理。如果管理人员不能够代表投资人(或股东)的利益进行管理,就会产生所谓的委托代理问题。代理人和委托人在利益上存在潜在的冲突。而其直接原因则是所有权和控制权的分离,而本质原因则是信息的不对称。在现实生活中,作为代理人的公司管理人员目标与作为委托人的股东目标往往不一致,管理人员最关心的是他们自身利益的最大化。他们可能会给自己支付过多的报酬,享受更高的在职消费,实施没有收益但可以增强自身权力的投资,寻求使自己地位牢固的目标,这类行为的结果是导致经营成本的增加,在损益表中表现为管理费用的增加。对股东来讲,防止管理人员做出自身利益最大化决策的唯一办法是设计有效的雇佣合约,指明在所有可能的情况下管理人员应该采取的特定行为。由于客观存在不确定性和信息不对称,股东并不完全了解公司的管理活动与投资机会,管理人员比股东更了解公司生产、收益和成本等方面的信息,股东难以及时观察和监督管理人员损害股东利益的现象。在这种情况下,管理人员就可能采取使自身利益最大化的行为,同时股东也就必须承受因此所产生的代理成本。代理问题会直接影响公司的投资、营运和金融政策,导致股东价值的显著减损。

债权人与公司之间的关系也是利益的博弈关系。债权人借给公司资金的目的是在借款约定的期限内收回本金的同时最大限度地获得稳定的利息收入。对债权人来说,经营效益好,偿还本息及时的公司是有价值的公司;而公司的目标则是尽可能降低贷款成本。损益表中的利息费用反映了债权人与公司之间的博弈关系。

政府与公司之间的利益关系是一种特殊的利益关系,这种关系体现在损益表中的所得税上。对政府来说,能够缴税的公司是有价值的公司,缴税越多的公司就越有价值。公司在向政府缴税的同时也希望政府提供基础设施、安全保障和经营环境的治理等公共物品。经营面临困境时,公司还希望政府提供补贴等形式的转移支付。政府制定和实施的宏观经济政策和各种产业政策会直接影响到政府与公司之间的利益关系。例如,政府为了扶持某一类公司的发展,会对这类公司实施减免税收等优惠政策;而政府的节能减排政策会限制能耗大、排污重的公司发展。

在损益表中,股东的利益体现在净利润中,即股东所拥有的是公司在考虑了其他利益相关者的利益索取权之后的剩余利益索取权。股东关心的是剩余利益(即净利润)的最大化。如果公司不能满足股东的利益,股东就会抽回资本,导致公司运营困难、价值缩水。

综上所述,公司应该为所有利益相关者的利益服务,而不应该仅仅为股东的利益服务,股东只是拥有有限的责任,一部分剩余风险已经转移给了债权人和其他利益相关者。公司本质上是利益相关者围绕公司价值缔结的一组契约关系集合,公司的每个利益相关者都对公司价值做出了贡献,应当享有公司利益的索取权。在这种意义上,公司的价值管理必须体现出利益相关者的共同治理关系。

3. 公司价值管理的重点

根据公司价值的定义和计算公式,决定公司价值的主要变量有三个,即公司未来的现金流量 C、加权平均的资本 $WACC$ 成本和公司的预期寿命 N。这三个变量与公司价值管理中的投资、融资和分配等三类活动密切相关,如图 2-12 所示。

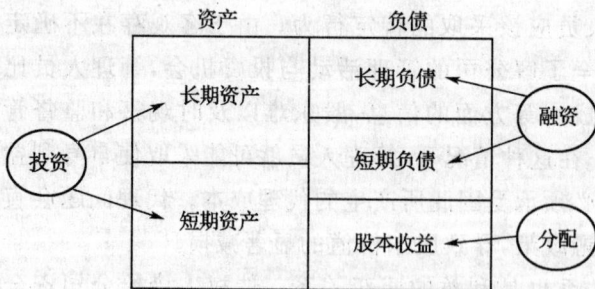

$$V = \sum_{t=1}^{N} \frac{C_t}{(1+WACC)^t}$$

其中:投资活动与公司未来的现金流量 C_t 密切相关;融资活动与公司的融资成本 $WACC$ 密切相关;分配活动与公司的预期寿命密切相关。

图 2-12　资产负债表与价值管理的关系

(1)未来的现金流管理

现金流管理是公司价值管理的核心内容。为使股东投资的价值最大化,管理人员就要注重提高经营的期望现金流而不是账面的利润。

在公司的价值管理中,现金流通常是指自由现金流量,即公司的税后现金流量总额,可以提供给公司资本的所有供应者,包括债权人和股东。它等于公司的税后净营业利润(即将公司不包括利息收支的营业利润扣除实付所得税税金之后的数额)加上折旧及摊销等非现金支出,再减去营运资本的追加和物业厂房设备及其他资产方面的投资。自由现金流是一种财务方法,用来衡量公司实际持有的能够回报股东的现金。自由现金流在经营活动现金流的基础上考虑了资本型支出和股息支出,是公司可以自由支配的现金。

自由现金流量可分为公司整体自由现金流量和公司股权自由现金流量。整体自由现金流量是指公司扣除了所有经营支出、投资需要和税收之后的,在清偿债务之前的剩余现金流量;股权自由现金流量是指扣除所有开支、税收支付、投资需要以及还本付息支出之后的剩余现金流量。整体自由现金流量用于计算公司整体价值,包括股权价值和债务价值;股权自由现金流量用于计算公司的股权价值。股权自由现金流量可简单地表述为"利润+折旧-投资"。

决定公司未来自由现金流量的因素有多种,其中最主要的因素是投资。现金流入产生于投资回报。好的投资项目,可以为公司带来持续不断的现金流入;而投资决策的失误,则会导致公司亏损。公司价值与其自由现金流量正相关,自由现金流量是股东评估公司价值的一个重要测量工具。许多投资者把公司产生自由现金流量的能力摆在考察指标的第一位。利润、股息和资产价值等指标的增长都是由公司产生现金的能力所决定的。因此,未来的现金流管理在很大程度上取决于投资管理的好坏。

(2)加权平均的资本成本管理

公司价值等于公司预期现金流量按公司资本成本进行折现。公司资本一般可分为三大类,即债务资本、股权资本和混合类型资本。混合类型资本包括优先股、可转换债券和认股权证等。从投资者角度看,资本成本是投资者投资特定项目所要求的收益率,或称机会成本。从公司的角度来看,资本成本是公司吸引资本市场资金必须满足的投资收益率。资本成本是由资本市场决定的,是建立在资本市场价值的基础上的。

债务和优先股属于固定收益证券,成本的估算较为容易,可转换债券和认股权证等混合类型证券,由于内含期权,成本一般可分为两部分进行估算,其中内含期权的估算可用 Black-Scholes 期权定价公式法和二项式定价模型进行估算。普通股成本的估算模型较多,具体有:资本资产定价模型(Capital Asset Pricing Model,CAPM)、套利定价模型(Arbitrage Pricing Model,APM)、各种形式的扩展资本资产定价模型、风险因素加成法、Fama-French 三因素模型等。

美国公司在估算资本成本时,一般使用 5%~6%的市场风险溢价,β 系数的预测方法较多,常用的有以下三种方法:①在资本市场发达的国家,有市场服务机构收集、整理证券市场的有关数据、资料,计算并提供各种证券的 β 系数;②估算证券 β 系数的历史值,用历史值代替下一时期证券的 β 值;③用回归分析法估测 β 值。

债务成本是公司在为投资项目融资时所借债务的成本,公司债务成本与以下因素有关:①市场利率水平。市场利率上升,公司债务成本会随之上升;②公司的违约风险。公司的违约风险越高,债务的成本越高,公司的资产负债率越高,则债务的边际成本越高;③债务具有税盾作用。由于利息在税前支付,所以税后债务成本与公司的税率有关,公司的税率越高,债务税后成本就越低。

决定公司加权平均的资本成本的因素有多种,其中最主要的因素是融资。公司采用不同的融资渠道和融资方式,其加权平均的资本成本也会不同。公司的融资水平高、融资渠道广,能够有效地利用各种融资渠道获得最低成本的资金来源,就可以显著降低资本成本。因此,加权平均的资本成本管理在很大程度上取决于融资管理的好坏。

(3)预期寿命管理

虽然公司的预期寿命取决于多种因素,其中公司如何对投资产生的利润进行分配,保证公司的可持续发展,是决定公司预期寿命长短的最重要因素。公司的分配问题是十分复杂的问题,涉及多个层面。不仅包括公司员工的工资、奖金,管理人员的福利待遇,还涉及现代公司制度中的委托-代理结构的金融安排,以及利益相关者的利益协调等深层次的问题。

本章小结

在不断发生变化的经营环境中,财务报表为公司的管理人员提供了快速解决经营管理问题所需要的信息。资产负债表、损益表和现金流量表是最主要的三种财务报表。

资产负债表是公司运用的资产以及与资产相联系的资金的瞬时记录,它是与某一时点相联系的静态文件,反映了公司在某一时点(如月末、季度末或年末)的资产、负债与所有者权益的基本状况。损益表是衡量公司在一段时期内(如一年)收入和费用,并以净利润衡量其收益的财务报表,其作用是确定公司在这个时期内获得的总收入和发生的总成本,而总收入减去总成本就是该时期的营业利润。现金流量表是记录公司在一段时间内(如一年)的现金流入与流出状况的财务报表,它反映了公司的现金增减变化,追踪现金的来源和去向。

资产负债表、损益表和现金流量表是公司的财务系统中密切相关的三种财务报表。资产负债表是静态报表,而损益表和现金流量表都是动态报表。在编制过程中,往往先编制损益表和资产负债表,然后根据资产负债表和损益表中的相应数据编制现金流量表。

利用财务报表中的信息对公司的经营状况进行分析,可以采用多种方法。这类分析主要涉及公司的财务状况和经营绩效、公司经营对资金的需求量以及经营风险。分析的结果可以用于公司融资需求的决策。

衡量公司经营绩效的财务比率通常是根据资产负债表和损益表的数据来计算,即以损益表中的流量项目去除资产负债表中的存量项目。衡量投资收益有两种互为补充的方法:一是总资产收益率,二是股本收益率。总资产收益率和股本收益率分别揭示了公司经营过程中两个不同的重要方面。总资产收益率着眼公司整体的经营效率,股本收益率考虑的则是这种经营效率转化为所有者收益的情况。

公司必须保持足够的现金资源,以便及时满足各种支付。若做不到这一点,公司就会发生流动性危机,这就需要对公司的流动性进行衡量。公司的长期资产与长期资金之间、短期资产与短期资金之间应当分别保持一定均衡。一般原则是:公司长期资产应与相应的长期负债一致,短期资产应与相应的短期负债一致。因此,对流动性的衡量分短期方法和长期方法两大类。

衡量公司短期流动性的财务比率,可以用来评价公司的短期偿债能力。公司若有足够的现金,就不会造成债务违约,避免陷入财务困境。主要衡量方法包括:流动比率、速动比率和"流动资金对销售收入"比率。公司的长期流动状况在很大程度上反映了其"财务实力",或公司承受经营挫折的能力。衡量公司的长期流动状况,需要结合现金流量考察其全部借款。主要衡量方法包括:利息偿付比率、债务对股本比率和财务杠杆。

公司需要通过不断地投资保持可持续增长,并为股东赚取收益。以获取高收益率为目的制订未来的发展计划,是公司经营管理活动的核心职能之一。而完成这一职能,关键是要有足够的新投资项目。为此,公司需要对各种投资方案进行周密的遴选,以确保有限的资金能够投入到最优的项目之中。传统上,很多方法被用来帮助公司的管理者制定投资决策。其中,"投资回收期法"是至今仍在使用的一种。基于该方法的投资决策原则是选择投资回收期最短的投资项目。投资回收期法能够反映投资项目的一个方面,但结果的可靠性较低。目前较为常用的是净现值法和内部收益率法。

在现代市场经济中,公司可以看成是一种有价值的商品,对这种商品进行交易的市场是资本市场。公司经营管理的最终目的是不断创造价值和实现价值最大化。公司的资产负债表大体上由五个部分构成:短期资产、长期资产、短期负债、长期负债和股本收益，每一部分反映的是不同类型的经营管理活动的情况。从公司的价值管理角度看，其经营管理活动可以分为三大类，即：投资活动、融资活动和经营收益的分配活动。公司的主要财务报表数据综合地反映了公司从事的各种生产经营活动的情况，也体现了公司以追求价值最大化为经营目标的管理绩效。

与公司价值有关的不仅仅是公司的股东和管理人员，还有其他一些与公司利益相关的群体，包括客户、公司的普通员工、债权人、政府、供货商、广告商和经销商等中间商，甚至竞争对手。这些群体被统称为利益相关者。公司损益表反映了利益相关者之间的关系，及其在利益分配中的格局。

关键概念

资产负债表；损益表；现金流量表；流动比率；速动比率；利益相关者；公司价值；净现值；固定资产；流动资产；股东权益；账面价值；市场价值；加权平均的资本成本；投资收益率

复习思考题

1. 公司的主要财务报表有哪些，它们之间具有什么样的关系？
2. 如何根据财务报表的数据来衡量公司经营绩效？
3. 流动性指什么？流动性不足的公司会出现什么问题？
4. 衡量流动性的方法有哪些？
5. 什么是货币的时间价值？在投资项目的评估中如何体现货币的时间价值？
6. 什么是公司价值？决定公司价值大小的主要因素有哪些？
7. 公司如何根据财务报表的数据进行价值管理？
8. 公司价值管理的重点是什么？

第 3 章

金融市场

金融市场是指资金的供应者和需求者双方通过信用工具进行交易实现资金融通的市场。和其他类型的市场相比,金融市场以资金交易为对象,主要体现资金借贷关系,可以是有形或无形的市场。

一个完备的金融市场包括资金供应者、资金需求者、金融工具和金融中介四大要素,如图 3-1 所示。资金供应者和需求者包括政府、金融机构、公司、事业单位、居民、外商等等,既能向金融市场提供资金,也能从金融市场筹措资金;金融工具是金融市场上交易的对象,如各种债券、股票、票据等;金融中介是指一些充当资金供求双方的中介人,起着联系、媒介和代客买卖作用的机构,如商业银行、保险公司、证券公司等。

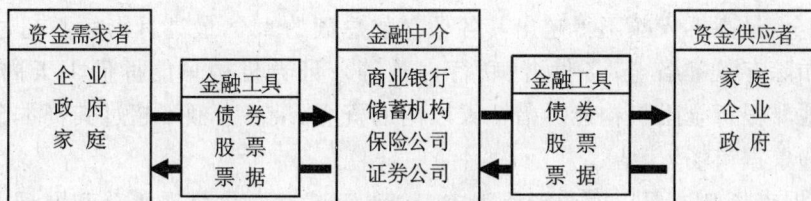

资金需求者		金融工具		金融中介		金融工具		资金供应者
企 业 政 府 家 庭	→	债 券 股 票 票 据	→	商业银行 储蓄机构 保险公司 证券公司	→	债 券 股 票 票 据	→	家 庭 企 业 政 府

图 3-1　金融市场的要素

3.1　金融市场的分类

3.1.1　货币市场与资本市场

根据融资期限划分,金融市场可分为货币市场(Money Market)和资本市场(Capital Market)。公司的融资需求也可划分为两种类型:一是公司新建、改建、扩建、技术改造等投资活动的资金需求,投资期限较长,见效较慢,属于长期融资需求;二是公司为维持日常经营活动的顺利开展产生的资金需求,属于短期融资需求。对应于这两种资金需求,在金融市场上存在满足公司长期融资需求的发行股票、债券和长期贷款等融资途径;在货币市场上存在满足公司短期融资需求的发行商业票据、短期融资券以及短期贷款等融资途径。

1. 货币市场

货币市场期限短,因而具有高度流动性,风险较低,银行和公司积极地把临时盈余资金投入这一市场以赚取利息。货币市场属于批发市场,交易量较大,周转速度快,个人投资者参与较少,主要为金融机构、公司、政府进入。货币市场融通短期资金,缓解短期资金供求矛盾,短缺者借取资金,盈余者赚取利息,从而合理利用资金。政府还可以通过货币市场监控货币流量,美国财政部每周都从货币市场借入数十亿美元的短期资金,成为最大的需求者。我国货币市场按借贷关系可分为同业拆借市场、票据市场和短期证券市场三种。

(1)同业拆借市场

1996年1月3日,中国建立了全国统一的同业拆借计算机网络系统,拆借市场全国联通,次日公布了第一个统一拆借利率(CHIBOR),同年6月1日起,中国人民银行不再对拆借利率实行上限管理,由拆借双方根据市场供求自主确定。商业银行总行和各地的35家融资中介机构在一级交易网即全国性网上交易,商业银行分支机构和非银行金融机构则在二级交易网即区域性网上交易,融资中介机构在二级交易网上组织代理交易。每天汇总全国二级交易网的拆借资金数额、期限、利率等可得出CHIBOR利率,供央行参考。商行可拆借120天内资金,最高拆入额不得超出其各项存款总额的4%,最高拆出额不超过8%(基数扣除存款准备金、备付金、联行占款等);证券机构只能拆借1天内的资金,其他非银行金融机构能拆借7天以内的资金,最高余额不超过其资本金。

(2)票据市场

票据市场则主要以商业汇票为主,1981年试行商业票据承兑和贴现业务,1997年3月1日,中国人民银行对四大国有商业银行——中国工商银行、中国农业银行、中国银行、中国建设银行的总行开办再贴现业务。我国票据市场刚刚起步,间接调控的功能尚未发挥。

(3)短期证券市场

短期证券市场主要是短期国债回购市场,通过公开市场操作,控制金融机构的流动性储备。公开市场业务是场外交易,采取公开竞价。1997年开始,央行减少直接调控比例,将公开市场的交易对象从商业银行逐步扩大到非银行金融机构,并以公开市场操作作为央行的主要货币政策工具。央行通过经常地灵活地运用公开市场操作,对货币供应量进行预调和微调,有效地向市场传递央行的政策意图。但是,其价格仍是低价竞标方式,尚未实现利率市场化。

2. 资本市场

资本市场融资期限则在1年或1年以上,属于中长期金融市场,交易对象为长期国库券、地方政府债券、公司长期债券和公司股票等。由于期限长,流动性较低,风险较大,但收益一般较高。资本市场通过价格机制合理引导、分配资金,提供了一条储蓄向投资转化的有效途径。在美国,货币市场内较大的市场是短期国库券市场,短期国库券又称为短期政府债券,安全性是其最大优点。另外可转让定期存单(Certificate of Deposits,CDs)市场规模也很大,CDs 由著名的金融机构发行并以它们的信用担保。资本市场中最大的部分是住宅与商业抵押贷款,用以支持住房与商业的建设,还有消费者耐用消费品贷款。

3.1.2　债务市场与股权市场

按照融资方法的不同,可将金融市场划分为债务市场(Debt Market)和股权市场(Equity Market)。债务市场通过发行债务工具,即以发行人负债形式进行融资,其数额是固定数目,借款者承诺按期支付固定金额的利息,并在到期日偿还本金。债务工具体现的是所有人和发行人之间的债权债务关系,股权市场以权益工具为交易对象,如公司发行股票筹措资金的活动。权益工具体现的是发行人和所有人之间的所有权关系,例如普通股是股东分享公司净收入和资产权益的凭证。股票持有人可以分享该公司的净收入和资产权益,一般可定期分得红利,但收益不确定,与公司的经营状况相关。债务市场有长短期之分,股权市场则没有到期期限,是长期证券。

随着现代金融的不断创新,在普通股的基础上,派生出其他更加灵活的金融工具。以优先股为例,其兼具债务工具和股权工具的特征,既有固定的收益,又有权益要求权。另外还有可转换债券、可转换优先股、认股权证等。交易债务工具和优先股的市场是固定收入市场;交易除优先股之外的股票的市场是普通股市场。

拥有债务工具的好处是“债务优先权”,公司必须向所有债务人偿付之后才向股权持有人支付收益。然而,股权工具也有其优点,可以直接从公司的盈利或资产价值增长中获益,其持有人拥有公司的一部分。例如,一家公司发行300 万股股票,你购买了 3000 股,则你拥有该家公司资产的 1‰。持有一家公司股票数额较多的人,可以参与并控制该公司的经营运作。而且股票市场的价格影响着公司的资产总价值,从而影响到整个公司的形象、信用以及发展等。

3.1.3　一级市场与二级市场

根据证券是否首次发行即新旧程度划分,金融市场可分为一级市场(Primary Market)和二级市场(Secondary Market)。一级市场也称发行市场,二级市场也称流通市场。一级市场是证券发行市场,直接导致新的投资,增加投资总量。借款公司或政府机构向购买证券者出售从未交易过的新证券,主要功能是筹集金融资本用于新公司(项目)筹建或原有公司(项目)增资扩建等。二级市场则是证券交易市场,买卖已发行的证券,主要功能是为证券提供流通场所,保证证券流动性。

一级市场中发行的新证券包括已经上市交易的公司新增的证券(二次发行),也包括未上市交易的公司首次公开发行的证券(Initial Public Offerings, IPOs)。一级市场发行可直接发行,由筹资者自己将证券推销给投资者,可以节约各种费用,减少发行成本,但是融资数量有限,风险大,因此一般很少被采用,大多数通过中介机构进行,是间接发行。间接发行成本费用高,但风险低,由金融机构(主要是投资银行)协助销售证券,成功率较高。其方式有三:一是代销,发行人和中介人签署委托合同,中介人一般无风险,代理费用也较低;二是助销,中介人在合同规定期限内没有推销完证券,则要部分或全部认购证券余额;三是包销,中介人先全部买下证券,再根据市场行情售出,风险最大,代理费用也最高。证券的认购者可能是广泛的不确定的投资者,此为公募,证券公开出售,可筹措到巨额款项,但要求发行人的信誉高,受到严格限制,需要提供书面文件和财务报表以防止欺诈行为,公司的经营状况被迫公开化。私募只以少量与发行者有密切业务往来的投资者为对象,数额较小,手续简单,不必公开化。

二级市场则为大家所熟悉,最典型的莫过于股市。当证券持有人需要资金时,就通过二级市场把证券转让出去,直至再有资金盈余时购回证券。实质上,二级市场为资本流通市场,任何一笔交易仅仅引起证券的易手,并不创造新的资产,资金也不一定是从盈余部门转到赤字部门,而市场变化并不影响筹资者已筹资金。二级市场之所以重要,是因为它为证券提供流动性。证券的流动性越大,投资者越愿意购买证券。除此之外,二级市场也为投资者提供连续的价格信息。一个运作良好的二级市场使得公司在一级市场上的融资活动更加便利。二级市场赋予有价证券流动性,增强其吸引力,进而促进一级市场融资,而且二级市场上的交易价格是公司选择发行时机和制定新证券发行价格的基础,因为二级市场的行情波动源于投资者的心理预期和经济环境的变化。

总之,一级市场中证券总量增加,二级市场只是交易者对其拥有的证券结构进行调整,一级市场是发行者和投资者的纵向关系,二级市场则是投资者之间的横向关系。二级市场的状况与发行公司的关系较密切,因为二级市场上的价格既受公司经营状况的影响,又反过来影响着一级市场的价格和融资额。

3.1.4 证券交易所与场外市场

按照证券经营的场所,可将金融市场划分为有形市场和无形市场。

有形市场指交易者集中在有固定地点和交易设施的场所内进行交易的市

场,证券交易所就是典型的有形市场。交易所实行交易地点、交易时间、交易单位、交易价格以及清算方式的标准化,实行集中竞价、公平交易、信息公开的管理方式,提高了交易效率。我国目前有两大证券交易所,上海证券交易所和深圳证券交易所,它们的运作规则基本一致,但略有不同。

无形市场是指以营运网络形式存在的市场,通过电子电讯手段完成交易,如场外交易市场(Over the Counter,OTC)。场外交易市场为未在交易所上市的股票和债券的交易提供了便利,在这个交易网络中,经纪人和交易商是重要的中介。目前世界上所有的证券交易所都采用了数字化交易系统,因此有形市场渐渐被无形市场所替代。

证券交易所是有组织的、固定的、集中进行上市股票交易的二级市场,也称为第一市场;第二市场即场外交易市场,进行非上市股票交易,没有固定场所和组织,通过电话、电脑或传真等电讯网络联系;而上市股票在场外交易市场进行交易的,有人称之为"第三市场"(Third Market),其中的券商不是交易所的会员,可以避免交易所的最低固定佣金;近年来有些交易是通过租用私人计算机网络进行的,不通过经纪人和券商等中介,将买卖双方信息通过计算机系统交叉交易,为即时(Hit and Take)系统,人称"第四市场",现发展较好的有路透1987年建立的互联网和POSIT(Portfolio System for Institutional Traders)系统。目前最著名的场外交易市场为NASDAQ(National Association of Securities Dealers Automated Quotations),全称"全国证券商协会自动报价系统",属于私人协会组织,在证券交易委员会(Securities and Exchange Commission,SEC)的监管下代表和管理场外市场的券商,包括第二市场和第三市场,不同于纽约股票交易所(New York Stock Exchange,NYSE)等第一市场。

3.2 金融市场有效性

3.2.1 金融市场的功能

金融市场在国家宏观调控、公司经营以及家庭生活中都发挥着重要作用:

(1)金融市场能够迅速有效地引导资金合理流动,提高资金配置效率。金融市场扩大了资金供求双方接触的机会,降低了融资成本,为筹资人和投资人开辟了更广阔的融资途径,为各种期限、内容不同的金融工具互相转换提供了必要的条件。

(2)金融市场具有定价功能,金融市场价格的波动和变化是经济活动的晴雨表。金融市场中买卖双方相互作用的过程可以"发现"公司资产的内在价值,公司的金融资产由市场交易所形成的价格作为依据来估价。

(3)金融市场为金融管理部门进行金融间接调控提供了条件。金融间接调控体系必须依靠发达的金融市场传导中央银行的政策信号,通过金融市场的价格变化引导各微观经济主体的行为,实现货币政策调整意图。

(4)金融市场的发展可以促进金融工具的创新。多样化金融工具通过对经济中的各种投资所固有的风险进行更精细的划分,使得对风险和收益具有不同偏好的投资者能够寻求到最符合其需要的投资,也可以使融资者的多样化需求得到尽可能大的满足。

(5)金融市场帮助实现风险分散和风险转移。金融市场的发展促使居民金融资产多样化和金融风险分散化,为居民投资多样化、金融资产多样化和银行风险分散化开辟了道路,为经济持续、稳定发展提供了条件。

(6)金融市场降低交易的搜寻成本和信息成本。金融市场通过专业金融机构和搜寻机构促进买卖双方的匹配以及减少资产估值的偏差。

3.2.2　金融市场的效率

如果证券的市场价格能够充分反映当前可获得的全部信息(包括相关风险),且能够根据新获得的信息迅速调整,我们称金融市场有效率。金融市场的效率建立在如下的假设之上:

(1)大量的以利润最大化为目标的参与者独立地分析和评估证券的价值;

(2)新的信息随机发生,信息的发布互相独立;

(3)投资者根据新增信息,迅速调整他们的估价。在有效市场中,不要求投资者能够正确调整价格,只要求他们对价格的调整是无偏的(价格可能被高估或低估);

(4)预期收益率中包含对承担风险所要求的补偿。

在这些假设条件下,市场参与者之间的竞争行为导致价格对信息迅速调整,新的价格充分反映了投资者对证券价值的估计以及风险情况。如果以上假设不能满足,就会产生偏离正常值的收益率。

有效市场假说(Effective Market Hypothesis,EMH)将市场分为三个等级:

(1)弱势有效市场。证券价格充分反映当前证券市场上可获得的全部信息。这意味着,过去的价格和交易量的信息对未来股票价格走势的预测毫无帮助,投资者无法根据技术分析获得超额回报。

(2)半强势有效市场。证券价格充分反映当前所有公开的信息,并根据这些信息迅速调整价格,所有公开的信息包括公开的证券市场信息和非市场信息。在半强势有效市场上,投资者无法根据基本面分析获得超额回报。

（3）强势有效市场。证券价格充分反映当前所有公开的和非公开的信息，并根据这些信息迅速调整价格。强势有效市场包含了所有类型的信息：公开的市场信息，公开的非市场信息，以及非公开的私人（内幕）信息。这意味着没有任何一组投资者对信息具有独占权，投资者不能持续获得超额回报。

3.2.3 金融市场的神话

尤金·法玛（Eugene Fama）的有效市场假设认为市场价格能够充分反映与证券有关的全部信息（公开的和私人的），并且价格能够根据新增的信息进行迅速调整，基于这种假设，金融市场不需要任何外来干预，便可以通过自身力量完成资源的有效配置，保持良好的运作状态。由于价格是迅速调整的，投资者不可能通过对信息的分析而获得与其承受的风险不一致的超常回报率。因此从长期来看，投资者无法"战胜市场"，只能采取被动的投资策略，获得市场平均回报率。没有任何人能对抗市场的巨大力量，并且任何行政干预都是不明智的。这就是人们所信奉的金融市场神话。

在很长一段时间内，人们对金融市场效率深信不疑，质疑宏观调控政策的有效性，许多发达国家奉行"积极的不干预"政策。正如美国金融记者，贾斯汀·福克斯在《理性市场的神话》中说："任何神话都要经历发生、发展乃至消亡的过程。"1987 年 10 月 19 日，美国华尔街的"黑色星期一"引发了席卷全球的股市暴跌。1992 年英镑危机，再次引致全球金融市场的震荡。1994 年墨西哥爆发了金融危机。1997 年金融危机又登陆了东南亚，神话般的亚洲经济奇迹似乎在一夜之间消失殆尽。1995 年 9 月发生日本大和银行事件。1998 年发生美国长期资本管理公司事件。始于 2008 年美国次贷危机的全球金融危机至今仍使许多发达国家的经济萎靡不振。这一系列遭遇使人们对金融危机的危害有了切身的感受。

法玛和肯尼思·弗兰奇在上世纪 90 年代初的一次研究推翻了法玛自己的假说。他们全面分析了 1940 年以来股票市场的收益情况，结果发现股票的收益波动并非完全随机，其中存在某些规律，如：小型股的收益通常优于大型股；"价值股"（即股价低于净资产的股票）的表现通常优于大盘；存在一种"惯性"效应，既往表现良好的股票后市往往会继续维持良好表现，等等。福克斯认为，养老基金等投资机构按照"有效市场理论"制订投资策略，在一定程度上加剧了金融风暴的冲击。

金融市场的失灵使得越来越多的学者对金融机构的内在脆弱性进行研究。信息不对称所导致的储户信心不足以及金融机构资产选择中的内在问题使得金融中介机构具有内在脆弱性或不稳定性，从而使得金融风险不断产生和积累,并最终可能引发金融危机。各国政府也对自由的金融市场政策进行反思,试图通过监管加强金融机构的稳定性。

3.2.4　技术进步与资本市场

资本市场为技术研发和创新提供了便利,而技术进步又能进一步提高资本市场的运作效率,总的来说,二者是相辅相成,互相促进的关系。

资本市场的成长与发展为技术进步的潜能发挥提供了机制。资本积累制约着技术变迁的可能性,金融体系通过其筹集和配置资金的作用为经济增长服务。由于竞争加剧,公司面临工艺设备更新、技术升级的巨大压力,公司需要大量的资金投入进行技术改造和结构调整。但是,由于行业利润率的不断下降,公司积累能力大为弱化,不可能依靠自身积累迅速筹集资金投入再生产。因此,公司将会更多地依赖资本市场进行筹资,资本市场对于公司的技术创新将会变得越来越重要。例如,电视机行业的康佳、TCL、创维等公司,由于它们较早地进入资本市场,懂得资本市场的运作,所以技术创新的活力强于其他公司。另外,风险资本的产生也极大地促进了技术进步。风险资本是连接资本市场和高新技术公司的一座桥梁,通过对高技术产业化的支持,增强了公司实现技术突破和开发新产品的能力,在技术进步和创新中起到关键作用。

科技的发展和信息革命为场外资本市场和衍生金融市场的发展提供了客观物质基础。1973年路透交易信息系统首先在金融交易中使用。该系统通过计算机终端提供各种信息资料和服务,包括金融交易行情、各类图表分析、模型分析及对市场趋势的预测,使交易规模迅速扩大。此后,信息技术的最新发展就不断被应用到国际金融市场中。

现代电子通信技术的发展,使国际金融交易中的信息得以瞬间传递,全球不同时区的主要金融市场被紧密联系成为一个整体,不同国家的多元化入市主体在24小时内都可以从事金融交易,获取投资收益,分散投资风险,参与国际投资组合。计算机技术的飞速发展及其广泛应用,使对经济情报的集中、处理、分析和储存变得简单、低廉,可以使市场参与者在极短的时间内计算风险并及时选择合适的方法减少风险。通过全球性的通信网络,人们可以在瞬间交易。依托信息技术建立的现代场外市场极大地克服了传统场外市场成本高昂、效率低下、监管困难的缺点,具有满足证券流通需要、完善交易所市场、促进高新技术公司发展、提高整个证券市场效率等重大意义。

技术进步在资本市场上的运用大幅度降低了市场交易成本,在客观上促进了衍生金融市场的发展。伴随计算机及数据处理自动化技术的广泛应用,新兴的金融分析理论(如复合衍生工具或多元化衍生工具组合的定价与风险管理中的数学模拟分析法和相关性分析法)和新兴的信息处理技术设备将理论与实践结合起来,为开发和推广金融衍生工具奠定了坚实的技术基础。

3.3 金融机构

3.3.1 金融中介机构

金融中介机构是指从资金的盈余单位吸收资金提供给资金赤字单位以及提供各种金融服务的经济体。金融中介机构的功能主要有信用创造、清算支付、资源配置、信息提供和风险管理等几个方面。金融中介机构大致可分为以下几种类型:

1. 存款型机构

存款型机构以吸收个人和机构的存款为资金来源,其资金主要运用于发放贷款。这类金融机构主要包括商业银行、信用社、储蓄贷款协会和互助储蓄银行等。其中,商业银行是最常见,也是最主要的存款型金融中介机构。

商业银行是以经营工商业存、放款为主要业务,并以获取利润为目的的货币经营公司。我国目前主要的国有商业银行有中国工商银行、中国建设银行、中国农业银行、中国银行等,随着金融体系的不断完善,我国也出现了光大银行、兴业银行、招商银行等私有银行。

2. 契约型储蓄机构

契约型储蓄机构是以契约方式获得资金的中介机构。这类金融机构主要有人寿保险公司、财产保险公司、养老保险基金和其他退休基金。其特点是在存款者退休和死亡之后付款。由于它们的负债是可以预见到的,因此,它们能够比存款型金融机构投资于更长期的证券上面。

①人寿保险公司为因疾病、伤残及死亡而遭受的财务损失提供保险。保险公司依靠人们缴纳的保险费和销售养老金获得资金,根据对人群伤亡概率的预测,将资金投资于债券、股票和抵押贷款。②财产保险公司对火灾、盗窃、汽车意外事故和其他意外事故遭受的损失提供保险。它主要依靠出售保险单获得资金,财产保险公司为抵御保险事故带来的风险,需要保持更多的流动性资产。因此,它主要投资于地方政府债券,此外还有公司债和国家债。③养老保险基金和其他退休基金是为向加入养老金计划的雇员以年金形式提供退休后的收入所建立的基金。基金的资金来源是员工或雇主的缴费,将基金积累的资金分期或以年金的形式支付给退休员工。养老金将积累的资金主要投资于公司债券、政府债券和股票。

3. 投资型中介机构

投资型中介机构主要包括财务公司、投资基金和货币市场共同基金。①财务公司又称金融公司,是为公司技术改造、新产品开发及产品销售提供金融服务,以中长期金融业务为主的非银行机构。各国的名称不同,业务内容也有差异。但多数是商业银行的附属机构,主要吸收存款。中国的财务公司不是商业银行的附属机构,是隶属于大型集团的非银行金融机构。②投资基金是一种利益共享、风险共担的集合投资制度。投资基金集中投资者的资金,由基金托管人委托职业经理人员管理,专门从事证券投资活动。可以说,投资基金是对所有以投资为形式的基金的统称。③货币市场共同基金是将众多的小额投资者的资金集合起来,由专门的经理人进行市场运作,赚取收益后按一定的期限及持有的份额进行分配的一种金融组织形式。而对于主要在货币市场上进行运作的共同基金,则称为货币市场共同基金。

3.3.2 金融经纪人

这里我们主要阐述证券经纪人,即证券交易中充当买卖双方的中介收取佣金的商人。经纪人是随着股份公司发展、证券交易增加的客观需要而产生的。经纪人的最重要的特点就是:不为自己买卖证券,只是在交易所中代替别人进行买卖。经纪人的出现,克服了证券数量和投资者日益增多的矛盾,解决了买卖双方寻觅交易对象的困难,有利于扩大交易的范围和形成公平的价格。这不仅便利了交易,还使得市场易于组织和管理,对市场的活跃和顺利发展具有重要意义。根据经纪人业务范围的不同,经纪人可分为佣金经纪人、二元经纪人和特种经纪人。

1. 佣金经纪人

佣金经纪人又称商业经纪人或掮客,是专门从事代理客户买卖证券,并收取佣金的经纪人。佣金经纪人就是一般所说的证券经纪人,他们是证券交易所中数量最多、最为活跃的经纪人,是证券交易所最主要的会员。在美国,佣金经纪人往往代表着某一证券经纪公司。证券经纪公司专门接受要求在交易所买卖证券的顾客的委托,代他们进行交易,收取一定的佣金。

2. 二元经纪人

二元经纪人又称交易所经纪人或委托经纪人,是专门从事代替交易所其他会员买卖证券并收取佣金的证券经纪人。当佣金经纪人同时接到许多委托买卖证券的指令时,他就把其中的某些业务再委托给二元经纪人代为买卖,并支付佣金。由于美国过去这类经纪人代为买卖 100 股股票收取佣金二美元,故称为二元经纪人。这类经纪人通常以个人身份在交易所内取得交易的席位,不属于任何金融机构,是独立的经纪人。目前二元经纪人的佣金是按证券的市场价格计算的。二元经纪人对加速证券交易成交和提高经纪人工作效率等,起着重要的作用。

3. 特种经纪人

特种经纪人亦称专业经纪人,指专门从事某种行业的证券交易,接受佣金经纪人的委托,成为经纪人的经纪人。他们是证券交易大厅里的重要人物,其主要特点是:①专门从事某行业的证券交易。特种经纪人买卖证券与一般经纪人不同,一般经纪人接受委托买卖证券不受任何限制,而特种经纪人则有特定的范围。②是经纪人的经纪人。特种经纪人是固定在某交易台进行交易的。其他佣金经纪人在接到客户的限价委托后,要等到股票上升或下降到某一水平才买或卖,而他自己又不可能长期等在某一交易柜台盯住该股票价格变化的情况,他就可以再委托特种经纪人,按客户的要求代为买卖,并支付其佣金。这时,特种经纪人就成为经纪人的经纪人。③熟悉市场信息。由于交易所中的任何证券交易都是通过公开竞价进行的,特种经纪人分别固定在某一交易台从事交易,专门研究该柜台证券交易的情况,因此,他们掌握着市场证券交易数量和价格变化的重要信息。④兼营零售业务。一般经纪人在证券交易所内只按规定的单位进行整数交易,不足一个单位的股票买卖,则交由零股经纪人处理,特种经纪人则不同,他们除了经营自己专业范围内股票的整数交易外,还兼营不足一个单位的零售业务。⑤具有经纪人和证券商双重身份。当客户委托买卖某种股票,而别的经纪人刚好要买进或卖出这种股票时,他就充当经纪人代客与其他各经纪人讨价还价,成交后向客户收取佣金。如果有的经纪人在场内找到他们,要求买进或卖出某股票,而特种经纪人又一时未找到买主或卖主,这时他就以证券商的身份出现,与经纪人达成交易,自己买进或卖出该股票。

在英、美等国家,特种经纪人在证券交易所内还负有稳定市场的重要职责。当某种股票被大量抛出,供过于求,有可能引起该股票价格猛烈下跌时,特种经纪人就有责任买进该股票,以保持价格稳定。反之,当某种股票出现抢购风潮,市场上供不应求,有可能引起该股票价格迅速上涨时,他们就有责任出售自己保存的股票,以缓和市场供求矛盾。

由于特种经纪人具有十分重要的作用,为防止他们利用自己的地位,进行操纵或垄断等不法行为,从中渔利,国家一般都通过制定专门的法规对他们进行管理。例如,特种经纪人一般都必须具有雄厚的资本和相当数量的股票,他们必须按规定向交易所缴纳"营业保证金";每年营业终了,必须将其年度报表经公证会计师签证后,向主管单位申报;不得将他人委托买卖的证券相混淆;主管单位有权检查其经营情况,如发现问题,有权取消其参加证券交易的资格等。

3.3.3 金融服务机构

金融服务机构是指依法设立的从事金融服务业务的法人机构,主要包括金融咨询公司、律师事务所、会计师事务所、各类评级机构等。

1. 金融咨询公司

金融咨询公司是建立在信息系统的基础上,根据客户的要求提供投融资活动、资本运营等咨询服务的专业机构。咨询不是提供现成的信息,而是根据客户的要求,通过收集大量信息资料,运用基础分析和技术分析相结合的方法进行加工、整理,为客户提供分析报告,帮助其建立有效的投融资策略,选择最佳的投融资方案。我国目前的金融咨询公司主要有两种类型:一类是专门从事咨询业务的专营咨询机构;另一类是兼做咨询业务的兼营金融机构。

2. 律师事务所

律师事务所是律师执行职务的工作机构。目前有属于国家事业单位的律师事务所,也有律师个人合作开办的合作制律师事务所。前者与法律顾问处的性质相同,只是名称不同而已。后者是在改革开放后新出现的,实行自负盈亏,独立核算。它们从事的法律服务内容没有什么区别。律师事务所能够为股份公司股票的发行与上市,债券的发行、转让与兑现,以及证券承销商投资银行业务提供各种相关法律服务;担任发行人或承销团法律顾问,起草有关法律文件,提供法律咨询,出具法律意见书或验证笔录;代表银行、金融机构以及其他经纪人的利益,尤其为客户提供证券发行及国际贷款方面的服务;解决关于国际贷款、项目融资、融资担保法律问题以及信用证、商业票据的法律纠纷;提供代理金融案件的诉讼、仲裁、调解,参与谈判、起草和审查合同,出具法律意见书等法律服务。

3. 会计师事务所

会计师事务所是指依法独立承办注册会计师业务,实行自收自支、独立核算、依法纳税的中介服务机构。注册会计师以独立的第三人身份,客观、公正地审查公司的财务状况、经营成果和资金流动情况,并对公司会计报表的真实性、合法性做出报告。我国对从事证券相关业务的会计师事务所和注册会计师实行许可证管理制度。根据有关部门颁布的《关于注册会计师执行证券期货相关业务实行许可证管理的暂行规定》,注册会计师必须取得有关部门颁发的执行证券期货相关业务许可证,方可从事对公开发行和交易股票的公司、证券经营机构和证券交易场所进行会计报表审计、净资产验证、咨询服务等证券相关业务。在我国现阶段的经济体制下,会计师事务所是连接政府和公司的桥梁,是所有者和经营者之间的纽带,独立于政府和公司之外,不以营利为首要目标,具有法定社会职能的第三人。它一方面担负着塑造市场经济微观主体,规范公司经营活动的重任;另一方面又是国家对社会经济进行宏观调控的具体执行者。由于社会经济资源的稀缺性和微观主体经营活动的逐利性,国家总是通过立法和政府制定的财政政策、货币政策、收入政策、人力政策及一系列行政法规实施对经济的调控,而会计师事务所的基本职能就是依据这些法律、法规和政策,对市场微观主体的行为和经营结果进行规范调整,从而使国家的意志在社会经济活动中得到实现,使"法制"过渡到"法治",把公司的经营活动纳入法治轨道,最终达到社会资源充分利用和优化配置的目标。

4. 各类评级机构

评级机构是最早的信息服务公司。目前最主要的两种评级机构是资产评估机构和信用评估机构。资产评估机构是指组织专业人员依照国家有关规定和数据资料,按照特定的目的,遵循适当的原则、方法和计价标准,对资产价格进行评定估算的专门机构。在资本市场上进行股票发行、上市公司收购兼并及财务报告的披露,一般都要进行资产评估。信用评级机构是依法设立的从事信用评级业务的社会中介机构,它是由专门的经济、法律、财务专家组成的对证券发行人和证券信用进行等级评定的组织。是金融市场上一个重要的服务性中介机构。目前国际上公认的最具权威性的专业信用评级机构只有三家,分别是美国标准·普尔公司、穆迪投资者服务公司和惠誉国际信用评级有限公司。国内的信用评级机构还有待进一步发展完善。

3.3.4 政府金融机构

1. 金融监管机构

每个国家都有自己的中央银行,以负责金融管理和国家宏观经济调控。中央银行是国家赋予其制定和执行货币政策,对国民经济进行宏观调控,对金融机构乃至金融业进行监督管理的特殊的金融机构。一个由政府组建的机构,负责控制国家货币供给、信贷,监管金融体系,特别是商业银行和其他储蓄机构。中央银行所从事的业务与其他金融机构所从事的业务的根本区别在于,中央银行所从事的业务不是为了营利,而是为实现国家宏观经济目标服务,这是由中央银行所处的地位和性质决定的。

除了中央银行外,我国还设有银行业监督管理委员会、证券监督管理委员会以及保险监督管理委员会,共同维持金融市场秩序,保证我国金融市场平稳、顺利地发展。

2. 政策性金融机构

政策性金融机构是指那些由政府或政府机构发起、出资创立、参股或保证的，不以利润最大化为经营目的，在特定的业务领域内从事政策性融资活动，以贯彻和配合政府的社会经济政策或意图的金融机构。政策性金融机构主要分为经济开发政策性金融机构，如中国国家开发银行；农业政策性金融机构，如中国农业发展银行；进出口政策性金融机构，如中国进出口银行；住房政策性金融机构，如美国联邦住房贷款银行、美国联邦住房抵押贷款公司等。

3.4　金融规制

3.4.1　金融法规

1. 金融法规的概念

所谓金融法规，是一国调整金融监督管理与银行货币信用活动的各种金融关系的法律规范的总称。金融活动中涉及各种繁杂的业务，例如，存贷款业务、金融担保业务、支付结算业务、证券业务、基金业务、期货和外汇业务、信托和融资租赁业务、保险业务等，金融法规是具体金融业务过程中的法律条款，用以规范金融业务操作。

金融法规是个总称，在我国，目前尚没有以金融法来命名某部法律。涉及金融类的具体法律通常用它所属的行业名称来命名。我国金融法规的内容主要包括：关于中央银行、政策性银行、商业银行和其他非银行金融机构的法律地位、性质、任务、组织机构、职责权限和业务范围的法律规范；关于存款、贷款的法律规范；关于票据和结算的法律规范；关于保险的法律规范；关于信托和金融租赁的法律规范；关于证券的法律规范；关于融资担保的法律规范及其他与金融相关的法律规范等。

现代各国进行各项金融监管的基本标准和依据是金融法律总体，即金融法规体系。事实上，中央银行和其他金融监督管理当局的建立和职权的行使本身，就首先必须依赖于某些特殊性金融法律，例如中央银行法、金融监督管理法等。其他所有类别的金融机构的建立与运营，也要分别依据商业银行法、普通银行法、投资银行法、储蓄银行法、保险法等。此外，金融监督管理当局进行广泛的监督管理活动要依据更为众多的、广泛的专业性金融法规，例如，证券法、证券交易法、货币法、信贷法、银行券法、票据法、消费信贷法、进出口信用法、外汇管理法等。

金融法是调整货币流通和信用活动中所发生的金融关系的法律规范的总称。金融关系是在金融活动中形成的经济关系，如图 3-2 所示。

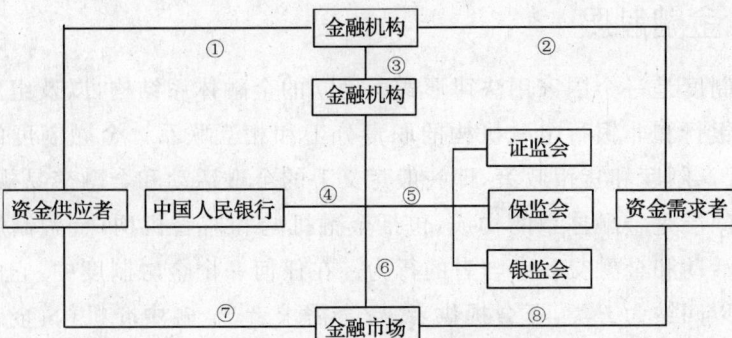

图 3-2　金融关系示意图

注：①存款关系；②贷款关系；③拆借等融资关系；④调控关系；⑤监管关系；
⑥以票据为载体的融资关系；⑦证券认购关系；⑧证券发行关系

资料来源：刘旭东，赵红梅编著. 金融法规. 北京：清华大学出版社，2008.

2. 金融法规的调整对象

由于金融是一个特殊的经济部门，因此，金融法规又具有与其他经济法律不同的调整对象。金融法规的调整对象是在金融活动中产生的金融关系，主要包括金融宏观调控关系、金融业务关系和金融监督管理关系三大类。

(1)金融宏观调控关系。金融宏观调控关系是指中央银行在金融宏观调控过程中与金融机构、其他政府部门、公司和个人之间发生的权利义务关系。中央银行是我国的金融宏观调控机构。金融宏观调控的特点是，中央银行主要利用经济手段依法对金融机构和金融活动进行调整。其调控的直接对象是金融机构及金融市场，间接对象是国民经济各部门、公司及个人，主要通过货币政策工具及法律规定等其他方式进行。

(2)金融业务关系。金融业务关系是指在货币市场、证券市场、保险市场和外汇市场等各种金融市场、金融机构之间，金融机构与个人之间，个人与个人之间进行的各种金融交易的关系。一般而言，金融业务是指存款、贷款、结算、保险、信托、金融租赁、票据贴现、融资担保、外汇买卖、金融期货、证券发行与交易等业务。金融业务关系本质上是一种民事关系。

(3)金融监督管理关系。金融监督管理关系是指金融监督管理机关对金融机构、金融市场、金融产品及金融交易的监督管理关系。金融监督管理关系的主要内容是金融监管机关依法制定监管规章，审批金融机构，对金融机构进行稽核和检查，对金融活动当事人的违法行为进行查处等。金融监管机关的监管行为必须依法进行，被监管的金融机构、其他组织和个人必须服从监管。金融监督管理关系本质上是一种金融行政关系。

3.4.2 金融制度

金融制度是一个国家用法律形式所确立的金融体系结构,以及组成这一体系的各类银行和非银行金融机构的职责分工和相互联系。金融制度的最上层是法律、规章制度和货币政策,即一般意义上的金融活动和金融交易规则;金融制度的中间层是金融体系的构成,包括金融机构和监管机构;金融制度的基础层是金融活动和金融交易参与者的行为。在任何一个金融制度中,它的参与者基本上可以归纳为五类:资金提供者、资金需求者、金融中介机构、金融市场和金融监管当局。

金融制度是在长期发展中逐渐形成的,已演化成复杂而又脉络清晰的系统,由于每个国家的政治、经济、历史和文化等方面不尽相同,因此,金融制度也种类繁多,呈现出各自的特点。以美国和英国为代表的西方国家金融制度,其构成主体是中央银行和商业银行。亚洲国家金融发展程度普遍落后于欧洲国家,但日本和新加坡的金融制度相对健全,并体现出亚洲国家的金融制度特色。下面主要介绍美国和日本的金融制度,并与我国金融制度进行比较。

1. 美国金融制度的特点

美国的中央银行是联邦储备系统。这一系统由五大部分组成:联邦储备委员会、联邦储备银行、联邦公开市场委员会、四个顾问咨询委员会和会员银行。其中,联邦储备委员会,是联邦储备系统的最高决策机构,是实际上的中央银行总行;联邦储备银行是按经济区域设置的,是中央银行的执行机构,是实际上的中央银行分行;联邦公开市场委员会,是联邦储备系统中专门负责制定执行公开市场业务的决策机构;四个顾问委员会是联邦顾问委员会、学术交流顾问委员会、消费者顾问委员会和其他金融机构顾问委员会;会员银行是在联邦注册的国民银行。

商业银行是美国金融体制的主体,按注册政府级别的不同分为两大类。一类是在联邦政府注册,称为国民银行,另一类是在州政府注册,称为州立银行。前者的规模很大,资金雄厚,后者的规模较小,许多是独家银行。商业银行的组织形式有四种,即单一制、分支行制、连锁银行制和银行持股公司制,其中,银行持股公司制是发展最快的一种形式。

除了商业银行外,美国还有大量为私人服务和为公司服务的金融机构,如:储蓄贷款协会、互助储蓄银行、信用联合社、人寿保险公司、销售金融公司、商业金融公司、投资银行等机构。这些机构实质上属于专业银行。

在美国金融体系中,非银行金融机构的发展速度也很快,如养老基金会、货币市场互助基金、信托公司、财务公司、财产保险公司、人寿保险公司、信用联合社、投资公司等。此外,美国政府也建立了永久性的政府专业信贷机构,向住宅购买者和中小公司提供信贷支持。

2. 日本金融制度的特点

日本的金融制度确立时间较早,但期间遭遇严重的金融危机和两次世界大战,其金融制度经历了被破坏又重建的过程。第二次世界大战以后,该国的金融制度得到了系统的发展和完善。日本的中央银行——日本银行,是日本金融体系的主导,它在大藏省的领导下,负责货币发行,管理商业银行、专业银行和其他金融机构,代管国库,通过代管政府资金,对政府提供信用和认购国债等。

作为日本金融体系主体的商业银行分为四大类:城市银行、地方银行、外汇银行和在日本的外国银行。其中城市银行的规模很大,业务遍及全国各地,几乎可以办理一切金融业务。日本的专业性金融机构种类繁多,主要有长期金融机构、中小公司金融机构、农业渔业金融机构、证券公司、保险公司等。

日本对金融体系的监管,主要由大藏省控制,即大藏省对日本银行有监督和命令权。日本银行的重大决策是要报请大藏省审批后方能实行。同时,大藏省通过日本银行,或同日本银行一起,对整个金融系统实施比较严格的金融监管。

3. 中国金融制度的特点

确切地讲,在 20 世纪 70 年代末的改革开放以后,我国才逐步确立起完整的金融制度。1984 年,中国人民银行开始专门行使中央银行的职责,我国才形成了以中央银行为核心的金融体系。作为中央银行的中国人民银行,是国务院领导和管理全国金融事务的国家机关。其主要职责为货币发行、充当银行的银行和对金融机构及业务实行监管。

商业银行是我国金融体系的主体。它包括的范围较广,大体上有三个层次:国有商业银行、全国性商业银行和地区性商业银行。国有商业银行是原来的四大专业银行,即中国工商银行、中国农业银行、中国银行和中国建设银行。全国性商业银行一般是股份制形式的,在改革开放以后实现了快速发展,其中的交通银行虽然是我国最早的全国性商业银行,但却经历了多次改组、撤销和重建的过程,改革开放以后,它的地位才被最终确定了下来。全国性商业银行,在我国目前的商业银行体系中虽不是决定的力量,但可算作主导力量。在地区性商业银行这一层次中,主要是各地区的开发性银行,它们是在我国改革开放以后,随着经济特区的确立而建立起来的。此外,还有住房储蓄银行和城市合作银行。随着我国加入 WTO,银行体系逐步对外开放,我国境内出现了大批外资银行,例如花旗银行、汇丰银行、渣打银行等。

我国金融体系中非银行金融机构主要包括保险公司、证券公司、融资租赁公司、农村信用合作社等各类机构。有一点需要指出的是，我国的非银行金融机构的规模都不太大，业务量较少，其整体的运作还没有达到规范化、法制化的程度。

总的来说，我国金融市场目前正处于起步阶段，我国对金融体系的监管，主要由国务院领导下的中国人民银行及其他专设机构实施。我国目前监管体制还在不断完善中。

3.4.3　金融政策

金融政策是指中央银行为实现宏观经济调控目标而采用各种方式调节货币、利率和汇率水平，进而影响宏观经济的各种方针和措施的总称。一般而言，一个国家的宏观金融政策主要包括三大政策，即货币政策、利率政策和汇率政策。

（1）货币政策。货币政策是中央银行调整货币总需求的方针策略，中央银行传统的货币政策工具包括法定准备金、贴现率、公开市场业务等，其政策一般是稳定货币供应和金融秩序，进而实现经济增长、物价稳定、充分就业和国际收支平衡。

（2）利率政策。利率政策是中央银行调整社会资本流通的手段。合理的存款利率政策有利于经营存贷业务的银行吸收储蓄存款，集聚社会资本；可以在一定程度上调节社会资本的流量和流向，从而导致产品结构、产业结构和整个经济结构的变化；可以用于刺激和约束公司的筹资行为，促进公司合理筹资，提高资本的使用效益。

（3）汇率政策。一个国家的汇率政策对于国际贸易和国际资本的流动具有重要的影响。跨国公司、外商投资公司和经营进出口业务的其他公司在国际金融活动中，必须掌握汇率政策并有效地加以利用。

【例3-1】　金融危机下中国的金融政策

2009年，受金融危机的影响，全球贸易水平持续萎缩，主要经济体失业率居高不下，财政赤字令人担忧，未来国际经济形势面临较大的不确定性，国内宏观经济增长存在不确定因素。针对国内居高不下的通胀预期和不容乐观的进出口形势，中国人民银行、中国证券监督管理委员会和中国保险业监督管理委员会等综合运用多种政策工具，执行了一系列金融政策，在这些政策和市场机制的综合作用下，2009年我国金融市场总体运行平稳。

1.公开市场业务操作

2009年中国人民银行根据各阶段银行体系流动性供求及市场环境变化，

合理把握操作力度与节奏,灵活搭配央行票据和短期正回购开展对冲操作,以实现银行体系流动性的合理充裕。2009 年第 1、2、3 季度分别开展正回购操作 1.1 万亿元、1.19 万亿元、0.87 万亿元,发行央行票据 0.48 万亿元、0.93 万亿元、1.3 万亿元,各季度末央行票据余额 4.2 万亿元、4.15 万亿元、3.9 万亿元。2009 年 12 月 3 日,央行公开市场迎来连续第八周资金净回笼,净回笼资金 220 亿元。

2. 房地产宏观调控

在整个 2009 年内出台的三大核心房产政策都是稳字当头。即二套房信贷政策、对住房转让环节营业税暂定一年实行减免政策以及普通商品住房项目投资最低资本金比例从 35％调低至 20％,在 2009 年已经过去的时间没有发生变化。回顾 2009 年,从政策层面上看,大部分调控集中在土地方面。国家税务总局、财政部、国土资源部等监管部门发布了土地增值税清算管理规程、关于新增建设用地土地有偿使用费征收等执行政策问题的通知、关于严格建设用地管理、促进批而未用土地利用的通知、关于集约用地的通知等,采用了多种手段进行控制,防止各地圈积土地。

3. 跨境贸易人民币结算试点

2009 年 4 月 8 日,国务院常务会议决定在上海市和广东省广州、深圳、珠海、东莞 4 城市先行开展跨境贸易人民币结算试点工作。2009 年 7 月 5 日,跨境贸易人民币结算试点管理办法和跨境贸易人民币结算试点管理办法实施细则正式发布,统一规范了人民币贸易结算业务活动。截至 2009 年 9 月 30 日,跨境贸易人民币结算量已超过 1 亿元人民币,人民币账户融资、贸易融资等相关业务也顺利开展。

4. 创业板推出

2009 年 3 月,中国证券监督管理委员会发布《首次公开发行股票并在创业板上市管理暂行办法》,对公司首次公开发行股票并在创业板上市的标准和程序作出了明确规定。5 月 13 日,证监会公布《关于修改〈证券发行上市保荐业务管理办法〉的决定》和《关于修改〈中国证券监督管理委员会发行审核委员会办法〉的决定》,6 月 10 日发布《关于进一步改革和完善新股发行体制的指导意见》,进一步健全新股发行机制、提高发行效率,建立了适应创业板特点的保荐制度和发审委制度。2009 年 7 月 15 日,《创业板市场投资者适当性管理暂行规定》和《深圳证券交易所创业板市场投资者适当性管理实施》办法施行。10 月 23 日,创业板市场正式启动,首批 28 家公司获准发行,并于 10 月 30 日在深交所上市。酝酿已久的创业板正式启动,这将有利于多层次资本市场体系建设进一步完善。

本章小结

金融市场是指资金供应者和资金需求者双方通过信用工具进行交易而融通资金的市场，即实现货币借贷和资金融通、办理各种票据和有价证券交易活动的市场。根据融资期限划分，金融市场可分为货币市场和资本市场；按照融资方法的不同，可将金融市场划分为债务市场和股权市场；按照交易的程序，可将金融市场划分为一级市场和二级市场；按照证券经营的场所，可将金融市场划分为有形市场和无形市场。

法玛将有效市场假说分为三个等级：弱势有效市场，半强势有效市场和强势有效市场。弱势有效市场的证券价格反映所有公开的市场信息；半强势有效市场的证券价格反映所有公开的市场信息和公开的非市场信息；强势有效市场的证券价格反映所有公开的信息和非公开的信息。

金融市场上的金融机构主要包括金融中介机构、金融经纪人、金融服务机构和政府金融机构。金融中介机构包括存款型机构、契约型储蓄机构和投资型中介机构；金融经纪人包括投资银行和抵押银行；金融服务机构包括金融咨询公司、律师事务所、会计师事务所和各类评级机构；政府金融机构包括金融监管机构和政策性金融机构。

金融法规是一国调整金融监管与银行货币信用活动的各种金融关系的法律规范的总称。金融制度是一个国家用法律形式所确立的金融体系结构，以及组成这一体系的各类银行和非银行金融机构的职责分工和相互联系。金融政策是指中央银行为实现宏观经济调控目标而采用各种方式调节货币、利率和汇率水平，进而影响宏观经济的各种方针和措施的总称。

关键概念

货币市场；资本市场；债务市场；股权市场；一级市场；二级市场；证券交易所；场外市场；有效市场假说；金融中介机构；金融经纪人；金融服务机构；政府金融机构；金融法规；金融制度；金融政策

复习思考题

1.在一级市场和二级市场中，哪个市场可以实现新增证券，哪个市场对已发行的证券进行交易？一级市场和二级市场各自存在的意义是什么？

2.根据 EMH 理论,如果某公司突然对外宣布即将新增大量现金股利,该公司的股票会发生什么变化？

3.如果 EMH 成立,从长期看,没有任何人能够获得非正常收益率,那么专业的投资分析人员存在的意义是什么？

4.过去的证券价格信息不能够为未来证券价格的预测提供帮助,是哪种有效市场涵盖的内容？

5.某投资组合经理通过基本面分析,选择了 15 支大盘股,她构建的投资组合在过去的 3 年中,其平均收益率高于标准普尔指数两个百分点。她认为这个事实足以证明大盘股市场不满足半强有效市场假设。请问她的判断正确吗？

第4章

金融资产的定价

4.1 风险与收益

4.1.1 金融创新与金融风险

金融创新是指变更现有的金融体制和增加新的金融工具,以获取现有的金融体制和金融工具所无法取得的潜在的利润,它是一个被营利动机推动、缓慢进行、持续不断的发展过程。可以从三个层面来理解金融创新。

1. 宏观层面

宏观层面的金融创新将金融创新与金融史上的重大历史变革等同起来,认为整个金融业的发展史就是一部不断创新的历史,金融业的每项重大发展都离不开金融创新。从这个层面上说,金融创新涉及的范围相当广泛,不仅包括金融技术的创新,金融市场的创新,金融服务、产品的创新,金融服务业结构上的创新,而且还包括现代银行业产生以来有关银行业务、银行支付和清算体系、银行的资产负债管理乃至金融机构、金融市场、金融体系、国际货币制度等方面的历次变革。

2. 中观层面

中观层面的金融创新可以分为技术创新、产品创新和制度创新。从这个层面上,可将金融创新定义为,是政府或金融当局和金融机构为适应经济环境的变化和在金融过程中的内部矛盾运动,防止或转移经营风险和降低成本,为更好地实现流动性、安全性和营利性目标而逐步改变金融中介功能,创造和组合一个新的高效率的资金营运方式或营运体系的过程。

3. 微观层面

微观层面的金融创新仅指金融工具的创新。大致可分为四种类型:信用创新型,如用短期信用来实现中期信用;风险转移创新型,它包括能在各经济机构之间相互转移金融工具内在风险的各种新工具,如货币互换、利率互换等;增加流动创新型,它包括能使原有的金融工具提高变现能力和可转换性的新金融工具，如长期贷款的证券化等；股权创造创新型，它包括使债权变为股权的各种新金融工具，如附有股权认购书的债券等。

目前，金融领域兴起了一门叫做金融工程的学科，关于金融工程的定义有多种说法，美国金融学家约翰·芬尼迪（John Finnerty）提出的定义最好：金融工程包括创新型金融工具与金融手段的设计、开发与实施，以及对金融问题给予创造性的解决。金融工程的概念有狭义和广义两种。狭义的金融工程指利用先进的数学及通信工具，在各种现有基本金融产品的基础上，进行不同形式的组合分解，以设计出符合客户需要的金融产品；广义的金融工程则是指一切利用工程化手段来解决金融问题的技术开发，它不仅包括金融产品设计，还包括金融产品定价、交易策略设计、金融风险管理等各个方面。

金融工程中，其核心在于对新型金融产品或业务的开发设计，其实质在于提高效率，它包括：①新型金融工具的创造，如创造第一个零息债券，第一个互换合约等；②已有工具的发展应用，如把期货交易应用于新的领域，发展出众多的期权及互换的品种等；③把已有的金融工具和手段运用组合分解技术，复合出新的金融产品，如远期互换、期货期权、新的财务结构的构造等。

金融工程是市场对更高的金融效率不断追求的产物，在其产生之后，其存在和发展确实有力地促进了金融效率的提高：①金融工程提高了金融机构的微观效率；②金融工程提高了金融市场的效率；③金融工程提高了金融宏观调控的效率。

金融风险是指任何有可能导致公司或机构财务损失的风险。在对全社会的资产进行划分中，实际资产和金融资产是两个最基本的构成部分。实际资产为其所有者或支配者提供服务流量，金融资产则为其所有者或支配者提供货币收入流量。货币收入流量最直接的表现形式就是利息、股息、红利等。当人们用自己的货币以一定的价格购买金融资产时，这种金融资产提供的收入流量并不是现时的收入流量，而是在未来一定时期内陆续实现的货币收入流量，但一定量的金融资产在未来的时期内到底能产生多大的货币收入流量，还有相当的不确定性。这种预期收入遭受损失的可能性，就是通常所说的金融风险。一家金融机构发生的风险所带来的后果，往往超过对其自身的影响。一家金融机构因经营不善而出现危机，有可能对整个金融体系的稳健运行构成威胁，一旦发生系统风险，金融体系运转失灵，必然会导致全社会经济秩序的混乱。

金融创新是一把双刃剑，金融创新使得金融市场效率不断提高，金融产品的设计更符合投资者的需求，但同时，金融创新使得金融产品越来越复杂，金融产品之间的联系越来越密切，从而加剧金融风险，甚至造成灾难性的后果。

4.1.2　金融风险的识别与衡量

1.金融风险的识别

所谓风险是指未来结果的不确定性,如未来收益、资产或债务价值的波动性或不确定性。金融风险是指公司未来收益的不确定性或波动性,它直接与金融市场的波动相关。金融风险识别是指在进行了实地调查研究的基础上,运用各种方法对潜在的、显在的各种风险进行系统的归类和实施全面的分析研究。

(1)按照金融风险产生的根源划分,包括静态金融风险和动态金融风险。静态金融风险是指由于自然灾害或其他不可抗力产生的风险,基本符合大数定律,可以比较准确地进行预测。动态金融风险则是由于宏观经济环境的变化产生的风险,其发生的概率和每次的影响力大小都随时间而变化,很难进行准确的预测。

(2)按照金融风险涉及的范围划分,包括微观金融风险和宏观金融风险。微观金融风险是指参与经济活动的主体,因客观环境变化、决策失误或其他原因使其资产、信誉遭受损失的可能性。宏观金融风险则是所有微观金融风险的总和。

(3)按照金融机构的类别划分,包括银行风险、证券风险、保险风险、信托风险等。

金融风险是个很宽泛的概念,由许多具体的风险构成,比较常见的风险如下:

利率风险:由于市场利率的变化,导致金融资产价格发生不确定性变化的风险。

信用风险:是指有偿还利息、本金或支付股利义务的个人、公司或政府不能按期还款或拒绝付款的风险。

流动性风险:指金融资产无法在不损失价值(低于市场公允价值)的前提下迅速变现的风险。

汇率风险:金融资产带来的现金流由于涉及汇率转换而损失部分现金流的风险。

通货膨胀风险:是指实际通货膨胀率超过预期通货膨胀率,从而降低金融资产带来的现金流的购买力的风险。

国家主权风险:国家政府拒绝为前任政府发放的债券还款,或者对货币转换施加限制的风险。

突发事件风险:由于自然灾害、公司重组、制度变更等特定突发事件导致金融资产收益率下跌的风险。

2. 金融风险的衡量

金融风险的衡量是指对金融风险发生的可能性或损失范围、程度进行估计和衡量，并对不同程度的损失发生的可能性和损失后果进行定量分析。通常用方差、标准差或方差系数来衡量金融风险。

(1) 方差

$$方差 = \sigma^2 = \sum_{i=1}^{n} P_i [R_i - E(R)]^2 \tag{4-1}$$

式中：P_i 表示状态 i 发生的概率；R_i 表示在状态 i 下的收益；$E(R)$ 表示预期收益率。

(2) 标准差

$$标准差 = \sigma = \sqrt{\sigma^2} \tag{4-2}$$

(3) 方差系数

$$方差系数(CV) = \sigma / E(R) \tag{4-3}$$

4.1.3 金融风险管理

金融风险管理是金融管理的核心内容。风险管理(Risk Management)起源于 20 世纪 50 年代的美国，是对公司的人员、财产和自然、财务资源进行适当保护的管理科学。

1. 金融风险管理的概念

风险管理从狭义角度讲是指风险度量，即对风险存在及发生的可能性、风险损失的范围和程度进行估计和衡量；从广义角度讲是指风险控制，包括监测及制定风险管理规章制度等。总体来讲，金融风险管理是指人们通过实施一系列的政策和措施来控制金融风险以消除或减少其不利影响的行为。随着金融一体化和经济全球化的发展，金融风险日趋复杂化和多样化，金融风险管理的重要性愈加突出。由于金融风险对经济、金融乃至国家安全的消极影响，在国际上，许多大型公司、金融机构和组织、各国政府及金融监管部门都在积极寻求金融风险管理的技术和方法，以对金融风险进行有效识别、精确度量和严格控制。

2. 金融风险管理的分类

金融风险管理根据管理主体不同可以分为内部管理和外部管理。金融风险内部管理是指作为风险直接承担者的经济主体对其自身面临的各种风险进行管理。内部管理的主体是金融机构、公司、个人等金融活动的参与者，尤以金融机构的风险管理为代表。金融风险外部管理主要包括行业自律管理和政府监管，其管理主体不参与金融市场的交易，因而不是受险主体对自身的风险进行管理,而是对金融市场的参与者的风险进行约束。金融风险的行业自律管理是指金融行业组织对其成员的风险进行管理,而政府监管是官方监管机构以国家权力为后盾,对金融机构乃至于金融体系的风险进行监控和管理,具有全面性、强制性、权威性。

金融风险管理根据管理对象的不同可以分为微观金融风险管理和宏观金融风险管理。微观金融风险只是对个别金融机构、公司或部分个人产生不同程度的影响,对整个金融市场和经济体系的影响较小。有效的金融风险管理可以使经济主体以较低的成本避免或减少金融风险可能造成的损失,可以稳定经济活动的现金流量,保证生产经营活动免受风险因素的干扰,并提高资金使用效率,并且为经济主体作出合理决策奠定基础,有利于金融机构和公司实现可持续发展。宏观金融风险则可能引发金融危机,对经济、政治、社会的稳定可能造成重大影响,因此,宏观金融风险管理有助于维护金融秩序,保障金融市场安全运行,有助于保持宏观经济稳定并且健康地发展。因此,有效的金融风险管理能够防患于未然,为经济运行创造良好的环境,促使社会供需总量与结构趋于平衡,并以此促进经济健康发展。

3. 金融风险管理的目的

金融风险管理通过消除和尽量减轻金融风险的不利影响,改善微观经济主体的经营管理,从而对整个宏观经济的稳定和发展起到积极的促进作用,其管理目的表现在以下几个方面:

(1)创造持续稳定的生存环境

通过实施金融风险管理,金融机构能够制定和实施各种防范措施和对策,在各种经济变量发生变化的情况下,保持相对稳定的收入和支出,并在损失发生后,能在一段合理时间内恢复经营。同时,金融风险管理可以避免经济主体行为的短期化,通过对长期项目和新兴项目的风险研究,制定控制措施,达到优化资源的目的。

(2)以最经济的方法减少损失

风险管理能在损失发生后及时合理地提供预先准备的补偿基金,从而直接或间接地降低费用开支;并以最经济的方法预防潜在的损失,这要求对安全计划及防损技术进行财务分析。

(3)保护社会公众利益

银行存款人、证券市场普通投资者及其他金融机构的公众客户作为风险的承受者,在信息拥有、资金规模等方面不占据优势。而这个庞大的群体同时也是市场的支撑者,金融监管机构对他们的合法权益应加以保护。风险管理的总体目标是在一定的约束条件下追求最佳的效果,在稳定、公平、效率三者间寻找平衡。

(4)维护金融体系的稳定和安全

货币资金的筹集和经营,不仅涉及生产领域和分配领域,同时还涉及流通领域和消费领域,以及社会再生产的各个环节,因此,金融风险管理可以保证市场上的参与者的行为合理化、规范化,规范各类交易的交易规则和秩序,建立和维护金融交易秩序。防范金融风险,监督金融机构稳健经营,对维护公众对金融体系的信心,防止系统危机和市场崩溃的发生具有重要意义。

4. 金融风险管理的方法

金融风险的管理过程大致需要确立管理目标、进行风险评价和风险控制及处置等三个步骤。金融风险管理的最终目标是在识别和衡量风险的基础上,对可能发生的金融风险进行控制和准备处置方案,以防止和减少损失,保证货币资金筹集和经营活动的稳健进行。金融风险的控制和处置是金融风险管理的对策范畴,是解决金融风险的途径和方法。一般分为控制法和财务法。

(1)控制法。控制法是指在损失发生之前,实施各种控制工具,力求消除各种隐患,减少金融风险发生的因素,将损失的严重后果减少到最低程度的一种方法。主要方式有避免风险、损失控制和分散风险。

(2)财务法。财务法是指在金融风险事件发生后已造成损失时,运用财务工具,对已发生的损失给予及时的补偿,以促使尽快恢复的一种方法。

4.1.4 公司保险策略

在金融市场上,充满着各种不确定性因素,产品价格、外汇汇率、通货膨胀率、利率等都随着时间的推移而不断发生变动。因此,公司在经营中面临着这些指标变动的风险,比如汽车公司需要钢材来生产汽车,但是未来钢材的价格可能上涨,出口公司在 3 个月后将收到 1 000 万美元,但 3 个月后美元可能会贬值,投资公司在 1 个月后需要融入一笔资金,但 1 个月后银行贷款利率可能上升。为了合理规避这些风险,排除不确定性因素,保证公司的正常经营,免受意外损失,公司可以借助金融市场上的各种金融衍生产品合约,来锁定未来的价格(利率、汇率、产品价格等),就如同买了保险一样。常用的方式有如下几种:

1. 远期合约套期保值

远期合约套期保值是指利用远期外汇市场,通过签订抵消性远期合同来消除外汇风险,达到保值目的。远期合约是相对简单的一种金融衍生工具。合约双方约定在未来某一时刻按约定的价格买卖约定数量的金融资产。

远期合约指合约双方同意在未来日期按照固定价格交换金融资产,并承诺以当前约定的条件在未来进行交易的合约,会指明买卖的商品或金融工具种类、价格及交割结算的日期。远期合约是必须履行的协议,不像可选择不行使权利(即放弃交割)的期权。远期合约亦与期货不同,其合约条件是为买卖双方量身定制的,通过场外交易(OTC)达成,而后者则是在交易所买卖的标准化合约。远期合约规定了将来交换的资产、交换的日期、交换的价格和数量,合约条款因合约双方的需要不同而不同。远期合约主要有远期利率协议、远期外汇合约、远期股票合约。远期合约是现金交易,买方和卖方达成协议在未来的某一特定日期交割一定质量和数量的商品。价格可以预先确定或在交割时确定。远期合约是场外交易,如同即期交易一样,交易双方都存在风险。因此,远期合约通常不在交易所内交易。

2. 期货合约套期保值

期货合约套期保值是指把期货市场当作转移价格风险的场所,利用期货合约作为将来在现货市场上买卖商品的临时替代物,对其现在买进准备以后售出商品或对将来需要买进商品的价格进行保险的交易活动。

例如,一个农民为了减少收获时农作物价格降低的风险,在收获之前就以固定价格出售未来收获的农作物。一位读者一次订阅三年的杂志而不是两年,他就是在套期保值以转移杂志的价格可能上升所给他带来的风险。当然,如果该杂志价格下降,他也放弃了潜在的收益,因为他已缴纳的订刊费用高于他在每年订阅杂志情况下的费用。

套期保值的基本特征:在现货市场和期货市场对同一种类的商品同时进行数量相等但方向相反的买卖活动,即在买进或卖出实货的同时,在期货市场上卖出或买进同等数量的期货,经过一段时间,当价格变动使现货买卖出现盈亏时,可由期货交易上的亏盈得到抵消或弥补。从而在"现"与"期"之间、近期和远期之间建立一种对冲机制,以使价格风险降低到最低限度。

4.2 资本资产定价理论

4.2.1 金融产品的风险与收益

1. 单个证券的预期收益

如果知道某个证券的各种收益结果及相应的概率,那么该风险证券的预期收益计算如下:

$$E(R) = \sum_{i=1}^{n} P_i R_i = P_1 R_1 + P_2 R_2 + \cdots + P_n R_n \qquad (4\text{-}4)$$

式中:P_i 表示状态 i 发生的概率;R_i 表示在状态 i 下的收益。

【例 4-1】 计算单个证券的预期收益

表格前三栏分别为经济状态,发生的概率和相应收益情况,请根据这些信息计算该证券的预期收益。

表 4-1   证券预期收益

经济状态	概率(P_i)	收益(R_i)	预期收益(P_iR_i)
经济扩张	0.25	5.0%	$(0.25)(5.0\%)=1.25\%$
维持现状	0.50	15.0%	$(0.50)(15.0\%)=7.50\%$
经济收缩	0.25	25.0%	$(0.25)(25.0\%)=6.25\%$

$$E(R)=\sum_{i=1}^{3}P_iR_i=15.00\%$$

2. 单个证券收益的方差(标准差)

在金融学中,收益的方差和标准差是常用的投资风险衡量指标,它们反映了可能的收益结果在均值附近分布的情况,是离散程度的测度。

单个证券的方差和标准差计算公式见式(4-1),(4-2)。

【例 4-2】 计算单个证券的方差(标准差)

表格前三栏分别为经济状态,发生的概率和相应收益情况,请根据这些信息计算该证券的方差和标准差(如前例,该证券的预期收益为 15%)。

表 4-2   证券收益方差(标准差)

经济状态	概率(P_i)	收益(R_i)	预期收益	$[R_i-E(R)]^2$	$P_i[R_i-E(R)]^2$
经济扩张	0.25	5.0%	0.15	0.01	$(0.25)(0.01)=0.0025$
维持现状	0.50	15.0%	0.15	0.00	$(0.50)(0.00)=0.0000$
经济收缩	0.25	25.0%	0.15	0.01	$(0.25)(0.01)=0.0025$

$$方差 = \sum_{i=1}^{3}P_i[R_i-E(R)]^2 = 0.0025+0.0000+0.0025 = 0.0050$$

$$标准差 = (0.0050)^{1/2} = 0.0707 = 7.07\%$$

3. 风险资产组合的预期收益

风险资产组合预期收益的计算很简单,就是组合中各资产收益的加权平均值,通常以各个资产在组合中所占的份额作为权数。以包含两种风险资产的组合为例,预期收益计算如下:

$$E(R_p) = w_1E(R_1) + w_2E(R_2) \tag{4-5}$$

其中:$E(R_1)$ 为资产 1 的预期收益;$E(R_2)$ 为资产 2 的预期收益;w_1 为资产 1 的价值占整个组合价值的比例;w_2 为资产 2 的价值占整个组合价值的比例。

【例 4-3】 计算投资组合的预期收益

某投资者持有一项包含三种股票的投资组合,分别是股票 A,股票 B 和股票 C。计算该投资组合的预期收益。

表 4-3 证券预期收益

证券	股票数量	股票价格	预期收益
股票 A	15 000	20￥	8%
股票 B	10 000	30￥	10%
股票 C	40 000	10￥	12%

【解】 各股票的市场价值计算如下:

股票 A=15 000×20=300 000￥

股票 B=10 000×30=300 000￥

股票 C=40 000×10=400 000￥

各股票的权数计算如下:

股票 A=300 000/1 000 000=30%

股票 B=300 000/1 000 000=30%

股票 C=400 000/1 000 000=40%

该投资组合的预期收益为:

0.30(0.08)+0.30(0.10)+0.40(0.12)=0.102=10.2%

4. 协方差与相关系数

协方差衡量两个变量共同变化的程度。协方差为正值,说明变量(例如股票的收益率)有同向变化的趋势。协方差为负值,说明变量有反向变化的趋势。协方差为零说明两个变量之间无线性相关关系。也就是说,如果两种资产收益率的协方差为零,即使知道其中一种资产下一时期的收益率,也无法据此预测另一种资产下一时期的收益率。

如果已知不同状态发生的概率,以及各个状态下每种资产的收益率,这两种资产收益率的协方差计算如下:

$$Cov_{1,2} = \sum_{i=1}^{n} \{P_i[R_{i,1} - E(R_1)][R_{i,2} - E(R_2)]\} \tag{4-6}$$

式中:$R_{i,1}$ 为在状态 i 下,资产 1 的收益率;$R_{i,2}$ 为在状态 i 下,资产 2 的收益率;P_i 为状态 i 发生的概率;$E(R_1)$ 为资产 1 的预期收益;$E(R_2)$ 为资产 2 的预期收益。

如果已知两种资产收益率的历史数据,根据这些历史数据,这两种资产收益率的协方差(样本数据)计算如下:

$$Cov_{1,2} = \frac{\sum\limits_{t=1}^{n}\{[R_{t,1} - \bar{R}_1][R_{t,2} - \bar{R}_2]\}}{n-1} \tag{4-7}$$

式中：$R_{t,1}$ 为在第 t 期，资产 1 的收益率；$R_{t,2}$ 为在第 t 期，资产 2 的收益率；$\bar{R}_1$ 为资产 1 的平均收益；$\bar{R}_2$ 为资产 2 的平均收益；n 为样本数量。

【例 4-4】 根据历史数据，计算协方差

已知股票 1 和股票 2 自 2004～2009 年的收益率的历史数据（表格前三栏），计算股票 1 和股票 2 收益率的协方差。

【解】

表 4-4 　　　　　　　　　证券收益协方差

年份	股票 1 收益率	股票 2 收益率	$(R_{t,1} - \bar{R}_1)$	$(R_{t,2} - \bar{R}_2)$	$(R_{t,1} - \bar{R}_1)(R_{t,2} - \bar{R}_2)$
2004	+0.10	+0.20	+0.05	+0.10	+0.005
2005	−0.15	−0.20	−0.20	−0.30	+0.060
2006	+0.20	−0.10	+0.15	−0.20	−0.030
2007	+0.25	+0.30	+0.20	+0.20	+0.040
2008	−0.30	−0.20	−0.35	−0.30	+0.105
2009	+0.20	+0.60	+0.15	+0.50	+0.075
	$\bar{R}_1 = 0.05$	$\bar{R}_2 = 0.10$			$\sum = 0.255$

$$Cov = 0.255/5 = 0.0510$$

协方差取决于相关变量各自的标准差以及它们之间共同变动的程度，协方差的单位是变量单位的平方，且无法从其值的大小中直接看出两个变量之间的相关程度，因此，我们需要对协方差进行标准化处理。

将协方差除以每个变量的标准差，即得到相关系数。相关系数是对协方差进行标准化处理后所得的值，能够很好地反映两个变量间的共同变化关系，计算如下：

$$\rho_{1,2} = \frac{Cov_{1,2}}{\sigma_1 \sigma_2} \quad \text{或者} \quad Cov_{1,2} = \rho_{1,2}\sigma_1\sigma_2$$

$\rho_{1,2}$ 就是我们所说的相关系数，用以衡量两个变量的相关性。相关系数没有单位，其取值在 −1 到 +1 之间。

【例 4-5】 计算相关系数

已知两支股票收益率的协方差为 0.0510（如[例 4-4]），且股票 1 和股票 2 收益率的标准差分别为 0.2236 和 0.3225。计算这两种资产收益率的相关系数，并对其进行说明。

【解】
$$\rho_{1,2} = \frac{0.0510}{0.2236 \times 0.3225} = 0.7072$$

两支股票的收益率呈正向相关关系，即它们的收益率同向运动。虽然相关

系数为正数，且数值较大，但并非完全正相关关系。

5. 投资组合的标准差

在前面，我们曾经讨论过风险资产组合的预期收益就是组合中各个资产预期收益的加权平均值，但投资组合的方差和标准差不能按这种方法计算，并非各资产方差或标准差的加权平均值。投资组合的方差和标准差不仅是组合中各资产方差和标准差的函数，其同样是各资产间相关系数的函数。

对于包含 n 种风险资产的投资组合而言，其标准差的计算如下：

$$\sigma_p = \sqrt{\sigma_p^2} = \sqrt{\sum_{i=1}^{n} w_i^2 \sigma_i^2 + \sum_{i=1}^{n}\sum_{j=1}^{n} w_i w_j Cov_{i,j}} \quad (i \neq j) \qquad (4\text{-}8)$$

式中：σ_p^2 为投资组合收益率的方差；σ_i^2 为资产 i 收益率的方差；w_i 为资产 i 的权数；$Cov_{i,j}$ 为资产 i 和资产 j 收益率的协方差。

对于只包含两种风险资产的投资组合：

$$\sigma_p = \sqrt{w_1^2 \sigma_1^2 + w_2^2 \sigma_2^2 + 2 w_1 w_2 \sigma_1 \sigma_2 \rho_{1,2}} \quad \text{或} \quad \sigma_p = \sqrt{w_1^2 \sigma_1^2 + w_2^2 \sigma_2^2 + 2 w_1 w_2 Cov_{1,2}}$$
$$(4\text{-}9)$$

对于只包含三种风险资产的投资组合：

$$\sigma_p = \sqrt{w_1^2 \sigma_1^2 + w_2^2 \sigma_2^2 + w_3^2 \sigma_3^2 + 2 w_1 w_2 Cov_{1,2} + 2 w_1 w_3 Cov_{1,3} + 2 w_2 w_3 Cov_{2,3}} \qquad (4\text{-}10)$$

公式的第一部分很容易理解，投资组合的风险取决于组合中各资产的风险程度以及这些资产在整个组合中所占的比例（因子 σ 和 w），公式的第二部分说明投资组合的风险也取决于各资产收益率的相关程度（收益率的方差或相关系数）。

需要注意的是，如果资产收益率是负相关的，那么公式中的最后一部分是负值，投资组合收益率的标准差降低。如果资产收益率相关系数为零，投资组合标准差大于相关系数为负时的数值。如果资产收益率的相关系数为正数，公式最后一项为正数，因此投资组合标准差将进一步增加。对于一个只包含两种风险资产的投资组合而言，当相关系数为 $+1$ 时，投资组合的标准差取最大值，也就是说，如果两种资产完全正相关，该组合并没有实现风险分散（投资组合的标准差没有降低）。

这就是哈里·马克维兹（Harry Markowiz）对投资组合的重要论述，即投资组合的风险取决于组合中各资产的权重和收益率的标准差，更为重要的是各资产收益率的相关性。在其他变量一定的情况下，资产收益率的相关系数越大，投资组合的标准差也越大。

6. 投资组合的风险和收益（由两种风险资产构成）

首先用图表来说明两种资产按不同比例混合而成的投资组合的风险-收益情况，并以此来分析资产间的相关系数对组合的风险-收益的影响。

表 4-5 列出了两支股票的收益和风险,表 4-6 列出了这两支股票在不同的混合比例下,投资组合的风险和收益情况。

表 4-5　　　　　资产的风险/收益

	股票 1	股票 2
预期收益率/%	11	25
标准差/%	15	20
相关系数	0.3	

表 4-6　　　不同混合比例下的组合风险与收益　　　单位:%

w_1	100%	80%	60%	40%	20%	0%
w_2	0%	20%	40%	60%	80%	100%
$E(R_p)$	11.0%	13.8%	16.6%	19.4%	22.2%	25.0%
σ_p	15.0%	13.7%	13.7%	14.9%	17.1%	20.0%

将表 4-5 中不同比例的股票 1 和股票 2 形成的投资组合的风险和收益情况反映如图 4-1 所示,就得到风险-收益曲线。

如果将全部资金投资于股票 1,那么该投资组合的预期收益和标准差就等于股票 1 的预期收益和标准差,也就是图 4-1 中曲线的端点位置(100% 股票 1)。随着投资于股票 2 的比例不断上升,预期收益和标准差的组合沿着曲线自下而上移动,当 20% 投资于股票 2 而

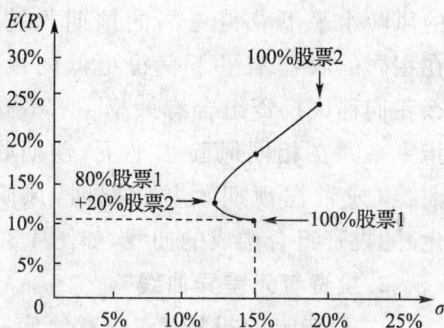

图 4-1　风险-收益曲线图

80% 投资于股票 1 时,投资组合的预期收益为 13.8%,而标准差为 13.7%。沿着曲线的移动意味着两种股票的不同组合。

通过构造包含不同股票的投资组合,我们可以实现在同一风险水平(相同的标准差)下,提高整体的预期收益。正如前面所讨论的,即使只加入股票 2,我们的收益和风险情况也可以得到改善。

7. 相关系数与投资组合

资产间的相关系数越小,投资组合带来的收益就越大。这是因为,随着相关系数的下降,资产收益同向运动的趋势就越弱,这种股票收益不同的运动趋势,使得整个投资组合的波动性降低,低于单个股票收益的波动幅度。

图 4-2 说明了不同的相关系数给多样化组合带来的收益情况。图中绘制出了在四种不同的相关系数水平下,包含两支股票的投资组合的风险-收益曲

线。需要注意的是,风险-收益曲线向纵轴凹陷的程度是两种资产间相关系数的函数:相关系数越低(接近于-1),向纵轴凹陷的幅度越大;相关系数越高(接近于+1),向纵轴凹陷的幅度越小。

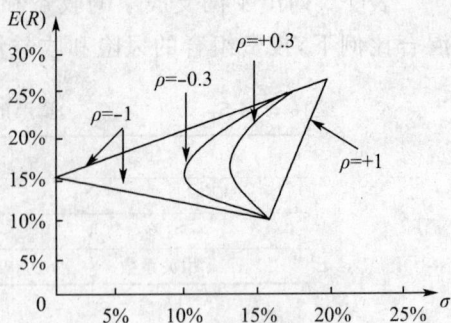
图 4-2　风险-收益曲线图

两支股票收益的相关系数越低,在其他变量一定的情况下,多样化带来的收益越大。该原则同样适用于包含两种以上资产的投资组合。

4.2.2　最优证券组合

1.马科维兹有效边界

如果没有其他的投资组合可以在相同的风险水平下获得更高的预期收益,或者在相同的收益水平下获得更低的风险,那么我们称该投资组合有效率。有效边界是指一系列在相同风险水平下,预期收益最大化(或者在预期收益相同时,风险最小化)的投资组合构成的曲线,如图4-3所示。

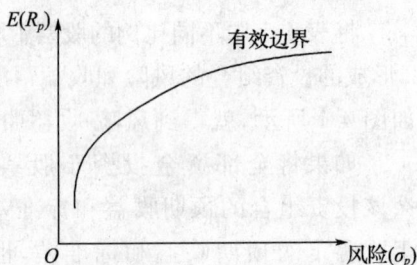
图 4-3　马科维兹有效边界

2.投资者无差异曲线

一个特定的投资者,任意给定一个证券组合,根据他对风险的态度,可以得到一系列满意程度相同(无差异)的证券组合,这些组合恰好在 $E(R_p)$-σ_p 坐标系上形成一条曲线,这条曲线被视为该投资者的一条无差异曲线。比如某个投资者认为,尽管图 4-4 中的证券组合 A、B、C、D、E、F 的收益风险各异,但是给他带来的满足程度相同,因此这六个证券组合是无差异的,选择哪一个投资都可以。

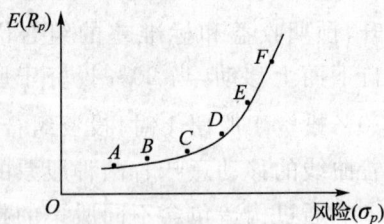
图 4-4　无差异曲线

于是,用一条平滑曲线将证券组合 A、B、C、D、E、F 连接起来,就可近似看成一条无差异曲线。当这样的组合很多时,它们在平面上便形成严格意义上的无差异曲线。对于不同的投资者,由于其偏好不同,无差异曲线的形状也不同。

3.最佳投资组合决策

现将有效边界与无差异曲线的概念结合起来,分析一个风险厌恶的投资者是如何选择其最佳的投资组合的。图 4-5 中，投资者 A 的无差异曲线（I_1 和 I_2）比投资者 B 的无差异曲线（I_1' 和 I_2'）更陡峭，说明投资者 A 更加厌恶风险。每个投资者的最佳资产组合是其无差异曲线与有效边界相切处的投资组合。

投资者 A 选择 X 作为其最佳投资组合，投资者 B 选择 Y 作为其最佳投资组合。由于投资者 B 相对投资者 A 有更大

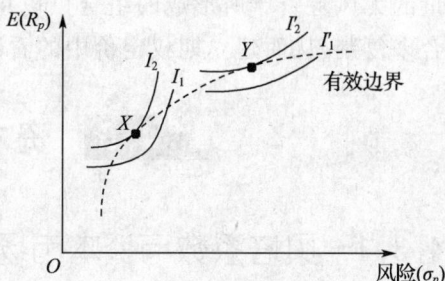

图 4-5　最佳投资组合决策

的风险偏好，因此 B 的最佳投资组合 Y 比 A 的最佳投资组合 X 有更高的预期收益和风险水平。这说明，投资者对风险越偏好，其最佳投资组合的风险水平就越高。

4.2.3　MM 定理与资本资产定价

资本资产定价理论是基于套利定价技术而发展起来的，该技术最早被诺贝尔经济学奖获得者莫迪格利安尼和米勒在《资本成本、公司财务与投资管理》一文中采用，该文认为：在完美市场上，没有税收等情况下，资本结构对公司价值没有影响，这就是著名的 MM 定理。随着时间的推移，MM 本人对初始的 MM 定理进行了修正，将税收等因素加入对资本结构的讨论中，从而使 MM 定理更符合现实状况。

MM 定理就是指在一定的条件下，公司无论以负债筹资还是以权益资本筹资都不影响公司的市场总价值。公司如果偏好债务筹资，债务比例相应上升，公司的风险随之增大，进而反映到股票的价格上，股票价格就会下降。也就是说，公司从债务筹资上得到的好处会被股票价格的下跌所抹掉，从而导致公司的总价值（股票加上债务）保持不变。公司以不同的方式筹资只是改变了公司的总价值在股权者和债权者之间分割的比例，而不改变公司价值的总额。MM 定理是在高度抽象现实生活的基础上得出的结论，难免会遇到来自现实生活的挑战。因为破产的可能性、对经理行为的制约、良好的公司形象、公司控制权等四个方面的因素表明：股权资本筹资和债券筹资对公司收益的影响不同，进而直接或间接影响公司市场的总价值。

因此，解决 MM 定理与现实不符的正确思路，应是逐步消除 MM 定理的假设。套利活动是对冲原则的具体应用。在市场均衡无套利机会时的价格，就是无套利分析的定价基础。采用无套利均衡分析技术的要点，是复制证券的现金流特性与被复制证券的现金流特性完全相同。例如，欧式看涨期权加上相应数

量的无风险资产所形成的组合可以用看跌期权和一定数量的基础资产构成组合来复制,从而建立期权定价中的看涨-看跌平价关系。

4.3　资本资产定价模型

4.3.1　贝塔系数与资本市场线

1.资本市场线

马科维兹有效边界上的投资组合只包含风险资产,如果在马科维兹投资组合构造的过程中加入无风险资产,就可以将前文阐述的投资组合理论扩展为资本市场理论。无风险资产的引入使得马科维兹有效边界由曲线变为直线,也是资本市场线(Capital Market Line,CML)。下面分析得到这个结论的过程。

如果将资金的一部分投资于风险资产组合 M,其余的部分投资于无风险资产,对于这个新的资产组合,其预期收益率计算如下:

$$E(R_p) = (1-w_M)RFR + w_M E(R_M) = RFR + w_M[E(R_M) - RFR]$$

$$(4-11)$$

式中:RFR 为无风险收益;$E(R_M)$ 为风险组合 M 的预期收益;w_M 为投资于风险组合 M 的比例;$1-w_M$ 为投资于无风险资产的比例。

如果将风险资产和无风险资产进行组合,该投资组合收益率的标准差计算如下:

$$\sigma_p = \sqrt{(1-w_M)^2\sigma_{RFR}^2 + w_M^2\sigma_M^2 + 2(1-w_M)w_M\sigma_{RFR}\sigma_M\rho_{RFR,M}} \quad (4-12)$$

式中:σ_{RFR} 为无风险资产收益率的标准差;σ_M 为风险资产组合 M 收益率的标准差;$\rho_{RFR,M}$ 为无风险资产和风险资产组合 M 的相关系数。

根据定义,如果某项资产是无风险的,那么它的收益率是常数。因此,其收益率的方差和标准差为零。如果该资产的收益率为常数,那么它与其他资产收益率的变化没有线性关系,那么它与其他资产收益率的相关系数为零。因为 $\sigma_{RFR} = \rho_{RFR,M} = 0$,可以简化为

$$\sigma_p = w_M\sigma_M \quad (4-13)$$

如果将 40% 的资金用于购买风险资产组合,而剩余部分购买无风险资产,那么新的投资组合的标准差是原来风险资产组合标准差的 40%,也就是说,风险/收益的关系为线性。

将上式与预期收益的等式相结合,则可以将投资组合的预期收益写成投资组合标准差的线性函数:

$$E(R_p) = RFR + \sigma_p \left\{ \frac{\left[E(R_M) - RFR \right]}{\sigma_M} \right\} \tag{4-14}$$

这就是资本市场线的公式形式。资本市场线代表所有可能的风险资产与无风险资产的组合。资本市场线的截距为 RFR,斜率为 $\dfrac{\left[E(R_M) - RFR \right]}{\sigma_M}$。

在可以选择无风险资产的情况下,又将如何选择最优资产组合呢?首先,要在马科维兹有效边界上选择一个风险资产组合(例如图 4-6 中的 X),然后,将无风险资产与风险资产组合结合在一起。这里需要注意的是,加入了无风险资产后的风险/收益关系是一条直线。

现在,选择一个在 X 组合上方的组合,例如 Y。连接 RFR 与组合 Y 形成的直线代表所有可能的无风险资产与风险组合 Y 的配置,这条直线上所有的配置都要优于 RFR 与 X 形成的直线上的资产配置。我们可以继续选择高于 Y 点的风险资产,构造新的资产组合,最终在点 M 时,实现了资产的最优配置,这时风险/收益曲线与有效边界正好相切。连接 RFR 与 M 的直线上的所有资产配置都要优于有效边界上的组合。

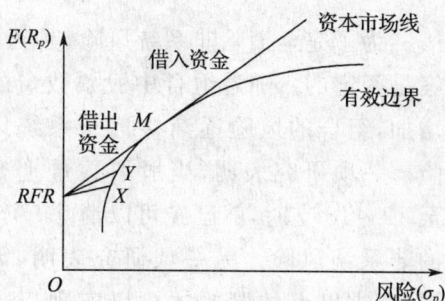

图 4-6 资本市场线

投资者在 RFR 对应的点处,将全部资金投资于无风险资产,在 M 点处,将全部资金投资于风险资产,在 M 点与 RFR 之间,投资者既持有无风险资产,又持有风险资产组合 M。这说明投资者以无风险利率借出部分资金,并将剩余资金投资于风险资产组合 M。在 M 点的右侧,投资者持有的风险资产组合 M 数量超过其全部资金能够购买的风险资产组合 M 数量,说明他们从市场上借入资金,并用于购买风险资产组合 M。

2. 系统风险与非系统风险

当投资者在非完全正相关的资产间进行组合,投资组合的风险低于组合中各个资产风险的加权平均值。可以通过投资组合的构建来消除的风险称为非系统风险。因为市场组合包含所有可能的风险资产,因此它是充分多样化的,即所有可以通过组合来消除的风险都已经被消除,剩下的风险是无法通过多样化组合来消除的,因为所有的风险资产已经包含在内。我们称剩下的无法消除的风险为系统风险。

系统风险的概念既适用于单个证券,也适用于投资组合。一些证券对市场的变化非常敏感，例如法拉利汽车等奢侈品行业，这些公司的股票对市场反应十分剧烈，系统风险很高。而快速消费品行业的公司的股票对市场变化不太敏感，系统风险较低。因此，可以将总风险（用标准差来衡量）划分为系统风险和非系统风险：

$$总风险＝系统风险＋非系统风险 \tag{4-15}$$

为了完全消除非系统风险，是否意味着必须持有全部可能的风险资产？答案是否定的。随着组合中股票数量的增加，组合的风险逐渐接近于系统风险。一项研究表明，当股票数量上升至12～18支时，就已经可以消除90%的非系统风险。另一项研究表明，需要30支以上的股票才可以实现以上效果，但无论具体数值是多少，都比整个市场上全部的股票数量要小得多。如图4-7所示，如果组合中的股票数量超过30支，组合的标准差基本维持不变。

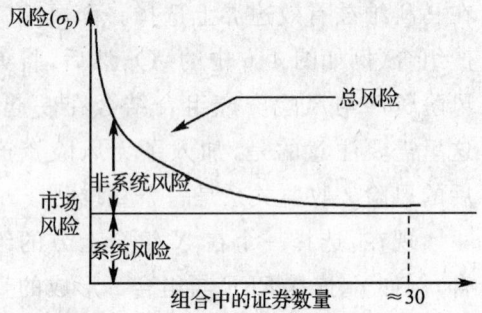

图4-7　资产组合中的证券数量与风险

3.证券市场线与资本资产定价模型

如果将资产 i 的收益与市场平均收益的协方差 $Cov_{i,mkt}$ 看作资产 i 的风险，可以将 $Cov_{i,mkt}$ 作为系统风险的衡量，并在图中标出单个资产风险和收益的关系，这就是证券市场线（Security Market Line，SML）的一种形式，如图4-8所示。

证券市场线的方程：

$$E(R_i) = RFR + \frac{E(R_{mkt}) - RFR}{\sigma_{mkt}^2}(Cov_{i,mkt}) \tag{4-16}$$

将上式改写成：

$$E(R_i) = RFR + \frac{(Cov_{i,mkt})}{\sigma_{mkt}^2}[E(R_{mkt}) - RFR] \tag{4-17}$$

这是证券市场线最常见的表达形式，用以上公式描述的预期收益和系统风险（β_i）之间的关系，就是资本资产定价模型，如图4-9所示。

我们将 β_i 定义为：$\beta_i = \dfrac{Cov_{i,mkt}}{\sigma_{mkt}^2}$，是系统风险的标准化度量。$\beta$ 反映了单个证券的收益率对市场平均收益率变化的敏感程度。

CAPM 的规范方程：

$$E(R_i) = RFR + \beta_i[E(R_{mkt}) - RFR] \tag{4-18}$$

CAPM 说明,在均衡状态下,风险资产的预期收益 $E(R_i)$ 等于无风险收益 (RFR)加上贝塔系数调整后的市场风险溢价 $\beta_i [E(R_{mkt}) - RFR]$。贝塔系数是系统风险的度量。

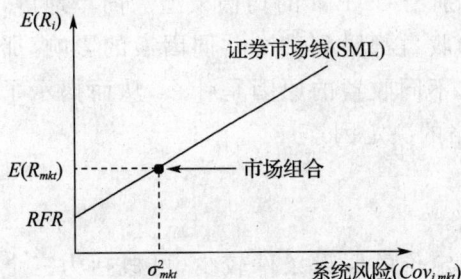

图 4-8　证券市场线形式 1 　　　　　图 4-9　证券市场线形式 2

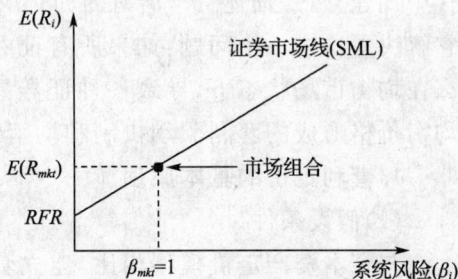

4. 证券市场线与资本市场线的比较

认清证券市场线 SML 和资本市场线 CML 的区别十分重要。CML 的方程为

$$E(R_p) = RFR + \sigma_p \left\{ \frac{[E(R_M) - RFR]}{\sigma_M} \right\} \tag{4-19}$$

对于 CML 线,横坐标轴上标的是总风险 σ_p。因此,只有有效的组合才能够标记在 CML 上。对于 SML 线,横坐标轴上标的是贝塔系数(系统风险)。因此,根据 CAPM 理论,所有合理定价的证券和证券组合都应该标记在 SML 线上,如图 4-10 所示。

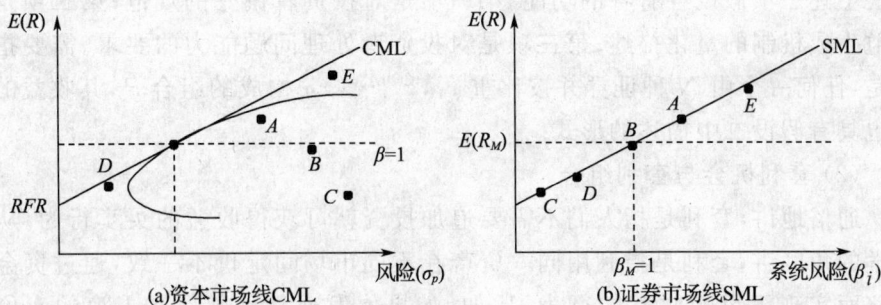

图 4-10　CML 和 SML 的比较

【例 4-6】　资本资产定价模型

市场的预期收益为 15%,无风险收益率为 8%,股票 A 的贝塔系数为 1.2。计算该股票的合理收益率。

【解】　　　$E(R_A) = 0.08 + 1.2(0.15 - 0.08) = 0.164$

注意:$\beta_A > 1$,因此 $E(R_A) > E(R_{MKT})$

4.3.2 套利定价模型

套利定价理论(Arbitrage Pricing Theory，APT)，由罗斯于 20 世纪 70 年代中期建立，是描述资产合理定价但又有别于 CAPM 的均衡模型。简单地讲，它解决了这样一个问题：如果所有证券的收益都受到某个共同因素的影响，那么在均衡市场状态下，导致各种证券具有不同收益的原因是什么，从而揭示了均衡价格形成的套利驱动机制和均衡价格的决定因素。

1. 套利定价的基本原理

(1)假设条件

与资本资产定价模型相比，建立套利定价的假设条件较少，可概括为三个基本假设。

假设一：投资者是追求收益的，同时也是厌恶风险的。

假设二：所有证券的收益都受到一个共同因素 F 的影响，并且证券的收益率具有如下的构成形式：

$$r_i = a_i + b_i F_1 + \varepsilon_i \tag{4-20}$$

式中：r_i 为证券 i 的实际收益率；b_i 为因素 F_1 的系数，反映证券 i 的收益率 r_i 对因素指标 F_1 变动的敏感性，也称"灵敏度系数"；F_1 为影响证券的那个共同因素 F 的指标值；ε_i 为证券 i 收益率 r_i 的残差项。

假设三：投资者能够发现市场上是否存在套利机会，并利用该机会进行套利。

上述三项假设各有各的功能。第一项是对投资者偏好的规范；第二项是对收益生成机制的量化描述；第三项是对投资者处理问题能力的要求。需要指出的是，任何一个由 N 种证券并按比重 $x_1, x_2, \cdots, x_N$ 构成的组合 P，其收益的生成也具有假设二中描述的形式。

(2)套利机会与套利组合

通俗地讲，套利是指人们不需要追加投资就可获得收益的买卖行为。从经济学的角度讲，套利是指利用同一资产在不同市场间定价不一致，通过资金的转移而实现无风险收益的行为。比如，如果你发现某种邮票在上海的卖价为 1000 元，而在深圳的卖价为 1200 元，那么你会在上海以 1000 元买下该邮票，而后在深圳以 1200 元卖给他人，从而赚取一定的收益。这种行为就是套利，这种机会就是套利机会。在套利定价理论中，套利机会被套利组合所描述。所谓套利组合，是指满足下述三个条件的证券组合：

该组合中各种证券的权数满足 $w_1 + w_2 + \cdots + w_N = 0$。

该组合因素灵敏度系数为零，即 $w_1 b_1 + w_2 b_2 + \cdots + w_N b_N = 0$。其中，$b_i (i =$

$1,2,\cdots,N$) 表示证券 i 的因素灵敏度系数。

该组合具有正的期望收益率，即 $w_1 Er_1 + w_2 Er_2 + \cdots + w_N Er_N > 0$。其中，$Er_i(i=1,2,\cdots,N)$ 表示证券 i 的期望收益率。

套利组合的特征表明，投资者如果能发现套利组合并持有它，那他就可以实现不需要追加投资又可获得收益的套利交易，即投资者是通过持有套利组合的方式来进行套利的。所以套利定价理论认为，如果市场上不存在（即找不到）套利组合，那么市场就不存在套利机会。

【例 4-7】 假设市场上有三种股票，每个投资者都认为它们满足单因素模型，且具有以下的期望收益率和因素敏感度：

表 4-7 期望收益率和因素敏感度

证券	$\overline{r}_i$	b_i
1	15%	0.9
2	21%	3.0
3	12%	1.8

这些期望收益率和因素敏感度是否表示一种均衡状态？如果不是，股票的价格和期望收益率将发生什么变化来达到均衡？

首先，来看看这个证券组合是否存在套利机会。根据套利组合定义的三个条件，一个套利证券组合 (w_1, w_2, w_3) 应该符合：

$$w_1 + w_2 + w_3 = 0$$
$$0.9w_1 + 3.0w_2 + 1.8w_3 = 0$$
$$0.15w_1 + 0.21w_2 + 0.12w_3 > 0$$

显然，满足这个方程的解有无穷多个，任取其中一个解，如：

$$(w_1, w_2, w_3) = (0.1, 0.075, -0.175)$$

这就是一个套利证券组合，这个套利证券组合能获得的期望收益率如下：

$(0.15w_1 + 0.21w_2 + 0.12w_3) \times 100\% = (0.15 \times 0.1 + 0.21 \times 0.075 - 0.12 \times 0.175) \times 100\% = 0.98\%$

对于任何只关注更高回报率而忽略非因素风险的投资者，这种套利证券组合是相当具有吸引力的。它不需要成本，没有因素风险，却具有正的期望收益率。

（3）套利定价模型

套利组合理论认为，当市场上存在套利机会时，投资者会不断地进行套利交易，从而不断推动证券的价格向套利机会消失的方向变动，直到套利机会消失为止，此时证券的价格即为均衡价格，市场也就进入均衡状态。此时，证券或组合的期望收益率具有下述构成形式：

$$Er_i = \lambda_0 + b_i\lambda_1 \tag{4-21}$$

式中：Er_i 为证券 i 的期望收益率；λ_0 为与因素无关的常数；λ_1 为对因素 F 具有单位敏感性的因素风险溢价。

上式通常称为套利定价模型。

套利定价模型表明，市场均衡状态下，证券或组合的期望收益率完全由它承担的因素风险所决定；承担相同因素风险的证券或证券组合都应该具有相同的期望收益率；期望收益率与因素风险的关系，可由期望收益率的因素敏感性的线性函数反映。

当证券受到多种因素共同影响时，套利定价模型也是成立的，其一般表现形式为

$$Er_i = \lambda_0 + b_{i1}\lambda_1 + b_{i2}\lambda_2 + \cdots + b_{iN}\lambda_N \tag{4-22}$$

式中：Er_i 为证券 i 的期望收益率；λ_0 为与因素无关的常数；$b_{ik}(k=1,2,\cdots,N)$ 为证券 i 对第 k 个因素的灵敏度系数；$\lambda_k(k=0,1,\cdots,N)$ 为对因素 F_k 具有单位敏感性的因素风险溢价。

2. 套利定价模型的应用

套利定价模型在实践中的应用一般有两个方面：

(1)事先仅是猜测某些因素可能是证券收益的影响因素，但不确定在这些因素中，哪些因素对证券收益有广泛而特定的影响，哪种因素没有。于是可以用统计分析模型对证券的历史数据进行分析，以分离出那些统计上显著影响证券收益的主要因素。

(2)明确确定某些因素与证券收益有关，于是对证券的历史数据进行回归以获得相应的灵敏度系数，再运用公式预测证券的收益。

下面是一个例子。罗尔与罗斯利用套利定价模型对美国股票市场上市股票的影响因素进行了实证分析，使用的数据是纽约股票交易所上市股票的日收益率数据，样本区间从 1962 年 7 月 5 日到 1972 年 12 月 31 日。实证结果发现，下述四个宏观经济变量影响证券收益：工业产值指数、投机级债券与高等级债券收益率差额、长期政府债券与短期政府债券收益率差额、未预期的通货膨胀率。

假定通过回归分析得知某个证券 A 对上述四个因素的灵敏度系数依次为 $b_1=1.2$、$b_2=-0.6$、$b_3=0.4$、$b_4=0.8$。已知无风险利率为 5%；工业生产增长从预期的 4% 上升至 6%；通货膨胀率预期为 3%，实际为 -1%；投机级债券与高等级债券收益率差额为 3%；长短期政府债券收益率差额为 -2%。那么，预期的证券 A 的收益率为

$$0.05+1.2\times2\%-0.6\times(-4\%)+0.4\times3\%+0.8\times(-2\%)=9.4\%$$

在上述计算中，λ_0 视为无风险利率 5%。

4.3.3　多因素定价模型

资本资产定价模型从本质上来说,是一种单因素模型,它是考察风险和资本市场要求的收益率的实际方法,建立了无风险收益率加上风险溢价的基本分析框架,帮助人们理解系统风险和非系统风险。资本资产定价模型在为证券定价上占有举足轻重的地位,但它并不能准确地衡量市场均衡的过程或投资者对特定股票要求的收益率。不同的投资者对待不同种类的风险有不同的态度。例如,某些投资者可能不愿承担较高的通货膨胀风险,而愿意承担较高的违约风险和生产力风险。许多股票也许有相同的 β 值,但组成总风险的因素有很大不同。实际上,若投资者关心这些风险的要素,则资本资产定价模型就不能很好地解释股票的期望收益率。

多因素模型(Multifactor Model)认为证券的收益率对多种因素或指数有敏感性,而不仅仅对市场整体变动敏感。由于多因素模型考虑更多的风险因素,因此它的解释作用自然强于单因素模型(如资本资产定价模型)。多因素模型认为在共同作用力和偶然因素(误差项)的作用下,各个证券一起变动或分别变动,其思路是把机会因素分离出去,以便求得共同作用力(即风险因素)。

可以用一个简单的两因素模型(Two Factor Model)作为例子说明多因素模型。假定证券的实际收益率 R_i 表示成如下形式:

$$R_i = b_0 + b_{1i}F_1 + b_{2i}F_2 + e_i \tag{4-23}$$

式中:b_0 为在两种因素的价值为零时的收益率;F_1 和 F_2 为因素1和因素2(不确定)的价值;b_{1i} 和 b_{2i} 分别为因素1和因素2的反应系数,表示某一因素变动1个单位时所引起的证券收益率的变动量;e_i 为误差项。

在两因素模型中,F_1 和 F_2 是系统风险或不可避免风险。常数项 b_0 代表无风险收益率。误差项是证券特有的风险或非系统风险,并且可以通过广泛的证券组合分散掉。该模型与资本资产定价模型的唯一区别在于:在两因素模型中,有两个风险因素,而在资本资产定价模型中,只有一个风险因素。在考虑多种因素时,我们只需要在模型中加上多个因素和它们的反应系数即可。

4.3.4　资本资产定价模型的应用

资本资产定价模型主要应用于资产估值、资金成本预算以及资源配置等方面。这里,就资本资产定价模型在资产估值和资源配置两方面的应用做简要介绍。

1. 资产估值

在资产估值方面,资本资产定价模型主要被用来判断证券是否被市场错误定价。根据资本资产定价模型，每一证券的期望收益率应等于无风险利率加上该证券由贝塔系数测定的风险溢价。

一方面，当获得市场组合的期望收益率的估计值和该证券的贝塔系数的估计值时，就能够计算市场均衡状态下证券 i 的期望收益率 $E(r_i)$；另一方面，市场对证券在未来所产生的收入流（股息加期末价格）有一个预期值，这个预期值与证券 i 的均衡期初价格及其预期收益率 $E(r_i)$ 之间有如下关系：

$$均衡的期初价格 = E(股息 + 期末价格)/(1 + E(r_i)) \qquad (4\text{-}24)$$

于是，可以将现行的实际市场价格与均衡的期初价格进行比较。二者不等时，说明市场价格被误定，被误定的价格应该有回归的要求。利用这一点，便可获得超额收益。具体来讲，当实际价格低于均衡价格时，说明证券是廉价证券，应该购买；反之，应卖出证券。

2. 资源配置

资本资产定价模型在资源配置方面的一项重要应用，就是根据对市场走势的预测来选择具有不同贝塔系数的证券或组合以获得较高的收益或规避市场风险。

证券市场线表明，贝塔系数反映证券或组合对市场变化的敏感性，因此，当有很大把握预测牛市到来时，应选择那些高贝塔系数的证券或组合。这些高贝塔系数的证券将成倍地放大市场收益率，带来较高的收益。相反，在熊市到来之际，应选择那些低贝塔系数的证券或组合，以减少因市场下跌而造成的损失。

■ 4.4　金融证券的定价

4.4.1　债券的定价

1. 债券的定义及类型

债券是借款者承担某一确定金额债务的凭证，借款者同意按债券上标明的条款，到期还本付息。例如，A 公司发行面值为 1000 元，票面利率为 5%，期限为 2 年，按年支付利息的债券：

第一年底，支付利息 1000×5% = 50 元

第二年底，支付利息 1000×5% = 50 元，偿还本金 1000 元，共支付 50 + 1000 = 1050 元

根据债券利息和本金结构的特征，可以分为纯贴现债券、等息债券和永续债券：

（1）纯贴现债券

纯贴现债券，又称零息债券，承诺在未来某一确定的日期偿还债券的票面

金额,中途并不支付利息,投资者以折价的方式购买债券,投资收益以票面金额和实际支付价格之间的差额来反映。例如,一份 4 年期,面值为 1000 元的纯贴现债券,投资者以 900 元购买,则第一年末、第二年末、第三年末没有现金流入,第四年末收回 1000 元面值,投资收益为 $1000-900=100$ 元。图 4-11 为该债券的现金流情况。

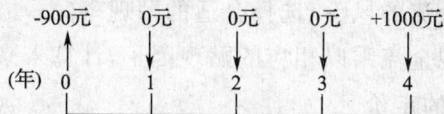

图 4-11 四年期零息债券的现金流

(2)等息债券

等息债券的现金流结构比零息债券要复杂一些。等息债券不仅在到期日支付本金,而且在发行日和到期日之间也进行有规律的定期支付。例如,一份面值为 1000 元,票面利率为 5%,期限为 4 年的等息债券。第一年末、第二年末、第三年末都收到 $1000 \times 5\% = 50$ 元的利息支付,第四年末收到 50(利息)+1000(本金)=1050 元,图 4-12 为该债券的现金流情况。

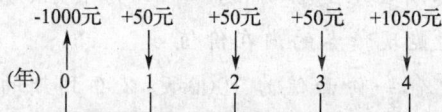

图 4-12 四年期等息债券的现金流

(3)永续债券

零息债券和等息债券都有具体的到期日,但有一种债券没有确定的到期日,这种债券从不停止支付票面利息,永不到期,我们称这种债券为永续债券。政府金边债券就是永续债券的一种,18 世纪英格兰银行发行了这种债券,称为"英国金边债券",美国政府也曾发行金边债券以建造巴拿马运河。例如,一份面值为 1000 元,票面利率为 5% 的永续债券。第一年末、第二年末……第 N 年末都收到 $1000 \times 5\% = 50$ 元的利息支付,永无休止,图 4-13 为该债券的现金流情况。

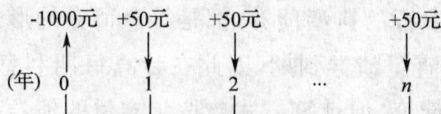

图 4-13 永续债券的现金流

2. 固定收益证券价值评估步骤

固定收益证券价值评估的一般方法是将未来预期现金流的贴现值加总,得到证券的价值。债券评估一般分为三个步骤:

(1)估算未来每笔现金流入情况。对于债券而言,主要有两类现金流入:支付的利息、偿还的本金。

(2)根据回收现金流的风险,选择合适的贴现率。

(3)将未来每笔现金流乘以相应的贴现因子,计算未来现金流入的贴现值。

3. 不同类型债券的定价

(1)纯贴现债券

我们用对未来现金流贴现的方式,进行债券的价值评估。前面已经分析了纯贴现债券的现金流情况,我们只要将最后偿还的本金按合适的贴现率进行折现,就可以得出纯贴现债券的价值。计算公式如下:

$$PV = \frac{FV}{(1+r)^T} \qquad (4\text{-}25)$$

式中:PV 为债券的现值,即债券的内在价值;FV 为债券的终值,即债券的票面金额;r 为贴现利率,即所要求的必要收益率;T 为债券的期限。

【例 4-8】 计算纯贴现债券的内在价值

已知贴现率为 10%,一份面值为 1000 元,2 年到期的零息债券,其内在价值是多少?

【解】 $$PV = \frac{1000}{(1+10\%)^2} = 826.4(元)$$

(2)等息债券

等息债券与零息债券最大的区别在于,等息债券在到期日与发行日之间有规律地支付利息,因此,在估算其内在价值时,必须将利息所带来的现金流一并贴现。其计算公式如下:

$$PV = \frac{C}{(1+r)} + \frac{C}{(1+r)^2} + \cdots + \frac{C}{(1+r)^T} + \frac{FV}{(1+r)^T} \qquad (4\text{-}26)$$

式中:C 为债券按票面利率支付的利息。

美国政府和公司发行的典型债券,都是等息债券的形式。但是这些债券每 6 个月支付一次现金,直至债券到期,因此在计算每期利息的时候,需要将年利率换算成月利率进行计算,但计算方式与按年支付的债券一样。

【例 4-9】 计算等息债券的内在价值

已知贴现率为 10%,一份面值为 1000 元,票面利率为 5%,2 年到期的等息债券,其内在价值是多少?

【解】 $$C=1000\times5\%=50(元)$$

$$PV=\frac{50}{(1+10\%)}+\frac{50}{(1+10\%)^2}+\frac{1000}{(1+10\%)^2}=913.2(元)$$

这里需要注意的是,贴息率和票面利率不是一个概念,不能混淆。贴现率是投资者要求的正常回报率,而票面利率是债券发行时已经规定好的利率。

(3)永续债券

永续债券没有固定的到期日,理论上来说,永续债券的现值按以下公式计算:

$$PV=\frac{C}{(1+r)}+\frac{C}{(1+r)^2}+\cdots+\frac{C}{(1+r)^\infty} \tag{4-27}$$

根据数学中的极限求和的公式,将上式化简为

$$PV=\frac{C}{r} \tag{4-28}$$

这就是永续债券的定价公式,也就是说,永续债券的内在价值等于每期的利息额除以贴现率。

【例 4-10】 计算永续债券的内在价值

已知贴现率为 10%,一份面值为 1000 元,票面利率为 5% 的永续债券,其内在价值是多少?

【解】 $$C=1000\times5\%=50(元)$$

$$PV=\frac{50}{10\%}=500(元)$$

4. 债券的价格与到期收益率

到期收益率(Yield to Maturity,YTM)是债券投资者持有至到期的收益率。我们反过来看前面等息债券的例子。如果债券在 913.2 元的价位上出售,那么债券持有者的到期收益率是多少呢?我们通过如下公式来计算:

$$913.2=\frac{50}{(1+r)}+\frac{50}{(1+r)^2}+\frac{1000}{(1+r)^2}$$

未知变量 r 是使债券价格等于本金现值与利息现值之和的折现率。根据前面的例子,可以知道当 $r=10\%$ 时,上式正好成立,因此债券的到期收益率就是贴现率。一般而言,在计算债券的到期收益率时,要用到差值法,由于借助现代计算设备,可以很容易地替代人工差值法,因此这里就不做介绍了。为简化起见,到期收益率通常简称为债券的收益率。

债券的价值和债券收益率是负相关的。贴现率上升,债券现金流的现值就会下降;贴现率下降,债券现金流的现值就会上升。为帮助读者更好地理解这

一点,我们来看一个例子。

【例 4-11】 贴现率与债券价值

投资者 A 购买了一份面值为 1000 元,票面利率为 6％,3 年到期,半年付息一次的等息债券,分别计算贴现率为 3％,6％和 12％时,债券的内在价值。

【解】 这里需要注意,债券是每半年付息一次,因此 3 年包含 6 个期限,每期付息:

$$C=1000×(6％/2)=30(元)$$

$$PV=\frac{30}{(1+i/2)}+\cdots+\frac{30}{(1+i/2)^6}+\frac{1000}{(1+i/2)^6}$$

式中:i 是贴现率,分别将 3％,6％和 12％代入公式中,计算可得

$i=3％$ 时,$PV=1085.4(元)$

$i=6％$ 时,$PV=1000.0(元)$

$i=12％$ 时,$PV=852.4(元)$

如果将贴现率和债券相应的价值绘制在图中,就可以清晰地看到,债券的价格和收益率是负相关的,如图 4-14 所示,称之为债券的价格-收益曲线。

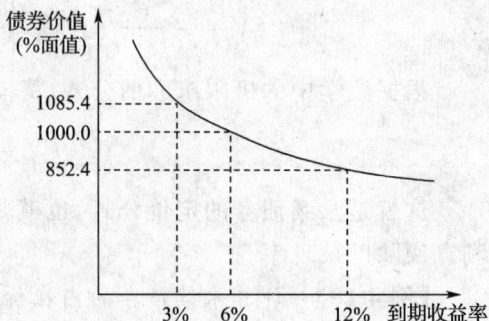

图 4-14　债券价格-收益曲线

4.4.2　股票的定价

1.股票的概念及分类

股票是一种有价证券,是股份公司在筹集资本时向出资人公开或私下发行的、用以证明出资人的身份和权利,并根据持有人所持有的股份数享有权益和承担义务的凭证。

股票是一种出资证明。当一个自然人或法人向股份公司参股投资时,便可获得股票作为出资的凭证。

股票的持有者凭借股票来证明自己的股东身份,参加股份公司的股东大会,对股份公司的经营发表意见。

股票持有者凭借股票参加股份发行公司的利润分配,也就是通常所说的分红,以此获得一定的经济利益。

按照权利、义务的不同,股票主要分为普通股和优先股。普通股(Ordinary Share)是指在公司的经营管理和盈利及财产的分配上享有普通权利的股份,代表满足所有债权偿付要求及优先股东的收益权与求偿权要求后对公司盈利和

剩余财产的索取权,它构成公司资本的基础,是股票的一种基本形式,也是发行量最大,最为重要的股票。目前在上海和深圳证券交易所上市交易的股票,都是普通股。优先股(Preferred Share)是相对于普通股而言的,主要指在利润分红及剩余财产分配的权利方面优先于普通股,优先股通常预先定明股息收益率。

普通股和优先股的区别主要在以下几个方面:

(1)优先股股息收益率固定,但不可参与分红;普通股股息收益率不固定,可参与分红;

(2)优先股一般没有选举权和表决权;普通股有选举权和表决权;

(3)优先股的索偿权先于普通股。

2. 优先股的定价

我们已经讨论过金融资产的价格是由它未来现金流的现值决定的,股票也是一样。优先股通常提供两种形式的现金流:定期支付的股利;股票持有者出售股票时得到的收入。我们按以下公式对优先股进行估价:

$$P = \frac{D_p}{(1+k_p)^1} + \frac{D_p}{(1+k_p)^2} + \cdots + \frac{D_p}{(1+k_p)^\infty} = \frac{D_p}{k_p} \qquad (4\text{-}29)$$

式中:D_p 为优先股股利;k_p 为合理收益率;P 为优先股内在价值。

细心的读者不难发现,优先股的定价与永续债券的定价是一样的,优先股其实是一种特殊的永续债券。我们通过一个例子来更好地理解优先股定价。

【例 4-13】 计算优先股内在价值

某公司发行一种面额为 100 元,股利为 5% 的优先股,已知该公司优先股的合理收益率为 8%,请计算该公司优先股的内在价值。

【解】
$$P = \frac{D_p}{k_p} = \frac{5.00}{0.08} = 62.5(\text{元})$$

3. 股利贴现分析

对于普通股的定价要比债券和优先股复杂得多,因为普通股现金流的金额和时间都是不确定的,而且普通股的合理收益率 k_c 也是未知的。但是,仍然可以用现金流折现模型来对普通股进行定价,普通股的现金流全部由股利构成,因此称之为股利贴现模型(Dividend Discount Model,DDM):

$$P = \frac{D_1}{(1+k_c)^1} + \frac{D_2}{(1+k_c)^2} + \cdots + \frac{D_\infty}{(1+k_c)^\infty} \qquad (4\text{-}30)$$

这里需要注意两点:第一,未来的股利现金流由投资者购买股票后起算;第二,如果公司宣布不再发放股利,那么从理论上讲,该股票将一文不值,但其实很多不发放股利的股票仍然活跃在市场上,这是因为投资者除了股利,还可以有资本利得。

(1)一年期的 DDM

如果投资者只持有股票一年,股票的内在价值就是一年后收到的股利的现值加上一年后该股票出售的价格的现值。公式如下:

$$P = \frac{D_1}{(1+k_c)^1} + \frac{P_1}{(1+k_c)^1} \tag{4-31}$$

可以通过以下三个步骤来判定股票的内在价值:

①确定预期未来全部现金流(股利和未来的售价);

②确定合理的贴现率(运用 CAPM 模型):

$$K_c = RFR + \beta(R_{MKT} - RFR) \tag{4-32}$$

③按照合理的贴现率将现金流折现。

【例 4-13】 一年期 DDM 的定价

某投资者购买了一种股票,该股票去年支付了 1 元的股利,他认为明年股利将有 5% 的增长($g=5\%$),且该股票明年能以 13.45 元的价格出售。市场平均收益率为 12%,无风险利率为 6%,该股票的贝塔系数为 1.2,请为该投资者计算该股票的内在价值。

【解】 首先,计算明年可获得的股利:

$$D_1 = D_0 \times (1+g) = 1.00 \times (1+0.05) = 1.05$$

第二,运用 CAPM 计算合理收益率,即贴现率:

$$K_c = RFR + \beta(R_{MKT} - RFR) = 0.06 + 1.2 \times (0.12 - 0.06) = 13.2\%$$

第三,对未来现金流进行贴现:

股利现值 $=1.05/1.132=0.93$

售价现值 $=13.45/1.132=11.88$

最后,将这些现金流的现值加总得:

股票内在价值 $=0.93+11.88=12.81$(元)

(2)多年期的 DDM

对于持有期超过一年的股票的定价,仍然采取以上方式,把各期的股利的现值和最终售价的现值进行加总,以 2 年期的 DDM 为例:

$$P_0 = \frac{D_1}{(1+k_c)^1} + \frac{D_2}{(1+k_c)^2} + \frac{P_2}{(1+k_c)^2} \tag{4-33}$$

【例 4-14】 两年期 DDM 的定价

某投资者购买了一种股票,该股票去年支付了 1 元的股利,他认为每年股利将有 5% 的增长($g=5\%$),且该股票后年能以 14.12 元的价格出售。市场平均收益率为 12%,无风险利率为 6%,该股票的贝塔系数为 1.2,请为该投资者计算该股票的内在价值。

【解】 首先,计算一年后、二年后可获得的股利:

$D_1 = D_0 \times (1+g) = 1.00 \times (1+0.05) = 1.05$

$D_2 = D_1 \times (1+g) = 1.05 \times (1+0.05) = 1.103$

第二,运用 CAPM 计算合理收益率,即贴现率:

$K_c = RFR + \beta(R_{MKT} - RFR) = 0.06 + 1.2 \times (0.12 - 0.06) = 13.2\%$

第三,对未来现金流进行贴现:

股利现值 $= (1.05/1.132) + (1.103/1.132^2) = 0.93 + 0.86 = 1.79$

售价现值 $= 14.12/1.132^2 = 11.02$

最后,将这些现金流的现值加总得:

股票内在价值 $= 1.79 + 11.02 = 12.81$(元)

(3)无限期的 DDM

假设每年的股利增长率 g 是恒定的,因此一年后的股利 $D_1 = D_0 \times (1+g_c)$,二年后的股利 $D_2 = D_0 \times (1+g_c)^2$,以此类推,其中,$g_c$ 是恒定的股利增长率。根据这个假设,将 DDM 模型扩展如下:

$$P = \frac{D_0(1+g_c)^1}{(1+k_c)^1} + \frac{D_0(1+g_c)^2}{(1+k_c)^2} + \cdots + \frac{D_0(1+g_c)^\infty}{(1+k_c)^\infty} \qquad (4\text{-}34)$$

该公式可以简化为

$$P = \frac{D_0(1+g_c)}{k_c - g_c} = \frac{D_1}{k_c - g_c} \qquad (4\text{-}35)$$

这就是无限期的 DDM 模型。需要注意的是,公式中采用的是下一期的股利,但计算的是当期的价值。该公式也可以改写成:

$$k_c = D_1/P + g_c \qquad (4\text{-}36)$$

这个公式说明,权益投资的收益率来自两个部分:随着时间变化带来的价值增长率和股利增长率。

【例 4-15】 无限期 DDM 的定价

某投资者购买了一种股票,该股票去年支付了 2 元的股利,他认为每年股利将有 5% 的增长($g=5\%$)。市场平均收益率为 11%,无风险利率为 6%,该股票的贝塔系数为 1.2,请为该投资者计算该股票的内在价值。

【解】 首先,计算一年后可获得的股利:

$D_1 = D_0 \times (1+g_c) = 2 \times (1+0.05) = 2.10$

第二,运用 CAPM 计算合理收益率,即贴现率:

$k_c = RFR + \beta(R_{MKT} - RFR) = 0.06 + 1.2 \times (0.11 - 0.06) = 12\%$

第三,运用无限期 DDM 模型计算内在价值:

$$P = \frac{D_1}{k_c - g_c} = \frac{2.10}{0.12 - 0.05} = 30(元)$$

4. 市盈倍数分析

市盈率又称价格收益比或成本比，是每股价格与每股收益之间的比率，其计算公式为：

$$市盈率 = \frac{每股价格}{每股收益} \qquad (4-37)$$

如果能分别估计出股票的市盈率和每股收益，那么就能由此公式估计出股票价格。这种评价股票价格的方法就是市盈率估价方法。

一般来说，对股票市盈率的估计主要有简单估计法和回归分析法。

（1）简单估计法

①算数平均法或中间数法。这种方法就是将股票各年的市盈率历史数据排成序列；剔除异常数据（过高或过低者），求取算数平均数或是中间数，以此作为对未来市盈率的预测。这一方法适用于市盈率比较稳定的股票。

②趋势调整法。这种方法是在算数平均法或中间数法的基础上再进行调整。先通过算数平均法或中间数法求出一个市盈率的估计值，再分析市盈率时间序列的变化趋势，求得一个增减趋势的量的关系式，然后对市盈率的估计值进行修正。

③回归调整法。这种方法也是在算数平均法或中间数法的基础上进行调整。先通过算数平均法或中间数法求出一个市盈率的估计值，认为该值是市盈率的正常值，根据异常值总是向正常值回归的趋势，对下一年的市盈率做如下预测：如果这一年的市盈率高于这个值，就认为下一年的市盈率会向下调整；反之，向上调整。

④市场预期回报率倒数法。在一定条件下，根据模型推导可以得出股票持有者预期的回报率恰好是市盈率的倒数。因此我们就可以通过对各种股票市场预期回报率的分析来对市盈率进行预测。

⑤市场归类决定法。在有效市场假设下，风险结构等类似的公司，其股票市盈率也应相同。因此，只要选取风险结构类似的公司，求取市盈率的平均数，以此作为市盈率的估计值。

（2）回归分析法

回归分析方法是指利用回归分析的统计方法，通过考察各股票价格、收益、增长、风险、货币的时间价值和股息政策等各种因素变动与市盈率之间的关系，得出能够最好解释市盈率与这些变量间线性关系的方程，进而根据这些变量的给定值对市盈率大小进行预测的分析方法。

一般认为，市盈率与收益、股息政策、增长和风险等关系最密切。美国

Whitebeck 和 Kisor 用多重线性回归分析法发现,在 1962 年 6 月 8 日的美国股票市场中有以下规律:

市盈率=8.2+1.500×收益增长率+0.067×股息支付率-0.200×增长率标准差

(4-38)

只要将收益增长率、股息支付率和增长率标准差代入该式中,则可以得到任何股票市盈率的理论值。但需要注意的是,用回归分析法得出的有关市盈率估计方程具有很强的时效性,套用过去的方程是不现实的。如果投资者想利用这种方法来指导投资决策,那么最好是自己进行研究,并在实践中不断改进。

4.4.3 期货的价格

金融期货合约是约定在未来时间以事先协定的价格买卖某种金融工具的双边合约。在合约中对有关交易的标的物、合约规模、交割时间和标价方法等都有标准化的条款规定。金融期货的标的物包括各种金融工具,比如股票、外汇、利率等。

1. 金融期货的理论价格

由于期货合约是介于现在和将来之间的一种合约,因此期货价格反映的是市场对现货价格未来的预期。在一个理性无摩擦的均衡市场上,期货价格与现货价格具有稳定的关系,即期货价格相当于交易者持有现货金融工具至到期日所必须支付的净成本。所谓净成本,是指因持有现货金融工具所得的收益与购买金融工具所付出的融资成本之间的差额,也称为持有成本。这一差额可能为正值,也可能为负值。持有成本的正负取决于现货金融工具的收益率和融资利率的对比关系,而在现货金融工具的收益率、现货金融工具的价格及融资利率都一定的条件下,持有成本的绝对值还受持有者持有现货金融工具的时间因素影响。所以,在现货金融工具价格一定时,金融期货的理论价格决定于现货金融工具的收益率、融资利率及持有现货金融工具的时间。理论上,期货价格有可能高于、等于或低于相应的现货金融工具。

我们用单利公式表述期货的理论价格。设 t 为现在时刻,T 为期货合约的到期日,F_t 为期货的当前理论价格,S_t 为现货的当前价格,则期货的当前理论价格 F_t 为:

$$F_t = S_t e^{(r-d)(T-t)}$$

(4-39)

式中:r 为无风险利率;d 为连续的红利支付利率;$(T-t)$ 为从 t 时刻持有到 T 时刻的时间差。

2. 影响金融期货价格的主要因素

从式(4-39)可以看出,影响期货价格的主要因素是持有现货的成本和时间价值。在期货市场上，金融期货的市场价格与其理论价格不完全一致，期货市场价格总是围绕着理论价格而波动。期货市场价格的变动与现货价格的变动之间也并不总是一致的，影响期货价格的因素比影响现货价格的因素要多得多，主要有市场利率、预期通货膨胀率、财政政策、货币政策、现货金融工具的供求关系、期货合约的有效期、保证金要求、期货合约的流动性等。

4.4.4　期权的价格

金融期权是指其持有者能在规定的期限内按交易双方商定的价格购买或出售一定数量的某种金融工具的权利。具体地说，其购买者在向出售者支付一定费用后，就获得了能在规定期限内以某一特定价格向出售者买进或卖出一定数量某种金融工具的权利。

金融期权是一种权利的交易。在期权交易中，期权的买方为获得期权合约所赋予的权利而向期权的卖方支付的费用就是期权的价格。期权价格受多种因素影响，但从理论上说，由两个部分组成，即内在价值和时间价值。

1. 内在价值

金融期权的内在价值也称履约价值，是期权合约本身所具有的价值，也就是期权的买方如果立即执行该期权所能获得的收益。一种期权有无内在价值以及内在价值的大小取决于该期权的协定价格与其标的物市场价格之间的关系。协定价格是指期权的买卖双方在期权成交时约定的、在期权合约被执行时交易双方实际买卖标的物的价格。根据协定价格与标的物市场价格的关系，可将期权分为实值期权（in the Value）、虚值期权（out the Value）和平价期权（at the Value）三种类型。

对看涨期权而言，若市场价格高于协定价格，期权买方执行期权将有利可图，此时为实值期权；市场价格低于协定价格，期权的买方将放弃执行期权，为虚值期权。对看跌期权而言，市场价格低于协定价格为实值期权；市场价格高于协定价格为虚值期权；若市场价格等于协定价格为平价期权。从理论上来说，实值期权的内在价值为正，虚值期权的内在价值为负，平价期权的内在价值为零。但实际上，无论是看涨期权还是看跌期权，也无论期权标的物的市场价格如何，期权的内在价值都大于或等于零，而不能为负值。这是因为，期权合约赋予买方执行期权与否的选择权，而没有规定相应的义务，当期权的内在价值为负时，买方可以放弃执行合约。

如果以 EV_t 表示期权在 t 时点的内在价值，x 表示期权合约的协定价格，S_t 表示该期权标的物在 t 时点的市场价格，m 表示期权合约的交易单位，则每一看涨期权在 t 时点的内在价值可表示为：

$$EV_t = \begin{cases} (S_t - x) \cdot m & S_t > x \\ 0 & S_t \leqslant x \end{cases} \qquad (4\text{-}40)$$

每一看跌期权在 t 时点的内在价值可表示为：

$$EV_t = \begin{cases} (x - S_t) \cdot m & S_t \leqslant x \\ 0 & S_t > x \end{cases} \qquad (4\text{-}41)$$

2. 时间价值

金融期权的时间价值也称外在价值，是指期权的买方购买期权而实际支付的价格超过该期权内在价值的那部分价值。在现实的期权交易中，各种期权通常是以高于内在价值的价格买卖的，即使是平价期权或虚值期权，也会以大于零的价格成交。期权的买方之所以愿意支付额外的费用，是因为希望随着时间的推移和标的物市场价格的变动，该期权的内在价值得以增加，使虚值期权或平价期权变为实值期权，或使实值期权的内在价值进一步提高。

期权的时间价值不易直接计算，一般以期权的实际价格减去内在价值求得。

3. 影响期权价格的主要因素

期权的价格由内在价值和时间价值构成，因而凡是影响内在价值和时间价值的因素，就是影响期权价格的因素。

(1)协定价格与市场价格。协定价格与市场价格是影响期权价格最主要的因素。这两种价格的关系不仅决定了期权有无内在价值及内在价值的大小，而且还决定了有无时间价值和时间价值的大小。一般而言，协定价格与市场价格的差距越大，时间价值越小；反之，则时间价值越大。这是因为时间价值是市场参与者因预期标的物市场价格变动引起其内在价值变动而愿意付出的代价。当一种期权处于极度实值或极度虚值时，市场价格变动的空间已很小。只有在协定价格与市场价格非常接近或为平价期权时，市场价格的变动才有可能增加期权的内在价值，从而使时间价值随之增大。

(2)权利期间。权利期间是指期权剩余的有效时间，即期权成交日至期权到期日的时间。在其他条件不变的情况下，期权期间越长，期权价格越高；反之，期权价格越低。这主要是因为权利期间越长，期权的时间价值越大；随着权利期间缩短，时间价值也逐渐减少；在期权的到期日，权利期间为零，时间价值也为零。通常，权利期间与时间价值存在非线性的正相关关系。

(3)利率。利率，尤其是短期利率的变动会影响期权的价格。利率变动对期权价格的影响是复杂的：一方面，利率变化会引起期权标的物的市场价格变化，从而引起期权内在价值的变化；另一方面，利率变化会使期权价格的机会成本发生变化,引起对期权交易的供求关系变化,因而从不同角度对期权价格产生影响。

(4)标的物价格的波动性。通常,标的物价格的波动性越大,期权价格越高;波动性越小,期权价格越低。这是因为标的物价格波动性越大,则在期权到期时,标的物市场价格涨至协定价格之上或跌至协定价格之下的可能性越大,因此期权的时间价值乃至期权价格都将随标的物价格波动的增大而提高,随标的物价格波动的缩小而降低。

(5)标的资产的收益。标的资产的收益将影响标的资产的价格。在协定价格一定时,标的资产的价格又必然影响期权的内在价值,从而影响期权的价格。由于标的资产分红付息等将使标的资产的价格下降,而协定价格并不进行相应调整,因此,在期权有效期内标的资产产生收益将使看涨期权价格下降,使看跌期权价格上升。

【例 4-16】 制定合适的证券交易方式

根据 CAPM 理论,所有资产都应该标记在 SML 线之中。SML 线是给定系统风险(用贝塔系数衡量)的情况下,资产合理的收益率。因此,我们可以根据 CAPM 判别证券的价格是否合理。通过比较资产的预期收益率(给定预期价格和预期股利)和通过 CAPM 计算的合理收益率,如果二者不相等,则资产被高估或低估,我们可以据此制定合理的交易策略:

如果资产的预期收益率高于 SML 线上的合理收益率,则资产被低估,应该采取买进策略(收益高,价格低);

如果资产的预期收益率低于 SML 线上的合理收益率,则资产被高估,应该采取卖出策略(收益低,价格高);

如果资产的预期收益率等于 SML 线上的合理收益率,则资产估值合理,买进策略或卖出策略都无影响。

表 4-8 是某分析师对三支股票的股价和股利的预测数据,已知无风险利率为 7%,市场平均回报率为 15%。计算每支股票的预期收益率以及必要收益率,分析股票是否被高估或低估,并据此给出合适的交易方式。

表 4-8　　　　　　　　　　股价、股利及贝塔系数

股票	现在的股价	一年后预期股价	一年后预期股利	贝塔系数
A	￥25	￥27	￥1.00	1.0
B	￥40	￥45	￥2.00	0.8
C	￥15	￥17	￥0.50	1.2

分析过程：

表 4-9 预期收益率和必要收益率

股票	预期收益率	必要收益率
A	（￥27－￥25＋￥1）/￥25＝12.0%	0.07＋(1.0)×(0.15－0.07)＝15.0%
B	（￥45－￥40＋￥2）/￥40＝17.5%	0.07＋(0.8)×(0.15－0.07)＝13.4%
C	（￥17－￥15＋￥0.5）/￥15＝16.6%	0.07＋(1.2)×(0.15－0.07)＝16.6%

(1)股票 A 价值被高估。股票 A 预期收益率为 12%，但根据 CAPM，应该获得 15% 的收益率，股票 A 在 SML 线以下。

(2)股票 B 价值被低估。股票 B 预期收益率为 17.5%，但根据 CAPM，应该获得 13.4% 的收益率，股票 B 在 SML 线以上。

(3)股票 C 股价合理。股票 C 预期收益率为 16.6%，根据 CAPM，应该获得 16.6% 的收益率，股票 C 在 SML 线中。

合适的交易方式：

(1)卖出股票 A。

(2)买进股票 B。

(3)买进、卖出或忽略股票 C。

同样也可以用图形进行分析，将三支股票的(预期收益率，贝塔系数)标记成如图 4-15 所示。

任何未标记在 SML 线之中的股票，估价都不合理：如果股票标记在 SML 线以上，该股票被低估；如果股票标记在 SML 线以下，该股票被高估。

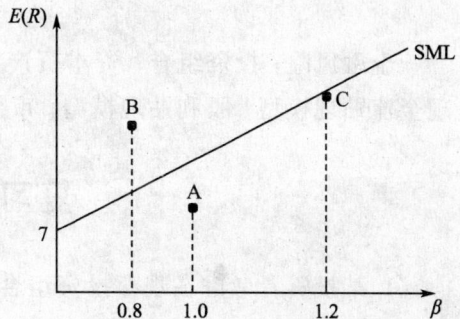

图 4-15　SML 线与证券价值评估

本章小结

金融市场常见的风险类型主要包括：利率风险、信用风险、流动性风险、汇率风险、通货膨胀风险、国家主权风险以及突发事件风险。

单个证券的风险用其预期收益的方差或标准差来衡量，其方差公式如下：

$$\sigma^2 = \sum_{i=1}^{n} P_i [R_i - E(R)]^2$$

证券组合的风险用其预期收益的方差或标准差来衡量，其标准差公式如下：

$$\sigma_p = \sqrt{\sigma_p^2} = \sqrt{\sum_{i=1}^{n} w_i^2 \sigma_i^2 + \sum_{i=1}^{n} \sum_{j=1}^{n} w_i w_j Cov_{i,j}} \quad (i \neq j)$$

只要证券之间的相关系数小于1,就可以从证券组合中获益,当相关系数为-1时,可以通过合适的配比实现无风险的证券组合(证券组合的方差为零)。总风险可以分解为系统风险和非系统风险,且有:总风险=系统风险+非系统风险。只有非系统风险可以通过充分多样化的方式来消除。

资本资产定价模型认为证券的预期回报率等于无风险利率加上贝塔系数调整后的市场风险溢价,其公式如下:

$$E(R_i) = RFR + \beta_i [E(R_{mkt}) - RFR]$$

债券的定价主要采用现金流贴现的方式;股票定价的方式主要有:股利贴现模型和市盈倍数分析法;金融衍生产品的定价主要采用无套利均衡思想。

关键概念

金融风险;投资组合;资本资产定价模型;套利定价模型;多因素模型;现金流贴现模型;股利贴现模型;市盈倍数分析法

复习思考题

1.某投资者考虑在现存投资组合的基础上加入一支收益率标准差与现存投资组合收益率标准差相等的股票,该股票与现存投资组合的相关系数小于1,如果加入这支股票,新的投资组合的收益率标准差与原投资组合相比,会上升、下降还是不变?

2.已知某股票与现有投资组合的相关系数为0,是否能够通过调整各种资产的比例,构造出一个收益率标准差为零的新的投资组合?

3.随着在投资组合中不断加入新的股票,组合的系统风险会发生什么变化?

4.股票A的收益率标准差为0.3,股票B的收益率标准差为0.2,股票A和股票B收益率的协方差为0.006。股票A和股票B之间的相关系数是多少?

5.已知无风险利率为6%,市场平均收益率为15%。某股票的贝塔系数为1.2,目前售价为25元,明年将支付1元的现金股利。如果投资者估计这支股票明年年末可以30元的价格出售,该股票价值被低估还是高估,投资者应采取什么策略?

6.股票 A 去年支付了 2 元的股利。某投资者预计该股票今年股利将上涨 10%,且能以 40 元的价格出售。已知无风险利率为 8%,市场平均收益率为 13%,该股票的贝塔系数为 1.2。请问该股票的内在价值为多少?

7.某股票去年年末支付了 1 元的现金股利,且每年以 5% 的速率增长。若该投资者的必要回报率为 10%,问该股票的内在价值为多少?

8.股票 A 在第一年末和第二年末分别支付了 1.25 元和 1.56 元的现金股利,在那之后,每年的股利以 5% 的速率增长。如果投资者的必要回报率为 11%,该股票的内在价值为多少?

第 5 章

资本预算

5.1 资本预算的概念和特点

5.1.1 资本成本

在《中国会计百科全书》的公司财务管理中,资本成本是指公司取得和使用资本所支付的各种费用。资本成本主要包括两部分,即资本占用费用和资本筹集费用。资本占用费用,顾名思义是指占用资金而必须支付的费用,如向股东支付的股利,向债权人支付的利息等。资本筹集费用是指在资本的筹集过程中支付的各种费用,如发行股票、债券所需支付的印刷费用、律师费、代理费用、注册费用、广告费以及向银行借款支付的手续费等。资本占用费用因资本数量的多少和使用时间的长短而变动。与资本占用费用不同的是,资本筹集费用通常是在筹集资金的时候一次性支付,在用资的过程中不再发生,因此在计算成本时可以作为筹资金额的减项而扣除。

资本成本是一个公司选择资本来源、拟订筹资方案的主要依据。不同的资本来源具有不同的资本成本。资本成本对公司筹资决策的影响主要表现在以下几个方面:

(1)资本成本是影响公司筹资总额的一个重要因素;

(2)资本成本是选择公司资本来源的依据;

(3)资本成本是选择资本筹集方式的标准;

(4)资本成本是确定最优资本结构时必须考虑的因素。

资本成本主要有以下几种类型:

(1)债券资本成本

发行债券的成本主要是指债券利息和筹资费,由于债券利息是计入到税前成本费用,可以起到抵税的作用,因此债券资本成本的计算公式如下:

$$r_d = \frac{I_d(1-T)}{D(1-F_d)} \tag{5-1}$$

式中:r_d 为债券资本成本;I_d 为债券年利息;T 为所得税税率;D 为债券筹资额;F_d 为债券费用率。

(2)权益资本成本

权益资本成本包括普通股成本和向股东分派的股利,而股利是在所得税税后支付的,因此不能抵减所得税,所以计算普通股成本时不能扣除所得税。有两种模型可供我们选择:股利增长模型和资本资产定价模型。

按照股利增长模型,普通股资本成本的计算公式为:

$$r_e = \frac{D_1}{P_0(1-F_e)} + g \tag{5-2}$$

式中:r_e 为普通股资本成本;D_1 为下一年的预期股利;P_0 为当前股价;F_e 为普通股筹资费用率;g 为普通股股利年增长率。

按照资本资产定价模型,普通股资本成本的计算公式为:

$$r_e = r_f + \beta(r_m - r_f) \tag{5-3}$$

式中:r_f 为无风险报酬率;β 为股票的贝塔系数;r_m 为市场投资组合报酬率。

(3)加权平均资本成本

加权平均资本成本的计算公式为:

$$WACC = \sum_{i=1}^{n} W_i r_i \tag{5-4}$$

式中:W_i 为各项资本所占的比重;r_i 为各项资本的成本。

如果筹资的资本只有债务和股权资本,可以将上式化简为:

$$WACC = r_d \frac{D}{D+E} + r_e \frac{E}{D+E} \tag{5-5}$$

式中:$\frac{D}{D+E}$ 为负债率;$\frac{E}{D+E}$ 为自有资本率。

在运用这个公式时,必须注意的一点是:不能按债务和股权的账面价值来计算加权平均资本成本,而是要按照市场价值来计算;否则,当资金的账面价值与市场价值有很大差别时,就会使得计算结果与实际有很大的差距,从而会导致公司的高层管理者的决策失误。

根据某公司某年 12 月 31 日的资产负债表,可以得到表 5-1 中所示信息。

表 5-1 公司资产负债简表

资金来源	账面价值/万元	比例/%	市场价值/万元
长期负债	200	20	150
优先股	200	20	200
普通股	600	60	800
合计	1000	100	1150

假设长期负债的资本成本为 8%,优先股的资本成本为 10%,普通股的资本成本为 15%,则根据账面价值得到该公司的加权平均资本成本为

$$WACC = 20\% \times 8\% + 20\% \times 10\% + 60\% \times 15\% = 12.6\%$$

根据市场价值计算该公司的加权平均资本成本为

$$WACC = \frac{150}{150+200+900} \times 8\% + \frac{200}{150+200+900} \times 10\% +$$

$$\frac{900}{150+200+900} \times 15\% = 13.2\%$$

从以上的结果可以看出，这两种计算方式是不同的，但是后面一个更接近于市场的实际情况。

（4）边际资本成本

公司是无法以某一固定的资本成本来筹措无限的资金，当其筹措的资金超过了一定的限度时，原来的资本成本就会增加。此时就需要知道筹资额为多少时会使得公司追加筹资时的资本成本增加。接下来就要使用边际资本成本的概念。资金每增加一个单位而增加的成本就是边际资本成本，边际资本成本也是按加权平均法计算的。

在介绍边际资本成本的计算和应用之前，首先要知道筹资突破点的概念。由于花费一定的资本成本只能筹到一定限度的金额，而超过这一限度多筹资金就要多花费资本成本，引起资本成本的变化，我们将在保持其资本成本的条件下可以筹集到的资金总额称为筹资突破点。在筹资突破点范围之内，原来的资本成本是不会增加的，但是超过这个突破点，即使维持现有的资本结构，其资本成本也会增加。筹资突破点的计算公式为：

$$筹资突破点 = \frac{可用某一特定成本筹集到的某种资金额}{该种资金在资本结构中所占的比重} \tag{5-6}$$

某个公司现需要筹集新资金，并计划其中长期债券占30%，普通股占70%。公司测算出了随着筹资额的增加，各种资本成本的变化见表5-2。

表 5-2　　公司资本成本

资金种类	新筹资额	资本成本
长期债券	30万元以内	10%
	30万元以上	12%
普通股	140万元以内	14%
	140万元以上	15%

利用上面的数据，在资本成本为10%时，可以计算出长期债券筹资限额为20万元，则其筹资突破点为 $\frac{30}{30\%} = 100$ 万元，按此方法，计算的各种情况下的筹资突破点，其计算结果见表5-3。

表 5-3	筹资突破点的计算	
资金种类	新筹资额	筹资突破点
长期债券	30 万元以内	100 万元
	30 万元以上	—
普通股	140 万元以内	200 万元
	140 万元以上	—

按照上面计算出的筹资突破点可以得到 3 组筹资总额的范围：

(1)100 万元以内,平均资本成本＝30％×10％＋70％×14％＝12.8％；

(2)100 万～200 万元,平均资本成本＝30％×12％＋70％×14％＝13.4％；

(3)200 万元以上,平均资本成本＝30％×12％＋70％×15％＝14.1％。

公司可以根据上述计算结果来制作该公司的追加筹资的规划。

5.1.2 资本预算

资本预算是指提出长期投资方案,并进行分析、选择的过程,因此又可以称为"实物资产投资"或"对内长期投资"。资本预算决策的问题是有关长期资产的决策,是对长期投资项目的未来现金流量进行估算,确定公司的资本成本,并运用各种资本预算标准对项目进行评价,以选定最优的投资方案。资本资产一般会用几年或几十年,在某些情况下可能会需要更长的时间才能有回报。无论资本投资的时间是长还是短,人们都是通过评价投资未来能创造的价值的现值来进行决策的。

资本预算决策是公司面临的最重要的决策,资本预算决策影响到公司的发展方向、生产能力、新产品及新市场的开发,直接影响到公司的未来成长价值。公司的资本预算决策越成功,则其股票价值就越高。虽然公司对于支持其经营活动的融资方式的选择(资本结构问题)以及管理短期的经营活动(营运资本管理问题)是需要考虑的问题,但固定资产却在决定着公司的经营业务内容。例如,航空公司之所以是航空公司,是因为它们经营的是飞机,而不管其融资从哪里来;无论福特公司采取何种筹资方式,它都是一家汽车制造商。因此一家公司选择生产何种产品、提供何种服务的行为本身就是资本预算决策。

5.1.3 资本预算决策

资本预算决策的过程一般包括以下几步:

(1)资本预算投资方案提出。每个公司在生产经营过程中,都会不断地进行再投资,同时也会出现很多的投资机会,比如开发新产品,购买新设备等,而这些投资都是需要公司做出投资决策的。所以在产生新的投资机会时,下至员工上至总经理都会提出新的投资项目。而这些项目会有项目的提出者以报告的形式上报管理当局,以便进行研究和选择。管理者就会对各个投资方案进行初步的筛选、分类和排队,同时根据公司的长期目标和具体的经营情况来制订初步的投资计划方案。

(2)资本预算投资项目评价。首先估计给定项目的期望现金流量,它包括给定期末资产的价值,这与证券评估时,要先估计出红利或者利息的现金流量一样。其次根据所收集的现金流量的概率分布信息,估计项目现金流量的风险。再在已知项目现金流量风险以及能反映资金成本的一般水平的无风险收益情况下,决定合适的折现率(即投资方案的资金成本率)。这与估计某一股票或者债券的应得收益率相同。最后利用适当的折现率计算出期望现金流量的现值,将各期现值加起来,以便估计出这份资产投资对于公司的价值。这一步类似于求未来期望红利的现值。

(3)资本预算投资决策。将投资方案的收入现值(期望现金流量)与该项目所需资本支出(即成本)相比较。若收入现值大于其资本支出,则该项目是可行的;反之,该项目是不可行的。但资本投资项目的管理者一定要综合技术人员、财务人员、市场研究人员等的评价结果,集思广益,全面考核,最后决定是否采纳或者采纳哪一个项目的决定。

(4)资本预算投资实施。在资本预算投资项目批准或者采纳后,要筹集资金并付诸实施。比较大的投资项目一般会成立一个专门小组,负责拟定具体的实施计划并负责具体实施。各有关方面如财务部门、技术部门要密切配合,保证投资项目能够保质、保量、如期低成本地完成。项目投产后要严格管理,保证实施预期收益。

5.1.4 资本预算决策的特点

(1)资金量大。资本预算决策形成的生产经营能力主要表现为固定资产。固定资产的购建本身所需的资金量是巨大的,而且为使建成的固定资产得以正常运行,还需要配合相应的流动资产,用于原材料储备、产成品储备以及正常的现金开支等方面。所以,资金的耗费量很大。

(2)周期长。资本预算决策形成的项目的寿命一般都在一年以上,有的甚至会达到几十年,因此投资一旦形成,就会长时期地对公司的生产经营产生影响。这种影响表现在三个方面:①项目本身可能会给公司带来长期的经济效益。②投资支出在财务会计中被视为资本性支出,首先要将其确认为固定资产,然后再在其预计使用年限中以提取折旧的形式进行补偿。这样就会使公司在今后一个较长时期内增加一部分固定成本,成为长期的财务负担。③资本预算投资作为一项数额极大的预付成本,一旦支出之后,等于将大笔现金冻结起来不能转作他用,而其缓解则是随折旧和收益的实现逐步进行的,这会使公司在一个较长时期内丧失一大笔流动资金,使资金调度相对紧张,甚至陷于困境中。

(3)风险大。资本预算投资所提供的经济效益,只能在今后的长时期内逐步实现。而在未来时期内各种影响投资效益的因素,诸如市场需求、原材料供应、国家政策等,都会发生各种变化,这意味着公司进行一项投资必然冒一定风险。因此,公司如果缺乏承担风险的能力,就可能遭受损失。

(4)时效性强。资本预算投资一旦实施并形成一定生产经营能力后,无论其投资效益如何均难以改变。即使必须改变,也会在财力、物力上付出极高的代价,使公司遭受不必要的损失,甚至会留下潜在的隐患。

5.2 资本预算的方法

5.2.1 净现值法

净现值法(Net Present Value Method),该方法是将各年的现金净流量按期望的收益率或者资本成本率换算成现值,以求得项目的净现值(NPV)。当净现值大于等于 0 时,说明该项目的收益率高于期望的收益率,故可以接受该投资方案;如果净现值小于 0,则说明该项目的收益率低于期望的收益率,故应该拒绝该投资项目;如果需在一些互斥方案中进行选择,则应该选取净现值更高的方案。

净现值的计算公式如下:

$$NPV = \sum_{t=0}^{n} \frac{CF_t}{(1+K)^t} \tag{5-7}$$

式中:t 为时间;n 为项目期望寿命;CF_t 为 t 时期内期望的现金流量;K 为资本成本率。

现金流出量(项目的费用支出,如设备购置费、厂房建筑费等)可以看做是负现金流量。该公式具有普遍的意义,现金流入量和流出量可能发生在任何时间基础上,比如说,每个季度,每月。因此,t 也就可以表示季度、月份,但是表示年是最常用的。

现在某公司有两个投资项目,即项目 A 和项目 B,这两个项目的现金流见表 5-4。

表 5-4 项目 A 和项目 B 的现金流(CF_t)

项目 A			项目 B		
年(t)	投资/万元	年净收益/万元	年(t)	投资/万元	年净收益/万元
0	1000		0	1000	
1		500	1		100
2		400	2		300
3		300	3		400
4		100	4		600

当资本成本率为 12% 时，项目 A 的净现值为：

$$NPV_A = \frac{-1000}{(1+12\%)^0} + \frac{500}{(1+12\%)^1} + \frac{400}{(1+12\%)^2} +$$

$$\frac{300}{(1+12\%)^3} + \frac{100}{(1+12\%)^4} = 42.42(万元)$$

同理可以得出项目 B 的净现值 $NPV_B = -5.53$（万元）。因此，根据净现值法原则，项目 A 可以接受，项目 B 不可以接受。

净现值法的优点是能够直观地反映投资项目的绝对经济效果，包括项目的全部现金流量，并且考虑了现金流量的时间价值因素，但是不足之处是确定贴现率比较困难，不能用于独立方案之间的比较，更不能反映方案本身的报酬率。

净现值法虽然考虑了资金的时间价值，可以说明投资方案高于或低于某一特定的投资的报酬率，但没有揭示方案本身可以达到的具体报酬率是多少，而且折现率的确定会直接影响项目的选择。用净现值法评价一个项目的多个投资机会，虽然反映了投资的效果，但是只适用于年限相等的互斥方案的评价。净现值法假定前后各期净现金流量都是按照最低报酬率而取得的，如果一个投资项目的不同阶段具有不同的风险，那么最好分阶段采用不同折现率进行折现。

5.2.2 投资决策的静态评价

静态指标包括投资利润率和静态投资回收期（回收期）。在本书中我们将重点介绍一下回收期法。

回收期法（Payback Period Method）。回收期是指公司期望项目每年产生的净收益将项目初期全部投资回收所需要的时间，通常以年为单位，计算回收期最简便的方法是累加项目的净现金流量，看它何时为零。分为包括建设期的投资回收期（PP）和不包括建设期的投资回收期（PP'）两种形式。

$$PP = PP' + 建设期 \tag{5-8}$$

例如，设贴现率为 10%，有两项投资方案，有关数据见表 5-5。

表 5-5		两项投资方案的现金流量			单位:万元
期间	A 方案		B 方案		累计净现金流量
	息税前利润	净现金流量	息税前利润	净现金流量	
0		−1000		−6000	−6000
1	150	400		0	−6000
2	150	400	(800)	1200	−4800
3	150	400	1000	3000	−1800
4	150	400	1800	3800	2000

(1)公式法:投资均集中在建设期,投资生产后的前若干年每年经营净现金流量相等,并且这些经营净现金流量之和应大于或等于原始投资额,则

$$不包括建设期的投资回收期 = \frac{原始投资额}{投产后前若干年每年相等的净现金流量}$$

如 A 方案不包括建设期的回收期 =1000/400=2.5 年

(2)列表法:若每年的净现金流量不相等,包括建设期的投资回收期满足"累计净现金流量=0"的关系式。

$$包括建设期的投资回收期 = 最后一项为负值的累计净现金流量对应的年数 + \frac{最后一项为负值的累计净现金流量绝对值}{下年净现金流量}$$

如表 5-5 中 B 方案包括建设期的投资回收期 =3 + | −1800 |/3800 = 3.47 年

B 方案的建设期为 1 年,所以不包括建设期的投资回收期 =3.47−1= 2.47 年

回收期是项目评价的主要方法和指标,它反映了投资资金回收速度的快慢,对加速资金周转、减少投资风险具有重要意义,这个方法计算简单,可以直接利用回收期之前的净现金流量信息。其不足之处在于没有反映投资回收期后的收益,包括项目不同的使用年限、后期经营情况及期末可能回收的固定资产残值等情况,另外,它也没有考虑资金的时间价值因素。因此回收期法不宜单独使用,必须依靠其他方法补充。

5.2.3 投资决策的动态评价

动态指标包括净现值、净现值率、获利指数和内部收益率。由于前面已经介绍了净现值法,因此接下来我们将重点介绍一下内部收益率和获利指数法。

(1)内部收益率法(Internal Rate of Return Method)。内部收益率(IRR)是指使项目现金流入量现值和流出量现值相等的收益率,投资成本的现值等

于现金流入的现值,内部收益率的计算公式如下：

$$\sum_{t=0}^{n} \frac{CF_t}{(1+IRR)^t} = 0 \tag{5-9}$$

等式的左边为净现值计算式,当等式成立时(即满足 $NPV = 0$ 时),此时的收益率或折现率就是所要求的内部收益率。

$$\frac{-1000}{(1+IRR)^0} + \frac{500}{(1+IRR)^1} + \frac{400}{(1+IRR)^2} + \frac{300}{(1+IRR)^3} + \frac{100}{(1+IRR)^4} = 0$$

对于表 5-4 中项目 A,我们已知 CF_t 的值但是不知道 IRR 的值,因此,我们得到了一个包含未知数的方程,通过解方程就可以求得内部收益率。

内部收益率的具体求法有好几种,这里主要介绍一下试算法。先假设一个初始的 K 值代入等式,如求得的 NPV(等式左边值)是正值,则增加 K 值,如果出现的是负值,则相应的减少 K 值,直到 NPV 正好为零或者是接近于零,此时所取的 K 值就是所要求的 IRR,或者近似的 IRR。由于大多数公司的资本成本是在 $10\% \sim 20\%$,人们一般期望该项目的收益率至少为 10%,所以 10% 为许多公司的首试值,而在本书中我们的首试值也采用 10%。

实际计算时,通常利用试算法求得使 NPV 接近于 0 的两个 K 值,即 K_1 和 K_2,其中要求 K_1 使 NPV_1 为接近于 0 的正值,K_2 则使 NPV_2 为接近于 0 的负值,并要求 K_1 和 K_2 的差值尽量缩小,以不超过 2% 为宜,然后将此 K_1 和 K_2 及相应的 NPV_1 和 NPV_2 用内插法公式求得 IRR,其公式如下：

$$IRR = K_1 = \frac{NPV_1}{NPV_1 + |NPV_2|}(K_2 - K_1) \tag{5-10}$$

对于项目 A,先设 $K_1 = 14\%$,则

$NPV_1 = -1000 + 500(PVIF_{14\%,1}) + 400(PVIF_{14\%,2}) + 300(PVIF_{14\%,3}) + 100(PVIF_{14\%,4}) = -1000 + 500 \times 0.8772 + 400 \times 0.7695 + 300 \times 0.6750 + 100 \times 0.5921 = 8.11$(万元)

再设 $K_2 = 15\%$,则

$NPV_2 = -1000 + 500 \times 0.8696 + 400 \times 0.7561 + 300 \times 0.6575 + 100 \times 0.5718 = -8.33$(万元)

用内插法求 IRR_A：

$$IRR_A = 14\% + \frac{8.11}{8.11 + 8.33} \times (15\% - 14\%) = 14.49\%$$

同样的方法计算出项目 B 的内部收益率为 11.80%。

根据以上的结果可以看出项目 A 要优于项目 B,内部收益率法的理论根据是如果某一投资方案的内部收益率超过其资本成本率,则在扣除该项目投资的成本后,还会有剩余的资金产生,而这些剩余资金将由公司的股东享有,所以接

受该项目可以增加股东财富。相反,若内部收益率小于资本成本率,则接受该项目会增加现行股东的成本,因而减少公司的财力。如项目 A 和项目 B,如果两个项目的资本成本率为 10％时,求出的内部收益率显示:倘若两个项目是相互独立的,则应该都接受;两个项目如果是互斥的,则项目 A 更易被接受,而项目 B 会被否决。若资本成本率超过 14.49％,则两个项目都会被否决。

内部收益率法的特点是显示了项目投资的获利能力,完整地反映了项目的经营情况,同时考虑了资金的时间价值因素,但它的不足之处在于计算过于复杂,收益率高低不能说明项目的净收益。

(2)获利指数法(Profitability Index Method)。获利指数(PI)是指各年期望的现金流入量的现值之和与期望的现金流出量的现值之和的比值。表明项目相对的获利能力或者单位成本现值产生的收益现值,其计算公式如下:

$$PI = \frac{\sum_{t=0}^{n} \frac{CIF_t}{(1+k)^t}}{\sum_{t=0}^{n} \frac{COF_t}{(1+k)^t}} \tag{5-11}$$

式中:CIF_t 是指期望的现金流入量即收益;COF_t 是指期望的现金流出量即成本;k 是指资本成本率。

获利指数大于 1,意味着项目除了收回投资成本外,还可获利,则该项目可以接受;如果获利指数小于 1,意味着投资成本不能全部收回,所以要拒绝该项目。

例如,当资本成本率为 10％时,项目 A 的获利指数为:

$$RI_A = \frac{500(PIVF_{10\%,1}) + 400(PIVF_{10\%,2}) + 300(PIVF_{10\%,3}) + 100(PIVF_{10\%,4})}{1000} =$$

$$\frac{1078.82}{1000} = 1.079$$

同理可以计算得到项目 B 的获利指数为 1.049。

通过获利指数指标的计算,能够知道投资方案的报酬率是高于或低于预期折现率,但是它的不足之处在于无法确定各方案本身能达到多大的报酬率,因而使管理人员不能确定地指出各个方案的投资利润率可达到多少,以便选取以最小的投资能获得最大的投资报酬的方案。

从数学的角度来看,对于互相独立的项目而言,用净现值法、内部收益率法和获利指数法均可做出相同的接受还是不接受的决策。换句话说就是,如果项目净现值为正,其内部收益率肯定大于资本成本率,获利指数亦必然大于 1,但是对于互斥项目来说,净现值法、内部收益率法和获利指数法在对项目择优时可能产生矛盾,这时一般要以净现值法为准。

上述几种基本方法都是从不同角度对无风险项目进行决策的方法。

（1）回收期法是最基本的项目评估方法，它只对项目回收期内的资料感兴趣，无论是否进行折现，它的评价都只是部分性的评价。

（2）净现值法是以货币时间价值的折现对整个项目的现金流量进行财务评价的重要方法。若折现因子是所有对公司投资的投资者所要求的平均收益率，若净现值大于零，意味着该公司通过投资该项目能获得资金的净增值，公司总体价值将因此而提高，股东权益也因此而扩大；反之，净现值小于等于零的项目最多只增加公司投资规模，而并不能带来股东财富增长，甚至股东要为此付出较高的代价。

（3）获利指数法与净现值法具有异曲同工之妙，只有 PI 大于 1 的项目才是公司的高层管理者能够接受的项目。

（4）内部收益率法是从项目本身现金流量的角度求解的项目隐含的收益率，它排除了事先确定折现率的风险因素，但是它隐含着另一种假设，即项目每期的平均收益以及获利的再投资都在一个较高的水平上保持不变，这与经济学中收益递减规律相矛盾，事实也达不到这种程度。因此，许多经济学家并不建议采用此决策。

5.2.4 资本预算中的问题

资本预算模式主要涉及两个方面：一是投资项目决策原则或方法。例如，公司通过净现值指标判断投资项目是否可行；二是在公司内部资本约束条件下，管理者在众多可投资项目中进行决策的方法。如果某一期间公司资本预算不足以满足所有可投资项目的资金需求，那么，管理者必须要在这些项目中进行资本分配。例如，管理者可选择净现值最高的一组投资项目。值得注意的是，这种情况是假设公司资本预算只受到公司内部可用资本的限制，而没有考虑外部资本。

实践证明，资本预算模式中对投资项目的评价和约束条件下的资本分配两个方面在所有大型公司（或公司集团）中是同样必要的。而大多数公司对于资本预算所需资金首选内部留存利润，外部债务和权益资本筹资是次要的资金来源。但是目前，由于公司对资本预算不够重视，而公司的资本预算中还存在着一些严重的问题。有的公司只凭领导的经验选择项目而忽视了正常的资本预算过程，或者只是走走过场；有的公司为了使项目得到上级有关部门或者商业银行的批准和支持，采取先预设好的结果，然后再选择基础数据的倒算办法；有的公司更是为了使用特定的技术方案，在多方案比较时有意夸大此方案的优点或者别的方案的弱点，使得最终被选择的方案未必是最佳投资方案。

除这些观念上的原因外，传统资本预算模式存在以下几个重要的无法解决的问题：

(1)资本来源的局限性。传统的资本预算模式只是就公司所拥有的可用内部资本,借助于评价指标,来选择某些或全部净现值为正的投资项目,而在实际投资项目评价指标运用中很少考虑通过举借外债、发行股票或暂停发放现金股利等方式来满足净现值为正的投资项目对资金需求的情况。形成这种情形的原因可能是:①外部筹资成本较高;②公司管理者比股东对投资项目具有更加乐观的估计,而且资本约束条件下的资本预算是使管理者仅接受净现值最高的投资项目的一种方式。

(2)投资项目评价细节方面存在问题。在大多数公司理财教材中,关于资本预算的学习,一般只是讲述投资项目评价指标中所需现金流量和贴现率的估计方法,并在此基础上计算项目的净现值。但是,教材没有明确在公司投资项目评价中是什么人最终产生了这些估计。如果估计这些指标的人是通过虚夸项目盈利性以获取个人利益的话,那么就会使公司的资本预算出现问题。

(3)公司总部和分部经理在资本预算模式中的地位不明确。公司集团总部中的高层管理者和集团中各个分部经理应该在什么时间,以什么理由,采取什么方式加入资本预算过程,传统资本预算模式中并没有明确这一点。实践中,有的公司集团,总部高层管理者只是参与资本预算过程中的最终决策。还有的公司集团,在资本预算中,明确指出将某一客观标准,如净现值指标,作为公司集团接受或拒绝某一投资项目的标准,而且这个标准被事先告知所有提出项目申请的各个层次的管理者,这些管理者据此自己判断,假设公司集团拥有足够的资金,其所提出的项目能否被投资,而总部高层管理者只能在资本约束条件下才介入资本配置过程。

(4)项目本身存在的一些问题。如项目的合作关系不确定,项目的投资结构不确定,项目的技术方案不成熟,项目的最终产品不确定,项目的外部条件不清楚,项目的上马时间不确定,产品销售价格不确定。

总之,资本预算是公司投资决策的基础,一个好的投资选择是公司综合能力的体现,尤其是在新经济时代,财务管理人员、技术人员和经营者更要利用它为公司投资做出明智的选择。

5.3 资本预算的内容

5.3.1 投资项目分析

一个项目能够改善已有的生产经营过程,而另外一个会将公司带入到一个完全陌生的领域,它们的评估方法是否一样呢?当在若干个备选项目中,公司只能采纳一个时,我们应该采取什么分析方法呢?而这些问题告诉我们项目分析的第一步就是对于所有的备选项目进行适当的分类。我们首先要明白什么是投资项目,投资项目是需要投入大量资金,经过一定的建设过程一次建成,具有特定功能的统一整体。

资本项目按照功能分类,可以分为扩充型项目、替代型项目、调整型项目、研发型项目和其他类型。

(1)扩充型项目是指使公司能够扩充已有的产品和市场,进入一个新的市场生产新产品的项目。当一个公司决定扩展它的产品和市场时,经常要开拓一条新的销售或者分销渠道,在这种情况下,公司必须要设法准确地评估对于产品和服务的需求。向一个新的市场和新的产品方向扩展,需要公司进行战略上的考虑,要有长远的观点和相当数量的投资。这一类项目相对来说是风险最大的,因为它要进入一个从未涉及的领域。也是由于这个原因,一般情况下扩充型项目的评估往往使用一个相对较高的、要求最低的收益率,同时也会取得高于其他项目的回报。

(2)替代型项目一般包括两个类型:公司的维护和成本的削减。与维持公司现有经营有关的替代型项目是经常发生的,因为在生产产品和服务的过程中,设备会产生正常的损耗和损坏。在许多情形下,我们经常要考虑一个问题:公司是否还要继续生产这种产品或者提供服务?如果答案是肯定的,则是否继续使用现有的设备?如果答案仍旧是肯定的,那么有关公司维持的替代型项目的决策就可以进行相对较少的分析了,也许只要在不同的供应商之间竞价就可以了。当替代型项目的决策认为成本还有降低的潜力,那么已有的设备还将继续被使用。而如果已有的设备过于陈旧,未来的收益就会遭受不必要的损失。那样的话就需要一个更加详细的成本和收益分析。成本的节约包括(但不仅限于)投入部件成本的降低,浪费和损坏的减少,可变劳动力成本的减少,或者提高成品的质量。

(3)调整型项目就是与法律和法规相一致的项目。例如,在很多情况下,环保部门会制定空气和水的清洁标准,任何项目都必须遵守这些标准。调整型项目并不是简单地追求股东权益的最大化,而是首先要遵守政府部门制定的行为标准。这样,一般的追求股东权益最大化的现金流分析方法和追求公司长期生存发展的方法,在调整型项目中的适用性就会大大降低了。在这里最先考虑的应该是将遵守规则的成本降到最低。

(4)研发型项目是许多公司保证其长期发展能力的关键,特别是那些生产科技产品和提供科技服务的公司。同时,在研发型项目上的支出所能带来的收益,估计起来也是十分困难的;很多情况下是在将来的某个时刻才能得以实现。

所以,这样的项目也需要相当大的投资规模。由于其现金流入的不确定性和较高的投资水平,研究型项目被列入最具有风险性的资本项目之一。

除了按照实际功能分类以外,资本项目还可以根据它们之间的关系来划分。从这个角度来说,可以分为三类:互相独立的项目、互相排斥的项目、互相关联的项目。

(1)互相独立是指,你接受它的同时并不影响你接受其他的项目。当两个项目 A 和 B 可以相互独立评估,可以选择下面的几种做法:①接受 A 但拒绝 B;②拒绝 A 但接受 B;③两个都接受;④两个都拒绝。在项目 A 和项目 B 都被接受的情况下,公司的管理者会发现它们的总价值就是各自价值的线性组合。

(2)如果两个项目是相互排斥的,就不能同时接受。如果接受项目 A,则 $V_B = 0$;同样,如果接受项目 B,则 $V_A = 0$。有关互斥项目的一个例子就是土地开发,一片土地既适合盖医院也适合盖饭店,当然不能两者都选。如果选择了饭店,就必须拒绝医院;相反的,如果选择了医院,那么饭店就必须被拒绝了。

(3)互相关联的项目则处于以上两者之间,因为它们之间既相互影响又都不能完全排斥对方。互相关联项目的一个例子是:一个项目的市场份额会影响到其他项目的市场份额。例如,项目 A 是生产一种新型的小型汽车而项目 B 是生产中型汽车,那么两个项目都可以接受并进行生产。这样,小型汽车的一部分潜在顾客就可能会被吸引而购买中型汽车。这两个项目是相互关联的,是因为其中一个的收入增加会使另外一个收入减少。

5.3.2 投资决策

在分析了公司财务状况的基础上,结合各种情况,公司首先要选择投资项目,以及作出基本财务安排和资本预算计划。

一般的,公司投资是一种全局性、长期性的行为,是其将资本有效地投放到各种资产上的行为。其中带有战略性的直接经营投资,可称之为资本投资;而战术性的以获取瞬间机会的投资,则是一种盈利性投机。接下来将重点论述投资决策的种类和投资决策的方法。

(1)投资决策可以按不同的标准来分类。

第一种是根据投资项目与公司正在考虑和分析的其他项目的关系来分类。尽管某些项目并不依赖于其他项目,从而可以单独来分析,但是所有项目都是相互排斥的,即采用某一个项目就意味着要放弃其他项目。从这一点来看,所有的项目都不得不放在一起来考虑。

第二种可以用来分类的标准是项目产生收入或降低成本的能力。分析项目盈利能力的决策方法,是为了评价投资的项目是否能产生合理的收益或现金流量；分析降低成本能力的决策方法，主要是考察成本的降低是否与项目所需的前期投资相称。

（2）投资决策的制定有两种基本方法。一种是从公司权益投资者的角度进行投资分析，主要考虑项目的实施是否能够给予权益投资者合理的报酬；另一种是从公司所有投资者（即普通股股东、优先股股东、债权人）的角度进行投资分析，它考虑的是项目的总收入是否能给所有的投资者提供合理的回报。

这两种方法都隐含着一个基准点——作为一个可被接受项目的最低收益率。第一种方法中的最低收益率是指权益投资者所要求的投资收益率即权益成本。这一收益率传统上取决于投资的风险，风险越高，项目的收益率就越高；风险越低，项目的收益率就越低。而第二种方法中的最低收益率是指公司所有投资者共同要求的投资收益率，即资本成本，它不仅取决于项目的风险，也取决于项目所需要的负债与权益的组合。

隐含在这两种方法之中的是项目收益的计量。一些投资决策方法通过估计预期的营业收入来度量项目的收益状况；而一些决策方法则注重项目所产生的现金流量。

5.3.3　投资项目组合的选择

1. 资本限额下的投资项目组合的选择

在前一节讨论资本预算方法时，我们都基于一个假设前提，即如果公司接受每一个具有正净现值的项目，则公司的价值可以达到最大化。然而，在某些情况下，由于资金有限，可行性项目的投资额常常大于现有的资金额，公司无法选择所有净现值大于 0 的投资项目，这就是资本限额。当存在资本限额时，我们需要在资源许可的范围内选择项目，尽可能地使项目净现值最大化。

例如，某公司面临着以下三个投资机会，假设资金的机会成本为 10%，见表 5-6。

表 5-6　　　　　　　　　某公司的三个投资项目

项目	C_0	C_1	C_2	净现值（$r=10\%$）	盈利指数
A	−100 000	300 000	50 000	214 049.59	3.14
B	−50 000	50 000	200 000	160 743.80	4.21
C	−50 000	50 000	150 000	119 421.49	3.39

项目 A、B、C 都是好项目，但如果公司的可用资金只有 100 000 元，那么公司的投资对象可以是项目 A，也可以是项目 B 和项目 C，但是不可能对三个项目都进行投资。尽管项目 B 和项目 C 的净现值都低于项目 A，但两者合起来却

有较高的净现值,因此我们不能只根据单个项目的净现值来对不同项目进行选择。由于资金有限,我们就需要选择使每单位初始投资的净现值最大的项目,盈利指数就是资本限额下确定最佳项目的有利工具。

就上面三个项目而言,项目 B 的盈利指数最高,项目 C 的盈利指数次之,因此,如果可用的资金只有 100 000 元,我们就应该接受这两个项目。运用盈利指数选择项目的步骤如下:

(1)确定可用于投资项目的资金数额,这代表资本预算的约束条件。

(2)计算所有可接受项目的净现值,估算每一个项目所需的初始投资额。

(3)计算所有可接受项目的盈利指数。

(4)根据盈利指数将项目排序。

(5)按盈利指数的大小,由高到低选择项目。同时,计算被采用项目的积累初始投资额,并把它与可用于投资的资金数额进行比较。

(6)当项目累计初始投资额达到资金限制条件时,就不再接受其他的项目。

然而,盈利指数法也有一些局限性,尤其是当资本约束不止一种时,这种方法可能会失效。

假设公司现在和 1 年后可分别筹集到 100 000 元,而可行的项目有四个,假设资金的机会成本为 10%,见表 5-7。

表 5-7　　　　　四个可行项目的净现值及盈利指数

项目	C_0	C_2	C_2	净现值($r=10\%$)	盈利指数
A	−100 000	300 000	50 000	214 049.59	3.14
B	−50 000	50 000	200 000	160 743.80	4.21
C	−50 000	50 000	150 000	119 421.49	3.39
D	0	−400 000	600 000	132 231.41	1.33

对于这四个项目,一种选择是接受项目 B 和 C,但这种选择会导致项目 D 被拒绝,因为项目 D 的投资成本高于 1 年后的预算限制。另一种方法是现在接受项目 A,尽管其净现值低于项目 B 和 C 的净现值总和,但是它能在 1 年后产生足够的现金流来实现项目 D,与项目 B 和项目 C 相比,项目 A 和项目 D 的盈利指数要低一些,但是净现值总和却是比较高的,所以应该选择项目 A 和 D。

2. 不同寿命期的投资项目组合的选择

在很多情况下,公司必须在具有不同寿命期的项目中进行选择,此时,公司就不能仅依赖于净现值进行判断,因为项目的期限越长,其净现值就越大。如果在两个具有不同寿命期的互斥项目中进行选择,那么就必须在相同的寿命期内评价项目。

现假设公司在一个 5 年期的项目 A 和一个 10 年期的项目 B 之间进行选择。项目 A 的初始投资为 1000 元,且在以后的 5 年内每年都产生 400 元的现金流量,项目 B 的初始投资为 1500 元,且在以后的 10 年内每年产生 350 元的现金流量。假设两个项目的折现率为 12%,那么哪个项目可行呢?

首先计算出项目 A 的净现值:

$$NPV_A = -C_0 + C_1 \times A_{r,T} = -1000 + 400 \times A_{12\%,5} = 441.92(元)$$

同理可以算出项目 B 的净现值为 477.57 元,因此项目 B 优于项目 A,但是分析却忽略了 5 年期项目从第 6 年到第 10 年所产生的额外净现值。因此在对不同寿命期项目进行比较时,一定要考虑到它有机会在短期项目结束后可以继续投资,从而可能有额外的净现值。所以对于不同寿命期的项目的决策,主要有两种方法,分别是周期匹配法和等价年度成本法。

(1)周期匹配法

对于不同寿命期的项目,我们假设项目是可以被复制的,直到各个项目的周期完全相同为止,然后计算复制后的项目净现值,再根据净现值的大小进行选择。

针对上面的例子,我们假设项目 A 可以进行两次,因此项目 A 的 10 年的净现值为:

$$NPV_A = -1000 + 400 \times A_{12\%,5} + 400 \times A_{12\%,5}/(1+12\%)^5 = 1260.1(元)$$

显而易见,项目 A 10 年后的净现值就大于 10 年期的项目 B 的净现值。

通过对不同寿命期的项目进行复制,使它们的寿命期相匹配,从而可以利用净现值法进行比较分析,但是在实际中,如果项目的数量过多,而各项目的寿命期之间又不是互为倍数的关系,则这个方法就会变得很复杂。因此,我们可以考虑下面的方法。

(2)等价年度成本法

等价年度成本(Equivalent Annual Cost,EAC)是指某项资产或某项目在其整个寿命期内每年收到或支出的现金流量。运用等价年度成本进行项目选择时,若在项目寿命期内收到现金流量,则等价年度成本大的项目可以被采纳;若在项目的寿命期内支出现金流量,则等价年度成本小的项目被采纳。

接着上面的例子,我们计算项目 A 和 B 的等价年度成本,再根据等价年度成本的大小进行选择。

首先,我们通过求取与项目 A 的寿命期内的成本等额的五年期年金来计算等价年度成本:

$$NPV_A = C_A \times A_{12\%,5} = 441.92(元)$$

所以项目 A 的等价年度成本 $C_A = 441.92/A_{12\%,5} = 122.59(元)$

同理计算项目 B 的等价年度成本为 84.52 元。

从计算结果可知,项目 A 的等价年度成本大于项目 B,由于在这两个项目的寿命期内是收到现金流量,因此,等价年度成本大的项目 A 更可取。

5.4 资本预算管理

5.4.1 公司战略与资本预算决策

在实务工作中,资本预算决策的过程涉及很多方面。一项投资决策往往会受到公司战略、股票市场、公司现有资源配置状况等因素的约束,同时它也可能极大地影响公司价值和公司未来发展的路径。资本预算决策在很大程度上从属于公司的战略决策,属于公司发展过程中居于核心位置的决策内容。通过资本预算决策,一方面将公司对未来的展望预算化,一方面寻求到公司发展与客观经营环境相互协调的途径和机制。

公司的不同决策、不同产品之间往往是相互联系、相互影响的。一项新产品既有可能促进一种或多种现有产品的销售,也有可能对其产生削弱作用,甚至有利的和不利的影响相互交织。因此,要实现公司价值最大化的目标,就不能只考虑单一决策的净现值,而应当将其对其他产品或项目的影响也包含进来,从公司战略的角度进行决策。

比如,若新产品与原有产品是相互替代的产品,则生产某一新产品可能会导致现有产品的销售下降,从而公司所拥有的用于生产该种产品的工厂和设备都会随之发生贬值。因此,我们需要将这些不利影响纳入到新产品净现值的计算范畴内。但是,这样是否就足够了呢?

显然需要考虑这些影响,只有新产品带来的收益足够大,至少能够弥补原有产品销售减少所产生的损失,公司才会引入这一创新。但是事实上,作为一种对竞争者的防御行为,公司也有可能赶在他人之前引入创新。此时,抢先占有一部分市场份额,可能为公司带来更多的销售收入和更大的生存空间,因此,率先生产新产品的决策还具有一定的战略价值。

公司在资本预算过程中,需要综合考虑有利的和不利的因素,但总的原则并没有什么不同,即要选择的是净现值总和最大的一组决策。

1. 实物期权

自 19 世纪 50 年代起,传统的净现值法已经成为资产估价理论的基石,几乎所有的资本预算理论都是围绕净现值而展开的。然而,近年来越来越多的研究表明,使用净现值法经常会导致公司做出不恰当的决策。而在对 NPV 法进行批判的过程中产生了实物期权理论。

在 1977 年,斯图沃特·梅耶斯(Stewart Myers)教授提出了实物期权的概念。他指出,一个投资项目产生的现金流所创造的利润,是来自于目前所拥有资产的使用,再加上一个对未来投资机会的选择。公司可以取得一个权利,在未来以一定的价格取得或者出售一项实物资产或者投资项目,而取得此项权利的价格则可以用期权定价公式计算出来,所以实物资产的投资可以用类似于评估一般金融期权的处理方式来进行评估。由于其标的物是实物资产,因此他把这种性质的期权称之为实物期权。

实物期权是相对于金融期权而言的,金融期权是指投资者按一定价格购买期权合约,进而获得在规定时间内以约定的价格买进或卖出某种金融资产的权利。投资者可以在条件有利时实施该权利,也可以在条件不利时放弃该权利。金融期权是金融市场上交易的金融资产的一类衍生工具,实物期权是分析一些具有不确定性结果的非金融资产的一种投资决策工具。实物期权的标的资产是个项目,它不存在交易市场,而金融期权的标的资产是期权、期货、债券等可以上市交易的金融工具。实物期权是项目投资者在投资过程中所用的一系列非金融选择权(推迟/提前、扩大/缩减投资、获取新的信息等权利)。实物期权除了考虑以内在价值为基础的项目价值外,还充分考虑了时间价值和管理价值以及减少不确定性信息带来的价值,从而能够更完整地对投资项目的整体价值进行科学的评价。因此,实物期权也是关于价值评估和战略性决策的重要思想,是战略决策和金融分析相结合的框架模型,是现代金融领域的期权定价理论应用于实物投资决策的方法和技术。自产生以来,实物期权理论已广泛地应用于自然资源投资、公司高新技术项目投资、R&D 投资决策等涉及资本预算的研究领域。

实物期权与传统的净现值法最大的差别在于,实物期权方法可以充分利用管理弹性进行不确定性投资项目的评价以及相关的投资经营决策。在实际市场上,由于不确定性以及竞争的影响,实际现金流量可能会与最初的预期不同。管理弹性(Managerial Flexibility)就是由于不确定性以及竞争的影响,实际现金流量可能与最初的预期不同,当新的信息逐渐被获取,市场风险降低,管理者可以转换运营战略来把握有利的机会并减少损失。比如,管理者可以在项目寿命期内推迟、扩张、收缩、放弃项目或转换至项目的不同阶段等。这些决策行为本身是有价值的。由于该法考虑到不确定性投资收益的各种复杂特征,因此比简单地采用一个相同固定贴现率的贴现现金流法更加科学。另外,在评估无形资产价值时,实物期权方法认识到,尽管大多数无形资产当前不能产生现金流,但是产生的各种机会也是有价值的。现金流折现的估值方法是用风险调整贴现率来折现未来的现金流。

然而,这并非说传统的 NPV 方法应被彻底地抛弃,而是应该被当作一种拓展的期权框架的输入量。也就是说,新的实物期权评价方法包括两部分内容:一部分为传统静态被动的 NPV 现金流,另一部分为适应运营或战略弹性的期权价值。所以说,实物期权方法并非是对 DCF 的彻底否定,而是对折现现金流量理论与方法的重大补充。

实物期权的种类很多,事实上,几乎不存在完全相同的两个项目。在投资实务中,管理者可以选择改变原有项目方案或增加某些策略性项目,甚至可以根据实际情况创造出新的实物期权,实现公司价值的最大化。几种常用的实物期权分别为延迟期权、阶段投资期权、改变营运规模期权、放弃期权、转换期权、成长期权及多重交互影响期权等。

实物期权是一种"二维思考方式",它同时考虑不确定性对资产价值与选择权价值的两方面影响。在传统的净现值法下,不确定性增加将会降低资产价值,但从实物期权的角度看,不确定性的增加反而会增加选择权的价值。项目的投资决策应取决于不确定性对两者作用的综合影响,而不应顾此失彼。

2. 资本限额

资本限额主要是针对资本支出的一种限制。公司施加这种限制方式很多,比较普遍的有两种:一种是使用高于项目资本成本一定比例(如 5%)的贴现率;另一种是为资本预算的各组成部分或资本预算总额设置一个最大值。比如,规定年度对新项目的投资不超过 100 万元。相比之下,后一种方式在资本预算中使用得更多,因为它更符合量入为出的理财观念,而第一种方式中如何确定所谓的"比较高"的贴现率却很难把握,往往带有很强的随意性,因而不容易被接受。

在完善的资本市场中,公司总是能够获得净现值为正的项目所需的资金,因为这个项目优于其他的资本市场机会。因此,根本没有必要人为地设定一个资本限额。而且,贴现率过高或设定新资本预算项目支出总额还有可能导致决策者低估传统项目的净现值。如果公司放弃了净现值为正的项目,就要承担相应的机会成本。

然而,现实经济活动中,公司一般都要对资本支出进行限制。一方面,由于人力资本的不可分散性,管理者更倾向于保守地选择资本预算项目,然而这无疑会增加公司的代理成本。但另一方面,由于资本市场的不完善(如信息不对称和交易成本等),公司也有可能受益于一定程度的资本限额。为了从资本市场上获得资金,公司必须使投资者确信,他们至少可以得到他们的必要报酬率。但是逆向选择会使投资者产生怀疑,并提高他们的必要报酬率以防止"上当受骗"。而较高的必要报酬率则会减少向外部投资者发行新证券所能获得的资金,降低了公司对外部筹资的需求,从而降低了代理成本。因此,资本限额有助于公司管理与新项目筹资相关的不对称信息问题及成本。另外,增加筹资发生的交易成本(如新债券的发行成本),也会使公司从资本限额中受益。假设某公司有一个净现值为正的项目,但资金不足,如果获得所需资金的交易成本超过了项目的净现值,则项目的真实净现值就会变为负数,而项目本身也就不再有吸引力了。

资本限额的使用就有助于避免发生这种情形。使用资本限额的缺陷是它会增加代理成本,但是其他市场存在不完善的状况又使公司受益于资本限额。上述两种因素的共同作用形成了这一事实:几乎所有公司都应用某种资本限额方法。因此,就存在一个如何在资本限额下选择最优项目的问题。在这种情况下,公司通常不能只接受项目的某些部分,要么接受整个项目,要么完全放弃。因此,公司必须形成一个预算额小于或等于可得到的最大资金额的总资本预算,其中的每一个项目都可能使公司超出或低于它的预算额度。

如果公司拒绝了净现值为正的项目,就要承担相应的机会成本。若所放弃的项目比公司当前项目的净现值更大,则公司的机会成本会更高。有效地利用放弃选择权可以控制这种机会成本:公司可以放弃盈利能力较差的当前业务,利用收回的资金增加它的资本限额,以便投资于更多的净现值为正的新项目。

在资本限额下辨别最优项目组的常用方法是获利能力指数,因为无论项目规模如何,获利能力指数都可以测量每1元投资的净现值。

资本限额是公司资本预算的一部分,也可以说是预算管理的一种工具。它既可以是硬性规定,也可以作为一种软性参考。硬性资本限额意味着公司在任何情况下都不能超出事先确定的最大资本支出限额。事实上,这种"一刀切"的规定会让公司丧失不少投资机会,因而并不是最常用的手段。公司通常会为自己营造一种软性的环境:设置一个目标资本支出总额,当一组项目特别具有吸引力时,决策者也可以适当超出目标限额。当然,超出限额的投资决策需要有更充分的理由和论证。决策者可以利用敏感性分析,对资本限额稍加调整,以确定一项超出资本限额的决策是否值得。

由于资本限额既可以是针对资本预算总额,又可以针对资本预算的各组成部分来设置,相应的,就形成了一个金字塔式的预算管理体系:公司的资本预算总额被分解至各个管理层,每位经理只能在一定的限额内批准资本支出额,超出限额的决策则需要得到具有批准更大资本限额项目权限的高级管理层的批准。

但是,经理也可通过某种方式绕过这种限制,比如,将大额投资分成若干较小的金额,并把它们延期摊销掉。通过上述方式,经理不用提前得到更高决策制定层的批准就可以投资于某个项目。如果经理认为更高决策层不可能同意某一项目,而他们出于对实际情况的了解认为应当接受的话,这种情况是很有可能发生的。当然,他们可能是对的,但也很可能是错的。然而,他们往往不会从更高决策制定层的角度来看待问题,而且他们也并不承担上述决策的责任。即便如此,让高级管理人员审查所有的决策也是不现实的,这样可能会增加决策的制定成本,包括紧急情况下发生延误所导致的机会成本。

资本限额可能增加了管理者采取利己行为的机会,从而会增加公司的代理成本。

3. 事后评价

公司的战略管理中还要使用到事后评价。事后评价是一套事后评价资本预算决策的程序。将项目的实际执行结果与预期相对比,有助于提高决策者预测项目未来现金流量的能力。决策者在预测未来现金流量时常常带有一定的偏好或倾向性,比如乐观地高估或悲观地低估。通过对其工作的审查和评价,有助于纠正这样的偏好。

但是在进行事后评价时必须谨慎。因为,有时放弃的备选方案的机会成本是不可计量的,以此作为评价决策者工作的标准往往带有很强的主观性。而且,用事后的观点去评价事前认识也是不合理的,因为事前与事后信息是不对称的。

尽管事后评价一个决策会带来一些问题,然而合理的评价程序构成的事后评价还是很有用的,因而公司也经常会采用这种方法。

5.4.2 资本预算与现金流预测

1. 现金流量的重要性

确定投资项目价值首先要估计预期现金流量,这是资本预算最基本也是最困难的一个环节。现金流量预测的复杂性决定了预测结果总会出现一些偏差。估计现金流量应注意这样几个问题:首先,应从各部门收集有关信息;其次,确保参与预测的所有人员或部门使用的经济假设一致;再次,确保预测不存在系统性偏差,比如过于乐观或过于保守地估计项目前景。但理财人员也应当了解,资本预算决策中现金流量的估计,实际上是公司战略规划中的一个步骤,是对管理层在长期资本投资项目方面管理意志的体现,绝非简单的数学或统计数字推演。

在资本预算决策中,现金流量估计涉及的参数和因素很多,通常需要多个部门协作完成。比如,产品销售量往往由公司市场部进行预测,预测过程中需要考虑经济环境、商品价格弹性、广告效应以及竞争对手的反应等因素;确定某一新产品所需投资额,需要从产品研发部门取得相关信息;预测项目的经营活动现金流量则需要寻求成本部门、生产部门以及销售部门等的帮助。

现金流量预测的复杂性决定了预测结果总会出现一些偏差,而这些偏差有时会很大,以至于管理层据此做出了完全错误的决策。对收入估计过高或对成本估计过低,都会导致公司陷入亏损的境地;而对收入估计过低或对成本估计过高,又会导致管理层丧失那些能够增加公司价值的项目,从而使公司错失良机。

无论项目评价方法多么精确,错误估计现金流量只能导致错误的决策。需要说明的是,资本投资项目现金流量的估计绝非简单意义上的算术推演,而应当充分体现公司管理当局在资本预算方面的战略考虑以及行动规划。资本投资项目影响时期长,投资额巨大,对公司财务状况、现金流量的影响也最大,因而,资本预算是公司财务决策中最为重要的决策。按照 MM 无关理论,只有公司的长期资本投资才能够产生现金流量,创造公司价值,其他的融资决策、股利政策等均是依附于公司的资本投资决策,为长期资本投资服务的。在资本预算分析中,最为紧要的工作就是确定公司与投资项目相关的现金流量,进而是估计和判断公司价值,最终根据以上结果来确定是否投资项目。

对公司财务管理而言,会计利润等在权责发生制原则之下产生的有关数据是毫无意义的,只有现金流量——尤其是经营活动所创造的现金流量才是与财务决策相关的。因为,只有现金流量才是创造公司价值的基本因素。资本预算对项目成本和收益的衡量所使用的也是现金流量,而不是会计利润。会计利润的计算要反映一些非现金项目,但是最终支付给股东的只能是现金。而且,能够满足公司财务义务要求的也是现金而不是利润,若到期不能支付相应数量的现金,就要支付罚金,甚至导致破产。此外,会计利润容易受一些主观因素的影响,往往不能反映真实的盈利情况,隐藏了股东与管理者之间的委托代理问题。

由于存在货币的时间价值,所以现金流量发生的时间也会影响项目的实际价值。根据项目的周期长短以及资本预算的需要,可以选择不同的时间单位。通常情况下,可以以年为单位,假设现金的流入或流出均发生在年底。当然也可以用半年、季度或月份作时间单位。

在资本预算决策中,考虑到不同绩效评估方法的使用,现金流量本身的特征同样需要引起关注。一般的,人们按照投资项目现金流出、现金流入的转换次数将现金流量划分为"正常"现金流量项目与"非正常"现金流量项目。在现金流量规划中,人们一般以"＋"符号表示现金流入,以"－"符号表示现金流出。所谓"正常"现金流量投资项目,是指投资项目现金流量从"＋"到"－"或者从"－"到"＋",符号只改变一次,尤其特指在投资之初发生一次现金流出,然后是一系列的现金流入的投资项目,即"一,＋,＋,＋,…"。一个投资项目的现金流量如果属于正常状况,那么,无论是净现值(NPV)法则,还是内含报酬率(IRR)法则,所得出的绩效评估结果都是一样的。

所谓"非正常"现金流量投资项目,是指投资项目现金流量从"＋"到"一"或者从"一"到"＋",符号改变多次,比如"一,＋,＋,一,一,＋,…"等情况。从某种意义上说,对于一些大型投资项目而言,跨期投资(现金流出)、分段收益(现金流入)是很普遍的现象,应当引起资本预算研究者的关注。毕竟完全遵守"正常"现金流量特征的投资项目在现实世界中是少数的。

无论投资项目的现金流量呈现何种特征,正常或者非正常,运用净现值法则都不会影响其绩效评价的质量。因为按照净现值法则,利用折现技术,按照一定的资本成本,对所有的现金流量(无论是现金流入还是现金流出)均需计算其现值,然后,分别将所有的现金流入的现值相加、现金流出的现值相加,最后,以现金流入现值扣除现金流出现值,得出所谓的净现值,进而判断投资项目是否应当采纳。但在"非正常"现金流量的情况下,运用内含报酬率法则进行绩效判断,极有可能产生不科学的、不合理的结论。从这个方面也可以看出,净现值法是资本预算决策中最为科学的一种绩效评价方法。

2.现金流量的构成

项目现金流量按发生的时间大致可以分为项目初始投资、经营活动现金流量以及项目终点现金流量三部分。项目初始投资包括固定资产购置成本以及新增营运资本等。经营活动现金流量是指在项目经济年限(例如一个项目持续4年,则经济年限就是4年)中获得的增量现金流入,其每年经营活动现金流量等于每年税后经营利润加折旧。项目结束时通常会有一些额外的现金流入,包括固定资产残值收入、固定资产减值税额减免以及营运资本的收回,这些都统称为项目终点现金流量。

(1)项目初始投资,即所谓初始现金流量

初始现金流量,通常是指资本投资项目开始实施时所发生的现金流量,主要是现金流出。主要内容包括:长期资产的购置成本、运输费用、安装费用与调试费用;项目运行所需要的新增营运资本投入,比如存货投资、应收账款投资等等;在以旧换新项目中,处置原有设备所产生的现金流量;等等。初始现金流量的预测相对难度要小一些,因为它们涉及时间较短;同时,作为投资成本,一般也有足够的市场信息可供参考。

(2)投资后的增量现金流量,即投资后经营活动现金流量

经营活动现金流量,是指投资项目投产以后所产生的经营活动现金流量增量,主要是现金流入。主要内容包括:在扣除费用之后所增加的经营收入;因投

资项目而增加的各种间接费用,比如水电费用;因投资项目的采纳而节约的有关费用,比如人工费用、材料费用;因投资项目的采纳所产生的所得税调整,比如由于增加设备投资增加的折旧而减少的所得税支付;等等。

经营活动现金流量可按下式计算:

$$
经营活动现金流量＝销售额－变动成本－经营固定成本－折旧－所得税＋\\
非付现费用（比如折旧）＝税后净利＋折旧 \qquad (5\text{-}12)
$$

(3)终点现金流量

终点现金流量是指投资项目完结时所产生的各种现金流量,主要包括:处置设备等的残值收入;回收的营运资本投资;其他现金流量等。

投资项目的现金流量应是现金流量的"净增量",也就是公司采纳一个投资项目而引发的现金流量的变化,即采用项目和不采用项目的现金流量上的差别。

增量现金流量的计算应注意以下几点:

(1)关联效应(Interaction Effect)

关联效应是指采纳投资项目对公司其他部门的影响,最重要的关联效应是侵蚀(Erosion),即在考虑新产品现金流量增量时,要同时考虑其造成的老产品现金流量的损失,两者之差才是采纳新产品项目的增量现金流量。

(2)沉没成本(Sunk Cost)

沉没成本是指已经发生的成本。由于沉没成本是在过去发生的,它并不因采纳或者拒绝某一项目的决策而改变,因此公司在进行投资决策时不应考虑沉没成本,即应当考虑当前的投资是否有利可图,而不是过去已经花掉了多少钱。

(3)机会成本(Opportunity Cost)

机会成本是放弃次优投资机会所损失的收益。它属于没有发生直接现金支出的成本,但却影响了现金流量的变化,因此在计算现金流量增量时应考虑机会成本。机会成本与投资选择的多样性和资源的有限性相关,当考虑机会成本时,往往会使看上去有利可图的项目实际上无利可图甚至亏损。

【例 5-1】 沉没成本与机会成本

经济学中,因某些活动而消耗的价值称为成本。花钱买东西,对买方来说,花费的金钱就是成本。当然,消耗的价值不一定仅局限于金钱。某一行为产生的疲劳以及挫折所带来的不愉快等,都属于消耗的价值,我们都称为成本。

经济学中所讲的成本,指的就是用于将来经济活动的开展所消耗的物品、服务资源,或者也可以指一种机会,可以将这种机会称为"机会成本"。

在此,关键的是"用于将来"这部分。对于已经花费的不可能回收的东西,或者说不管采取什么手段都无法节省的费用我们将其称为沉没成本。在经济学中,并不把沉没成本看做一种成本。简单来说,经济学中所讲的成本,就是我们日常生活中产生的费用减去沉没成本所得到的差额部分。因为这部分无法收回的沉没成本,无论如何,你都必须支付。我们举几个例子。

假设有这样一个"不幸"的男子,花了 1000 元买到一张演唱会的门票,可是演唱会当天患了流行性感冒。这时,这名男子应该考虑并比较两种"成本"。第一种是去观看演唱会所能带来的满足感,第二种是因观看演唱会对健康可能造成的危害,而不应该把 1000 元也考虑进去。无论如何,已经花费的这 1000 元,是一种"覆水",应该把它从考虑对象中剔除。如果这时候还拘束在已经花费的1000 元中,没有任何好处。

(4)费用分摊(Cost Distribution)

计算现金流量增量时,对于那些确实因投资项目而引起的分摊费用(由于本投资项目而增加的管理人员的工资等)应计入投资项目的现金流量,而对于那些在未采纳本项目之前就要发生因本项目而分摊过来的费用(总部管理人员的工资等)就不应计入投资项目的现金流量。

3. 税收因素

税收因素对项目现金流量的影响往往很大,有时甚至会对项目取舍起决定性作用。同样一个资本投资项目,如果不考虑所得税因素,可能会被公司采纳;但考虑了所得税因素之后,却极有可能被否决。在资本预算决策中,一定要对公司的纳税环境以及投资有效期内的纳税变化有一个准确而合理的预测。

在我国,随着公司会计制度改革和税制改革的深入,公司财务会计和所得税会计逐步分离,公司可以按照会计制度核算会计利润,而按照税法规定计算公司应纳税所得额以及相应的应纳税额。比如,某公司有一项固定资产价值60 万元,按照公司会计制度的规定,按直线法折旧,折旧年限为 20 年,则每年计提折旧费 3 万元。假若按税法规定,公司可以将折旧年限缩短为 10 年,则每年计提的折旧费就是 6 万元。

由于货币是有时间价值的,因此,公司只要有足够的利润,就有动机充分利用其在税额减免和应税收益额扣减方面的权利,从而尽快将收回的现金再投入公司循环中以实现增值。公司需要在考虑货币时间价值的基础上,从各种允许使用的税额减免的方法中选择最有利的折旧方案。但是,由于允许使用的方法和程序经常发生变动,因而所谓的最优方案也不是固定不变的。尽管如此,公司总是尽可能选择具有最大折旧税额减免现值的折旧方法。

资产的价值是必要报酬率和期望未来现金流量的函数,这两个因素同时又都受通货膨胀的影响。但由于两者均与通货膨胀率保持同方向变动,同时二者对资产价值的作用又是完全相反的,因而通货膨胀对它们的影响可能相互抵消,从而使项目的净现值基本保持不变。

4. 通货膨胀因素

为了分析资本预算决策,在估计未来现金流量和资本成本时,要么两者都包括通货膨胀因素,要么就都不包括。若一项估计包括通货膨胀因素,我们称其为名义值;若不包括通货膨胀因素,我们称其为实际值。只有各部分或者完全以实际值来表示或者完全以名义值来表示,才能做到正确计量。

首先让我们看看通货膨胀对资本成本的影响。通货膨胀预期会影响必要报酬率,所以项目的资本成本也要依赖于通货膨胀的不确定性。由于存在通货膨胀的不确定性,甚至连国库券也不是真正无风险的。在利息固定情况下,债券必要报酬率的变化会引起债券价值的变化。

用 r_r 表示实际资本成本,r_n 表示名义资本成本,i 表示期望通货膨胀率,则可通过下式计算名义利率:

$$1 + r_n = (1 + r_r)(1 + i) \tag{5-13}$$

整理后得到

$$r_n = r_r + i + ir_r \tag{5-14}$$

我们见到的名义利率表达式通常只有实际资本成本和期望通胀率两项,而没有交叉项 ir_r。

$$r_n = r_r + i \tag{5-15}$$

这是因为与 r_r 和 i 相比,ir_r 相对较小,可以忽略不计。

关于通货膨胀还有一个问题值得注意:尽管收入和费用都随通货膨胀发生变化,可是由折旧引起的税额减免却没有,因为折旧费是根据设备的历史成本计算的。因此,在存在通货膨胀的情况下,就必须把折旧引起的税额减免转化为实际值,或者把收入和费用的期望现金流量转化成名义值。

如果通货膨胀对现金流量各组成部分的影响程度不同(如,收入预期每年增长 5% 而费用预期增长 7%),那么分析时也必须把这些差别考虑进去。现金流量之间通货膨胀率的不同以及通货膨胀对资本成本和期望现金流量的不同影响,都会使分析复杂化,但基本方法并无不同,都应注意保持所有参数的一致性,要么都以实际值表示,要么都以名义值表示。

5.4.3 资本预算中的风险管理

1. 项目风险来源

作为一种长期资产投资,蕴涵在未来时期现金流量中的风险往往是很大的。由于客观条件的变化,投资项目在预测期间所估计的现金流量势必会出现一些不利于公司价值最大化目标的变化。资本投资项目风险分析主要是对投资项目未来创造现金流量的不确定性进行评估和分析。高质量的风险管理绝不仅仅意味着规避某些可能的损失,而应当是充分发挥管理型风险所具有的"双刃剑效应",利用科学的风险管理工具,最大限度地挖掘投资项目的隐性收益,以保证公司价值最大化理财目标的顺利实现。

在资本预算决策中,最为一般的风险的内涵就是隐含在投资项目中的未来现金流量的不确定性。资本投资的最大特点:一是投资额巨大;二是项目所涉及现金流量的时间较长,短则 10 余年,长则数十年。在如此漫长的时间里,要使现金流量完全稳定和唯一,并以此作为投资绩效评价的基础,事实上是不可能的。因此,风险分析——对投资项目现金流量的不确定性进行科学的分析,进而完善资本投资项目绩效评价技术,提高资本预算决策的有效性和准确性,便成为资本预算决策过程中不可缺少的一个重要环节。

在没有投资风险的情况下,由资本投资决策所决定的未来经营活动现金流量是完全确知的,且是唯一的。投资项目所涉及的每一笔现金流量的价值都只与时间有关,时间越长,现金流量的价值就越小。在项目有效期内,每一个时间总是对应着每一笔确定的现金流量。换言之,唯有时间的改变才会带来现金流量的变化,即:

$$现金流量 = f(时间) \tag{5-16}$$

在存在投资风险的情况下,投资项目所涉及的每一笔现金流量的价值既与时间有关,也与实际发生的客观状况有关。比如,在项目投入运营之后,实际现金流量取决于以下两个因素:发生的时间以及该时刻的客观状况。客观条件有利,现金流量相对较多;客观条件不利,则现金流量相对较少。人们通常分三种情形来描述未来可能发生的情况:即最差、一般(或称最可能发生的状况)和最佳状况。

因此,在存在投资风险的情况下,为了确定投资项目的净现值,必须对未来现金流量所发生的时间及其具体状况进行预测和判断。不同的时间,对应着不同的现金流量;不同的状况,也同样对应着不同的现金流量。可能出现的情况越多,越复杂,表明该资本投资项目的风险越大。即:

$$现金流量 = f(时间, 状况) \tag{5-17}$$

可以想象,在实际的资本预算过程中,在复杂的竞争环境下,现金流量的预测面临着极大的变数,各种状况也难以准确预见:如何分析在有风险状况下的资本预算决策问题便成为一个不容回避的重大财务课题。

现金流量的不确定分析是风险分析的主要内容。对于理财人员而言,了解、判断资本投资项目未来现金流量的特征直接关系到该投资项目的取舍。与证券投资单一风险的技术类似，对投资项目现金流量的风险进行分析，目前最为常用的工具仍然是"均值-方差"分析技术，或者在连续分布的情况下，对现金流量的不确定性进行更加务实的判断。但客观而言，目前的资本预算风险分析理论与技术尚有待于进一步完善和改进。

自20世纪50年代以后，随着证券组合理论、资产定价理论的不断发展与完善，其在风险分析方面的思路与技术逐渐被其他的学科所借鉴。在资本预算决策中，证券组合理论关于风险的划分度量技术同样受到了理财学者的关注。资本预算中的"风险"是指项目未来现金流量、获利能力的不确定性，它的度量方法有净现值的标准差 σ_{NPV}，内含报酬率的标准差 σ_{IRR} 以及贝塔值(beta)。资本投资项目的风险有三种类型：项目风险、公司风险和市场风险。项目风险是指公司只有一种资产、没有股东情况下的单一风险，忽略了公司分散投资和股东多样化问题。其度量方法主要有标准差(σ)或净现值的差异系数($CV\ of\ NPV$)，内含报酬率(IRR)，或修正的内含报酬率($MIRR$)。公司风险反映了项目对公司盈利稳定性的影响，考虑了公司内部的其他资产(公司内部的多样化)，取决于项目的标准差和该项目与其他公司资产报酬的相关性。其度量方法主要是项目的公司贝塔。市场风险反映了项目对完全分散的股票组合的影响，考虑了股东其他资产的因素，取决于项目的标准差和项目与股票市场的相关性。其度量方法是项目的市场贝塔。

由于股东可以通过投资组合分散非系统性风险，因而从理论上讲，市场风险才是与决策相关的。但是由于存在以下几方面原因，在资本预算过程中公司风险也是十分重要的：

首先，对于未通过投资组合分散风险的投资者而言，公司风险比市场风险更值得关注。

其次，实证研究表明公司风险同样也会对股票价格产生影响，也就是说，即使投资者可以通过投资组合分散风险，但他们在确定投资回报率时，仍会考虑包括公司风险在内的其他因素。

最后，对于公司管理层、雇员、供应商以及债权人而言，公司的稳定性是非常重要的。过高的公司风险将增加公司的购买成本以及资本成本，从而降低盈利能力。而人力资本的不可分散性也导致管理层比股东更关心公司的风险。

强调市场风险和公司风险的重要性并不是说项目风险不重要，恰恰相反，公司在进行资本预算项目决策的时候首先要考虑的就是项目风险。由于项目风险比公司风险和市场风险更容易计量，更重要的是，在大多数情况下，这三种风险是高度相关的：前一种风险依次对后一种风险产生影响，后一种风险又依次是前一种风险中不可分散的那部分风险,因此,在资本预算过程中,项目风险经常被用来替代公司风险和市场风险。资本预算风险一般指的就是项目风险。

2. 项目风险分析

近年来,期权定价理论与技术越来越多地被用于资本预算决策中。按照期权理论,风险的性质与传统上的风险概念有了很大的不同,主要体现在源自于不确定性的可能的机会。对这种投资项目中所隐含的各种机会——比如推迟投资时间、扩展投资规模、中止投资项目等进行分析和论证,以找到对公司未来发展最为有利的投资延续方式,提高了资本投资项目对外部环境、内部环境的应对能力。

(1)确定等值法

投资项目的风险源自现金流量的不确定性,对这种风险程度进行度量,可以通过调整现金流量的方法来度量未来现金流量的风险程度,一般也被称为确定等值法。其基本原理为:高风险的现金流量与低风险的现金流量之间存在着一种等值关系,即较多的高风险现金流量可以与较少的现金流量等值。

从理论上讲,确定等值概念可以应用于资本预算的编制:①根据各年期望现金流量及其风险程度确定各个时期的确定等值现金流量;②以无风险利率对各期的确定等值现金流量进行贴现,求得该投资项目的净现值。这种方法实际上是以一组无风险的现金流量替代了原来的有风险的现金流量。其中,如何实现这种从有风险现金流量向确定等值现金流量的转换是一个核心问题。一般可以通过计算确定等值系数的方法来解决这个问题:

确定等值系数＝第 t 年的确定等值现金流量/第 t 年的有风险现金流量 (5-18)

确定等值法是对有风险资本投资项目进行风险分析最直接的一种方法,因为它恰好与人们对风险的厌恶感相吻合。但是,这一风险分析技术面临的最大困难就是确定等值系数。公司在资本预算的编制过程中,运用这一方法来对未来时期的现金流量进行风险分析,需要在统计分析的基础上,运用理财人员的主观判断来估计确定等值系数。

(2)风险调整折现率法

投资组合理论与资本资产定价模型在现代理财学中的大量运用,使得根据风险程度高低来调整折现率的风险分析技术日趋成熟,这种方法也被称为风险调整折现率法。首先,假设投资项目的折现率为无风险利率;然后,分析和判断现金流量风险的大小,并据此确定风险补偿利率;最后,无风险利率加上风险补偿率即为适用于该投资项目的折现率。用公式表示如下:

项目折现率＝无风险利率＋风险补偿率 (5-19)

按照现代财务理论,资本预算所使用的折现率取决于投资者对资本投资项目风险的评价,项目风险越大,要求的报酬率越高,折现率也就越高。一般而言,投资项目的折现率不能低于同等风险程度的金融证券投资所获得的报酬率水平。如果公司资本投资不能带来超过金融市场上同等风险证券投资所带来的报酬率的话,管理当局应当将资金分派给投资者,由他们自己去投资,从而获得更高的报酬率。

对于资本预算而言,风险补偿利率可按下式确定：

$$风险补偿利率 = b \cdot c \tag{5-20}$$

式中：b 为公司设定的风险系数；c 为差异系数。

差异系数是对项目现金流量风险程度的度量,具体是指投资项目现金流量的标准差与其期望值之比。差异系数越大,表明该项投资的风险越高。投资的风险系数通常是公司参照以往适中风险程度的同类投资项目的历史资料计算确定的。风险中性的公司,可将风险系数定得高一些；相反,厌恶风险的公司,则可把风险系数定得低一些。

按照调整折现率法对投资项目的风险程度进行评价和度量,对于风险较大的投资项目,采用较高的折现率；对于风险较小的投资项目,采用较低的折现率；对没有风险的投资项目,则以无风险率为折现率。由于这种方法很容易理解,因而被普遍应用于资本预算决策中。但是,如何确定风险补偿利率一直是一个颇具争议的问题,由于在估算过程中包含很多假设因素,因而这种方法的局限性也是很明显的。

(3)盈亏平衡分析法

盈亏平衡分析法就是确定公司盈亏平衡时所需达到的销售量,这种方法常被用作财务预测工具。由于它能够用来描述错误预测的严重后果,因而也是一种重要的资本预算风险分析方法。

简单的盈亏平衡分析法是在不考虑货币时间价值及机会成本的情况下计算盈亏平衡点,此时的盈亏平衡点称为会计利润盈亏平衡点,它是产品(或劳务)的边际贡献总额恰好等于固定成本总额时的销售量。其中,边际贡献是收入与变动成本的差额。比如,产品的单位销售收入为 25 元,单位变动成本为 15 元,则单位边际贡献为 10 元；若固定成本总额为 10 万元,则盈亏平衡点为 1 万件。

可以看出,在盈亏平衡点处,会计利润恰好为零。但在这一点处,项目的净现值并不为零。净现值盈亏平衡点是指产品(或劳务)边际贡献总额的现值恰好等于固定成本总额的现值时的销售量。真正无差异点是出售或放弃项目的净现值为零时的销售水平,为了确定这一点我们需要更多的信息。

（4）敏感性分析法

资本预算项目敏感性分析法，是通过改变关键参数以确定项目净现值对参数变动的敏感程度的方法。它所涉及的问题是，如果情况与预计的不同将会怎样？

资本预算决策是以相关因素的预测数据为依据的，因此，决策的科学性和合理性会受到各种因素预测水平的制约和影响。由于公司未来经营活动的宏观因素与微观因素均处于不断变动之中，所以投资项目现金流量的风险是客观存在的。为了了解各种预测因素对投资项目绩效比如净现值的影响程度，有必要进行敏感性分析。如果某一相关因素略微变动，就会对项目净现值造成较大影响，表明投资绩效对该因素的敏感性较强；相反，若某一因素发生了大幅度的变动，仍未对项目净现值产生很大影响，则表明投资绩效对该因素的敏感性较差。

【例 5-2】 敏感性分析的重要性

1971 年，美国的洛克希德公司在国会听证会上希望寻求 2.5 亿美元的联邦担保以保证完成 L-1011 型三星商用飞机的投资所需要的银行贷款。洛克希德公司在决定投资三星飞机生产线时，预测盈亏临界点的销量为 195～205 架飞机，公司已获得 103 张订单，外加 75 个有选择购买的订单，公司发言人证实销售量最终会突破盈亏临界点，而该计划也将成为"一次商业上可行的尝试"。

据此公司决定投资 10 亿美元建设生产线。但后来的事实证明洛克希德公司的分析是错误的，主要表现在：①低估了三星项目的资本成本。三星项目是以洛克希德公司资产（三星计划前）的资本成本 10% 作为折现率，这一折现率不足以反映该投资项目的风险。②低估了盈亏临界点的销售量。投产后才发现盈亏临界点的销售量大于 200 架，而这又是公司无法达到的。这一投资决策失误使公司损失惨重，其股价也从每股 73 美元跌至每股 3 美元。

敏感性分析可以减少决策者的"安全错觉"。在资本预算决策中经常会出现这种情况：在每个变量处于正常估计状态时，NPV 为正值；然而，当每个变量为悲观估计值时，NPV 出现惊人的负值；而在每个变量都处于乐观估计状态时，NPV 则为惊人的正值。这意味着，在所有变量的正常估计中，即使出现一个错误，也将大大改变项目的 NPV。因此，敏感性分析有助于确定各预测因素在多大范围内发生波动，而不至于影响该投资项目的可行性。无疑，波动范围越大，表明投资项目的风险越小。

此外，敏感性分析还可以指出在哪些方面需要收集更多的消息，以及公司通过对哪些因素的控制可以减少不确定性，增加项目的价值。如果净现值在很大程度上依赖于某些公司难以控制的客观因素，即项目的不可分散风险很高，那么管理者会倾向于放弃该项目,或者至少搁置一段时间,等到有更多新信息证明了项目的可行性或降低了其不确定性之后再做出决策。如果净现值的波动主要来自公司因素(如市场份额等)的不确定性,即主要来自可分散风险,那么管理者可以通过采取适当措施(如某种营销策略)增加这些参数达到期望水平的概率,从而增加项目的净现值。当然,额外采取的措施也会增加项目成本,这些因素都需在资本预算过程中加以考虑。

按照净现值法则,决定资本投资项目绩效水平的主要因素有现金流量、项目有效期与折现率等三项。进行敏感性分析,即在其他因素不变的情况下,只改变一个影响净现值的因素,或现金流量,或有效期,或折现率,以考察该因素变动对投资项目净现值的影响幅度。

在净现值计算过程中我们可以对任何参数进行敏感性分析,但同时对多个参数进行分析时,就需要考虑参数之间的相关性。如果几个因素的变化是相互关联的,则在对其中一种因素进行分析时,就应当同时变化其他几个因素,以便确定其对 NPV 的综合影响。对于相关性不强的因素,则应将这几种因素变化的各种组合分别加以考察,以尽可能充分地估计可能的结果。

不过,敏感性分析法也存在着若干不足。例如,敏感性分析可能会更容易造成经理们的“安全错觉”。假定项目的所有悲观估计都将产生正 NPV,那么经理就会误认为该项目无论怎样都不会亏损。事实上,也会存在着过分乐观估计悲观状态值的情形。为避免这种情形出现,有些公司并没有主观地对悲观估计和乐观估计进行预测,而是把各个变量的悲观估计简单地设定为正常估计状态的某个百分比,如低于正常状态 20%。然而,这种试图改进敏感性分析方法有效性的方法并不灵验,因为用同一固定百分比的偏离来确定所有变量的悲观状态忽略了这样一个事实,即某些变量比其他变量更易于预测,不同变量偏离正常状态的幅度并不总是相同的。

(5)场景分析法

所谓场景分析法,就是将未来公司经营活动预计要出现的各种情况称为“场景”,并对在各种场景下的决定净现值的各种变量的可能变化及其对项目净现值的影响进行风险分析,借以判断资本投资项目的风险程度。

通常,理财人员将未来可能发生的情景分为“坏场景”(低销售额、低销售价格、高单位变动成本、高建造成本等)、“一般场景”(即最有可能发生的情况)与“好场景”等几种情景,并计算各种情形下的项目净现值,通过比较研究,判断项目的风险程度。

理财人员根据投资项目的标准差和差异系数,比较公司或行业中其他项目的风险水平,以判断该项目的相对风险程度。

对投资项目进行场景分析,是风险分析中较为简单、易于运用的一种方法。

(6)二项树分析法

二项树分析方法也是一个被广泛运用的风险评价技术,因为它符合人们对未来不确定性的一般认识。从中我们很容易看出所有的现金流量及它们发生的可能性,从而对总体情况有一个直观的了解。在二项树中,我们用一连串代表决策(备选方案)的"树权"来表示各种可能发生的情况。每支"树权"发生的可能性被称为主观概率。

二项树的求解一般应采取从后向前倒推的方法,即从最终可能出现的每一结果开始,向前推导。在每一个分权处的最佳选择是期望净现值最高的路径。

尽管二项树看起来比较直观,但构建起来却很复杂,尤其在现实世界中,众多的头绪很可能使决策制定者不知所措。现在一些计算机软件包能帮助构造并解决二项树问题,但这些软件包往往不能很好地处理风险问题。为了避免被复杂的问题所困扰,可以采取分阶段推进决策的分析过程。

(7)蒙特卡罗模拟

蒙特卡罗模拟或简称模拟是一种用数学模型表示财务决策或其他现象的技术。它的目的是使我们能够在模型中"实践"而不必承担真正的财务决策所将面临的风险。模拟模型类似于敏感性分析,可用于回答"如果……,怎么办?"的问题。

在计算机技术获得广泛应用的今天,蒙特卡罗模拟是一种极为重要的风险分析方法。运用这一分析方法,可以将投资项目投入运营之后的各种情形予以充分地呈现、模拟和计算,在计算机技术支持下,利用统计方法,对投资项目的风险程度进行较为客观的分析和评价。运用蒙特卡罗模拟技术,需要大量的影响投资项目风险程度的相关数据,比如足够多的销售额预测。这从一定程度上避免了以前分析方法中涉猎将来情形不够全面的缺陷。按照场景分析,由于技术方法的限制,对未来可能出现的变化只能假设为极为有限的几种情形,如一般、好、不好等。但这种离散分布式的未来情形变化并不符合公司投资项目风险的实际情况,是一种简化了的风险分析方法。按照蒙特卡罗模拟方法,可以将未来可能出现的种种变化设想为一种连续的变化,并在此基础上,通过上千次或者上万次的计算,确定基于广泛分布下的各种风险评价指标。比如,期望的净现值以及净现值的分布情形,最大的净现值,最小的净现值等等,借以判断投资项目的风险程度。

蒙特卡罗模拟的基本程序为:

第一,根据特定的概率分布情况,蒙特卡罗模拟软件随机地选择各种风险变量的数值;

第二，根据随机选择的风险数值，结合各种经济因素比如所得税率、折旧费用等，计算确定各年的净现金流量，并据此计算特定情形下的净现值；

第三，以上程序反复进行多次，比如 1000 次或 10000 次，即可得出 1000 个或 10000 个净现值。在此基础上，再计算净现值的风险分布情况，确定投资项目的风险程度。

在风险分析方法中，蒙特卡罗模拟是一种较为科学的分析方法。它可以对投资项目未来可能出现的各种情形进行全面的预测和模拟，对风险的分析较为透彻。而且建立模型也有助于决策者更好地了解所要决策的项目。尽管我们可能不能立即确定问题的答案，但通过把问题分解成较小的部分并对每一部分进行评估，往往有助于对项目总体进行合理的估计。

当然这种方法也存在一定的缺点。首先，建模过程中确定各部分的相互关系很困难。就两枚硬币而言，我们可以合理假设对它们的抛掷行为是彼此独立的。但是在为现实中的经济现象建模时，我们通常都不知道各部分之间的确切关系。其次，由于模型通常越变越复杂，变化速度也越来越快，以至于决策者常常需要雇用其他人，如助理人员或顾问，去建立模型。而通过建模加深对问题了解的优点在这种情况下则往往体现不出来。

本章小结

资本成本对公司筹资决策的影响主要表现在以下几个方面：①资本成本是影响公司筹资总额的一个重要因素；②资本成本是选择公司资本来源的依据；③资本成本是选择资本筹集方式的标准；④资本成本是确定最优资本结构所必须考虑的因素。

资本预算是指提出长期投资方案，并进行分析、选择的过程，因此又可以称为"实物资产投资"或"对内长期投资"。

资本预算决策的特点为资金量大、周期长、风险大和时效性强；资本预算的方法包括净现值法、回收期法、内部收益率法、获利指数法。

资本项目按照功能分类，可以分为扩充型项目、替代型项目、调整型项目、研发型项目和其他类型。资本项目根据它们之间的关系分为互相独立的项目、互相排斥的项目、互相关联的项目。

实物期权与传统的净现值法最大的差别在于，实物期权方法可以充分利用管理弹性进行不确定性投资项目的评价以及相关的投资经营决策。在实际市场中，由于不确定性以及竞争的影响，实际现金流量可能会与最初的预期不同。管理弹性（Managerial Flexibility）就是当新的信息逐渐被获取，市场风险降低，管理者可以转换运营战略来把握有利的机会并减少损失。

除了利用确定等值法来衡量资本预算风险,也使用其他的风险分析方法,包括盈亏平衡分析、敏感性分析、场景分析、二项树分析和蒙特卡罗模拟。

关键概念

资本成本;筹资突破点;资本预算;净现值法;回收期法;内部收益率法;获利指数;扩充型项目;替代型项目;调整型项目;研发型项目;投资决策;等价年度成本;实物期权;管理弹性;资本限额;盈亏平衡分析;敏感性分析;场景分析;蒙特卡罗模拟

复习思考题

1.资本成本对公司筹资决策的影响表现在哪几个方面?

2.什么是资本预算?

3.资本预算决策的过程、步骤是什么?

4.资本预算决策的特点是什么?

5.资本预算决策的方法包括哪些?

6.什么是敏感性分析、场景分析、蒙特卡罗模拟?

7.某项目的初始投资额为 10000 元,受益期为 5 年,各年的现金流量如图 5-1 所示。

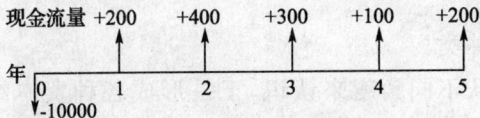

图 5-1　各年现金流量

假设折现率为 10%,请问该投资项目是否可行?

8.某厂引进一条生产线,投资额为 100 万元,预计寿命期为十年,每年可净得收益 20 万元,第十年末的残值为 15 万元。问该引进项目的内部收益率为多少? 若 $MARR=12\%$,该项目是否可行?

9.甲公司要在两个投资项目中选取一个,A 项目需要 180 万元初始投资,每年产生 200 万元净现金流量,项目寿命为 3 年,3 年后必须更新且无残值。B 项目需要 500 万元的初始投资,使用寿命为 6 年,每年产生 180 万元净现金流量,6 年后必须更新且无残值,资本成本为 12%,要求:对 A、B 两项目进行决策。

第 6 章

资本结构

6.1　资本结构理论

　　资本结构理论是西方国家财务理论的重要组成部分之一。资本结构理论以 MM 理论为基础，从基于严格假设条件下的 MM 资本结构理论逐渐发展演变，考虑公司税、个人税、信息不对称以及财务困境的影响，对公司的资本结构与公司价值等关系进行探讨，为公司的治理提供理论依据。合理安排资本结构可以降低公司的综合资本成本率，获得财务杠杆利益，增加公司的价值。

6.1.1　资本结构概述

1. 资本结构的基本概念

　　资本结构是指公司各种资本的价值构成及其比例。广义的资本结构是指公司全部资本价值的构成及其比例关系。狭义的资本结构是指公司中长期资本价值的构成及其比例关系，尤其是指长期的股权资本与债权资本的构成及其比例关系。

2. 资本结构的种类

　　资本结构可以从不同角度来认识，于是形成各种资本结构种类，主要有资本的属性结构和资本的期限结构两种：

　　(1)资本的属性结构。资本的属性结构是指公司不同属性资本的价值构成及其比例关系。

　　(2)资本的期限结构。资本的期限结构是指不同期限资本的价值构成及其比例关系。

3. 资本结构的层次性

　　资本结构除表现为负债和所有者权益的关系外，还可以作进一步的层次分类。公司负债又由流动负债、长期负债构成，相应形成流动负债结构和长期负债结构，所有者权益又由投入资本和公司积累资本构成，相应形成投入资本结构和积累资本结构。

公司负债的构成通常用来分析资本结构与资产结构的适应性及平衡性,借以说明资本的种类(保守型、中庸型和激进型)。对公司来说具有战略意义的是资本构成。所有者权益的构成及其比例关系具体提示了公司资本结构的成本水平、风险程度和弹性大小。这里需要指出的是,投入资本结构的组成内容说明了公司的性质,通常一个公司的投入资本不是单一渠道的,对我国公司来说通常包括国家资本、法人资本、个人资本和外商资本。

如果是股份制公司则分为普通股和优先股,这是从股票性质上划分。不同渠道的资本比例具体规范了公司的性质,不同性质的公司研究角度也相应有所区别。

4. 资本结构的三要素

由于资本结构的构成内容及其性质不同会对公司生产经营产生不同的影响。这种影响主要通过下述三个方面体现,进而成为衡量公司资本结构是否优化的要素。

(1)成本要素

这里所说成本要素是指公司筹集资金的融资费用和使用费用,即资金成本。资金成本的高低是确定资本结构是否优化的基本依据,一个优化的资本结构首先是成本最低的结构,要说明这一点,必须先了解各种资金成本的特性。

公司内部生成资金通常是无偿使用的,它不需实际对外支付资金成本,但如果从社会平均利润的角度看,资本公积、盈余公积和未分配利润这类公司积累资本也应于使用后取得相应报酬,也就是资金成本,这种资金成本实际上是一种机会成本,是假定这部分资金用于再投资所应得到的平均利润。另一部分内部生成资金如各种应付(应交)款项,因不是公司的专项融资,而仅仅是这些资金的暂不支付而用于公司周转,并不需要支付资金成本,因而这部分融资是公司真正的无成本型融资。在大量资本结构下,增加无成本型融资比例必然降低公司平均资金成本。公司从外部融通的资金,都必须支付资金成本。一般来说,债务性融资的成本低于权益性融资成本,这种差别的原因主要在于风险特点以及税收政策的不同。具体表现在如下三个方面:

①权益性融资的收益是不确定的,不像支付利息那样按期偿付,而是根据公司的经营状况视盈利水平而定。而公司的经营受多种因素的影响使其盈利水平具有不确定性,从而导致权益性融资收益具有更大风险。

②权益性融资是公司永久性的资金来源,这对投资者来说,其回收期是不确定的,当公司效益好时回收期短;反之,则回收期长。而且,当公司经营趋于恶化甚至破产时,投资者因其受偿顺序排在债权人之后,不仅要承担亏损的风

险,还可能承担破产的风险。而债权人只有在公司破产清偿不能还本付息时才承担第二破产人的风险。可见,权益性融资对投资者具有更大的风险。

③权益性融资的资金成本也即投资者的收益,是在税后支付,而负债融资的利息在税前支付,从而使公司获得一定的财务杠杆利益。

这种税收政策的差别使得公司实际支付的负债资金成本低于权益性资金成本。

负债融资内部也因偿还期限的不同使资金成本表现出差异。一般来说,流动负债成本低于长期负债成本,其原因可以归纳为以下四点:

①长期负债的使用相对于流动负债能形成较多的周转次数,每一次周转完成后再参与下一次周转,那么,长期负债使用后的实际盈利水平要高于流动负债使用后的实际盈利水平,这种差别为长期债权人要求更高的回报提供了可能。

②长期负债的偿还期限长,考虑复利的影响,长期负债的资金成本高于流动负债的资金成本,才能使两者的终值实际上等值。

③长期负债面临更大的通货膨胀影响,按照公式:名义利率=实际利率+预期物价变动,长期负债的名义利率也必然要高于流动负债的名义利率。

④长期负债由于使用期限更长而受公司经营不稳定性的影响就更大,从而使长期负债面临更大的信用违约风险。

从财务管理的目标(公司价值最大化)出发,只有在风险不变的情况下,提高低成本的负债所占比例才能降低平均资金成本,从而使自有资本收益率上升。而只有风险不变条件下的自有资本收益率上升,才会直接导致公司价值的提高。如果负债比率虽使全部资本利润率上升,但风险同时加大,那么,增加的利润率如果尚不足以补偿风险加大所需增加的成本时,公司自有资本收益率将下跌。总之,最优的资本结构是一个使公司价值最大的资本比例,而达到这个比例的条件就是加权资金成本的最低点。

(2)风险要素

在论述资金成本对公司资本结构的决定作用时,已涉及风险对资本结构的影响。成本的大小通常取决于风险的程度,两者是此消彼长的关系。

一般来说,主权性融资风险低于负债融资风险,这主要由以下两方面决定:

①债务融资方式下,资金不能如期偿还的风险由公司自身承担,公司必须将到期债务如数偿还才能持续经营下去。否则,公司就要面临丧失信誉、负担赔偿甚至变卖资产的风险;而主权性融资一旦投入,就成为公司永久性资金,没有上述负债融资的偿还要求。

②对于债务性融资公司还面临不能付息的风险。公司支付债权人利息按约定利率定期支付,不随公司经营优劣而改变,当公司经营亏损时,就面临着很

大的付息压力。而对主权性融资的投资者的报酬根据公司盈利水平支付,当公司亏损时,公司没有必须分配利润的压力。负债融资中长短期负债的风险性也因其偿还期限不同而有所区别。一般来说,长期负债风险要低于流动负债风险,这主要决定于以下两方面:第一,公司使用长期负债筹资,在既定的负债期内利息费用是确定的。但如果以短期负债的组合来构造等价的长期负债,则可能因利率的调整而造成利息费用的不确定性。第二,公司利用长期负债筹资,虽有风险,但相对要小。因为公司可利用较长的经营期为偿还债务提供资金来源;而以短期负债来筹措长期资金,可能会因频繁的债务周转而形成一时无法偿还的压力,以致陷入财务困境,甚至破产倒闭。

综上所述,公司的资本结构不同,所承受的风险压力也不相同。公司建立资本结构所追求的目标应是在取得既定的资金成本下,尽可能获得风险最小的资本结构。

(3)弹性要素

所谓弹性,是指公司资本结构内部各项目的可调整、可转换性。一般来说,公司资本结构一旦形成就具有相对的稳定性,但过强的稳定结构难以适应瞬息万变的市场环境。因此,建立合理的资本结构,还应考虑弹性要素。

资本结构各项目按弹性大小可分三类。通过金融市场形成的融资,如债券、股票,当存在健全的二级市场时,公司可以迅速清欠、偿还后转换,这类融资具有较高的弹性。还有的借款通常是规定了最终的偿还期,在此之前公司可以根据资金的欠缺随时偿还,这类融资可立即清欠、偿还但不能转换,这类融资不具有弹性。公司总是期望在既定的资金成本和风险下,尽可能地获得弹性最大的资本结构。

上述三种要素对资本结构的影响在作用方面上并不一致。通常风险小、弹性大的资本结构,资金成本高;反之亦然。公司无法使每一种融资都兼顾三者最优的特点。因此公司只能通过合理的方式,使各种融资得以优化组合,使资本结构在整体上实现三种要素的合理化。

5. 资本结构与公司治理结构的关系

(1)资本结构对公司的治理效应

资本结构影响着公司的委托代理关系、控制权转移等诸多方面,进而对公司治理有着重大的影响。

①股权结构的治理效应

股权结构具体包括两个方面:一是指公司的股份由哪些股东持有,是股权结构质的体现;二是指各股东持有的股份占公司总股份的比重有多大,是股权结构量的体现。公司的股东一般分为个人股东和法人股东。个人股东的持股动机是追求短期投资收益的最大化,缺乏对公司的经营者进行监督与约束的激励,通常采取搭便车的行为,采用"用脚投票"的方式来参与公司治理。法人股东则与个人股东不同,他们一般是公司股份的长期持有者,注重公司业绩的长期稳定与发展,通常采用"用手投票"的方式参与公司治理,对公司的治理具有至关重要的作用。股权结构对公司治理效率的影响不仅体现在股权结构的质上,还体现在股权结构的量上,即股权集中或分散的程度。股权高度集中的情况下,能较好地解决传统的代理问题,但这种类型的公司易产生大小股东之间的利益冲突和代理问题。股权高度分散的情况下,经营者和股东之间的代理问题较为严重,此外,分散的股东的搭便车动机不利于对经营者进行有效监督,易出现内部人控制的问题。在存在相对控股股东和其他大股东的情况下,有利于公司治理机制的发挥,公司业绩也比其他两种股权结构的公司业绩要好。

②负债的治理效应

负债的治理效应可以分为两个方面:负债对经营者的激励机制和负债对经营者的约束机制。Jensen 和 Meckling 的代理成本模型指出,在经理人员非100%拥有股权的情况下,其剩余索取权将随着公司债务的增加而增加。这就使得经理人员的利益和股东利益趋于一致,进而可以激发经理人员的工作积极性。Grossman 和 Hart 的债务担保模型认为债务是一种担保机制,能够激励经营者努力工作,节制个人消费,对投资管理与决策更加负责,从而降低"两权"分离而产生的代理成本。负债对经营者的约束机制体现在以下几个方面:首先,债务是需要还本付息的,进而将引起更多的现金流出。公司一旦经营不好,就会面临破产清算,而债权人对公司的控制通常是通过受法律保护的破产程序来进行的,因此对经理人员形成硬性约束。其次,债务可以在一定程度上抑制经理人员的过度投资和盲目投资。Jensen 和 Meckling 指出,债务合约的签订可以减少经营者对自有现金流的滥用,进而抑制经理人员的过度投资行为,在一定程度上降低了代理成本。最后,债务的存在有利于公司控制权的让渡。Aghion 和 Bolton(1992)提出的模型认为,资本结构的选择就是控制权在股东与债权人之间的配置。最优的资本结构就是在一定的负债水平上导致公司破产时控制权由股东转移给债权人,从而实现债权人的控制。与股东控制相比,债权人的控制对经营者更加残酷,所以,负债能更好地约束经营者。

(2)治理结构对资本结构的影响

公司治理结构对资本结构的影响可从内部治理结构和外部治理结构来分析。公司的内部治理结构主要包括大股东治理、机构投资者治理、管理者持股、董事会治理等。公司的外部治理结构主要包括债权人市场、控制权市场、经理人市场等。

①内部治理结构对资本结构的影响

首先,具有大股东的公司对经理人员的监督比较有效。而经理人员由于受到大股东的有效监督,其投融资决策将反映大股东的意志。由于债务的存在可以降低大股东的风险,所以大股东存在的概率与公司的债务比重呈正比。

其次,机构投资者由于持股数量大、专业水平高,使得其对公司管理层的监督比一般的股东更有效率。Prevost,Roaand Hossain(1994)对机构投资者监督与公司资本结构、管理者持股之间的关系进行了实证研究,结果显示公司债务比率、管理者持股数量与机构投资者持股比率成反比。

再次,Kimand Sorensen(1986)的实证研究发现,管理者持有的股权和公司的杠杆比率呈现显著的正相关。最后,董事会的规模、构成等都会对公司的融资决策产生正面或负面影响,最终体现在资本结构上。

②外部治理结构对资本结构的影响

首先,公司债权人尤其是银行对公司资本结构有重要的影响。Smith and Warner(1979)认为,公司债务对于公司管理层的约束作用来自于债权人,尤其是银行的监督和严厉的债务条款。债务合同中的保护性条款对于公司经营者在投融资决策、股利分配和经理薪酬等方面的限制会有效影响公司融资行为,进而影响到公司的资本结构。

其次,控制权市场的存在使得经理层面临丧失控制权及其带来的收益风险。债务杠杆是一种重要的抵御并购策略,Palepu(1986)发现公司被接管的可能性和公司的杠杆比率呈显著的负相关。可见,控制权市场的存在对资本结构具有重要影响。

再次,经理人市场的存在使得经理面临两方面的压力:更换和声誉。为此,经理人员在制订投融资方案时就会倾向于采用有利于减轻这两方面压力的投融资方案,从而影响公司的资本结构。

6.1.2 基于 MM 定理的资本结构理论

1. MM 定理的基本含义

最初的 MM 定理,由美国的莫迪格利安尼和米勒教授于 1958 年 6 月份发表于《美国经济评论》的《资本结构、公司财务与资本》一文中,该理论认为,在不考虑公司所得税,且公司经营风险相同而只有资本结构不同时,公司的资本结构与公司的市场价值无关。或者说,当公司的债务比率由零增加到 100% 时,公司的资本总成本及总价值不会发生任何变动,即公司价值与公司是否负债无关,不存在最佳资本结构问题。修正的 MM 定理(含税条件下的资本结构理论),是于 1963 年发表的另一篇与资本结构有关的论文中的基本思想。他们发现,在考虑公司所得税的情况下,由于负债的利息是免税支出,可以降低综合资本成本,增加公司的价值。因此,公司只要通过财务杠杆利益的不断增加,而不断降低其资本成本,负债越多,杠杆作用越明显,公司价值越大。当债务资本在资本结构中趋近 100% 时,才是最佳的资本结构,此时公司价值达到最大。最初的 MM 定理和修正的 MM 定理是资本结构理论中关于债务配置的两个极端看法。

2. MM 定理模型

(1)完善资本条件下 MM 定理模型

莫迪格利安尼和米勒对完善的资本市场做出了如下假设:一是不存在税收,二是市场是没有矛盾冲突的,不存在交易成本,三是直接破产成本和间接破产成本是不存在的,四是个人和公司的借贷利率相同。在完善资本市场的假设条件下,莫迪格利安尼和米勒认为公司的价值不受财务杠杆作用的影响,杠杆公司的价值等于无杠杆公司的价值,这就是著名的 MM 命题 I(无税)的基本思想,即任何公司的市场价值与其资本结构无关,公司的市场价值只由预期收益的现值水平决定。

最初的 MM 定理模型不考虑税收。该模型有两个基本命题:

命题一:负债经营公司的价值等同于无负债公司的价值。如下式:

$$V_{\mathrm{L}} = V_{\mathrm{U}} \tag{6-1}$$

式中:V_{L} 表示无负债公司的价值;V_{U} 表示负债经营公司的价值。

当公司增加债务时,剩余权益的风险变大,权益资本的成本也随之增大,与低成本的债务带来的利益相抵消,因此,公司的价值不受资本结构影响。

命题二:负债公司的权益资本成本等于处于同一风险等级的无负债公司的权益资本成本再加上与其财务风险相联系的溢价,而风险溢价的多寡则视负债融资程度而定。如下式:

$$K_{\mathrm{S}} = K_{\mathrm{U}} + R_{\mathrm{P}} = K_{\mathrm{U}} + (K_{\mathrm{U}} - K_{\mathrm{B}})(B/S) \tag{6-2}$$

式中:K_{S} 为负债公司的权益成本;K_{U} 为无负债公司的权益成本;R_{P} 为风险报酬;B 是债务的价值;S 是权益的价值。

(2)修正的米勒模型

1976 年,米勒在美国金融学会所做的一次报告中提出了一个把公司所得税和个人所得税都包括在内的模型来估计负债杠杆对公司价值的影响,即所谓的米勒模型。如下式:

$$V_{\mathrm{L}} = V_{\mathrm{U}} + B \times \left[1 - \frac{(1 - T_{\mathrm{C}})(1 - T_{\mathrm{S}})}{(1 - T_{\mathrm{B}})} \right] \tag{6-3}$$

式中:T_{S} 是股票收入的个人所得税率;T_{B} 是利息收入的个人所得税率;公司负债为 B;公司税税率为 T_{C}。

米勒模型的结果表明,MM 公司税模型高估了公司负债的好处,因为个人所得税在某种程度上抵消了公司利息支付的节税利益,降低了负债公司的价值。不过,同公司税模型相似,米勒模型的结论是 100%负债时公司市场价值达到最大。

3. MM 定理的局限性

(1)基本假设过于苛刻

MM 定理的基本假设过于苛刻,且与现实差距过大,许多假设条件在现实生活中并不存在或无法实现。如 MM 定理假设个人和公司可以同一利率借款,并可相互替代。但实际上,个人借款远比公司借款成本高,且负无限责任,个人举债风险远大于公司。MM 定理假定交易成本为零,但实际运行中,各类交易费用不可避免,资本市场的套利活动也因此受到限制。

(2)MM 定理的分析缺乏动态性

MM 定理主要是从静态角度分析,未考虑到外界经济环境与公司自身生产经营条件变化对资本结构的影响。事实上,影响资本结构的诸多因素都是变量。譬如,当整个社会经济由繁荣步入衰退时,公司应适当减少负债,以减轻公司承受的风险。

(3)无实证检验的支撑

国内外学者对影响资本结构的因素及最优资本结构的构成做了大量的实证研究,但结果发现相关变量的解释效果并不明显,也就是说,实证检验的结果并不能给 MM 定理以有力的支持,这是 MM 定理一个较严重的缺陷。

6.1.3 资本结构的委托代理理论

代理理论是新资本结构理论的一个主要代表,是研究代理成本和资本结构之间关系的一种理论。代理理论认为:公司选择资本结构就是选择代理成本最小的资本结构。代理理论创始人为詹森和麦克林(1976),代理成本说是其代表性理论,主要研究公司增加债务融资是否能降低代理成本问题。在詹森和麦克林之后,代理成本说分为两个主要分支:一是财务契约理论,另一个是公司治理结构理论。此处仅就代理成本说、财务契约理论进行介绍。

1. 代理成本说

代理成本说是以代理理论、公司理论和财产所有权理论来系统地分析和解释信息不对称条件下的公司资本结构问题的学说。詹森和麦克林认为,债权融资和股权融资都存在代理成本,最优资本结构取决于"所有者愿意承担的总代理成本",包括债务融资和新股融资的代理成本。

根据詹森和麦克林的理论,公司所有者之所以要进行负债融资,是因为自身资源有限,无法获得潜在的有利可图的投资机会。但是,负债融资会在债权人和所有者之间形成一种代理关系,从而形成代理成本。公司进行的新股融资等于现有所有者以股权换取新所有者的资金,新旧所有者之间不可避免地会引发利益冲突,这样,新的所有者为保证他们的利益不受原所有者的损害,也必须付出监督费用等代理成本。

詹森和麦克林进一步指出,代理成本是公司所有权结构的决定因素,代理成本是指由于所有权与经营权的分离,经营者不是公司的完全所有者(即存在外部股权)而产生的成本。在这种情况下,公司的市场价值往往低于经营者是完全所有者时的市场价值。这是因为经营者的努力工作可能使他承担全部成本而仅获得部分收益;而当他在职消费时,却得到全部好处而只承担部分成本。其结果使经营者工作积极性不高,却乐于追求在职享受。这两者之间的差额就是外部股权的代理成本,它是外部所有者理性预期之内必须要由经营者自己承担的成本。

为此,詹森和麦克林在对股权和债权的代理成本进行分析之后,得出的基本结论是:公司的资本结构与代理成本有直接关系,债务的上升可能增加债务的代理成本(如利率提高),新股融资可能带来外部股权的代理成本(如股票市价下跌)。因此,公司所有者在外部融资结构安排上,必须在债务融资的代理成本和股权融资的代理成本之间进行权衡,以使其承担的总代理成本最小。总代理成本最小时的债务与股权比例就是最优资本结构。此后,詹森在他的"现金流量理论"中还特别强调负债对经营者具有的激励作用,认为负债使经营者受还本付息条款约束而不得不使公司更有效运作。同时债务增加也减少了经营者可供支配的现金,从而减少"闲余现金流量"的代理成本。

2. 财务契约理论

财务契约理论是从詹森和麦克林关于债务契约可以解决股东和债权人之间因利益矛盾所产生的代理成本这一论点派生出来的一个关于资本结构的理论。

所谓财务契约,也称债务契约,指的是一系列限制条款,通过这些限制性条款来控制债务风险,以确保不对称信息情况下债权人和股东的利益,从而实现公司价值最大化和最优资本结构。财务契约理论的研究主要集中在财务契约的设计和最优财务契约的条件两个方面。财务契约理论认为,通过设计可转换条款、可赎回条款和优先债务条款等财务契约,能够解决代理成本问题。例如,通过将债务设计为优先债务,可以限制公司挪用抵押资产来发放股利。因此,优先条款能够降低债权人的监督成本,也有利于股东从事净现值大于零的投资项目,这样,优先条款实际上可以提高公司的价值。

早期的财务契约理论研究的是财务契约的设计,但没有说明什么样的契约是最优的,或者说最优契约的条件是什么,后来的许多人对这个问题加以研究,得出了一些有价值的结论。最优契约理论的一个最为重要的观点是,一个最优的激励相容的债务契约就是标准的债务契约。而所谓标准的债务契约,是指在公司被要求支付一固定款项时具有相应的偿债能力的契约,公司若是无法支付这笔款项,就必须破产。因此,只有在破产时,债权人才能观察到公司的真实情况。所以,债务契约要求公司管理者必须真实地向债权人或投资者披露公司的情况。这样,契约就必须具备让公司管理者愿意说真话的特性,即要是管理者不说真话,他肯定会被发现。

6.1.4 信息不对称下的资本结构

新资本结构理论的最突出特征是认识到"不对称信息"在资本结构中的主导作用。不对称信息是指市场参与者所拥有的信息并非都是相同的,或者说,市场参与者之间在信息占有上存在差异。在金融市场上,买卖双方存在典型的信息差异,表现为借方比贷方更了解借贷抵押品的可靠性、管理层的勤俭程度和道德水准;公司经理拥有外部投资者和债权人所不知的有关公司经营活动的"内幕信息",这就使得经理人在与外部投资者和债权人的博弈过程中占有优势。一般说来,不对称信息是通过融资方式选择、负债比例的显示作用和经理人对风险的厌恶态度来对资本结构产生影响的。

1. 新优序融资理论

最早系统地将信息经济学理论引入公司资本结构理论研究的是经济学家梅耶斯。梅耶斯通过对信息不对称理论的研究,认为投资者之所以对公司的资本结构感兴趣,实际上是因为当公司公布其所选定的资本结构时,股票的价格就会发生变化,这种变化可以被解释为"信息效应"。在信息不对称情况下,有以下三个主要结论:

(1)公司会以各种借口避免发行普通股和其他风险证券来取得对投资项目的融资。

(2)为使内部融资能满足达到正常权益投资收益率的投资要求,公司必须要确定一个目标股利率。

(3)在确保安全的前提下,公司才会计划通过向外部融资以解决其部分融资需要,而且会从发行风险较低的证券开始。

因此,新优序融资理论的中心思想就是:首先考虑内源融资,如果需要外源融资,则优先考虑债务融资,最后才考虑股本融资。梅耶斯对这种融资顺序的阐述如下:信息的不对称现象的出现,是因为控制权和管理权的分离而自然产生的。在信息不对称情况下,管理者(内部人)比市场或投资者(外部人)更为了解公司的收益和投资的真实情况,外部人只能根据内部人所传递的信息来重新评价他们的投资决策。公司的资本结构、财务决策、股利政策都是内部人传递信号的手段。当公司为投资项目寻求融资方式时,由于管理者比潜在的投资者更了解这一投资项目的实际价值,如果项目的净现值是正的,表明项目具有较好的盈利能力,这时,管理者代表旧股东的利益,不愿意发行新股筹集项目所需资金,以免把投资收益转让给新的股东,而是通过负债的方式来筹措项目所需的资金;反之亦然。投资者(外部人)有了对公司管理者这种行为模式的认识之后,自然把公司发行新股当成是传递一种坏消息,而把公司负债当成是一种好消息。投资者这一认识模式建立之后,在公司发行新股融资时,投资者就会认为公司前景不佳,会对公司项目价值进行重新估价,从而影响投资者对新股的出价,导致融资成本发生变动进而超过项目的净现值;而在公司负债融资时,投资者又会当成是公司向市场发出的好信号,而使公司股票价格上升。

新优序融资理论从信号理论角度考虑了公司的融资顺序,揭示了资本结构的变化以及解释了现实世界中的一些问题,但是该理论并没有考虑税收的影响、破产成本、证券发行费和代理成本等因素。

2. 信号传递模型

信号传递模型是探讨在信息不对称条件下,公司如何以适当的方式向市场传递有关公司价值的信号,以此来影响投资者的决策。信号传递模型认为:信息不对称会扭曲公司的市场价值,从而导致市场投资决策无效率。公司选择不同的资本结构可以向市场传递不同的公司价值信号。为此,在信息不对称条件下,公司内部人应当尽量选择适宜的资本结构向市场传递正面的信号,来表明公司的真实价值。而外部人应理性地接受和分析这种信号,从而做出投资决策,通过市场将其行为信息传递给内部人,使博弈双方在信号的引导下实现动态博弈均衡,消除信息不对称现象。在信号均衡条件下,公司内部管理者可以根据外部投资者对其发行证券支付的价格,选择新的融资政策,实现公司价值最大化。

信号模型在资本结构方面的研究,最有影响的有四个,即利兰-派尔模型、罗斯模型、塔莫模型和汉克尔米模型。后两个模型可以看作是对前两个模型的修正和扩展,因此,人们提及较多的是前两个模型。利兰-派尔模型是在1977年提出的。该模型认为,在信息不对称情况下,为了使投资项目的融资活动能够顺利进行,借贷双方就必须通过信号的传递来交流信息,譬如掌握内幕信息的公司管理者本身对投资项目进行投资,以此来向贷方传递一个好的信号,这样贷方就会根据信号做出新的价值判断,决定对公司投资的数额,这一数额即公司的最优负债水平点,其本身就是反映投资项目风险大小的一种信号。

罗斯模型又称激励-信号模型,也是在1977年提出的。罗斯认为,公司管理层拥有公司的"内幕信息",管理者本身是内幕信息的处理者。由于管理者的报酬直接取决于公司的价值,因此,管理者会根据公司的具体情况选择不同的"管理动机日程表",如通过增加负债来增加公司的收益或提高金融市场对公司的定价。公司负债增加向市场传递了财务结构变动的信号,投资者接受这一信号并把它当作是公司试图增加其价值的"知觉",因而增加投资者对公司的信心,使公司价值随之增加。有关信号传递理论从资本结构理论角度来讲,还有很多学者进行了研究。弗兰纳里(Flannery)、卡尔(Kale)和诺埃(Noe)在 1990年指出:在信息不对称的情况下,虽然长、短期债务均会被错误定价,但长期债务被错误定价的程度更大。因此他们认为,盈利能力高的公司应发行短期债务,而盈利能力低的公司应发行长期债务。

戈斯瓦梅(Goswami)、诺埃(Noe)和丽贝洛(Rebello)在 1995 年分析了有价证券的设计,并将它与未来现金流量的不确定性联系起来。得出的结论是:如果信息不对称涉及长期现金流量的不确定性,那么公司应该发行长期的付息债务,并限制股利发放。相反,如果信息不对称涉及近期现金流量的不确定,那么有重大再融资风险的公司应发行长期债务,并不限制股利的发放。当信息的不确定性是与时间相同分布时,公司应使用短期债务进行融资。

6.2 资本结构与股东价值

6.2.1 公司税对资本结构的影响

1. MM 定理的公司税模型

在完全资本市场下不存在税收,所以公司的价值与债务无关,但是在考虑公司税的情况下,债务融资就有一个重要的优势,因为公司支付的债务利息可以抵减应纳税额,而现金股利和留存收益则不能。1963 年莫迪格利安尼和米勒发表了《公司所得税和资本成本:一种修正》一文,放宽了其初始模型的假设条件,首次将公司税引入 MM 定理,并在此基础上重新得出两个命题:

命题一:无负债公司的价值等于税后公司的现金流量除以公司权益资本成本,负债经营公司的价值等于同类风险的无负债公司的价值加上减税收益(税率乘以债务的价值)。如下式:

$$V_L = \frac{EBIT \times (1 - T_C)}{r_0} \tag{6-4}$$

$$V_L = V_U + T_C B \tag{6-5}$$

式中:T_C 是公司税率。

命题一意味着，考虑了公司所得税后，负债经营的公司价值要高于未负债经营的公司价值，且负债越多，公司的价值越高；当公司负债达到100％时，公司的价值达到最大。

【例6-1】 一家无杠杆公司的永续性息税前收益为307.7万元，资本成本为20％，公司税率为35％，公司打算增加债务200万元，公司资本重组前后的公司价值分别是多少？

公司无杠杆时的公司价值：

$$V_L = \frac{EBIT \times (1 - T_C)}{r_0} = \frac{200}{0.2} = 100 \text{ 万元}$$

公司利用财务杠杆时的公司价值：

$$V_L = V_U + T_C B = \frac{200}{0.2} + (0.35 \times 200) = 1070 \text{ 万元}$$

可以看出，在有公司税的情况下，利用财务杠杆的公司价值要高于没有财务杠杆的公司价值，原因就是由于债务利息的节税效应。

命题二：负债经营公司的权益资本成本等于同类风险的无负债公司的权益资本成本加上风险报酬，风险报酬则取决于公司的资本结构和所得税率。如下式：

$$K_S = K_U + (K_U - K_b)(1 - T_C)(B/S) \tag{6-6}$$

命题一表示由于节税收益随债务额的增大而增加，公司便可以通过用债务替代权益来增加公司的总现金流量并提高公司价值。命题二表示在考虑了公司所得税后，尽管权益资本成本还会随着负债程度的提高而上升，不过其上升幅度低于不考虑公司所得税时上升的幅度。此特性加上负债节税的利益，产生了命题一的结果：公司使用的负债越多，它的加权平均资本成本就越低，公司的价值就越高。

2. 权衡理论

含公司税的MM定理认为，债务公司提供了税收优惠。然而，对债务进行还本付息也是公司的责任，如果公司经营不善而导致未能履行对债权人的承诺或者出现偿债困难，就会陷入财务困境，财务困境会使公司的经营变得更加困难，甚至导致公司破产。假如投资者知道公司的负债经营会使其陷入财务困境这一情况，那么他们就会变得很担心，而这一担心马上又会引起公司股票价格的波动，在考虑财务困境的情况下，公司价值由三部分组成，即

公司价值＝完全权益融资的公司价值＋利息节税收益的现值－
财务困境成本的现值 (6-7)

财务困境成本包括直接的财务困境成本和间接的财务困境成本。直接财

务困境成本是指公司在发生财务困境时的现金流出量,包括法律成本和管理成本。间接财务困境成本是随着公司负债的增加和违约风险的提高而上升的,从而导致公司发生财务困境的可能性增大。

考虑到利息的节税收益与财务困境成本,那么公司在进行融资决策时就会在这两者之间进行权衡。当公司的资本结构由完全权益转向少量债务时,公司陷入财务困境的概率很小,因而财务困境成本的现值也很小。然而,随着债务的增多,财务困境成本的现值也开始增大,在某一点,因债务增多引起的财务困境成本现值的增加正好等于节税收益现值的增加,而这一点就是使公司价值最大化的负债比率。在这一点之后,财务困境成本的增长快于节税收益,从而使公司价值因财务杠杆的进一步提高而开始减少。总的看来,资本结构的权衡理论说明了适度负债比率的合理性。如果公司负债过多,则必须通过发行股票,限制现金股利或者变卖资产来筹集资金以调整资本结构。

6.2.2 个人税对资本结构的影响

如果考虑到个人税,公司的目标就不再是仅仅最小化公司的纳税额,而是试图最小化由公司收入引起的所有税款。个人税包括债权人和股东个人所缴纳的税款。

若令 $EBIT$ 表示息税前利润,公司负债为 B,利率为 r_B,公司税税率为 T_C,股东的个人税率为 T_S,债权人的个人税率为 T_B,那么在考虑公司税和个人税的情况下,杠杆公司的股东所获得的现金流量为:

$$CF_{股东} = (EBIT - r_B B) \times (1 - T_C) \times (1 - T_S) \tag{6-8}$$

杠杆公司的债权人所获得的现金流量为:

$$CF_{债权人} = r_B B \times (1 - T_B) \tag{6-9}$$

因此,所有投资者得到的税后总现金流量是:

$$CF_{股东+债权人} = (EBIT - r_B B) \times (1 - T_C) \times (1 - T_S) + r_B B \times (1 - T_B) \tag{6-10}$$

通过变形可以得到:

$$CF_{股东+债权人} = EBIT \times (1 - T_C) \times (1 - T_S) + r_B \times (1 - T_B) \times [1 - (1 - T_C) \times (1 - T_S)/(1 - T_B)] \tag{6-11}$$

该式中的 $EBIT \times (1 - T_C) \times (1 - T_S)$ 是公司税和个人税后的无杠杆公司的现金流量,计算其现值时应用股东的个人税后的无杠杆公司的权益资本成本,而且该现值为无杠杆公司的现值。$r_B \times (1 - T_B) \times [1 - (1 - T_C) \times (1 - T_S)/(1 - T_B)]$ 是扣除所有税收因素之后的节税收益,应使用债权人个人税后的债务资本成本来折现。这样,无杠杆公司的价值加上利息节税收益的现值即为杠杆公司的价值，如下式：

$$V_{\mathrm{L}} = \frac{EBIT(1-T_C)(1-T_S)}{r_O \times (1-T_C)} + \frac{r_B B(1-T_B)}{r_B(1-T_B)} \times \left[1 - \frac{(1-T_C)(1-T_S)}{1-T_S}\right] =$$

$$V_{\mathrm{U}} + B\left[1 - \frac{(1-T_C)(1-T_S)}{(1-T_S)}\right] \tag{6-12}$$

以上就是在考虑了公司税的基础上进一步考虑个人税的 MM 定理。

6.2.3 融资体系对资本结构的影响

融资是公司资本运作的起点和资本运用的前提。在公司资本循环过程中，融资处于首要阶段。它是公司资本循环的重要环节。公司对融资活动进行管理，就是要以最小的代价筹集到公司所需的资金，通过合理的融资体系保持公司合理的资本结构。

公司的融资方式即公司融资的渠道，总体来说可以分为两类：债务性融资和权益性融资。前者包括银行贷款、发行债券、应付票据和应付账款等，后者主要指股票融资。债务性融资构成负债，公司要按期偿还约定的本息，债权人一般不参与公司的经营决策，对资金的运用也没有决策权。权益性融资构成公司的自有资金，投资者有权参与公司的经营决策，有权获得公司的红利，但无权撤退资金。

融资体系是指公司各项资金的来源、组合及其相互关系，它反映公司资产负债表右边项目的结构。而资本结构则是指公司长期资金的来源、组合及其相互关系。公司的长期资金一般包括权益资本和长期负债，因此，资本结构主要是反映权益资本和长期负债的组合及其相互关系。融资体系主要有以下几种表现形式。

1. 直接融资比例和间接融资比例

直接融资和间接融资是就公司外源融资而言的。直接融资比例是指直接融资量在外源融资量中所占的比重。由于公司直接融资方式主要是发行债券和股票，因此，直接融资比例又可进一步分为债券融资比例和股票融资比例，而间接融资比例则是指间接融资量在外源融资中所占的比重。由于间接融资方式包括向银行借款、融资租赁等，因此，间接融资比例又可进一步划分为银行借款比例、融资租赁比例等。

将融资结构分为直接融资比例和间接融资比例，主要是用来反映国家融资格局或金融结构的特征。如果一个国家的间接融资比例高，则表明这个国家的融资格局以间接融资占主导地位；反之，则表明这个国家的融资格局以资本市场为主体。

2. 内源融资比例和外源融资比例

内源融资比例和外源融资比例是就公司总资本而言的。内源融资比例是指内源融资量在总资本来源中所占的比重,这一比例的高低表明公司内部积累能力的强弱。而外源融资比例则是指外源融资量在总资本来源中所占的比重,这一比例的高低表明公司对外部资金依赖程度的高低,同时也表明公司内部积累能力的强弱。

将融资结构化分为内源融资比例和外源融资比例,既可以用来反映公司内部积累能力的强弱,或者是对外部资金依赖程度的高低,也可以用来反映一个国家内部积累能力的强弱。

3. 股权融资比例和债权融资比例

股权融资比例和债权融资比例是就公司总资本来源的性质而言的。股权融资比例是指股权融资量即股本在公司总资本来源中所占的比重,也称为股本比例或所有者权益比例,这一比例的高低表明公司股本实力的大小,进而表明公司经营实力的大小和对外负债能力的大小。而债权融资比例则是指债权融资量即负债在公司总资本来源中所占的比重,也称为负债比例或负债率,这一比例的高低表明公司负债水平的高低和融资风险的大小。

将融资结构划分为股权融资比例和债权融资比例,既可以用来反映公司股本实力的大小和公司负债水平,也可以用来反映一个国家资本积累水平和资本市场的发展状况。

4. 长期资本比例和短期资本比例

长期资本比例和短期资本比例是就公司资本来源的不同期限构成而言的。长期资本比例是指长期资本在公司总资本来源中所占的比重,而短期资本比例则是指短期资本在公司总资本来源中所占的比重。长期资本比例和短期资本比例,表明公司资本来源稳定性的强弱以及融资成本的高低,长期资本比例高,公司资本来源的稳定性强,融资成本也高;反之,公司资本来源的稳定性差,融资成本也低。

不同的融资体系会对公司的股权资本与债权资本的构成及其比例关系产生不同的影响,会对公司各种资产价值的比例关系产生影响,从而影响公司的资本结构。因此,要保证合理的公司资本结构,就要选择合理的融资体系。

6.2.4 资本结构对股东价值的影响

1. 股东价值

什么是股东价值?一个很简单的定义就是"公司价值减去负债",或者用另一种方式来说,一个公司的股东价值,就是以加权平均资本成本来贴现公司未来的现金流量收入,然后用贴现后的现值减去公司负债后剩余的价值。但是,一个最基本的原则是:只有当公司的权益收益超过权益成本时,才能为股东增加价值。如果一个投资者正在考虑购买某公司的股票,那么应该考虑将资金用于购买股票而不是其他用途的"机会成本"问题。

2.资本结构对股东价值的影响

公司的借入资产价值和公司的股东价值之和,统称为公司的市场价值,是公司作为一个产权整体参与市场交换所能获得的实际价值。不同的产权主体在做决策时,所依据的公司价值不同。公司所有者的决策依据是公司股东价值的最大化,公司债权人的决策依据是公司借入资产价值的最大化。

负债可能会增加公司的股东价值。这主要表现在以下两个方面:(1)根据财务杠杆原理,当资本的息税前收益率大于债券利率时,适量负债会增加公司的股权资本投资收益率,从而增加单位股权资本价值。(2)负债的减税功能也会增加公司的股权资本价值。由于单位债券的价值是相对固定的,所以因减税而增加的公司市场价值,主要被公司所有者获得,因此适量负债会增加公司的股权资本价值。

负债有可能减少公司的股权资本价值。当资本的息税前收益率小于债券的利率时,公司负债会使公司股权资本价值下降。另外,公司因负债而下降的公司价值,部分主要由公司的所有者承担,这也会降低公司的股权资本价值。

3.利用资本结构决策提高股东价值

融资及资本结构管理,是最大地创造股东价值不可或缺的环节,是整合公司战略、投资、经营和风险管理活动的中心环节。过度使用债务资本或股权资本,都不符合股东价值最大化原则。

现代金融市场为解决信息不对称问题,开发出多种融资工具,如可转换债券。股票回购也是为解决信息不对称问题的一种有效财务政策。另外,由于信息不对称和预期差异,股票市场存在低估公司投资价值现象和股票市场的内在不稳定性,上市公司有必要保持较高的资信等级,储备一定的财务融资能力,增强财务弹性,以应付股票市场不认同公司配售计划所带来的投资经营困难,或在股票市场严重低估公司投资价值时,进行股票回购。

因此,资本结构对股东价值的影响是多方面的,不但可能增加公司的股东价值,也可能减少其价值。公司资本决策的重要依据,应是股东价值最大化。针对这些情况,应合理地设计金融工具,使其具有债务资本和股权资本的转换功能,当债务资本不足时,能增加债务资本;当股权资本不足时,能增加股权资本。从而保持合理的资本结构,达到股东价值最大化的目的。

6.3 最优资本结构

6.3.1 最优资本结构的概念

1.最优资本结构的含义

最优资本结构是指公司在一定时期内,筹措的资本的加权平均资本成本(WACC)最低,使公司的价值达到最大化,是公司的目标资本结构。一般认为最优资本结构是指能使公司资本成本最低且公司价值最大并能最大限度地调动利益相关者积极性的资本结构。

虽然对最优资本结构的标准仍然存在着争议,但是股权融资与债权融资应当形成相互制衡的关系,过分偏重任何一种融资都会影响到公司经营的稳定和市场价值的提升。

2.最优资本结构的特点

(1)在最优资本结构条件下,上市公司的公司价值实现最大。在任何时期,上市公司都存在唯一的资本结构,但这时的资本结构如果不是最优的资本结构,则此时的公司价值并未实现最大。只有在最优资本结构的条件下,上市公司的公司价值才会实现最大。

(2)最优资本结构是动态的。最优资本结构并不是固定不变的,因为最优资本结构因时而异,此一时,彼一时的资本结构是不同的。不能因为在上一期达到了最优资本结构,就认为当期的资本结构也是最优的,因而对最优资本结构的追求,不是一蹴而就的,而是一个长期的、不断优化的过程。影响资本结构的诸多因素都是变量,即使资本总量不变,公司也不能以不变的资本结构应万变。

(3)最优资本结构具有高度的易变性。影响最优资本结构的因素非常多,不仅包括公司自身因素,而且还与宏观经济、资本市场等因素具有密切的关系,这些因素当中任何一个因素的改变,都会对最优资本结构产生影响,从而导致最优资本结构的改变。由于影响最优资本结构的许多因素具有不可控性,当这些不可控因素发生改变时,必然会导致最优资本结构的改变,从而使最优资本结构具有高度的易变形。

(4)最优资本结构的复杂性与多变性。最优资本结构因公司、时间、环境而异,并不存在一个为所有公司、所有时期、所有条件下都恒定不变的唯一的最优资本结构。

3.最优资本结构理论

关于最优资本结构决定的理论主要有三种观点:权衡理论、代理成本理论、控制权理论。

（1）权衡理论认为，负债可以为公司带来税额庇护利益，但各种负债成本随负债比率增大而上升，当负债比率达到某一程度时，息税前盈余（EBIT）会下降，同时公司负担代理成本与财务拮据成本的概率会增加，从而降低公司的市场价值。因此，公司融资应当是在负债价值最大和债务上升带来的财务拮据成本与代理成本之间选择最佳点。

（2）代理成本理论则认为，在确定公司最佳资本结构时，公司必须在综合考虑两种代理成本的基础上做出权衡取舍，在给定内部资金水平下，能够使总代理成本最小的权益和负债比例，就是最佳的资本结构。Jensen 和 Meckling（1976）认为最优资本结构选择在使得股权融资和债务融资的代理成本达到最小的点上，即当债权融资所导致的股权代理成本降低恰好与债权代理成本相等时，公司达到最优资本结构。

（3）控制权理论则认为，最优资本结构存在于控制权收益与控制权损失恰好相等的那一时点。如 Harris 和 Raviv（1991）认为在职经理通过权衡其持股收益与控股损失确定其最优资本结构；Israel（1991）认为公司最优资本结构是权衡接管中因负债增加而导致的目标公司收益增加效应与接管可能性减少效应的结果。

6.3.2　公司价值与股东利益

1. 公司价值

公司价值是微观经济学中极为重要的概念，它是指公司作为市场经济体制下具有一定生产经营功能的整体，市场对其潜在盈利能力和发展前景的评价与认同。这里必须明确的是：其一，公司价值不是其现有的盈利水平，更不是其拥有的实物资产价值的总和，而是公司作为整体资产所具有的潜在的未来的获利能力，因而必然存在着风险因素（经营风险和财务风险）及资金时间价值的双重影响，使之具有不确定性；其二，公司价值是市场对公司的评价，不是公司自身对其价值的认定。在通常情况下，公司价值以公司发行的股票和债券的市价之和计算，这是因为有价证券在资本市场上市价的涨落，反映了投资者对公司发展前景的评估与预期。但是，有价证券市价的波动往往受众多复杂因素的影响，尤其是在资本市场不规范和短期投资者炒作的情况下，有价证券的市价并不能完全反映公司的业绩和前景，只有在成熟资本市场中，长期投资下的有价证券市价趋势才能较好地反映公司价值。

在现代经济环境中，影响公司价值的直接因素是综合资本成本。公司只有获得超过平均资本成本水平以上的投资报酬率，才能增加股东收益，使股票市价升值。综合资本成本又取决于公司的资本结构。优化资本结构,以最低的综合资本成本达到公司价值最大化,是资本结构理论研究的核心问题。

2. 股东利益

股东创办公司的目的是增长财富,增加股东利益。他们是公司的所有者,是公司资本的提供者,其投资的价值在于它能给所有者带来未来报酬,包括获得股利和出售股权获取现金。因此,可以用股东财富来衡量股东利益,股东财富最大化成为公司的重要目标。

在股份经济条件下,股东财富由其所拥有的股票数量和股票市场价格两方面来决定,因此,股东财富最大化也最终体现为股票价格。他们认为,股价的高低代表了投资大众对公司价值的客观评价。它以每股的价格表示,反映了资本和获利之间的关系;它受每股盈余的影响,反映了每股盈余大小和取得的时间;它受公司风险大小的影响,可以反映每股盈余的风险。

股东财富最大化的这种观点认为,公司主要是由股东出资形成的,股东创办公司的目的是扩大财富,他们是公司的所有者,理所当然地,公司的发展应该追求股东财富最大化。在股份制经济条件下,股东财富由其所拥有的股票数量和股票市场价格两方面决定,在股票数量一定的前提下,当股票价格达到最高时,则股东财富也达到最大,所以股东财富又可以表现为股票价格最大化。

3. 公司价值与股东利益的关系

(1)联系:公司价值包括股东权益和负债两个部分的价值,而股东权益同样是股东财富,即体现股东利益的最主要的一部分内容,因此,从概念上看,二者有着一定的正向关系。

(2)区别:有些人将公司价值最大化等同于股东财富最大化,实际上这两种理财目标是不同的,主要表现在:

① 对象不同。在公司价值最大化下,管理者的服务、负责对象是人化的"公司",而在股东财富最大化下,管理者的服务、负责对象是股东;

② 内容不同。公司价值包括股东权益和负债两个部分的价值,而股东财富只包括股东权益这部分的价值加上分配的股利。虽然负债对股东财富有影响,但它不属于股东财富的内容。

6.3.3 财务杠杆与公司价值

1. 财务杠杆的基本概念

无论公司营业利润多少,债务利息和优先股的股利都是固定不变的。当息税前利润增大时,每一元盈余所负担的固定财务费用就会相对减少,这能给普通股股东带来更多的盈余。这种债务对投资者收益的影响,称为财务杠杆。财务杠杆影响的是公司的税后利润而不是息前税前利润。

财务杠杆是指由于债务的存在而导致普通股每股利润变动大于息税前利润变动的杠杆效应，是公司利用负债来调节权益资本收益的手段。合理运用财务杠杆给公司权益资本带来的额外收益，即财务杠杆利益。由于财务杠杆受多种因素的影响，在获得财务杠杆利益的同时，也伴随着不可估量的财务风险。因此，认真研究财务杠杆并分析影响财务杠杆的各种因素，搞清其作用、性质以及对公司权益资金收益的影响，是合理运用财务杠杆为公司服务的基本前提。

2. 财务杠杆的作用

（1）财务杠杆的效应

财务杠杆效应是负债和优先股筹资在提高公司所有者收益中所起的作用，是以公司的投资利润与负债利息率的对比关系为基础的。

①投资利润率大于负债利息率。此时公司盈利，公司所使用的债务资金所创造的收益（即息税前利润）除债务利息之外还有一部分剩余，这部分剩余收益归公司所有者所有。

②投资利润率小于负债利息率。公司所适应的债务资金所创造的利益不足以支付债务利息，对不足以支付的部分公司便需动用权益性资金所创造的利润的一部分来加以弥补。这样便会降低公司使用权益性资金的收益率。

由此可见，当负债在全部资金所占比重很大，从而所支付的利息也很大时，其所有者会得到更大的额外收益，若出现投资利润率小于负债利息率时，其所有者会承担更大的额外损失。通常把利息成本对额外收益和额外损失的效应成为财务杠杆的作用。

（2）财务杠杆作用的后果

不同的财务杠杆将在不同的条件下发挥不同的作用，从而产生不同的结果。

①投资利润率大于负债利润率时。财务杠杆将发生积极的作用，其作用结果是公司所有者获得更大的额外收益。这种由财务杠杆作用带来的额外利润就是财务杠杆利益。

②投资利润率小于负债利润率时。财务杠杆将发生负面的作用，其作用结果是公司所有者承担更大的额外损失。这些额外损失便构成了公司的财务风险，甚至导致破产。这种不确定性就是公司运用负债所承担的财务风险。

3. 财务杠杆的衡量

对财务杠杆计量的主要指标是财务杠杆系数，财务杠杆系数是指普通股每股利润的变动率相当于息税前利润变动率的倍数。计算公式为：

财务杠杆系数＝普通股每股利润变动率/息税前利润变动率＝

基期息税前利润/(基期息税前利润－基期利息)　　(6-13)

对于同时存在银行借款、融资租赁,且发行优先股的公司来说,可以按以下公式计算财务杠杆系数:

财务杠杆系数＝息税前利润/[息税前利润－利息－融资租赁租金－

(优先股股利/1－所得税税率)]　　　(6-14)

4. 财务杠杆对公司价值的影响

财务杠杆对公司价值的影响,不同的理论提出了不同的观点:

(1)净收益理论。此理论认为负债可以降低公司的资金,负债程度越高,公司的价值越大。即只要债务成本小于权益成本,权益成本保持不变,债务融资数量的增加就不影响权益融资的成本,那么总资本成本会直接随财务杠杆的运用而发生变化,这样公司的全部市场价值在同一时间区段内直接随财务杠杆而变化。

(2)营业收益理论。此理论认为债务融资数量的增加会使权益融资的成本上升,这样,增加债务融资而使成本降低的效果与由此引起的权益成本上升的效果正好相互抵消,而使总资本成本保持不变。

(3)传统理论。此理论介于上述两种结论之间,认为一定程度财务杠杆的使用虽然会使权益成本上升,但其上升的幅度很小,不至于冲抵债务使用的全部效果。所以在一定的范围之内,财务杠杆的使用是有利的。

(4)MM理论。莫迪格利安尼和米勒(简称 MM)在 1958 年的研究中所从事的分析和部分实证研究认为,当公司不存在收入所得税时,公司的资本成本及其市场价值与所采用的财务杠杆无关。

很显然,各种理论为公司融资决策提供了有价值的参考,可以指导公司的决策行为。但由于融资活动本身和外部环境的复杂性,财务杠杆对公司价值的影响还需相关管理人员结合现实情况做出进一步的关注和研究。

5. 我国上市公司财务杠杆对公司价值的影响

(1)公司有无限增加债务水平的动机。因为我国的利率体系没有市场化,债务的边际成本不会随着融资的数量而上升,即使财务杠杆超过了一定的数值,公司债务资本成本也不会上翘,而是一直保持水平状态,并且公司债务约束大多来自于外部,即行政指令、个人关系和国家政策等,所以公司有无限增加债务水平的动机。

(2)公司在上市之初普遍对债务进行剥离。虽然债务的成本不随债务的数量而上升,但权益的成本却会因债务数量而发生变化。个别公司的债务数量超过了一定的度,使其运营风险加大,权益资本的成本也加大了。正因如此,通常公司在上市之初要对债务进行剥离。

(3)有配股权的上市公司,运用财务杠杆可提升公司价值。对于满足配股要求的上市公司,其财务杠杆是有利的,其最优财务决策不单纯是通过配股来筹集资金而扩大资本规模,而是在配股的同时增加其负债的数量以保持或扩大其杠杆力,达到最大限度地利用财务杠杆增加其股东利益的目的,即增加债务融资可以使公司的收益更大。相反,对于那些不具备配股资格的上市公司而言,收益能力小于其负债的平均利率,其财务杠杆是不利的,这时加大的杠杆力会使其净资产收益率的状况进一步恶化,因此不宜采用进一步的债务融资,而应减少不利杠杆的效果,采用权益融资的方式得到外部资金。

6.3.4 财务杠杆与股东利益

前面两节探讨了公司价值与股东利益的关系以及财务杠杆与公司价值的关系,在此基础上,本节探讨财务杠杆与股东利益之间的关系,下面以一个例子来了解二者之间的关系。

假设 A 公司当前的资本结构中无任何债务。公司正在考虑发行债券回购部分股票。公司目前的及计划的资本结构如表 6-1 所示。公司的资产是 8000 美元。这个完全权益公司有 400 股的股票,每股市场价值为 20 美元。计划发行的债务是 4000 美元,余下的 4000 美元是所有者权益,利息率为 10%。

表 6-1 A 公司的财务结构

项目	当前	计划
资产	8000	8000
负债	0	4000
股东权益(市场值和账面值)	8000	4000
利息率%	10	10
每股市场价值	20	20
流通在外的股票	400	200

注:计划的资本结构中有财务杠杆,而目前的结构是完全权益。

在当前的资本结构下(完全权益),经济环境对每股收益的影响如表 6-2 所示。首先考察中间列,预期收益为 1200 美元。因为资产是 8000 美元,总资本收益率为 15%(=1200 美元/8000 美元)。由于该完全权益公司的总资产等于股东权益,股东权益收益率也是 15%,每股收益是 3 美元(=1200 美元/400)。类似地,在经济萧条和经济扩张时,每股收益分别为 1 美元和 5 美元。杠杆作用的情况如表 6-3 所示。在表 6-2 和表 6-3 中,三种经济状况下的总资产收益率完全相同。因为该比率的计算是在考虑利息之前。由于这里的债务是 4000 美元,利息为 400 美元(=0.10×4000 美元)。因此在中间列的情况下,息后收益是 800 美元(=1200 美元-400 美元)。

既然股东权益为 4000 美元,股东权益收益率是 20%(800 美元/4000 美元),每股收益即为 4 美元(=800 美元/200)。在经济萧条和经济扩张时,相似的计算可得出每股收益分别为 0 美元和 8 美元。

表 6-2 和表 6-3 表明了财务杠杆的影响取决于公司的息前收益。若息前收益等于 1200 美元,计划的资本结构下的股东权益收益率较高。若息前收益等于 400 美元,当前资本结构下的股东权益收益率较高。

表 6-2   A 公司当前资本结构:无债务(负债)

项目	经济衰退	预期	经济扩张
总资产收益率(ROA)(%)	5	15	25
收益	400	1200	2000
股东权益收益率(ROE)=收益/股东权益(%)	5	15	25
每股收益(EPS)	1	3	5

表 6-3   A 公司的计划资本结构:债务=4000 美元

项目	经济衰退	预期	经济扩张
总资产收益率(ROA)(%)	5	15	25
息前收益(EBI)	400	1200	2000
利息	-400	-400	-400
息后收益	0	800	1600
股东权益收益率(ROE)=息后收益/股东权益(%)	0	20	40
每股收益(EPS)	0	4	8

图 6-1 表述了这个观点。实线代表没有杠杆作用的情况。这条线从原点出发,表示如果息前收益为 0 时,每股收益(EPS)等于 0。EPS 随着息前收益(EBI)的增加而增加。虚线表示债务为 4000 美元的情况。这里,若 EBI 为 0,EPS 是负值,这是因为无论公司是否盈利,都必须支付 400 美元的利息。

现在考察这两条线的倾斜度,虚线(有债务的那条)的倾斜度比实线的大。这种情况之所以发生是由于有财务杠杆的公司流通在外的股票数少于没有财务杠杆的公司。因此,对有杠杆的公司而言,由于其增加的收益在较少的股票中分配,息前收益的任何增加量导致每股收益更大幅度的上升。

由于虚线的截距较低而倾斜度较高,两条线必然相交。盈亏平衡点位于 800 美元的息前收益处。假若息前收益为 800 美元,则两种情况下公司的每股收益都是 2 美元。鉴于 800 美元是盈亏平衡点,对有财务杠杆的公司而言,高于 800 美元的收益导致较大的每股收益；对没有财务杠杆的公司而言，低于 800 美元的收益导致较大的每股收益。

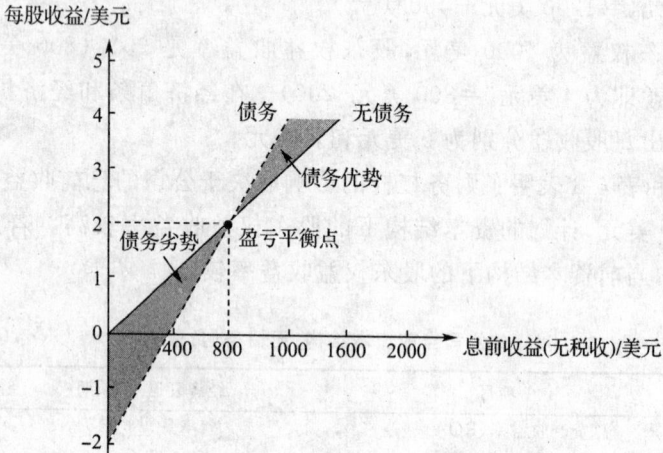

图 6-1　财务杠杆：A 公司的每股收益（EPS）和息前收益（EBI）
资料来源：罗斯. 公司理财

6.4　资本结构优化

6.4.1　资本结构优化的含义

1. 资本结构优化的概念

公司资本结构优化是指通过对公司资本结构的调整，使其资本结构趋于合理化，达到既定目标的过程。

对于公司实行资本结构优化战略管理，使公司能够在资本结构优化的过程中，建立产权清晰、权责分明、管理科学的现代公司制度，优化公司在产权清晰基础上形成的公司治理结构，对公司改革的成败具有重大的意义。对于股份公司上市公司，在资本结构优化的过程中，建立一种使约束与激励机制均能够有效发挥作用的合理的公司治理结构，促使公司实现公司价值的最大化，对于我国刚刚起步的资本市场的发育与完善而言，也是相当重要的。

2. 资本结构优化的影响因素

（1）外部因素

国家的发达程度：不同发达程度的国家存在不同的资本结构。与其他国家相比，发展中国家在资本形成、资本积累和资本结构的重整过程中存在着制约资本问题的以下障碍:一是经济发展状况落后,人居收入水平低,资本流量形成的源头枯萎。二是发展中国家储蓄不足,金融机构不健全,金融市场不发达,难以将分散、零星的储蓄有效地转化为投资,进而形成资本。而在发达国家,健全、良好、完备的金融组织机构、资本市场起着保障组织、汇集储蓄,使其顺利转化为投资的十分重要的中介作用。

经济周期:在市场经济条件下,任何国家的经济都处于复苏、繁荣、衰退和萧条的阶段性周期循环中。一般而言,在经济衰退、萧条阶段,由于整个经济不景气,很多公司举步维艰,财务状况经常陷入困难,甚至有可能恶化。因此,在此期间,公司应采取紧缩负债经营的政策。而在经济繁荣、复苏阶段,经济形式向好,市场供求趋旺,多数公司销售顺畅,利润水平不断上升,因此公司应该适度增加负债,充分利用债权人的资金从事投资和经营活动,以抓住发展机遇。同时,公司应该确保本身的偿债能力,保证有一定的权益资本作后盾,合理确定债务结构,分散与均衡债务到期日,以免因债务到期日集中而加大公司的偿债压力。

公司所处行业的竞争程度:宏观经济环境下,公司因所处行业不同,其负债水平不能一概而论。一般情况下,如果公司所处行业的竞争度较弱或处于垄断地位,如通信、自来水、煤气、电力等行业,销售顺畅,利润稳定增长,破产风险很小甚至不存在,因此可适当提高负债水平。相反,如果公司所处行业竞争程度较高,投资风险较大,如家电、电子、化工等行业,其销售完全是由市场决定的,利润平均化趋势是利润趋于平均化水平,甚至降低的趋势,因此,公司的负债水平应低一点,以获得稳定的财务状况。

税收机制:国家对公司筹资方面的税收机制一定程度上影响了公司的筹资行为,使其对筹资方式做出有利于自身利益的选择,从而调整了公司的资本结构。根据我国税法规定,公司债务的利息可以记入成本,从而冲减公司的利润,进而减少公司所得税,财务杠杆提高会因税收挡板效应而提高公司的市场价值。因此,对有较高边际税率的公司应该更多地使用债务来获得避税收益,从而提高公司的价值。

(2)内部因素

公司规模:公司规模制约着公司的资本规模,也制约着公司的资本结构。一般而言,大公司倾向于多角化、纵向一体化或横向一体化经营。多角化经营战略能使公司有效分散风险,具有稳定的现金流,不易受财务状况的影响,因而使公司面临较低的破产成本,在一定程度上能够承受较多的负债。纵向一体化经营战略能够节约公司的交易成本,提高公司整体的经营效益水平,既提高了公司的负债能力,同时也提高了内部融资的能力,因此对于实行纵向一体化战略的公司,无法确定其规模与负债水平的关系。对于实行横向一体化战略的公司,由于公司规模的扩张会提高产品的市场占有率,因此会带来更高、更稳定的收益,所以,可以适当提高公司的负债水平。

资产结构:1984年,迈尔斯和梅勒夫在分析了管理者与外部信息不对称问题后认为,公司通过发行由抵押担保的债务可以降低债权人由于信息不对称带来的信用风险,因此,在有形资产作担保的情况下,债权人更愿意提供贷款,公司的有形资产越多,其担保的价值越大,因而可以筹集更多的资金。对于固定资产和存货等可抵押资产,其价值越大,公司可获得的负债越多。资产结构会以多种方式影响公司的资本结构。根据有关学者的研究,有以下结论:一是拥有大量固定资产的公司主要通过长期负债和发行股票筹集资金。二是拥有较多流动资产的公司,更多地依赖流动负债来筹集资金。三是资产适于进行抵押贷款的公司举债较多,如房地产公司的抵押贷款就非常多。四是以技术开发为主的公司负债则很少。

公司获利能力:融资顺序理论认为,公司融资的一般顺序是首先使用内部融资,其次是债务融资,最后才是发行股票。如果公司的获利能力较低,很难通过留存收益或其他权益性资本来筹集资金,只好通过负债筹资,这样导致资本结构中负债比重加大;当公司具有较强的获利能力时,就可以通过保留较多的盈余为未来的发展筹集资金,公司筹资的渠道和方式选择的余地较大,既可以筹集到生产发展所需要的资金,又可使综合资本成本尽可能最低。

公司偿债能力:通过流动比率、速动比率、资产负债率、产权比率、有形净值债务率等财务指标的分析,评价公司的偿债能力,同时还应考虑长期租赁、担保责任、或有事项等因素对公司偿债能力的影响。

股利政策:股利政策主要是关于税后利润如何分配的筹资政策。如果公司不愿意接受债券筹资的高风险和产权筹资的稀释作用,则可以考虑用内部积累的方式筹集投资所需的部分或全部资金。如果公司决定采用内部筹资,则股利分配金额将会减少,负债水平将会降低。

所有者和经营者对公司权利和风险的态度:公司资本结构的决策最终是由所有者和经营者做出的。一般情况下,如果公司的所有者和经营者不想失去对公司的控制,则应选择负债融资,因为增加股票的发行量或扩大其他权益资本范围,有可能稀释所有者权益和分散经营权。同时,所有者和经营者对风险的态度也会影响资本结构:对于比较保守、稳健、对未来经济持悲观态度的所有者及经营者,偏向尽可能使用权益资本,负债比重相对较小;对于敢于冒险、富于进取精神、对经济发展前景比较乐观的所有者和经营者,偏向于负债融资,充分发挥财务杠杆的作用。

3. 资本结构优化的原则

（1）资金成本最低原则

公司最优的资本结构是使公司价值最大的结构，而公司价值最大的资本结构应满足加权平均资金成本最低的要求。从一定意义上讲，最优的资本结构，就是在不影响公司经营的条件下使整个公司的平均资金成本最低。

（2）筹资时机适宜原则

时机是公司筹资时必须考虑的因素。如发行股票增资时，最好选择股价上涨时期。一方面可以顺利发行；另一方面可以使公司获得溢价收入。如果筹资时机选择不当，就有可能因募股不足难以筹措到足够的资金，或者即使筹措到足够的资金也可能持有资金而无法及时、有效地投入使用。

因此，公司在筹资时，必须根据自身的实际情况随时调查国内外政治经济环境以及国家的财税政策、金融政策和主业政策的变化，捕捉到适宜的时机筹措资金。

（3）最优筹资组织原则

资本结构是一个由点到面逐层展开的扇形结构，每一层次都有各自的构成项目。可以说资本结构是一个系统，要使这个系统发挥最佳功能，不仅要求资本结构第一层次的两大融资结构之间保持合理的比例，而且要求第二层次、第三层次各类融资之间也应保持合理的比例关系。最佳筹资组合包括筹资规模的确定，资金成本的取舍，风险的衡量以及财务杠杆的运用等。这些内容都要通过资本结构内部各构成以及项目的有机配合才能实现最优化。具体说来，就是要求在公司筹资总规模的基础上保持内外结合的策略；在偿还方式上选择最低成本方案；在偿还期限上采取分散化方式；在资金形态上坚持长短期相结合的方针等等。

6.4.2 资本结构优化的行业差异

之所以将行业因素作为影响公司资本结构优化的重要因素之一，是因为同一行业往往面临相似的外部环境，同一行业中的公司经营成长历史也大多相近。而且，金融机构如银行也将公司的资本结构同行业标准相比较来确定公司的债务风险水平。因而可以认为同行业的公司往往具有相似的资本结构。具体而言，行业因素对公司资本结构的影响主要表现在以下三个方面：

1. 行业的生命周期

处于不同生命周期阶段的行业面临的经营风险等级不同，从而其资本结构决策也就不同。如 IT 行业、信息产业、通信行业中的公司预期财务风险较大，这类公司难以过多负债，因而其总资产负债率特别是长期负债率就较低。

2. 行业的资本有机构成

资本有机构成是指由生产性质和技术水平所决定的资金占用关系，即流动资产与固定资产的比例关系。以工厂行业中的公司为例，这些公司流动资产构成高，由于流动资产使用周期短、变现速度快，使得公司占用中长期资金的比例较低，因而要求公司的资产负债率保持在较低的水平。相反，在固定资产占用比例大的公司，由于需要的资金量大，并且资金周转较为缓慢，因而可以保持较高的资产负债率，如建筑业和机械制造业中的公司。

3. 行业内公司的资本投入规模

如果一个行业被少数公司所垄断，那么投资该行业或在该行业生存发展，必须以雄厚的资本投入为前提。此外，行业壁垒越高，公司就可以更多负债。如航空业等行业的资产负债率较高；反之，在旅游等服务行业中，因其投资少、见效快，且行业内的公司数量众多，因此使得这些行业对资金实力的要求相对较低，其资产负债率自然就较低。

不同的行业在负债比率上一直保持着显著的差异，这是因为不同行业的公司在经营风险的大小、资产抵偿负债的能力、折旧等非负债项目带来的避税可能性等方面的不同引起的。在进行资本结构决策时，应参照行业的平均水平，分析本公司与同行业其他公司之间的差别，然后再确定合适的资本结构。

【例 6-2】 不同的行业实际的资本结构有很大差别，如表 6-4 为美国部分行业的资本结构。

表 6-4 美国不同行业的资本结构

行业	债务对总资本的比率	债务权益率	公司数量
造纸	37.09%	58.99%	30
汽车	41.59%	71.21%	39
有线电视	39.77%	68.66%	8
餐饮	28.31%	39.49%	62
制药	2.75%	2.83%	161
电力	49.89%	99.43%	54
钢铁	55.84%	126.46%	28
电脑	6.91%	7.42%	90
航空	47.50%	90.49%	17

资料来源：Cost of Capital，2000 Yearbook（Chicago：Ibboston Associates，Inc.，2000）

6.4.3 资本结构优化的途径

1. 收益能力分析

分析公司息税前利润和每股收益之间的关系，比较不同融资方式对这两个指标的影响，是判断公司资本结构是否合理的一种方法。资本结构的合理与否,是通过每股收益的变化来判断的。一般来说,能使每股收益提高的资本结构就是合理的资本结构;反之,就是不合理的资本结构。运用收益能力分析方法,主要是找出不同融资方式下每股收益相同时息税前利润水平的均衡点。这种方法的原理是在均衡点上,不管是债务融资还是权益融资的每股收益都是相等的。即:

$$债务融资方式下的每股收益=权益融资方式下的每股收益 \qquad (6\text{-}15)$$

2. 偿债能力分析

影响资本结构的一个重要因素是公司及时偿付债务的能力。公司现有的负债越多,期限越短,其支付债务费用的负担就越重。所以,资本结构的确定需要结合公司未来的现金流量和偿债能力来进行。未来的现金流量越充分、越稳定,其偿债能力就越强,负债比率就可以高一些。在进行偿债能力分析时,常用的财务指标是利息保障比率、固定费用保障比率以及偿债保障比率。

实际上,公司在偿债方面面临的真正问题并不完全取决于其偿债比率的高低,而是其无力支付债务费用的可能性有多大。无力支付债务费用的可能性的大小取决于公司的现金流量来源,即折旧息税前利润、筹集新资金的能力以及资产转换成现金的能力等。偿债比率只能反映偿债能力的一个方面。如果偿债比率很低,但公司能够在偿付期限前筹集到足够的资金,那么就可以避免陷入财务困境之中。因此,公司在确定资本结构时,还需要分析经营活动方面的现金收支状况,以及公司筹集资金、购买或出售资产、支付现金股利等的影响因素。

6.4.4 资本结构优化的措施

我国公司资本结构优化应采取的措施要从公司和政府两方面着手,公司提高自身能力的同时,政府要创造出良好的经营环境,双管齐下,内外因同时作用。

1. 公司措施

(1)提高资产盈利水平,强化公司自我积累能力

公司债务不断沉淀的一个主要原因就是资产盈利水平低下、缺乏效率,公司自我积累机制严重弱化。为此,要增强内部融资的能力,就必须努力提高公司资产盈利水平,增加公司的自我积累。

(2)实现股权的多元化,避免过高的银行负债率

依靠以银行贷款为主的高负债发展模式具有很大的财务风险,潜在的融资成本必将提高,从而影响公司价值的最大化。因此,要注重股权融资多元

化，适当采取内部职工股、期权期股、引进战略投资者、充分利用民间资本等多种直接融资手段，避免过高的负债率，降低公司的财务成本。

（3）防止股票融资偏好的倾向

我国公司对股权融资呈现出强烈的偏好，原因是我国发行债券的资格审核认证比股票上市严格得多。显然，较高的债券发行门槛减弱了公司追求负债纳税节约的愿望。相反，发行股票不但较为容易，发行以后公司对股东的义务履行也灵活得多，如果要选择，公司肯定是将发行股票放在最优先的位置上，即使是上市公司也通过配股或增发等手段来"圈钱"。然而，在我国证券市场进行股票融资的成本高达15％以上，远远高于银行贷款利率，对处于稳定成长期或成熟期的公司来讲，仅靠股票融资并不经济。

（4）提高资本市场效率，充分发挥债券市场的作用

我国资本市场的主要特征为股票市场发展迅速，公司债券市场的发展相对迟滞，这不利于公司融资成本的降低。随着我国证券市场的发展，在通过股票市场融资的同时，要积极利用债权融资，特别要注重通过发行公司债券、可转换债券的方式筹集资金。

（5）降低公司的财务风险

目前我国公司的高负债使得对其进行风险管理尤为必要。财务风险管理包括两方面的含义：一方面是短期负债和长期负债的安排；另一方面是取得资金和偿还债务的时间安排。债权融资的多少及其期限结构，应与公司生产经营的周期波动相匹配，避免出现不合理的债权融资安排所引起的某一时点上的偿债高峰，而另一时点上的资金闲置，提高融资效率。搞好存量管理，充分利用好现有债权融资，避免因支付危机而造成公司破产。

2. 政府措施

（1）大力发展我国公司债券市场

在成熟的证券市场上，公司债券作为一种融资手段，无论在数量还是发行次数上都远远超过股市融资。美国的股票市场最发达，但美国2002年通过公司债券融资所获得的资金要比通过股票融资所获得的资金高15倍。相对于股票市场而言，我国公司债券不论在市场规模还是在品种结构方面，与国内股票市场和国际债券市场相比都存在较大差距。股票市场与债券市场发展的失衡，一个重要原因就是政府对公司债券的管制，国家把发行公司债券作为计划内的建设项目筹集资金，对公司债券进行统一管理，给债券融资带来一系列问题。因此建议采取以下几方面的措施，积极推进公司债券市场的发展：①改变公司债券发行的审核方式，变行政审批制为核准制。②建立和完善利率形成机制，逐步实现债券定价市场化。③建立和健全信用评级制度，大力发展信用评级机

构。④建立多层次债券交易市场体系,提高公司债券的流动性。

(2)培育理性的投资者

大力发展我国的投资银行业务,减少上市公司财务决策中的盲目性。在我国,投资银行的作用还远未被充分认识,许多投资、融资活动根本就没有通过投资银行的认真咨询与分析。在政策及法规方面应该规定,凡是要求发行证券以及增发证券的公司一定要有咨询机构的详细论证,对发行的债券要进行评级等,以此促进中介服务机构的发展,同时使投资、融资行为更加理性化。加强投资者群体的教育和培训,投资者行为的理性是整个市场理性化的一个重要前提,只有有了理性的投资者,才会有理性的市场,这样的市场也才能发挥最大的效率与作用。

(3)强化债权人的"相机性控制"

所谓"相机性控制",就是指当公司有偿债能力时,股东是公司的所有者,拥有公司的剩余索取权,而债权人只是合同收益的要求人;相反,当公司偿债能力不足时,在破产机制的作用下,这两种权利便转移到债权人的手中。与股东控制相比,在债权人的控制下,一方面由于公司的商贸结算和贷款都是通过银行进行的,所以债权人对公司资产负债信息的掌握比股东更多、更准确;另一方面,债权人对公司的控制通常是通过受法律保护的破产程序来进行的。所以,债权人控制比股东控制更加有效,把债权人的"相机性控制"机制引入公司的治理结构中,有利于提高公司的治理效率。目前在我国上市公司中,由于破产机制和退出机制尚未真正建立起来,因而债务没有起到应有的治理作用。而要解决这一问题,就必须在破产机制和退出机制正常而有效发挥作用的基础上,强化债权人的"相机性控制",以建立起市场性的债权债务关系,确定债权人在亏损上市公司破产清算、暂停和终止上市、重组中的优先与主导地位。

(4)进一步完善审批制度

对上市公司配股和增发新股进行严格审批,要求对配股项目和增发新股使用项目的进展情况、收益情况定期披露,对任意改变资金用途和大股东占用资金的行为进行谴责和惩罚。并且可以考虑将目前的单指标考核拓展为多指标考核,如在原有净资产收益率的基准要求上,加入适度的资产负债率、主营业务利润占总利润的比重等参考指标,以制止上市公司通过关联交易操纵利润以满足配股要求的不正之风。还可考虑将目前配股审批的单点控制改为全过程监管,即严格跟踪审查公司配股之后的相关行为。如配股资金使用是否严格按照原计划进行,项目收益情况是否与预期一致等,将这些情况作为其下一次配股审查的重要依据。加强对募集资金使用过程的监管,提高配股资金的透明度,加强对配股公司资金使用上的约束,提高筹集资金的使用效率。在对配股审核中应考虑公司业绩增长及行业状况、国家产业政策,逐步杜绝上市公司在配股过程出现的盲目高价、高比例配股圈钱,以及重配轻用等问题。

本章小结

1.本章介绍了资本结构的相关内容,以著名的 MM 理论为基础,对资本结构理论进行展开。资本结构是指公司各种资本的价值构成及其比例。广义的资本结构是指公司全部资本价值的构成及其比例关系。狭义的资本结构是指公司中长期资本价值的构成及其比例关系,尤其是指长期的股权资本与债权资本的构成及其比例关系。

2.不考虑税收的 MM 模型有两个基本命题。命题一:负债经营公司的价值等同于无负债公司的价值;命题二:负债公司的权益资本成本等于处于同一风险等级的无负债公司的权益资本成本再加上与其财务风险相联系的溢价,而风险溢价的多寡则视负债融资程度而定。

3.考虑公司税的 MM 模型的两个基本命题有所改变。命题一:无负债公司的价值等于税后公司的现金流量除以公司权益资本成本,负债经营公司的价值等于同类风险的无负债公司的价值加上减税收益(税率乘以债务的价值)。即债务经营时的公司价值要高于未负债经营时的公司价值,且负债越多,公司的价值越高;当公司负债达到 100% 时,公司的价值达到最大。

命题二:负债经营公司的权益资本成本等于同类风险的无负债公司的权益资本成本加上风险报酬,风险报酬则取决于公司的资本结构和所得税率。

4.考虑公司税的基础上进一步考虑个人税,此时公司的目标就不再是仅仅最小化公司的纳税额,而是试图最小化由公司收入引起的所有税款。个人税包括债权人和股东个人所缴纳的税款。

5.代理理论是新资本结构理论的一个主要代表,是研究代理成本和资本结构之间关系的一种理论。代理理论认为:公司选择资本结构就是选择代理成本最小的资本结构。财务契约,也称债务契约,指的是一系列限制条款,通过这些限制性条款来控制债务风险,以确保不对称信息情况下债权人和股东的利益,从而实现公司价值最大化和最优资本结构的确定。

6.最优资本结构是指公司在一定时期内,筹措的资本的加权平均资本成本(WACC)最低,使公司的价值达到最大化,是公司的目标资本结构。一般认为最优资本结构是指能使公司资本成本最低且公司价值最大并能最大限度地调动利益相关者积极性的资本结构。

7.无论公司营业利润多少,债务利息和优先股的股利都是固定不变的。当息税前利润增大时,每一元盈余所负担的固定财务费用就会相对减少,这能给普通股股东带来更多的盈余。这种债务对投资者收益的影响,称为财务杠杆。合理地利用财务杠杆可以给公司价值和股东利益带来好处。

8.资本结构的优化是指通过对公司资本结构的调整,使其资本结构趋于合理化,达到既定目标的过程。受到多种公司内部、外部因素的影响,需要公司和政府考虑多种因素,针对本行业的特征采取适当措施进行优化,保持合理的资本结构。

关键概念

资本结构;MM 理论;委托代理理论;融资体系;股东价值;财务杠杆;公司价值;股东利益;最优资本结构;资本结构优化

复习思考题

1.什么是资本结构? 资本结构理论探讨的主要问题是什么?

2.MM 定理的基本假设有哪些?

3.简述 MM 理论的含义。

4.公司所得税和个人税分别对资本结构的选择产生什么影响?

5.米勒模型的内容和含义是什么?

6.什么是财务杠杆?

7.简述财务杠杆与股东利益的关系。

8.简述财务杠杆与公司价值的关系。

第 7 章

股利政策

7.1 股利政策的理论

7.1.1 股票发行与股利发放

1. 股票发行

股票发行是指符合条件的发行人以筹资或实施股利分配为目的,按照法定的程序,向投资者或原股东发行股份或无偿提供股份的行为。股票的发行可分为设立发行、增资发行和配股发行。

设立发行是指公司在设立过程中发行的股份,是公司股份的第一次发行;增资发行是指公司在成立之后发行的股份,也是公司为增加资本而进行的股份发行;配股发行是指上市公司在获得有关部门的批准后,向其现有股东提出配股建议,使现有股东可按其所持股份的比例认购配售股份的行为,它是上市公司发行新股的一种方式。

公司发行股票的目的比较复杂,除了筹集资金以满足公司发展需要这一主要目的外,还包括其他一些目的,例如调整公司的财务结构,进行资产重组,维护股东利益等。概括起来主要有以下几个方面:

(1)新建股份有限公司筹集资金,满足公司经营需要。

(2)现有股份有限公司改善经营。为了扩大经营规模或范围,提高公司的竞争能力而投资新项目时,需要增加发行的股票数量以筹集资金。

(3)改善公司财务结构,保持适当的资产负债比例。当公司负债率过高时,通过发行股票增加公司资本,可以有效地降低负债比例,改善公司的财务结构。

(4)满足证券上市标准。通过发行新的股票来增加公司的股本总额,满足上市标准。

(5)公积金转增股本及股票派息。当公司的公积金累计达到法律规定的比例后,可以将其余的公积金转为资本金,向公司现有股东按比例无偿增发新股。另外,当公司需要资金用于扩大投资时,会选择用股票而不是现金来分红派息。

(6)其他目的。其他目的主要包括转换证券、股份的分割与合并、公司兼并等。

股票代理发行的方式按发行承担的风险不同,一般分为包销发行方式和代理发行方式两种。

包销发行是指发行公司和代理股票发行的证券机构达成协议,由证券商一次性将上市公司新发行的全部或部分股票承购下来,并垫支相当于股票发行价格的全部资金,然后在证券市场上按照市场行市渐次售出的方式。如果新发行的股票销售不完,剩下的部分由包销商自己出钱买下,然后自行处理,即销售不完的风险由证券机构承担。

代销发行是指发行公司和代理股票发行的证券机构达成协议,委托证券公司代为销售,证券公司向上市公司收取一定的代理手续费。简而言之,代公司销售,销售多少是多少,销售不完的部分由发行公司自行处理,即销售不完的风险由发行公司自行承担。

2. 股利发放

股利是指股份公司按发行的股份分配给股东的利润。股份公司通常在年终结算后,将盈利的一部分作为股息按股额分配给股东。股息和红利统称为股利,但严格地讲,它们又有一定的区别。股息是指公司根据股东持有的股份,按确定的比率向其支付的公司盈余。红利是指普通股股东所得到的超过股息部分的利润。

股利政策是股份公司关于是否发放股利、发放多少以及何时发放的方针和政策。它有狭义和广义之分。从狭义方面来说,股利政策就是指探讨保留盈余和普通股股利支付的比例关系问题,即股利发放比率的确定。而广义的股利政策则包括:股利宣布日的确定,股利发放比例的确定,股利发放时的资金筹集等问题。

公司向股东支付股利的过程有以下几个日期:股利宣告日、股权登记日、除息日和股利发放日。

(1)股利宣告日,即公司董事会将股利支付情况予以公告的日期。董事会讨论并提出股利分配方案,由公司股东大会讨论通过后,正式宣布股利发放方案。公告中将宣布每股支付的股利、股权登记期限、股利支付日期等事项。

(2)股权登记日,即有权领取本期股利的股东资格管理的截止日期。凡在股权登记日之前(含当日)登记在公司名册上的股东,都将有权获得本次发放的股利,而在股权登记日之后才列于公司股东名单上的股东,将不能获得此次发放的股利,股利仍归原股东所有。

(3)除息日,即领取股利的权利与股票相互分离的日期。在除息日之前,股票持有者享有领取股利的权利;除息日始,股利权与股票相分离,新购入股票的人无权分享本期股利。由于先进的计算机交易系统为股票的交割过户提供了快捷的手段,股票交易结束的当天即可办理完全部的交割过户手续。因此,现在的除息日是股权登记日的次日(工作日)。

(4)股利发放日,即将股利正式发放给股东的日期。

股利的支付方式一般有现金股利、财产股利、负债股利、股票股利和股票回购等。

(1)现金股利是指以现金形式向公司股东分派的股利,是最普通最常见的股利形式。该形式能够满足大多数投资者希望得到一定数额的现金这种实在收益的投资要求,最易被投资者接受。但是,现金股利增加了公司的现金流出,只有在公司有盈余并有充足现金的前提下才能使用。

(2)财产股利是以非现金资产向公司股东分派的股利,主要包括实物股利和证券股利。实物股利包括实物资产和实物产品等。证券股利主要是公司拥有的其他公司的有价证券,如债券、股票等。其中,实物股利形式并不会增加公司的现金流出,适用于公司现金支付能力较弱的时期。证券股利形式既保留了公司对其他公司的控制权,又不会增加公司的现金流出,而且证券的流动性较强,容易被股东所接受。

(3)负债股利是指在某些特殊情况下,公司以负债支付的股利,通常是以公司的应付票据支付给股东,在不得已的情况下,也可以发行公司债券抵付股利。由于负债均须还本付息,这种形式对公司的压力较大,通常只作为营运资金匮乏时的权宜之计。

(4)股票股利是指公司以增发的新股作为股利的支付方式。股票股利是上市公司采用的最为频繁的一种股利政策。对于公司而言,发放股票股利既不影响公司的资产和负债,也不会改变股东权益总额,而只是将公司的留存收益转化为股本,避免了公司现金的流出。股票股利可以降低股票市价,有利于促进股票的交易和流通,吸引更多的投资者。而且,发放股票股利往往可以传递公司未来发展前景良好的信息,可以增强投资者的信心,稳定股票价格。

(5)股票回购是指上市公司利用现金等方式,从股票市场上购回本公司已经发行在外的一定数额的股票的行为。公司在股票回购完成后可以将所回购的股票注销。但在绝大多数情况下,公司将回购的股票作为"库藏股"保留,不参与每股收益的计算和分配。

3. 股票回购

股票回购是一项重要的股利政策,是支付现金股利的一种替代方法。公司回购股票后,市场上流通的普通股股数减少,如果公司盈利能力不变,那么在外流通股票的每股收益额就会增加,从而导致股票价格上涨。股票价格的提高使股东获得更多的资本利得,从而实现了资本收益对股利收益的替代。如果公司的盈利超过了其投资的需求量,但又没有较好的投资机会,出于对股东避税和控制权等因素的考虑,股票回购就是一种很好的选择。

【例题 7-1】 某公司发行在外的普通股股票有 1 亿股,目前公司拥有多余现金 5 亿元,公司市盈率(股票价格与每股收益的比例)为 15。公司考虑将这部分多余的现金以额外股利的形式发放给股东,方式有现金股利和股票回购两种,并且预计发放后的年度净收益为 5 亿元。

公司预计的每股收益为:500000000÷100000000=5(元)

根据公司的市盈率,股票的价格为:15×5=75(元)

如果公司发放现金股利,则每股股利为:500000000÷100000000=5(元)

则股利发放前的股票价格为:75+5=80(元)

如果公司将多余现金用于股票回购,按照股利发放前的股票价格,则可以购买:

$$500000000÷80=6250000(股)$$

股票回购后的每股收益为:500000000÷(100000000−6250000)=5.33(元)

假设公司在股票回购后的市盈率保持不变,则股票回购后的股票价格为:15×5.33=80(元)

在上面的例子中,我们忽略了佣金、税收和其他不完全因素。当发放现金股利时,每个股东拥有每股价值 75 元的股票,并收到 5 元的股利,总价值是 80元。当公司回购股票时,股东将拥有每股价值 80 元的股票,若将其出售,也可以得到同等价值的收益。这就得出了一个重要的结论:在完美市场里,公司无所谓发放股利还是股票回购,股东对此并不在意。当然在现实市场中,佣金、税收及其他不完全因素等是普遍存在的,实际操作中的结果往往会偏离理论水平。对于这些问题,我们将在后面进行详细阐述。

股票回购的常用方式有以下两种:

(1)公开市场回购

公开市场回购是指上市公司把自己等同于任何潜在的投资者,委托在证券交易所有正式交易席位的证券公司,代自己按照公司股票当前市场价格回购。在国外较为成熟的股票市场上,这种方式较为流行。

(2)要约回购

要约回购可分为固定价格要约回购和荷兰式拍卖回购。固定价格要约回购是指公司在特定时间发出的以某一高出股票当前市场价格的价格水平,回购既定数量股票的要约。在荷兰式拍卖的股票回购中,首先公司指定回购价格的范围(通常较宽)和计划回购的股票数量(可以上下限的形式表示);而后股东进行投标,说明愿意以某一特定价格水平(股东在公司指定的回购价格范围内任选)出售股票的数量;公司汇总所有股东提交的价格和数量,确定此次股票回购的"价格-数量曲线",并根据实际回购数量确定最终的回购价格。

图 7-1 收集了美国工业公司在 1984～2004 年期间的股利支付、股票回购及支付总额(包括股利和回购)占总利润的比例情况。从图中可以看出,早期回购占利润的比率远低于股利支付率,1998 年回购占利润的比率首次超过了股利支付率,但到了 2004 年,回购占利润的比率又降到了股利支付率之下。

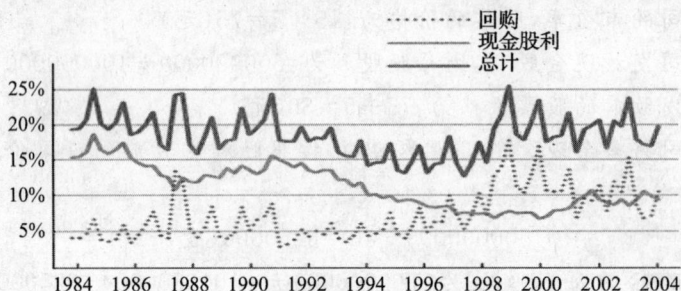

图 7-1　股利与股票回购①

7.1.2　股利无关论

股利理论所面对的一个基本问题就是公司价值与股利之间的相关性。著名的"股利无关论",即"MM 定理"认为,在一定假设条件下,公司价值与股利政策无关,只由公司本身的获利能力和风险决定,即取决于投资决策,因而单就股利政策而言,无所谓哪一种是最佳的,任何股利政策都是最佳的。

股利无关论有以下四个假设条件:

(1)完善资本市场假设,资本市场上任何一位交易者都没有足够的力量通过其交易活动对股票的现行价格产生明显的影响;所有投资者和管理者都可以平等、无成本地获得全部相关信息;交易成本为零,不存在证券发行和交易费用;不存在任何个人或公司所得税。

(2)理性投资者假设,投资者追求财富最大化,并且不存在股利偏好和资本利得偏好。

---

①　数据来源:Figure 3 of Brandon Julio and David L. Ikenberry, "Reappearing Dividends", Journal of APPLIED CORPORATE FINANCE, 16(4), 2004.

（3）充分确定性假设，各投资者都有把握了解每一家公司的未来价格和股利。

（4）公司的投资政策不受股利决策的影响，且保持不变。

在满足上述假设的情况下，MM定理的主要内容包括：

（1）投资者不关心公司的股利分配。公司一旦制定了投资决策，就需要在盈利留存和股利发放之间进行选择。如果公司选择了后者，就需要发行新股筹措资金，以满足投资项目的资金需要。当公司发放股利时，股票价格会上升，但发行新股票筹资时，股票价格又会下降。最终，发放股利和筹资后的股票市价与股利支付前的股票市价相同。股东的股利所得正好被股价终值的下降抵消，即支付股利与外部筹资所产生的效益与成本恰好相互抵消。由此，对于理性的投资者来说，在盈利留存和股利发放之间并不存在偏好。

（2）股利的支付比率不影响公司价值。由于股东不关心股利的分配，公司的价值就完全由其未来的获利能力所决定，收益的留存和股利的发放之间的分配并不影响公司价值。

尽管MM定理是在一系列严格的假设条件下得出的结论，但这些假设条件恰恰成为现代股利理论研究的主要内容和线索。

7.1.3 股利政策相关论

股利相关理论与股利无关理论的根本分歧在于：股利政策是否会影响公司的价值。股利政策相关论认为，股利政策会对股票的价格产生较大的影响，代表性的理论有"一鸟在手"理论、信号传递理论、税差理论和代理成本理论。

1."一鸟在手"理论

"一鸟在手"理论源于西方谚语"双鸟在林不如一鸟在手"。该理论是流行最广泛和最持久的股利理论。其初期表现为股利重要论，后经威廉姆斯（Williams）、林特勒（Lintner）、华特（Walter）和戈登（Gordon）等发展而成。

该理论指出，一般来说，投资者更喜欢现金股利，因为现金股利是确定已实现的，是"抓在手中的鸟"，而公司留存收益用于再投资所产生的资本利得是不确定的，是"林中的鸟"，虽然数量多，但不一定抓得到，随时可能飞走。由于资本利得的风险高于现金股利的风险，人们更偏好于现金股利，即"双鸟在林不如一鸟在手"。由于投资者对风险有天生的反感，并且认为风险将随时间延长而增大，因而投资者总是喜欢近期有确定收入的股利，而不喜欢远期并不确定的资本收益，即使未来的收益可能更大。

基于这样的观点，当公司增加股利发放时，投资的风险随即降低，投资者所要求的回报率降低，公司权益融资的成本降低，公司价值增加，股票价格上升；

相反的,当公司减少或停止股利发放时,投资的风险增加,投资者要求的回报率增加,公司权益融资的成本增加,最终导致股票价格下降。

因此,"一鸟在手"理论认为,股票价格与股利支付率成正比;权益资本成本与股利支付率成反比;最佳的股利政策是定期向股东支付尽可能高的股利;公司分配的股利越多,公司的股票价格越高,公司的市场价值也就越大。

2. 信号传递理论

信号传递理论认为,股利政策向投资者传递重要信息,稳定的股利政策可以传递公司经营稳定或稳定增长的信息,从而使公司的股票价格上升。

股利政策无关论得以成立的基本假设之一是信息完备性,即所有投资者和管理者都可以平等、无成本地获得全部相关信息。然而,现实的市场中,公司管理者与投资者之间的"信息不对称"现象是普遍存在的,投资者对于公司实际经营状况和未来发展的了解远不如公司管理者清晰和准确。

一般来讲,公司的财务报告和其他公开发布的信息是投资者了解公司状况的主要途径。但由于公司的财务报告可以在一定程度上进行会计处理和润色,甚至掺入虚假信息,其可信任的程度是非常有限的。这就需要投资者从其他渠道搜集公司的信息,此时公司的股利分配政策就是一条非常重要的途径。

股利分配政策可以将公司的盈余状况、资金状况及其他相关财务信息提供给投资者。若公司保持定期发放稳定增长的股利,向投资者传递的信号是,公司经营业绩稳定,经营风险小,在未来可以保持较为稳定的股利政策。那么投资者就可能对公司未来的盈利能力和现金流量抱有乐观的预期,有利于股票价格的上升。反之,如果公司的股利支付率发生大幅度变动,就会给投资者传递公司经营不稳定的信息,引发投资者对风险的担心,导致公司股票价格下降。

3. 税差理论

在完美市场中,公司是否分发股利、发多少股利、用什么方式将钱返还给股东都不会影响公司的价值。但是,如果引入税收因素,对不同的分配方式赋予不同的税率,那么在公司和投资者看来,就需要在不同的分配方式间进行权衡。

如果公司将盈利以现金股利的形式返还给股东,股东则需要按照普通收入支付个人所得税;如果公司选择用盈利回购股票,股票价格上升,出售股票的股东则需要缴纳资本利得税。资本利得税,是指对资本利得(低买高卖资产所获收益)征税。常见的资本利得如买卖股票、债券、贵金属和房地产等所获的收益。实际上,大多数国家对现金股利征收的个人所得税的税率都高于对资本利得征收的税率,而且有些国家(例如中国)还未对资本利得进行征税。因此,从避税的角度,公司不应该选择发放现金股利。

另外,如果投资者没有立即出售股票,就没有真正获得资本利得,也就不需缴纳资本利得税,因为资本利得税只在卖出股票、实现资本利得时才需缴纳。股东可以将资金保留在公司中继续增值,延迟卖出股票的时间,推迟纳税的时间越久,所缴纳的资本利得税的现值就越小。因此,即使资本利得与股利收入的税率相同,资本利得可以推迟纳税的效果也有利于投资者获得更多的收益。

根据上述分析,理性的投资者自然喜欢公司少支付股利而将较多的收益保存下来以作为再投资用,以期提高股票价格,把股利转化为资本利得。因此,税差理论认为,股票的价格与股利支付比例成反比,权益资本费用与股利支付比例成正比。由于资本利得所得税与现金所得税之间是存在差异的,因此理性的投资者更倾向于通过推迟获得资本收益而延迟缴纳所得税。可见,在存在税赋差别的情况下,选择不同的股利支付方式,不仅会对公司的市场价值产生不同的影响,而且也会给公司及个人带来不同程度的税收负担。

根据以上理论,为了使资金成本降到最低,并使公司的价值最大,应当采取低股利政策,并适当将用于发放股利的资金留存起来或者进行股票回购。

4.代理成本理论

代理成本指因代理问题所造成的损失,及为了解决代理问题所发生的成本。资产所有权和使用权的分离会产生委托-代理关系,这种委托-代理关系会产生代理成本。在上市公司治理中,往往存在着股权分离的现象,所有者将公司委托给经营者进行经营,产生委托-代理关系,从而引发了代理成本。

最早将代理成本应用于股利政策研究的是迈克尔·约瑟夫(Michael S. Rozeff,1982)。分配利润时,公司内部人员不愿将公司利润分配给外部投资者,而是更倾向于将其留在公司内部或投资于一些并不划算的项目,以从中获得私人利益;公司经理更偏好于把利润留存于公司而不是为股东分发现金股利。

代理成本理论认为,股利政策可以解决由于所有权和经营权分离而产生的代理问题,即派发股利可降低代理成本。

西方传统的代理理论指出,解决委托-代理这种矛盾的一个主要方法就是大量派发现金股利,使公司很大一部分盈利转移到投资者手中,减少管理者可以支配的"自由现金流",从而避免管理者将资金投资于盈利能力较差的项目上,减少股东所承担的剩余损失。同时,股利支付减少了公司的内部融资来源,迫使公司进入资本市场寻求外部融资,从而接受资本市场的监督,减少股东承担的监督成本。

在中国,无论是股权结构还是资本市场成熟程度都和西方国家有很大差别。在中国上市公司中,"一股独大"和"股权分置"的现象极为严重。股权的高度集中使得西方传统的委托代理理论无法对我国上市公司中大股东侵害中小股东利益问题进行解释。

7.2 股利政策的类型

7.2.1 剩余股利政策

剩余股利政策是指公司生产经营所获得的净收益首先应满足有利可图的投资项目的资金需求,如果还有剩余,再用于发放股利;如果没有剩余,则不派发股利。剩余股利政策的理论依据是 MM 理论。在完全资本市场中,股份公司的股利政策与公司股票市价无关,公司的股利政策将随公司投资、融资方案的制订而制订。

剩余股利政策的决策步骤如下:

(1)根据公司的投资计划设定目标资本结构,即确定权益资本与债务资本的比率,使得在此结构下的加权平均资本成本最低;

(2)根据目标资本结构预计公司投资的资金需求中所需要的权益资本数额;

(3)尽可能用留存收益来满足投资的资金需求中所需增加的权益资本数额;

(4)留存收益在满足公司投资所需权益资本后,如果有剩余,再用来发放股利给股东。

剩余股利政策的优点在于,用留存收益进行再投资,不仅满足了公司的增长需要,而且有利于降低综合资本成本,保持理想的资本结构,实现公司价值的长期最大化。

然而,剩余股利政策也存在缺陷。如果完全执行剩余股利政策,每期发放的股利就会随公司的投资机会和盈利水平的波动而波动,导致股利支付水平极不稳定。这种做法既不受投资者欢迎,也不利于公司树立良好的形象。

7.2.2 稳定增长的股利政策

稳定增长的股利政策是指公司将每年派发的股利额固定在某一特定水平上,在一段时间内,不论公司的盈利情况和财务状况如何,派发的股利额均保持不变的政策。只有当公司对未来利润增长确有把握,认为未来盈利将显著地、不可逆转地增长时,才会提高每股股利额。

稳定增长的股利政策的主要优点有以下几方面:

(1)稳定增长股利政策向市场和投资者传递了重要信息。公司支付的股利稳定,等于向投资者传递了该公司经营业绩稳定或稳定增长的信息,有利于消除投资者内心的不确定性,从而使股票价格上升;

(2)稳定增长股利政策是许多对股利有较强依赖性的股东更喜欢的股利支付方式,它更有利于投资者有规律地安排股利收入和支出。若股利支付额忽高忽低,则不会受这些股东的欢迎,因而股票价格降低。

但是,采用稳定增长股利政策也存在一定的缺陷。公司的股利支付将与公司盈利相脱节,当公司盈余较低时,仍要维持较高的股利,投资的风险和投资的收益并不对称。同时,稳定增长股利政策也会给公司造成较大的财务压力,很可能导致公司资金短缺,财务状况恶化,甚至侵蚀公司的留存利润和公司资本。

7.2.3 固定支付率的股利政策

股利支付率是指股利在净收益中所占的比重。

固定支付率的股利政策是指公司确定一个固定的股利支付率,并长期按此比例向股东支付股利的政策。根据固定支付率政策,股东每年收到的股利额就等于公司的净利润乘以固定的股利支付率。这样,各年股利额随公司经营的好坏而上下波动,净利润多的年份,股东领取的股利就多,净利润少的年份,股东领取的股利就少。

采用固定支付率的股利政策,使得股东股利与公司盈利紧密地联系在一起,即多盈多分、少盈少分,无盈不分,体现了投资风险和投资收益的对等原则,真正公平地对待每一位股东。

这种政策的缺点在于,如果公司各年的盈利波动较大,各年的股利支付额就会随之发生较大的波动,给投资者带来公司经营不稳定、投资风险大的印象,不利于公司股票价格的稳定。因此,固定支付率的股利政策一般适用于发展相对稳定的公司及财务状况较稳定的阶段。

7.2.4 低股利加额外股利政策

低股利加额外股利政策是指在一般情况下,公司每年只支付数额较低的固定股利,只有在公司盈余较多的年份,再根据实际情况发放额外股利给股东。其中,额外股利并不固定,发放额外股利并不意味着公司永久地提高了规定的股利。

低股利加额外股利政策的优点体现在以下两方面:

第一,在分配股利时,低股利加额外股利政策赋予公司较大的灵活性,特别是利润波动性较大的公司。在公司收益较低或需要大量留存收益时,投资者的最低股利收入也可以得到保证;当公司的收益较高或无需留存较多收益时,则可支付额外股利给股东。这样有利于完善公司的资本结构,实现公司的财务目标。

第二,低股利加额外股利政策有利于稳定公司的股票价格,增强投资者信心。当公司收益较低或需要大量留存收益进行投资时,公司仍然按照承诺的股利水平发放股利,可以使投资者获得一个收益保障,有助于维持公司股票价格的稳定。当在正常股利的基础上发放额外股利时,会增强投资者信心,提高公司股票价格。

低股利加额外股利政策介于稳定增长股利政策和固定支付率股利政策之间,吸收了稳定增长股利政策中的优点,同时也摒弃了其不足,使公司在股利发放上留有余地,具有较大的财务弹性。因此,该政策在资本市场上颇受投资者和公司的欢迎。

然而,这种股利政策也存在一定的缺陷。首先,公司股利的变化导致额外股利不断变化,容易给投资者造成公司经营不稳定的印象。另外,如果公司长期发放额外股利,很可能使投资者将其视为正常股利中的组成部分,一旦大幅削减或取消额外股利,很可能使投资者误认为公司的财务状况出现了问题,进而导致公司股票价格下降的不良后果。

7.3　股利政策的影响因素

7.3.1　外部环境因素

1. 宏观经济环境

一国经济的发展具有周期性,公司在制定股利政策时必然会受到宏观经济环境的影响,而且在不同的发展阶段,影响也是不同的。

当一国的宏观经济环境较好时,投资机会较多,市场较为完善和活跃,则公司可以采取宽松的股利政策,多发股利,少留盈余。相反的,如果一国的社会经济环境较差,投资机会偏少,公司宜采取偏紧的股利政策,多留存盈利,少发放股利。

2. 市场成熟度

在较为成熟的资本市场上,现金股利是最重要的一种股利形式,而股票股利的应用则呈下降趋势,越来越不受投资者欢迎。所谓股票股利,就是公司以增发股票的方式所支付的股利,即增加了股东所持有的股票数量。

然而,在中国这个新兴的资本市场上,股票股利仍是一种非常重要的股利形式。而且,与现金股利相比,投资者往往更偏好于股票股利。

3. 通货膨胀

折旧基金是公司根据国家规定计提的专用于固定资产更新的基金。在通货膨胀的情况下,公司折旧基金的购买力水平下降,也就是说,按历史成本配比的折旧费无法在实物上补偿其生产经营过程中的实际消耗。这就需要追加资金投入以维持现有的经营规模,否则公司的实物资本将会受到侵蚀。

因此,在通货膨胀时期,公司倾向于采取偏紧的股利政策,留用一定的利润以弥补物价上涨对公司的影响。另一方面,由于通货膨胀,货币购买力下降,股东也很可能要求更多的货币补偿,往往对公司施加增发股利的压力。

7.3.2 公司内部因素

1. 盈利的稳定性

盈利的稳定性是公司制定和执行股利政策的重要基础。一般情况下,盈利相对稳定的公司会支付更高水平的股利。这是因为,盈利稳定的公司能够更好地把握自己,有信心能够保持较高的股利支付水平。而且,由于经营和财务风险较小,盈利稳定的公司能够以较低的成本筹集负债资金。

盈利不稳定的公司一般采取低股利政策,这种政策可以减少因盈利下降而导致的股利无法支付、股票价格急剧下降的风险,也有利于公司将更多的盈余进行再投资。

2. 现金支付能力

对于公司的经营者来说,现金支付能力是其制定筹资和投资决策的重要依据。支付现金股利,会减少公司的现金持有量,使资产的流动性降低,而保持一定的资产流动性,是公司经营所必需的。一般来说,公司现金越多,资产流动性越大,公司支付股利的能力也就越强。

3. 投资机会

公司的股利政策在较大程度上要受到投资机会的制约。一般来说,如果公司的投资机会多,对资金的需求量大,公司往往会采取低股利政策,将更多的留存收益用于投资和发展。反之,如果公司的投资机会少,对资金的需求量小,公司就可能采取高股利政策,多发一些现金股利。因此,公司在制定股利政策时,需要对投资机会和公司未来发展进行分析和判断。

从公司发展的生命周期的角度分析,处于成长阶段的公司往往投资机会多,公司发展对资金的需求量大,因而往往采取低股利政策。而处于成熟期或衰退初期的公司,投资和发展的机会少,对资金的需求量小,但利润相对丰厚,因而往往采取高股利政策。

4. 筹资能力

当出现资金需求时,筹资能力较强的公司能够及时地筹措到所需的资金,而不需要采取减少股利发放的方法。因此,这样的公司一般会采取较为宽松的股利政策,股利支付水平较高。相反的,如果公司的筹资能力不足,在出现资金需求时,就需要通过减少股利来解决资金问题。通常,这样的公司会采取较为紧缩的股利政策,股利支付水平较低,将更多的盈利留存下来,以备不时之需。

5. 资本结构和资本成本

资本结构反映了资本中股本融资与债务融资的比例关系。公司的股利政策应该与理想的资本结构和资本成本相一致。

财务杠杆比率是债务在公司总资本(股权和债务)中的比例。如果公司的财务杠杆比率较高,将会使公司可支付的股利水平降低。因为公司的负债越多,就越有可能受到债务合约关于股利政策的限制。而且,债务融资的成本较高,需要支付利息,这就减少了公司的可支配现金流量,进而减少了股利。因此,公司在制定股利政策时,应该全面考虑各条筹资渠道资金来源的数量及成本,使股利政策与公司合理的资本结构和资本成本相适应。

7.3.3 股东因素

1. 稳定收入的要求

靠公司股利维持生活的股东,往往要求公司发放稳定的股利。若公司意欲留存较多的盈利,将首先遭到这部分股东的反对。对于这些股东来说,与其等待远期不确定的资本收益,不如得到当前实实在在的现金股利。

2. 控制权的稀释

公司支付高水平的股利,将会减少公司的留存收益,这就意味着公司将来举借新债或发行新股的可能性加大。如果公司选择举借新债,不仅要付出一定的资本成本,而且还会加大公司的财务风险。如果公司选择发行新股,就必然面临着控制权被稀释的危险,这是公司原先持有控股权的股东们不希望看到的局面。随着流通在外的普通股股数的增加,每股盈利以及每股的价格都会下降,如果老股东们拿不出更多的资金购买新股以满足公司的需要,他们宁愿公司不分配股利,也不希望发行新股。

3. 避免税负

公司发放股利时,股东需要按照普通收入支付个人所得税,而所得税往往高于股票交易的资本利得税。因此,从避税的角度考虑,应该多留盈利少派股利。

通常,一个由少数几个人所拥有的公司,由于其股东适用的个人所得税率较高,因而公司为了避税,发放的股利很少。然而,对于有众多持股人的公司,其股东可能更偏好于较高的股利。有时在大公司中,适用税率较高的股东就有可能与适用税率较低的股东产生利益上的冲突。此时,公司的股利政策很可能是双方折中的结果,即发放中等水平的股利。

4. 股东的投资机会

当股东另有较好的投资机会时,他可以用公司发放的股利进行再投资。如果股东个人将股利收入投资于其他所得的报酬率,高于公司将盈利留存下来用于再投资所得的报酬率,那么,公司就应该多发放股利给股东,而不应该留存较多的收益。

事实上,公司很难对所有股东的投资机会可获得的报酬率都进行评估。这就需要公司采取其他的方式,例如对风险相同的其他公司的外部投资机会可获得的投资报酬率加以评估。

7.3.4　利益相关者因素

1. 法律限制

为了保护债权人和股东的利益,有关法规对公司的股利分配进行了一系列限制。

第一,维护法定资本的完整。按照法律的要求,股利的支出不能超出资本负债表中"留存收益"项目的金额,即股利只能依据公司本期的净收益来分配,禁止公司用资本支付股利。如果因发放股利而使股东权益降到核定的股本金额以下,那么,债权人的利益将失去应有的保障。

第二,公司积累,即规定公司必须按税后净利润的一定比例提取法定公积金。只有当公积金累计额达到公司注册资本的 50% 时,才可以不再计提。规定还鼓励公司提取任意公积金,当然,这是由公司自行决定。提取法定公积金,主要是为了巩固公司的财务基础,预防和弥补公司亏损,扩大公司生产经营或者转为增加公司资本。以上这些均有效地保障了债权人的利益。

第三,对非正当积累收益征税。为了防止逃避缴纳个人所得税,一些国家规定对公司的非正当积累收益加收一种附加税作为"惩罚"。由于股票交易的资本利得可能免税或税率较低,一些公司可能故意压低股利支付水平来帮助其股东避税,这就造成了国家税收的流失。事实上,这种法律限制的实施也有一定的局限性。目前,中国法律并未对公司的积累收益做出明确的限制性规定。

2. 契约限制

公司以长期债务等形式从外部融资时,对方通常会在债务合同或协议中加入针对公司股利发放的限制性条款,公司的股利政策必须满足这类契约的限制。

几种常见的条款包括:未来的股利只能用签订贷款协议以后所产生的收益支付,即不能动用过去的留存收益发放股利;只有在流动比率、利息保障倍数和其他安全比率超过其规定的最小值时,才能支付股利。

这里简要介绍两个主要的指标:流动比率和利息保障倍数。

(1)流动比率是流动资产对流动负债的比率,用来衡量公司流动资产在短期债务到期以前,可以变为现金用于偿还负债的能力。

(2)利息保障倍数(也称已获利息倍数)是指公司生产经营所获得的息税前利润与利息费用的比率,用以衡量偿付借款利息的能力。倍数越大,说明公司支付利息费用的能力越强。因此,债权人以此来衡量债权的安全程度。

债权方确定这些限制性条款,其目的在于促使公司进行再投资,扩大公司的经济实力,从而保障债款的如期偿还,维护债权方的利益。

7.4 中国上市公司股利政策实践

7.4.1 中国上市公司股利分配现状

截至 2011 年年底,中国上市公司总数达到 2342 家,沪、深两市股票市场总市值已达 23.16 万亿元,已进入二级市场流通的市值 17.61 万亿元,投资者开设的有效证券账户总数达到 13526.12 万户,为学者研究股利理论提供了极好的舞台和机遇。

上市公司股利分配基本方式包括现金股利和股票股利两种。目前我国上市公司对股利政策普遍不够重视,股利政策总体表现为连续性较低和随意性较大。在不同的阶段,派现水平只是被动地反映公司当年的利润情况,各阶段相差较大,存在着"不分配"和异常派现行为等极端现象,还有许多上市公司将权益筹资看作"免费资金",存在偏好权益筹资的倾向。

非理性化的股利政策,不仅使股东无法从现金股利中获得合理的回报,而且导致对现金股利失去信心的中小股东热衷于从股票价格的短期波动中获得资本利得。在这种不完善的股票市场中,股利政策作为传递公司发展前景信号的机制不能得到有效体现,经营者可以不受信号传递假说的制约,随心所欲地制定股利政策。这些问题增加了我国股票市场的投机氛围,影响我国股票市场和上市公司的长远发展。

1. 不分配现象严重

目前,我国上市公司不规范的股利政策已引起各方面的关注,表 7-1 给出了我国上市公司 2000～2007 年的派现情况,从表中数据可以看出,不分配现象在我国上市公司股利行为中具有一定的普遍性。

表 7-1 　　　　2000~2007 年我国上市公司派现情况①

年份	派现公司	比例/%	不分配公司	比例/%	纯派现公司
2000	682	62.80	368	33.89	525
2001	711	61.61	413	35.79	572
2002	631	51.59	554	45.30	514
2003	621	48.33	613	47.70	448
2004	747	54.49	597	43.54	579
2005	631	45.79	709	51.45	489
2006	688	48.42	677	47.64	546
2007	792	50.29	675	42.86	563

现有的现金股利政策并没有在积累和分配的比例中找到一个合理的平衡点。在这些不分配的上市公司中,除了因为年度业绩较差或者处于持续亏损状态而没有派现能力的少数公司,绝大多数公司有足够的盈利能力和自由现金流却不发放现金股利,这一问题已引起了投资者的普遍不满。如果上市公司仅仅是打着公司长远发展的幌子而不发放现金股利,最终必然会造成一系列不良影响的产生。

2. 股利分配形式多种多样

与西方国家以现金股利作为主要的股利支付形式相比,我国的股利分配形式呈现多样化的特点。目前我国上市公司的股利分配,主要有现金分红、送红股、转增股本三种方式,但在此基础上又派生出将派现、送股与转增相结合的混合股利形式,再加上配股,使我国上市公司的分配方案显得更为复杂。

从理论上讲,上市公司分配股票股利只是对所有者权益下不同项目的增减调整,不会影响公司的现金流量,股东财富也不会改变,因此股票股利的发放应无实质性的经济含义,纯粹是一种"粉饰"意义上的变化。因此,更多的公司选择采取混合股利形式或股票股利形式,发放纯现金股利的公司数在发放股利的公司中所占比例不高。

3. 非良性现金分红公司增多

通过对近十年上市公司每股现金股利和股利支付率关系的观察分析,可以发现上市公司不良现金分红现象非常严重,各种不良分配的行为正是大股东侵占利益的一种"合法"形式,加深了大股东与中小投资者的代理问题。

(1)超能力派现,即每股现金股利大于每股收益或派现总额大于当年现金流量净额。上市公司进行超能力派现,需要动用以前年度积累下来的利润,不利于公司的长远发展和投资者的利益保障。

① 数据来源:Wind 资讯数据库

从表 7-2 可以看出,我国上市公司超能力派现情况不容乐观,2000 年多达 211 家,占发放现金股利公司总数的 34.03%,2001～2005 年超能力派现公司的比重一直维持在 20% 以上。2005 年,随着股权分置改革的推行,非流通股东需要向流通股东支付对价,限制了上市公司派发现金股利的能力,超能力派现情况有所缓和,并呈现出稳步下降趋势。

表 7-2   2000～2007 年超能力派现情况①

年份	公司数	占派现公司比例/%	年份	公司数	占派现公司比例/%
2000	211	34.03	2004	175	25.58
2001	178	28.62	2005	96	15.21
2002	125	21.33	2006	101	14.68
2003	133	23.01	2007	88	11.11

(2)融资派现,指的是刚上市就高派现或者刚配股就派现,这两种行为都反映了上市公司筹集的资金没有运用到公司的生产性活动中,其实质就是通过变相融资分红将资金转移给大股东,一定程度上深化了公司内部的代理问题。

根据代理成本理论,发放现金股利有助于缓解管理层与股东利益冲突的代理成本问题。股权越集中,大股东对公司的控制能力越强,代理成本越小,发放现金股利的要求就越低。然而,我国大股东所持的股份占公司总股份的比重越大时现金股利的发放反而越多,这显然与代理成本理论相悖。

以上分析表明,我国上市公司控股股权非流通性与超垄断相互并生这一制度性弊端使大股东对现金股利具有特殊偏好,派发红利也就成为非流通大股东侵害公众小股东的手段之一。换言之,股利不是降低了公司大小股东之间的代理问题,而恰恰相反,其成为大股东"圈钱"的有效途径。

7.4.2   中国上市公司股利分配中的问题

1. 股权结构不合理

我国上市公司股权结构的一个显著特点是国家股、法人股、公众股和内部职工股同时存在,其中不能流通的国家股和法人股仍占了总股本的大部分。由于上市公司股权过于集中,大股东很容易合法操纵股东大会,使股东大会演变为大股东一票否决的场所和合法转移上市公司利益的工具,并进而操纵董事会和监事会,使公司的经营决策完全服从大股东的意愿。股利分配政策在很大程度上体现的是公司经理人的意愿,而不是股东们的意志。据《投资者报》的统计,存在高管持股的上市公司中,高管持股总市值越高的公司,分红派现率越高。

---

①   数据来源:Wind 资讯数据库

由于流通股的高投资成本以及上市公司普遍的低股利支付率,使得流通股的平均股利收益率远低于同期银行存款利率。因此,流通股股东总体上轻视股利,对于上市公司采取的股利政策并不真正关心,流通股股东真正关心的是股票二级市场的股票价格以及自己持有的股份数,以资本利得为自己的主要获利方式。

2. 信息不对称现象严重

目前,我国的资本市场中上市公司的会计信息质量低下,财务报表真实性和及时性都存在一定的问题,资本市场信息披露制度还有待完善,这使得外部投资者很难从资本市场的公开信息中了解到公司真正的财务状况。而了解公司内部真正财务状况的恐怕只有公司的"内部人"了,他们会利用信息优势提出对自身有利的股利政策,而他们能从这项政策中获取的好处,也只有他们自己清楚。

另外,公司的大股东和一些机构投资者往往能提前获得一些市场上还未公开的信息并从中获利,从而损害中小投资者的利益。这其中涉及管理层利用优势信息炒作自身股票,或者和机构投资者联合起来操纵股票价格,这时股利政策会作为炒作的一个手段来配合机构剥削中小投资者,从而获取巨额利润。

3. 中小投资者理念不成熟

我国股市投资队伍中个人投资者所占比率较大,相对于发达市场投资者而言,我国的股票投资者特别是中小股东的投资理念还显得不够成熟,投资通常较盲目。投资者追求的往往是股价波动产生的价差收益,这在一定程度上加大了股票的投机性。在我国投资者通常偏好股票股利的发放,而很少关注现金股利。发放股票股利、转增股本乃至配股都一度被视为利好消息。在这种投资理念下,上市公司恰恰可以以迎合投资者需要的形式,少发或者不发现金股利,进而进行送、转、配的分配方案。

4. 资本市场监管力度不够

目前,我国已经颁布了《证券法》《公司法》等法律,并且由证监会统一实施监管,监管措施不可谓不严,主要是吸收了欧美等国的证券市场监管之所长。然而,监管的实施却常常流于形式,政策在实际执行上缺乏力度。如证监会2001 年发布了"亏损公司暂停上市和终止上市实施办法",对连续三年亏损的上市公司就暂停上市、恢复上市和终止上市的条件、法律程序、信息披露等事项均做出了详细的规定,但到目前为止,退市的上市公司寥寥无几。我国证券监管部门的监管手段落后,常常跟不上证券市场的发展速度。证券市场监管不到位,处罚不严格,导致上市公司经营者无需顾虑因其未"善待"公司股东而产生不良后果,造成上市公司股利分配行为的随意性。

不仅如此,我国的法律法规体系目前还不够完善,中小投资者的利益被大股东侵害的例子屡见不鲜,但是却没有有效的法律途径可以维护中小投资者的利益。投资者呼唤证监会加大对市场的监管力度,规范市场行为,维护市场秩序。

7.4.3　中国上市公司股利政策的影响

所谓股利政策的效应,即股利政策实施后所产生的经济影响。通过前面的分析不难看出,中国上市公司不规则的、非理性的股利政策,对市场、投资者以至上市公司本身,都将产生极大的负面影响。

1. 对市场的负面影响

在成熟的资本市场条件下,股票的市场价格是以股票的内在价值为轴上下波动的。股票的内在价值,又以公司的经营业绩的成长性为依据。而公司的股利政策,则是衡量公司经营业绩及其成长性的一个重要尺度。在西方发达国家,股利政策的差异是反映公司质的差异的极有价值的信号。一般说来,能够连续派现并实施稳定股利政策的公司,通常是业绩优良且稳定增长的公司,投资者对这类公司抱有良好的投资预期,其股价也相应保持稳定。

然而,我国的情况却并非如此。尽管一些学者已通过实证分析证实了"股利相关论"对我国上市公司同样适用,但这种"相关论"却与西方发达国家迥然有异,更多地表现为股票股利与股价正相关及现金股利与股价的负相关关系。正是以上的局限性,很可能导致研究结论的错误。一些连续派现并且股利支付率较高的公司,股价表现却平平,股票甚至长时间遭到市场的冷落。这违背了市场自然的和本来的逻辑,扭曲了股利政策与股价决定之间的关系,导致股价严重失真。股价是金融资源配置的指示器,失真的股价不仅无法实现金融资源配置的优化,而且还有可能导致金融资源的浪费,从而将严重阻滞市场功能的发挥,削弱市场存在和发展的意义。从另一个角度看,不规则的股利政策所引起的股票价格扭曲,也是导致市场不规范的一个重要根源。

2. 对投资者的负面影响

对于投资者而言,负面影响主要表现在以下两个方面。

(1)损害了投资者利益。股票投资是风险最大的证券投资,投资者投资于股票的目标主要有两个:一是获得经常性的股利收入;二是通过不断积累投资所得进行再投资或者通过股息和股价的不断增加而实现资本增长。无论投资者持哪种目标,都要求股票发行方支付合理的报酬。然而,大量上市公司的不分配,或为了配股而进行"蜻蜓点水"式的分配,都使投资者承担的投资风险与所获投资收益严重不对称。

（2）不利于投资者树立正确的投资理念。投资者投资理念的形成，受体制条件、市场环境、历史文化传统、投资者自身的风险偏好程度等多方面因素制约。而公司行为则是一个不容小觑的因素。很难设想在一个对连年"不分配"泰然处之、轻视投资者利益的公司行为背景下，会造就出一支崇尚价值投资和长线投资的投资者队伍。投资者在企盼现金股利而不可得的情况下，只能通过股票的频繁换手博取短期价差以获取收益。而不规范的市场又在很大程度上使投资者的这一愿望能够得到满足。所以，从这个意义上说，不规范的股利政策对投资者投机行为的生成难辞其咎。

3. 对上市公司自身的负面影响

大量的上市公司热衷于送红股，不仅导致股本规模急剧扩张，原有股东的权益被高度稀释，而且使公司业绩大幅度下滑，严重损害了公司的市场形象。由于资本边际效率递减规律的作用，一些高比例送股的公司业绩无法与股本扩张的速度保持同步，短短几年便由原来的"绩优公司"变成了"绩差公司"，股价也一路滑落。此外，按照股利政策的相关理论，恰当的股利政策具有两种效应。一是降低代理成本效应。股利分配代理成本理论认为，在公司存在委托代理关系的情况下，势必发生代理成本，而股利支付可以避免权益资本的过度累积，具有降低代理成本的功效。因为较多地支付股利，使得留存盈利减少，可能会迫使公司通过资本市场进行新的融资。这样，一方面迫使公司管理者受到更多投资者的监督，另一方面迫使公司必须谨慎、有效地运用资金，竭尽全力搞好经营，以提高公司价值，维持较高的股利支付。二是"顾客"效应，即每一个公司富有个性的股利政策都会吸引一部分具有相应股利政策偏好的投资者。而当公司的股利政策向积极方面转化时则会吸引比过去更多的"顾客"。由于不分配和"蜻蜓点水式"分配是中国上市公司股利政策的主基调，因而公司无法获取股利政策的上述两种积极效应。

股利政策是检查公司行为的一块试金石。一般说来，股利政策规范的公司，其行为也必然是规范的。但中国上市公司股利政策与股价之间被扭曲的关系，对规范运作的公司却是不公平的，而对不规范的公司在客观上则起到了某种刺激和鼓励作用。其破坏了市场公信力，使市场无法形成客观、公正的公司价值评价机制，并有可能因此动摇规范公司的分配理念而使其在"从众心理"的驱使下改弦更张。这种"传染效应"，无疑会进一步加剧上市公司股利政策的非理性化，使上市公司行为失范的情况更为严重。自然，其给市场带来的不良影响也将是灾难性的。

7.4.4 中国上市公司股利政策的治理

理论和现实都深刻地说明：一个没有建立起投资者回报机制，只知道向投资者"圈钱"的市场，注定是一个缺乏生命力的，没有发展前途的市场。上市公司非理性的股利政策，已经成为市场风险的一个重要的来源地，成为市场规范与发展的一个严重障碍。因此，必须把股利分配行为的监管作为对上市公司监管的一项重要内容，将上市公司的股利政策尽快引导到正确的轨道上来。

从西方证券市场的成长发展清晰地看到：上市公司股利政策是公司经营者、股东和政府多方博弈的结果。我国畸形化股权结构的存在，是目前证券市场种种不规范行为产生的根源。因此，结合西方上市公司股利政策，政府应加强证券市场的监督和管理，要求有关当事人充分披露信息并控制拥有内幕信息的内部人交易，以使市场符合公开、公平和公正性原则。为确保证券市场的安全运行、稳定发展，为培养广大投资者长期投资理念，把握正确的投资行为，管理层应在健全市场机制方面，对上市公司分配问题尽快规范立法，对上市公司的股利分配行为加以引导和规范，使上市公司在分配方面有章可循、有法可依。

1. 加强公司治理，完善股权结构

我国上市公司不合理甚至扭曲的股利政策，主要源于畸形化股权结构的存在。如果不对上市公司的股权结构进行根本性的变革，改变股权分裂的状况，股利支付水平问题还是无法得到根本性的解决。通常情况下，上市公司的派现行为与公司的股权集中度相关。上市公司的第一大股东持股比例越高，即股权集中度越高，就越容易发生超能力派现行为。因此，改革的重点应以市场为基础，进一步推进国有股减持，加快国有股和法人股的流通，真正实现同股同权，降低股权集中度，引入私人战略投资者、银行投资者、外国投资者等多元持股主体，从根源上改变股利分配的非理性，从上市公司的长远发展及保护流通股股东长期利益出发，实现共赢。

加强公司治理的本质在于通过相关的制度安排来激励和约束实际掌握公司经营管理的职业经理人员，最大限度降低代理成本，使其真正实现角色换位，从为自身利益服务，变为真正为全体股东利益服务。同时，还要完善独立董事制度。独立董事制度是完善上市公司治理结构、提升上市公司运作质量、监督上市公司行为、保护投资者利益、解决内部人控制问题、创造健康的证券交易环境，从而规范资本市场发展的一个有效的制度选择。在发达国家的许多公司中，公司聘请独立董事已成为一种趋势。

2.引入集体诉讼机制,切实保护中小股东权益

我国上市公司中大股东侵占小股东的行为在法律层面制裁不严,监管层面力度不够,都给了控股股东侵占的动机。这种弱的法律监管环境不能提高控股股东的侵占成本,自然没有很有效地保护中小投资者的利益,也不利于整个资本市场的健康发展。

因此,应强化中小股东的程序性权利,明确赋予中小股东特殊情况下的股东大会召集权,扩大中小股东知情权的范围,完善中小股东的诉讼提起权,建立并完善股东派生诉讼制度。鉴于我国上市公司大股东与上市公司之间的关联交易非常频繁,有必要采取比较强硬的措施来落实股东权回避制度,以保证交易的公平性。谋求股东利益最大化和公司的持续经营是公司经营的终极目标,而超能力派现势必给公司的持续经营带来不利影响。因此一旦出现超能力派现,中小股东可以对公司提起集体诉讼,使公司高管层常怀警惕之心,决策时尽量平衡各方股东的利益,而不只是大股东的利益。

3.加强资本市场监管,完善信息披露制度

股权分置改革以后,证券市场成为一个完全流通的市场,面对这种基础制度环境的变化和不断创新的融资方式,市场的监管面临着新的挑战,相关的法律法规也亟待完善。监管部门应当将投资者的利益作为重中之重,致力于建立一个健康、有序的资本市场。

监管部门应采取有效措施规范上市公司的政策行为,加强监督。对申请上市的公司要严格规范上市公司的财务信息公布,降低市场上的信息不对称,严厉打击惩处上市公司的会计造假行为,对不派发股利的上市公司要求其说明不分配的原因;对用利润留存进行投资的上市公司应审查其投资项目的可行性分析报告;对公司盲目扩张股本的行为应采取有关措施加以限制,防止上市公司恶意融资行为,开征资本利得税,减轻投资者对股票股利的偏好;对经营不善或违法乱纪行为严重的上市公司,应取消其上市资格。完备的信息披露制度有助于保护中小投资者的利益,约束市场主体的各种行为,其所起到的舆论监督作用必将促进上市公司的股利分配政策更加理性。

本章小结

股利是指股份公司按发行的股份分配给股东的利润。公司向股东支付股利的过程日期包括股利宣告日、股权登记日、除息日和股利发放日。股利的支付方式一般有现金股利、财产股利、负债股利、股票股利和股票回购等。股利政策是股份公司关于是否发放股利、发放多少以及何时发放的方针和政策。股利政策的类型主要包括：剩余股利政策、稳定增长的股利政策、固定支付率的股利政策和低股利加额外股利政策等。

MM 定理认为，在一定假设条件下，公司价值与股利政策无关，只由公司本身的获利能力和风险决定，即取决于投资决策，因而单就股利政策而言，无所谓哪一种是最佳的，任何股利政策都是最佳的。股利政策相关论认为，股利政策会对股票的价格产生较大的影响，代表性的理论有"一鸟在手"理论、信号传递理论、税差理论和代理成本理论。

在现实中，影响公司股利政策的因素主要分为外部环境因素、公司内部因素、股东因素和利益相关者因素。其中，外部环境因素主要包括宏观经济环境、市场成熟度和通货膨胀；公司内部因素主要包括公司的盈利稳定性、现金支付能力、投资机会、筹资能力、资本结构和资本成本；股东因素主要包括股东对稳定收入的要求、控制权的稀释、避免税负及股东的其他投资机会；利益相关者因素主要包括法律限制和契约限制。

关键概念

股利；现金股利；财产股利；负债股利；股票股利；股票回购；MM 定理；"一鸟在手"理论；信号传递理论；税差理论；代理成本理论；剩余股利政策；稳定增长的股利政策；固定支付率的股利政策；低股利加额外股利政策

复习思考题

1. 什么是股利政策？公司为什么要制定股利政策？

2. 与现金股利相比，股票回购有哪些优点？

3. 公司制定的股利政策主要受哪些因素制约？

4. 请结合股利理论分析现阶段中国上市公司股利政策存在哪些问题以及如何解决？

5. 公司的权益账户如表 7-3 所示，公司已宣告发放 10％的股票股利，公司当前的股票市值为每股 25 元。公司股票股利的发放将对公司的权益账户产生怎样的影响？

表 7-3

普通股(面值 1 元)	350 000
资本公积	165 000
留存收益	3 000 000
股东权益合计	5 000 000

6. 某石油公司今后五年的预计税后利润分别为 1200 亿、1200 亿、1500 亿、1600 亿和 1800 亿元。公司现有发行在外的普通股股票 1000 亿股,如果公司采取以下股利政策,请分别计算每年的每股股利。

(1)保持 20% 的股利发放比率;

(2)发放稳定金额的股利,使其总额为五年盈利的 20%;

(3)除发放每股 0.5 元的固定金额小额股利外,如果任一年的利润超过 1500 亿元,将在年末发放额外股利,其金额为超过 1500 亿元部分的 20%。

第 8 章

公司融资

融资(Financing)是指为支付超过现金的购货款而采取的货币交易手段,或为取得资产而集资所采取的货币手段,是货币资金的持有者和需求者之间,直接或间接地进行资金融通的活动。融资活动是公司资本运作的起点和资本运用的前提。公司对融资活动进行管理,就是要以最小的代价筹集到公司所需要的资金,并保持公司合理的资本结构。

从狭义上讲,融资是一个公司筹集资金的行为与过程。也就是公司根据自身的生产经营状况、资金拥有的状况,以及公司未来经营发展的需要,通过科学的预测和决策,采用一定的方式,从一定的渠道向公司的投资者和债权人筹集资金,组织资金的供应,以保证公司正常的生产需要及经营管理活动需要的理财行为。从广义上讲,融资也叫金融,就是货币资金的融通,当事人通过各种方式到金融市场上筹措或贷放资金的行为。

公司的融资方式即公司融资的渠道,可以分为两类:债务性融资和权益性融资。前者包括银行贷款、应付债券、应付票据和应付账款等,后者主要指股票融资。债务性融资构成负债,公司要按期偿还约定的本息,债权人一般不参与公司的经营决策,对资金的运用也没有决策权。权益性融资构成公司的自有资金,投资者有权参与公司的经营决策,有权获得公司的红利,但无权撤退资金。

8.1 公司的短期融资

短期融资是指筹集公司生产在经营过程中短期内所需要的资金。短期融资的使用期限一般规定在 1 年以内,它主要用以满足公司流动资产周转中对资金的需求。短期融资具有筹资速度快,容易取得;筹资弹性大,限制条款少;资本成本低;筹资风险高,腾挪余地小,需要较强的财务调控能力等特点。短期融资的方式主要有四种,即商业信用、银行短期借款、短期融资券和短期融资组合。

8.1.1 商业信用

1.商业信用的含义

商业信用,是指公司在正常的经营活动和商品交易中由于延期付款或预收账款所形成的企业常见的信贷关系。商业信用是一家公司授予另一家公司的信用,例如原材料生产厂商授予产品生产企业,或产品生产企业授予产品批发商,或产品批发商授予零售企业的信用。

商业信用产生于赊销方式,包括公司之间以赊销分期付款等形式提供的信用以及在商品交易的基础上以预付定金等形式提供的信用。商业信用产生的根本原因是在社会化大生产过程中,各个公司之间相互依赖,但它们在生产时间和流通时间上往往不一致,而通过企业之间相互提供商业信用,可在一定程度上满足企业对资本的需要,从而保证整个社会的再生产得以顺利进行。因此,在公司的经营周期内,商业信用自动形成的公司的一种融资方式。

2. 商业信用的特点

商业信用具有以下特点:

(1)商业信用具有非恒定的独占性。商业信用的主体是工商企业,它会随着商事主体经营状况的好坏而处于一种变化的过程中,企业的不善经营和非诚信行为,会损害其商业信用。

(2)商业信用具有财产性。商业信用的客体主要是商品资本,它是一种实物信用,衡量商事主体信用程度高低的一个重要标准就是其拥有财产的多寡,因此,商业信用建立在财产基础之上。

(3)商业信用与产业资本变动的一致性。商业信用的数量和规模与工业生产、商品流通的数量、规模是相适应的,在动态趋向上是一致的。

(4)商业信用具有外在性。商业信用是社会信用体系中最重要的一个组成部分,是基于主观上的诚实和客观上对承诺的兑现而产生的商业信赖和好评。主观上的诚实是指在商业活动中,交易双方在主观心理上诚实善意,没有其他欺诈意图和目的;而客观上对承诺的兑现是指商业主体对自己在交易中向对方作出的承诺负责,应当使之实际兑现。商业交易奉行外观主义,以交易双方当事人表示的外部行为为准来推定其内心真实的想法,其目的在于保护交易安全,促进交易效率,也有利于社会的稳定。

(5)商业信用具有制度依赖性,它需要许多具体的制度安排来促进。商业信用是由各种商业习惯在长期的交易过程中所形成的一种信赖,这些习惯在现代社会逐渐制度化,例如,信息披露制度,公示制度,信托制度,等等。

3. 商业信用的主要形式

(1)前向信用交易

这种商业信用是指一家公司向其上游公司预付货款订购商品而进行的信用交易,如批发商向生产企业、零售商向批发商预付货款订购商品就属于这种形式;或者一家公司向其上游公司赊购商品、采取延期付款方式而进行的信用交易。

应付款融资是前向信用交易的主要形式,包括公司赊销原材料等商品和事先使用劳务服务等形成的债务,如应付账款、应付工资、应交税金及其他应付款等。应付款融资是在公司经营周期内由对方提供商业信用而自发形成的短期融资。公司采用这种融资形式除了易得性外,主要是基于融资成本考虑。

使用商业信用融资可能产生的成本主要有两类:一类是延迟付款的惩罚,如果产品和劳务购买者接受的是无折扣信用条件,则只要融资者在规定的信用期限内付款,无需承担融资成本;但是,如果受信者延迟付款,则他会受到业内的惩罚,即将来所接受的付款条件会变得非常苛刻,其信用评级也会受到损害。另一类是放弃现金折扣的成本,如果产品和劳务购买者接受的是有现金折扣的信用条件,则融资者会面临机会成本,融资者选择在信用期限最后一天付款是为了多使用一段时间的商业信用,但却失去了享受现金折扣的机会。

(2)后向信用交易

这种商业信用是指一家公司向其下游公司或消费者赊销商品,采取延期收款方式而进行的信用交易,如批发商向零售商、零售商向消费者赊销商品,采取延期收款方式而达成的交易就是这一形式;一家公司向其下游公司或消费者预售商品,采取预收货款的方式而进行的信用交易。

应收款融资是后向信用交易的主要形式,包括应收账款抵押、应收账款让售和预收款融资。应收账款抵押是指公司以代表应收账款的销货发票为担保,向金融机构等贷款人融得短期资金的方法。这里贷款人有权按期收回应收账款,而在债务人拒付应收账款时,贷款人还有权对借款公司行使追索权。应收账款让售是指持有应收账款的公司将应收账款出售给购买者,这里应收账款购买者有权按期收回应收账款,但在债务人拒付应收账款时,无权对应收账款出售者行使追索权。预收款融资则是公司在交付货物之前向买方预先收取部分或全部货款的信用形式所形成的融资,它一般用于供不应求的商品销售和生产周期长、资金需用量大的产品销售。

从总体上来讲,商业信用交易对于加强企业之间的经济联系、加速资金的循环与周转、促进社会再生产的顺利进行等方面都起着非常重要的作用。对于商业信用的卖方提供者来说,其作用表现在能够扩大商品经营规模、开拓商品市场、提高竞争力;对于商业信用的买方提供者来说,其作用主要表现在能够稳定货源、稳定供需关系;对于商业信用的卖方与买方接受者来说,其主要作用均表现为缓解资金短缺的困难。

【例 8-1】 设现金折扣信用条件为"$2/10, n/30$",发票金额为 100 元。如果选择第 30 天付款,则相对于第 10 天付款延长了 20 天的商业信用,同时放弃了 2% 的现金折扣。正因为放弃了该现金折扣,购买者实际上相当于借入 98 元、期

限 20 天、利息为 2 元的借款。该商业信用的年成本（*APR*）为

$$APR=\left(\frac{折扣比率}{100\%-折扣比率}\right)\left(\frac{365}{总信用期限-现金折扣期}\right)=$$

$$\left(\frac{2\%}{100\%-2\%}\right)\left(\frac{365}{30-10}\right)=37.2\%$$

由此可见,若公司选择信用期限的最后一天付款而放弃现金折扣,则其商业信用成本会随着信用期限的延长而下降。

8.1.2 银行短期借款

1. 银行短期借款的基本概念

短期借款是公司用来维持正常的生产经营所需的资金或为抵偿某项债务而向银行借入的、还款期限在一年以下的各种借款。短期借款的债权人一般为银行或其他金融机构等。公司借入的短期借款,无论用于哪个方面,只要借入这项资金,都会构成一项负债。归还借款时,除本金外,还应支付相应的利息。

2. 短期借款的种类

工商公司的短期借款主要有:经营周转借款、临时借款、结算借款、票据贴现借款、卖方信贷、预购定金借款和专项储备借款等。

(1)经营周转借款:亦称生产周转借款或商品周转借款。公司因流动资金不能满足正常生产经营需要,而向银行或其他金融机构取得的借款。办理该项借款时,公司应按有关规定向银行提出年度、季度借款计划,经银行核定后,在借款计划内根据借款借据办理借款。

(2)临时借款:公司因季节性和临时性客观原因,正常周转的资金不能满足需要,超过生产周转或商品周转款额划入的短期借款。临时借款实行"逐笔核贷"的办法,借款期限一般为 3 至 6 个月,按规定用途使用,并按核算期限归还。

(3)结算借款:在采用托收承付结算方式办理销售货款结算的情况下,公司为解决商品发出后至收到托收货款前所需要的在途资金而借入的款项。公司在发货后的规定期间(一般为 3 天,特殊情况最长不超过 7 天)内向银行托收的,可申请托收承付结算借款。借款金额通常按托收金额和商定的折扣率进行计算,大致相当于发出商品销售成本加代垫运杂费。公司的货款收回后,银行将自行扣回其借款。

(4)票据贴现借款:持有银行承兑汇票或商业承兑汇票的,发生经营周转困难时,申请票据贴现的借款,期限一般不超过 3 个月。贴现借款额一般是票据的票面金额扣除贴现息后的金额,贴现借款的利息即为票据贴现息,由银行办理贴现时扣除。

（5）卖方信贷：产品列入国家计划，质量在全国处于领先地位的公司，经批准采取分期收款销售引起生产经营资金不足而向银行申请取得的借款。这种借款应按货款收回的进度分次归还，期限一般为 1 至 2 年。

（6）预购定金借款：商业公司为收购农副产品发放预购定金而向银行借入的款项。这种借款按国家规定的品种和批准的计划指标发放，实行专户管理，借款期限最多不超过 1 年。

（7）专项储备借款：商业批发公司经国家批准储备商品而向银行借入的款项。这种借款必须实行专款专用，借款期限根据批准的储备期确定。

3. 担保

银行经常会要求公司为借款提供担保。如果银行的借款是建立在短期的基础上，它通常要求担保物是诸如应收账款、存货或有价证券之类的流动资产。

银行要求借款人提供具体的抵押物。例如，假设从商品发货到货款收回之间有一定的延迟时间，如果急需资金，公司可以将应收账款作为抵押申请贷款。根据应收账款的质量，公司一般能借到它所抵押的应收账款总额的 70％～90％的资金。存货也可以作为贷款的担保。如果是易于出售的存货，公司可能借到这些存货的零售价值的 50％～70％。不过，银行对抵押资产会有所选择，它们希望在公司违约时这些抵押资产易于确认和出售。而且，银行还需要确信抵押品存放安全，借款公司不会出售这些资产。对于以应收账款为担保的借款，银行通常按基准利率加上一个最高达 5 个百分点的溢价收费。这是因为银行处理应收账款的成本使利率受到了影响。处理成本越高，利率也就越高。不过，这种借款通常不需保持补偿性余额。存货担保借款的利率幅度类似于应收账款。一般而言，抵押的应收账款或存货的质量越高，则支付的溢价就越低。抵押的主要好处在于公司能借到比无担保时更多的资金。为此，公司也会发生额外的管理成本，并牺牲对其应收账款和存货的某种程度的控制。

8.1.3　短期融资券

1. 短期融资券的基本概念

短期融资券是指具有法人资格的非金融公司，依照规定的条件和程序在银行间债券市场发行并约定在一定期限内还本付息的有价证券。短期融资券是由公司发行的无担保短期本票，是公司筹措短期（1 年以内）资金的直接融资方式。

2. 短期融资券的种类及发行

（1）短期融资券的种类

按发行方式分类，可将短期融资券分为经纪人代销的融资券和直接销售的融资券；按发行人的不同分类，可将短期融资券分为金融公司的融资券和非金融公司的融资券;按融资券的发行和流通范围分类,可将短期融资券分为国内融资券和国际融资券。

(2)短期融资券的发行

短期融资券的发行程序:①公司做出发行短期融资券的决策;②办理发行短期融资券的信用评级;③向有关审批机构提出发行申请;④审批机关对公司提出的申请进行审查和批准;⑤正式发行短期融资券,取得资金。

3. 短期融资券的风险

(1)信用风险

由于公司治理结构不规范,违规成本低,与公司财务状况紧密相连的风险提示处于空白状态。部分公司为了达到低成本融资的目的,对披露的财务数据、经营业绩进行一定的修饰,隐藏了一定的信用风险。如果现有制度安排中隐藏的信用风险得不到及时发现和披露,一旦市场扩容,或经济环境变化,都会使信用风险迅速扩大。少数公司违约的信用风险有可能通过市场传导为系统风险,甚至影响到整个金融体系的稳定。

(2)滚动发行机制隐含"短债长用"的投资风险

按照现行规定,人民银行对公司发行融资券实行余额管理,监管部门只需控制融资券代偿余额不超过公司净资产的40%即可。这就使部分公司有可能绕过中长期公司债的限制,通过滚动发行短期融资券进行长期融资。任何中长期投资项目都面临市场、技术、产品等方面的风险,随着短期融资券发行规模的扩大,其隐含的投资风险将不断加大。

(3)短期融资券的风险转移

这主要体现在三个方面:一是隐性担保的潜在风险。短期融资券是无担保信用债券,不少公司将银行授信额度作为提高偿债能力的条件,主承销银行出于自身利益,心甘情愿地提供隐性担保。一旦出现违约风险,公司的信用风险就可能向银行转移和积聚。二是银行自销、自买短期融资券,容易产生泡沫,造成短期融资券异常"火爆"的假象。一旦个别公司出现兑付风险,必然引发投资者对相同信用等级短期融资券产生质疑,可能引发大范围抛售,金融机构持有的短期融资券价值将迅速下降。如果银行将短期融资券作为流动性的重要工具,必然导致银行体系流动性风险的爆发。三是银行竞相承销短期融资券,互相挖客户,容易产生道德风险和违规风险。

(4)信用评级不规范导致的风险

信用评级存在的问题主要表现在:一是在评级缺乏时效的情况下,短期融资券发行时的评级会呈现终身化倾向;二是评级手段落后,导致采用长期债券的评级方法对短期债券的发行进行评估;三是评级标准不统一,有关法律法规不健全。

4. 短期融资券的优缺点及风险防范

(1) 短期融资券的优缺点

短期融资券筹资的优点主要有：①短期融资券的筹资成本较低；②短期融资券筹资数额比较大；③发行短期融资券可以提高公司信誉和知名度。

短期融资券筹资的缺点主要有：①发行短期融资券的风险比较大；②发行短期融资券的弹性比较小；③发行短期融资券的条件比较严格。

(2) 短期融资券的风险防范

为了促进短期融资券市场的健康发展和防范风险，建议采取以下措施：①建立健全发行主体财务会计指标的披露制度，加强风险提示；②适当调整管理制度，防止公司"短债长用"；③提高机构投资者风险识别和防范能力，确定购买短期融资券的限定比例；④要人民银行应当加强短期融资券的风险监控。

8.1.4 短期融资组合

1. 短期融资组合的原则

(1) 成本性原则

用最小的成本获得短期资金是短期融资的最重要原则。为寻求低成本的短期融资方式，公司可以在以下诸多方面寻求突破。第一，在同时期选择成本最低的短期融资方式。在众多的短期融资方式下，自发融资的融资成本最小。如果仅从账面成本来考察，则商业信用是无成本的融资方式。因此，公司一方面应该用足商业信用，同时，应该提高自身的信用等级，获得更多的商业信用。第二，选择合适的融资时机。各种短期融资方式之间的成本差异会随着时间的变化而变化，并不是固定不变的。比如，由于商业票据属于无违约风险、高度变现的短期期票，因此，商业票据的融资成本低于无担保短期银行信贷。但是，如果商业银行面临激烈的竞争环境，同时受票据市场的挤压，则商业银行可能向信誉良好的公司提供低于商业票据利率的贷款。

(2) 可行性原则

可行性是指短期融资的可得性，这是融资选择的约束条件。在所有的短期融资方式中，商业信用是成本最低的方式，但是，公司的购货数量、业绩和过去的信用历史将决定其是否能够获得商业信用以及能够获得多少。因此，商业信用对公司来说是有限的，并不能满足公司所有的流动资产投资的资金需要。因此，从融资成本角度出发，应该选择次最低融资成本的短期融资方式。总体来讲，融资的可行性与公司的还款能力和盈利能力有关。如果公司具有超强的实力，则公司融资的空间较大，融资的灵活性较强，公司融资的可行性大。但是，用单一融资方式来解决公司短期资金的需要既没有可能，也没有这个必要。正是由于短期融资受可得性的影响,公司的流动负债结构呈现多样化的态势,既有商业信用,也有银行信用,还有商业票据,等等。

（3）灵活性原则

融资灵活性跟公司在短时间内增加短期资金的能力有关。公司融资灵活性大小和信用限额的剩余数量、公司流动资产所受到的约束、公司的盈利能力等有关。如果公司已经和银行签订了周转信贷协议或限额贷款协议,公司目前尚未用足限额,那么,公司的融资灵活性较大,要增加短期借款是比较容易的。如果公司已经将其应收账款和存货的大部分抵押给了银行,则公司的融资灵活性下降,因为资产担保使公司未来的融资可能性受到影响。如果公司的盈利能力强,则公司创造现金流量的能力强,其支付能力也强。因此,一旦公司有良好的经营业绩,其融资灵活性将会提高。

2. 短期融资策略

一个公司采用的短期融资策略至少由两个要素构成：

（1）公司在流动资产上的投资规模。这通常是通过与公司总营业收入水平相比较来衡量的。稳健型和温和型短期融资策略保持流动资产与销售额的高比率。激进型短期融资策略限制流动资产与销售额的比率,如表 8-1 所示。

（2）流动资产的融资结构。这可以用短期负债与长期负债的比例来衡量。激进型短期融资策略意味着短期负债相对于长期负债的比例高,稳健型融资策略意味着少量的短期负债和大量的长期负债。

表 8-1　　　　　　　　　　稳健型激进型短期融资策略

稳健型短期融资策略	激进型短期融资策略
（1）持有大量的现金余额和短期证券	（1）保持低水平的现金余额,对短期证券不进行投资
（2）保持高水平的存货投资	（2）对存货进行小规模投资
（3）放宽信用条件,保持高额的应收账款	（3）不允许赊销,没有应收账款

3. 最优融资组合

在一个理想状态下,公司的资产和融资的关系遵循以下原则:流动资产全部通过理想状态下短期资产关系加以解决;长期资产全部由长期融资加以解决。流动资产等于流动负债,长期资产等于长期负债和股东权益之和,可用图 8-1 表示。如图所示,在公司最佳流动资产余额已知的假设条件下,随着时间推移,公司长期资产逐渐增加,长期负债也随之增加,而公司流动资产则逐渐减少,直至用完后再进行投资,循环往复。但是,在现实中,公司还应该考虑季节性生产对资金的需求,同时,公司流动资产中有一部分是永久性流动资产。这部分流动资产在两方面与固定资产相似,一是对永久性流动资产的投资金额是长期性的,二是永久性流动资产随着公司的成长而增加。因此,我们须对理想状态下的短期融资策略进行修改。

公司的最优短期融资组合会因不同公司的具体情况而异,公司选择自身最优短期融资组合时必须考虑多种因素:

(1)现金储备。稳健型融资策略意味着存在剩余现金,几乎没有短期借款。这种策略降低了公司陷入财务困境的可能性。然而,现金和短期证券的投资至多是零净现值投资。

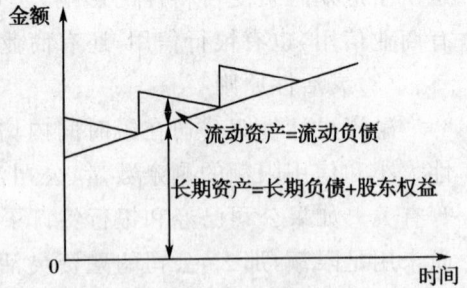

图 8-1　流动资产与长期资产示意图

(2)期限匹配。大部分公司以短期银行贷款筹集存货资金,以长期融资方式筹集固定资产资金。公司试图避免用短期融资方式筹措长期资产。这种期限不匹配策略使公司不得不经常筹措资金,这增加了固有风险,因为短期利率比长期利率波动更大。

(3)期限结构。短期利率正常情况下比长期利率低,这使得公司平均的长期借款成本比短期借款成本要高。

8.2　公司的长期债务融资

8.2.1　长期债券

1. 长期债券的含义

债券是债务人为借入资本而发行的,约定在一定期限内向债权人还本付息的一种债务凭证。根据偿还期限的不同,债券可分为长期债券、短期债券和中期债券。一般就国际说来,偿还期限在 10 年以上的为长期债券;偿还期限在 1 年以下的为短期债券;期限在 1 年或 1 年以上、10 年以下(包括 10 年)的为中期债券。我国国债的期限划分与上述标准相同。但我国公司债券的期限划分与上述标准有所不同。我国短期公司债券的偿还期限在 1 年以内,偿还期限在 1 年以上 5 年以下的为中期公司债券,偿还期限在 5 年以上的为长期公司债券。

中长期债券的发行者主要是政府、金融机构和公司。发行中长期债券的目的是为了获得长期稳定的资金。我国政府发行的债券主要是中期债券,集中在 3～5 年这段期限。1996 年,我国政府开始发行期限为 10 年的长期债券。

2. 债券的基本要素

尽管债券的种类繁多,但其基本要素是大致相同的,通常包括以下几项:

(1)债券面值。债券的面值是指债券的票面价值,是债务人对债权人在债券到期后偿还本金的数额,也是债务人对债权人按期支付利息的计算依据。债券面值包括币种和票面金额两个基本内容。币种是指以何种货币作为债券价值的计算标准。票面金额是指债券票面所表明的金额。债券的面值与发行价格并非一致,债券可以按面值发行,也可以按高于或低于面值发行,即溢价发行或折价发行。

(2)债券利率。债券利率是债券发行公司承诺在一定时期后支付给债券持有人资金使用报酬的计算标准。债券利率与债券发行时的市场利率可能是一致的,也可能是不一致的,因此,债券利率又称为"名义利率"或"票面利率"。决定债券利率的因素主要有银行利率、发债公司的资信状况、债券偿还期限、债券计息方法以及资金市场上的资金供求状况等。债券利率一经确定,在偿还期内一般是不变的,并大多采用年利率表示。

(3)付息期。债券的付息期是指发债公司支付利息的时间,可以是债券到期一次性支付,也可以是在债券偿还期内分期(如 1 年、半年或 3 个月)支付。不论债券利息是一次性支付还是分次支付,由于债券面值和债券利率是固定不变的,因此,在整个偿还期内的付息额是不变的,付息次数越多,每次的付息额越小。但是,债券利息一次性支付和分期支付对投资者实际收益的影响却是不同的。债券利息到期一次性支付,其利息实际上是按单利利息计算的。而债券利息分期支付,其利息实际上具有复利利息的性质。所以,公司在确定债券付息期时,必须做仔细的研究。

(4)偿还期。债券的偿还期是指债券发行日至到期日的一段时间。通常由公司根据自身对资金需求的期限和资本市场的各种因素确定。公司长期债券的偿还期多在 5 年以上。债券偿还期越长,债券利率也就越高。

3. 债券的发行

(1)债券的发行条件

根据《中华人民共和国公司法》(2004 年 8 月 28 日修正)的规定,我国公司发行公司债券必须符合下列条件:

①股份有限公司的净资产额不低于人民币 3000 万元,有限责任公司的净资产额不低于人民币 6000 万元。公司所拥有的净资产额的规模如何,是衡量公司的财产责任能力大小和信用程度高低的标志。因此,发债主体的净资产额必须达到一定的规模。

②累计债券总额不超过公司净资产额的 40%。此项规定是为了控制公司所发行的债券与其净资产保持合理的比例,以保证公司有足够的偿还债务的能力。

③最近三年平均可分配利润足以支付公司债券一年的利息。债券发行不仅需要有一定数量的净资产作为其基础,还需要债券发行主体在经营上有良好的业绩,以确保有足够的偿债能力。

④筹集的资金投向符合国家产业政策。

⑤债券的利率不得超过国务院限定的利率水平。同时,国务院颁布的《公司债券管理条例》规定,公司债券的利率不得高于银行相同期限居民储蓄定期存款利率的40%。

⑥国务院规定的其他条件。

此外,发行公司债券筹集的资金,必须用于审批机关批准的用途,不得用于弥补亏损和非生产性支出。

(2)债券的发行方式

债券的发行方式可以采用私募,也可以采取公开发行方式。私募发行是指发行债券的公司直接向少数特定的购买者发行,而不通过证券发行的中介机构。所以不必向证券管理机构办理发行注册手续,可以降低发行费用。但是,私募发行的范围不大,发行风险也较大,发行公司很可能筹集不到所需的资金。

公募发行是指发行公司通过委托证券发行机构向社会公众发行债券。为了保护公众投资者的利益,公开发行的公司债券要有较高的信用级别,要经过发行申请并得到批准。另外,被委托的证券发行机构一般要与债券发行公司签订委托发行债券的信托合同,合同内容主要包括对债券发行公司的各种限制以及保护投资者利益的规定。

8.2.2 定期借款

1.定期借款的含义与分类

定期借款是指公司向银行或其他金融机构借入的,主要用于固定资产投资、更新改造以及研究开发投资等方面,是公司筹集长期资金的一种重要方式。

定期借款按还贷期限长短可以分为短期借款、中期借款和长期借款。短期借款需要在1年内偿还,多用于满足公司临时性或季节性需求;中期借款偿还期限为1~5年;5年以上的借款称之为长期借款。长期借款按是否提供担保可以分为信用借款和担保借款两类,这与债券融资相似,目前,我国公司从金融机构借入的长期资金基本上都是担保借款。长期借款按利率是否固定可以分成固定利率借款和浮动利率借款。固定利率是指不考虑通货膨胀影响因素,在借款时经双方商定后不再变动的利率。浮动利率是按照市场利率的变动每隔一定期限就调整的利率。定期借款按是否提供担保可分为担保借款和信用借款。

2. 定期借款的优点与弱点

(1)定期贷款的优点

①定期借款可以为信息不对称问题提供可能的解决方案。对于某一借款公司,与外部投资者相比,银行如果对该公司的未来发展前景了解很多,那么就会对其未来具有很大的信心,这样,银行就可以通过贷款定价来反映它们所具有的这些信息优势。对于那些与银行有业务往来,而没有债券评级资格的公司而言,与公开发行证券的融资成本相比,银行借款的融资成本要低些。

②银行能比较好地监督借款公司。银行贷款一般都有详细的限制性条款,这些条款通常都是针对借款公司的特定问题和投资机会确定的。当公司向银行贷款时,如果贷款银行和公司之间具有存款关系或者其他业务关系,那么公司的借款成本就可能降低,因为银行已经拥有了评估公司信用水平的有关信息。

③借款有利于维护公司投资机会的保密性。公司一般不希望向公众披露贷款银行所需的所有信息。假如一家公司正在为一个涉及新的市场战略的投资机会筹集资金,若竞争者在其公司战略实施之前对此有所了解,那么,公司战略计划的成功实施就可能受到影响,从而会影响其预期收益乃至公司价值。而向银行借款可以使公司保持它的经营战略计划不对外泄露。

④利用借款可以使公司避免发行证券所需的昂贵费用以及审批手续带来的长时间的等待过程。不过,借款筹资也要花费成本,而发行证券的固定成本虽然比较大,但可变成本却很低。所以,借款更适合于中小型的融资,或者说,证券的发行规模使公司不足以从规模经济中获益时,进行借款更为有利。

(2)定期借款的弱点

①财务风险比较高。长期借款要求到期还本息,公司到期必须足额支付。在公司经营不景气时,这种情况无异于釜底抽薪,会给公司带来更大的财务困难,甚至可能导致破产。

②限制条款比较多。长期借款合同对借款用途有明确的规定,对公司资本支出额度、再融资等行为都有严格的约束。这些对公司生产经营活动必将产生一定程度的影响。

③贷款数量不能过大。由于存在较大风险,银行不愿意给公司提供巨额贷款。

3. 定期借款的保护性条款

贷款人向公司提供定期贷款时,为了保证贷款的安全,必然要求公司在借款期内保持财务状况稳定,至少要求公司在整个借款期内保持与借款时相同的财务状况。但是,由于中长期借款期限较长,公司的财务状况难免会由于某些原因而发生变化,因此,贷款人通常在借款合同中附有各种保护性条款,以确保公司财务状况的稳定,进而保证贷款的安全。这些保护性条款主要由标准条款、限制性条款和违约惩罚条款等所构成。

(1)标准条款,又称例行性条款。这是在大多数的借款合同中都使用的常规条款,通常条款的内容是不变的。主要包括借款人定期向银行提供财务报表的要求;借款人必须维护资产安全完整的要求;借款人及时清偿到期债务的要求等内容。这些条款可以有效地堵住许多漏洞,从而保证借款合同的严密性和全面性。

(2)限制性条款。限制性条款是为了使借款人保持一定的财务状况和管理结构而制定的制约借款人行为的条款。这些条款通常为适应不同借款环境而设定,可以有所改变。限制性条款主要包括最低流动比率限制、最高资产负债率限制、现金流出限制、固定资产处置限制、资本性支出限制、增加负债限制、管理人员变更限制等内容。

(3)违约惩罚性条款。违约惩罚性条款是特殊的保护性条款。当公司违反上述条款中的任何一条,贷款人有权对公司实施惩罚,其中最常见的惩罚条款是"提前偿付",还有其他一些惩罚性条款,如提高借款利率、增加担保等。这些条款的订立,有助于保证贷款人在必要时提出强制性建议来改进借款人的财务状况,保证贷款资金的安全。

保护性条款的订立,必然会限制公司对借入资金的运用,因此,借款人在借款之前,应预先了解借款合同中的限制性条款可能涉及的方面及其对公司经营可能产生的影响,分析利弊,尽力争取最为宽松的契约条款,以利于公司的发展。

8.2.3　长期债务融资的类型和特点

债务融资是指公司以负债的形式筹集资金,同时在未来承担以资产或劳务偿付的责任。作为公司资金来源的重要方式,债务融资根据融资期限的长短可以进一步划分为短期债务融资和中长期债务融资两种类型。短期债务融资包括商业信用、货币市场信用等方式,而中长期债务融资则包含债券融资、中长期商业贷款及融资租赁等方式。

与短期融资相比,长期融资具有以下几方面特点:

(1)期限长:长期融资所筹集的资金主要用于公司的长期战略之中,一般用于扩大公司整体规模或者提高公司的技术水平,因此,资金收回的时间较长,这就要求借入资金的偿还期较长,至少要与投资项目收回资金的时间一致。

(2)对投资项目要求的收益率高:与短期资金相比,由于长期借入资金的偿还期限较长,一般不要求公司有较强的资产变现能力,但由于借入较长期限的资金所需成本较高,因此要求公司相应的长期投资项目的收益率较高,这样才能够承受较高的长期融资的利息支出。因此,公司进行长期资金融通时,首先要着重对相应的长期投资项目的收益进行分析估计,从而保证公司的长期投资效益。

(3)对资本结构的安排要求高:长期融资通常同公司的长期规划紧密相连,融资结构是否合理,将直接影响到公司的未来发展。例如,公司发行股票可以筹集到无限使用的长期资金,但公司为此不仅要付出股息和红利,而且还要转移一部分经营决策权。而发行公司债券就不涉及经营权的分离问题。

8.2.4　融资租赁

1.融资租赁的起源与发展

现代融资租赁产生于第二次世界大战之后的美国。第二次世界大战以后,美国工业化生产出现过剩,生产厂商为了推销自己生产的设备,开始为用户提供金融服务,即以分期付款、寄售、赊销等方式销售自己的设备。由于所有权和使用权同时转移,资金回收的风险比较大,于是有人开始借用传统租赁的做法,将销售的物件所有权保留在销售方,购买人只享有使用权,直到出租人融通的资金全部以租金的方式收回后,才将所有权以象征性的价格转移给购买人。这种方式被称为"融资租赁",1952 年美国成立了世界第一家融资租赁公司——美国租赁公司(现更名为美国国际租赁公司),开创了现代租赁的先河。

中国的现代租赁业开始于 20 世纪 80 年代,为了解决资金不足和从国外引进先进技术、设备和管理经验的需求,在荣毅仁先生的倡导下,作为增加引进外资的渠道,从日本引进了融资租赁的概念,以中国国际信托投资公司为主要股东,成立了中外合资的东方租赁有限公司和以国内金融机构为主体的中国租赁有限公司开展融资租赁业务,用这种方法从国外引进先进的生产设备,管理经验及技术,改善产品质量,提高中国的出口能力。

2.融资租赁的基本概念

融资租赁(Financial Leasing)又称设备租赁(Equipment Leasing)或现代租赁(Modern Leasing),是指实质上转移与资产所有权有关的全部或绝大部分风险和报酬的租赁。资产的所有权最终可以转移,也可以不转移。融资租赁经中国银行业监管管理委员会(中国银监会)批准经营融资租赁业务的单位和经对外贸易经济合作主管部门批准经营融资租赁业务的外商投资公司、外国公司开展的融资租赁业务。

融资租赁的具体内容是指出租人根据承租人对租赁物件的特定要求和对供货人的选择,出资向供货人购买租赁物件,并租给承租人使用,承租人则分期向出租人支付租金,在租赁期内租赁物件的所有权属于出租人所有,承租人拥有租赁物件的使用权。租期届满,租金支付完毕并且承租人根据融资租赁合同的规定履行完全部义务后,对租赁物的归属没有约定的或者约定不明的,可以协议补充;不能达成补充协议的,按照合同有关条款或者交易习惯确定,仍然不能确定的,租赁物件所有权归出租人所有。融资租赁是集融资与融物、贸易与技术更新于一体的新型金融产业。由于其融资与融物相结合的特点,出现问题时租赁公司可以回收、处理租赁物,因而在办理融资时对公司资信和担保的要求不高,所以非常适合中小公司融资。此外,融资租赁属于表外融资,不体现在公司财务报表的负债项目中,不影响公司的资信状况。这对需要多渠道融资的中小公司而言是非常有利的。

融资租赁和传统租赁的一个本质区别就是:传统租赁以承租人租赁使用物件的时间计算租金,而融资租赁以承租人占用融资成本的时间计算租金。融资租赁是市场经济发展到一定阶段而产生的一种适应性较强的融资方式,已成为公司更新设备的主要融资手段之一。

3. 融资租赁的主要特征

由于租赁物件的所有权只是出租人为了控制承租人偿还租金的风险而采取的一种形式所有权,在合同结束时最终有可能转移给承租人,因此租赁物件的购买由承租人选择,维修保养也由承租人负责,出租人只提供金融服务。租金计算原则是:出租人以租赁物件的购买价格为基础,按承租人占用出租人资金的时间为计算依据,根据双方商定的利率计算租金。它实质上是依附于传统租赁上的金融交易,是一种特殊的金融工具。融资租赁的特征一般归纳为五个方面。

一是租赁标的物由承租人决定,出租人出资购买并租赁给承租人使用,并且在租赁期间内只能租给一个公司使用;二是承租人负责检查验收制造商所提供的设备,对该设备的质量与技术条件出租人不向承租人做出担保;三是出租人保留设备的所有权,承租人在租赁期间支付租金而享有使用权,并负责租赁期间设备的管理、维修和保养;四是租赁合同一经签订,在租赁期间任何一方均无权单方面撤销合同。只有设备毁坏或被证明为已丧失使用价值的情况下方能中止执行合同,无故毁约则要支付相当重的罚金;五是租期结束后,承租人一般对设备有留购、续租和退租三种选择,若要留购,购买价格可由租赁双方协商确定。

4. 融资租赁的风险

融资租赁的风险来源于许多不确定因素,是多方面并且相互关联的,在业务活动中充分了解各种风险的特点,才能全面、科学地对风险进行分析,制定相应的对策。融资租赁的风险种类主要有以下几种:

（1）产品市场风险

在市场环境下，不论是融资租赁、贷款或是投资，只要把资金用于添置设备或进行技术改造，首先应考虑用租赁设备生产的产品的市场风险，这就需要了解产品的销路、市场占有率和占有能力、产品市场的发展趋势、消费结构以及消费者的心态和消费能力。若对这些因素了解得不充分，调查得不细致，有可能加大市场风险。

（2）金融风险

因融资租赁具有金融属性，因此金融方面的风险贯穿于整个业务活动之中。对于出租人来说，最大的风险是承租人还租能力，它直接影响租赁公司的经营和生存，因此，对还租的风险从立项开始就应该备受关注。货币支付也会有风险，特别是国际支付，支付方式、支付日期、时间、汇款渠道和支付手段选择不当，都会加大金融风险。

（3）贸易风险

因融资租赁具有贸易属性，因此贸易方面的风险从订货谈判到试车验收都存在着。由于商品贸易在近代发展得比较完备，社会也相应建立了配套的机构和防范措施，如信用证支付、运输保险、商品检验、商务仲裁和信用咨询都对风险采取了防范和补救措施，但由于人们对风险的认识和理解的程度不同，有些手段又具有商业性质，加上公司管理的经验不足等因素，这些手段未被全部采用，使得贸易风险依然存在。

（4）技术风险

融资租赁的好处之一就是先于其他公司引进先进的技术和设备。在实际运作过程中，技术的先进与否、先进的技术是否成熟、成熟的技术是否在法律上侵犯他人权益等因素，都是产生技术风险的重要原因。

8.3 公司的权益融资

8.3.1 权益融资的概念

1.权益融资的基本概念

权益融资（Equity Finance）是通过扩大公司的所有者权益，如吸引新的投资者，发行新股，追加投资等来实现。权益融资的后果是稀释了原有投资者对公司的控制权。权益融资不是贷款，不需要偿还，权益投资者是公司的所有者，通过股利支付获得他们的投资回报，权利投资者一般期望通过股票买卖收回他们的资本，并获得资本利得。

2. 权益融资的特点

第一，权益融资筹措的资金具有永久性特点，无到期日，不需归还。项目资本金是保证项目法人对资本的最低需求，是维持项目法人长期稳定发展的基本前提。

第二，没有固定的按期还本付息压力，股利的支付与否和支付多少，视项目投产运营后的实际经营效果而定，因此项目法人的财务负担相对较小，融资风险较小。

第三，它是负债融资的基础。权益融资是项目法人最基本的资金来源。它体现着项目法人的实力，是其他融资方式的基础，尤其可为债权人提供保障，增强公司的举债能力。

3. 权益融资的形式

(1) 风险资本

风险资本是风险投资公司投资于新创公司以及有非凡成长潜力的小公司的资本。相对于需要融资的公司而言，风险投资家仅为很少的公司提供资本。在美国，风险投资家每年仅投资大约三、四千家公司，而且，风险投资家每年仅有大约一半资金投向新公司，其余投资则投向需要追加融资的现存公司。

风险投资家的投资偏好也非常狭窄。风险投资家知道，他们正在进行有风险的投资，有些投资将不会成功。实际上，多数风险投资公司预期 15%～25% 的投资会获得巨大成功，25%～35% 的投资会获得一定成功，25%～35% 的投资会盈亏平衡，15%～25% 的投资会失败。获得巨大成功的公司，必须足以弥补盈亏平衡公司和失败投资造成的损失。

然而，对于合格公司来说，风险资本是权益融资的可行选择。获得风险资本融资的优点在于，风险投资家在商业界联系极其广泛，可向公司提供超出投资的许多帮助。合格公司按照与自己的发展时期相适应的阶段获取资金。风险投资家一旦投资于某家公司，随后投资就会按轮次(或阶段)投入，这称为后续投资。

尽职调查过程是获得风险资本融资的一项重要程序，指的是调查潜在初创公司价值并核实商业计划书中关键声明的过程。证明适合风险资本融资的公司，应该对那些与它们共同工作的风险投资家进行尽职调查，以确保他们与公司非常适合。

(2) 首次公开上市(IPO)

权益融资的另一种来源是通过发起首次公开上市向公众出售股票。首次公开上市是公司股票面向公众的初次销售。当公司上市后，它的股票要在某个主要股票交易所挂牌交易。首次公开上市是公司重要的里程碑。

尽管公司上市有许多益处,但它是一个复杂而成本高昂的过程。首次公开上市的第一步是公司要聘请一家投资银行。投资银行(Investment Bank)是为公司发行证券充当代理商或承购商的机构,如瑞士信贷第一波士顿银行。投资银行担当公司保荐人和辅导者的角色,促成公司通过上市的整个过程。

8.3.2 普通股融资

股票是股份公司为筹集股本而发行的有价证券,是股东投资入股并借以取得股利的凭证,它代表股东对公司的所有权。

1. 普通股融资的特征

普通股具有以下主要特征:

(1)永久性资金来源。普通股是股份有限公司的基本资金来源,它在公司设立过程中最早出现。普通股是没有规定到期日的有价证券。普通股股东不能从公司抽回投资,在需要资金时可以将持有的股份拿到二级市场卖出收回投资,当公司清算时可以分配剩余财产的方式收回投资。从公司的角度看,发行普通股筹集到的资金是一项永久性的资金来源,普通股股东可以变更,但普通股股本不变。

(2)收益的无限性和责任的有限性。普通股股东是公司的所有者,是公司收益的最终分配者,其收益随公司经营效益的变化而变化,同时以其对公司的投资额为限承担公司的经营风险,即承担有限责任。

(3)票面价值。由于普通股是表明普通股股东对公司所有权和借以获取股利的凭证,且股东对公司所有权和获取股利是按照股东持有的股份数来计算的。因此,从理论上讲,普通股有无面值并不重要,国外公司发行的股票中有无面值股票的原因即在于此。我国对普通股有明文规定,股票必须标明票面价值,且不得按低于票面价值发行。这是因为,我国公司财务会计制度规定,公司实收资本是按股票票面价值计算的,如果普通股的发行价格低于票面价值,公司实收资本的账面价值就会远远高于实收资本的实际价值,使实收资本失去其意义,降低对债权人的权益保障程度。因此,普通股一般总是溢价发行。在这种情况下,普通股账户只反映股票的面值,而发行价高于面值的溢价收入,则单独反映在股票溢价账户中。

(4)账面价值和内含价值。全部普通股的账面价值等于公司净资产减去优先股权益之差,每股普通股的账面价值等于全部普通股的账面价值除以流通在外的普通股股数之商。普通股的内含价值是指公司的资产清理价值减去负债价值和优先股价值之差。从理论上讲,在币值不变的情况下,普通股的账面价值与内含价值是一致的。但实际上,由于币值是不断变化的,即使在币值不变的情况下,不同资产的价格也会发生或多或少的变化,使得公司一些资产的清理价值低于它的账面价值,而另一些资产的清理价值会高于它的账面价值,因此,普通股的账面价值与其内含价值存在差异。普通股内含价值需要用专门的资产评估方法进行评估。常用的评估方法有物价指数法和资产重置价值法两种。

(5)市场价值。普通股的每股市场价值,也称市价,是指其当前的市场交易价格。对于交易活跃、交易量大的股票,其市价比较容易取得;而对于交易冷清、交易量小的股票,其市价却难以取得。因为交易过程中反映的市价只是一种边际价格,在交易量很小的情况下,这种边际价格并不能代表其真实的市价。普通股的每股市价是有关股票的当前股利以及投资者对该种股票预期的股利和风险的函数。由于这些因素与股票的账面价值和内含价值之间只存在部分因果关系,因此,普通股的市价不可能和它的账面价值或内含价值紧密相关。

2. 普通股股东的权利

普通股股东一般应享有如下权利:

(1)收益分配权。公司是投资者实现资本增值的一种经济组织形式,投资者投资的目的在于获取收益,因此,收益分配权是普通股股东的一项基本权利。收益分配权体现在普通股股东根据对公司的投资额的多少或所持有公司股份数的多少获得股利。作为投资者,普通股股东获取收益的顺序、获取收益多少的决定,以及权利保障方式与债权人和优先股股东是不同的。从获取收益的顺序看,债权人和优先股股东在先,普通股股东在后。从获取收益多少的决定看,债权人和优先股股东是依据债务契约或投资契约从公司获取固定的收益,普通股股东获取收益的多少取决于公司董事会制定的股利政策,是不固定的。

从权利保障方式看,如果公司不能按照债务契约规定向债权人支付利息,债权人有权采取法律行为向公司进行追索,迫使公司支付利息;如果公司不能向优先股股东支付股利,对累计优先股而言,可推迟到下一年度支付,对非累计优先股而言,可不予支付;如果公司不能向普通股股东支付股利,普通股股东则不能采取法律行为要求公司支付股利,除非公司经理和董事会有营私舞弊的行为,才可以向法院提起控诉,强迫公司支付股利。

(2)表决权。普通股股东有权参加股东大会,投票选举公司董事会成员并对修改公司章程、改变公司资本结构、批准出售公司某些资产、吸收或兼并某些公司等重大问题进行投票表决。

(3)剩余财产要求权。当公司清算、解散时,普通股股东拥有对剩余财产的要求权,但是,普通股股东对剩余财产要求权的顺序位于债权人和优先股股东之后,即公司清算财产的变价收入,首先用来清偿债务,然后支付优先股股东,最后才能向普通股股东支付。如果公司清算财产的变价收入不足以清偿债务,即资不抵债,普通股股东实际上就分不到任何财产。这说明,普通股股东与公司存在风险共担、利益共享的关系。如果公司获利丰厚,普通股股东是主要受益者;如果公司经营亏损,普通股股东就是主要的受害者。

（4）股份出售或转让权。普通股股东有权出售或转让股票而无须经其他股东同意。在公司股票上市时,普通股股东还可以在证券市场上自由转让或出售股票。

（5）新股优先购买权。当公司增发股票时,现有股东有权按持有公司股票的比例,优先认购新股。规定新股优先购买权的目的有两方面:一是维护现有股东在公司的既得利益,为股东提供免于股票价值稀释的保障;二是维护现有股东对公司所有权的比例,保护现有股东对公司的控制权。

3. 普通股融资的效应

（1）普通股融资的正效应

①普通股没有固定的到期日,无须偿还,因此,利用普通股筹集的是永久性资金,是公司最稳定的资金来源,除非在公司破产清算时才需偿还。这就保证了公司最低的资金需求,使公司拥有了稳定的经营基础。

②普通股筹资没有固定的利息负担。如果公司有盈利,并认为适宜分配股利时,就可以分给股东;如果公司盈余较少,或虽有盈余但资金短缺或有更有利的投资机会时,就可少支付或不支付股利。这就减轻了公司财务支出的压力,使公司拥有宽松的财务环境。

③利用普通股筹资的风险较小。由于普通股没有固定的到期日,不用支付固定的利息,股利分配与否以及分配多少,由董事会视公司的经营状况、盈利状况以及发展情况而定,因此,普通股筹资实际上不存在偿付风险。

④利用普通股筹资能增加公司的信用价值。普通股股本以及由此产生的资本公积金等可成为公司对外负债的基础,因此,利用普通股筹集资金,有利于提高公司的信用价值,同时也为利用负债筹资提供了强有力的支持。

⑤普通股筹资比债券筹资更容易。原因在于:普通股的预期收益比债券和优先股要高。其收益之所以高的原因有两方面,一是在公司经营良好,盈利高时,股东不仅能从公司得到丰厚的股利,而且还能从股票价格上升中获得丰厚的资本利得。二是普通股代表公司主权,在通货膨胀的情况下,普通股的价格会随公司资产价格的上涨而上升,不承担货币贬值风险。普通股代表着对公司的控制权,因此特别受到某些希望参与公司经营管理的投资者的欢迎。

（2）股票融资的负效应

①普通股筹资的资本成本较高。这是因为普通股股东承担的风险高,所要求的投资报酬率就高;公司支付的股利是从税后利润中支付的,无抵税作用。此外,发行普通股融资往往需要承担较高的发行成本。

②利用普通股筹资，新股的发行必然稀释原有股权，进而削弱原有股东对公司的控制权。

③利用普通股筹资，新股的发行必然增加股本，这会稀释每股收益，损害原有股东的利益。

④利用普通股筹资，在公司负债比例不高的情况下，丧失了发挥财务杠杆作用的机会，从而降低了权益资本收益率，给股东利益带来损失。

8.3.3 认股权

1.认股权的基本概念

（1）认股权的含义

认股权是指授予公司员工以一定的价格在将来某一时期购买一定数量公司股票的选择权，一般授予高级管理人员或对公司有重大贡献的员工。运用认股权购买股票的行为称为行权或执行，购买股票的价格称为行权价或执行价。当股票价格超过行权价时，通过行权可获得两者之间的差额。如果现在行权不能获利，可暂时不行使这一权利。认股权有几个重要的日期：雇主与员工对认股权的条款达成共识的这一天为授予日；有时认股权计划规定员工达到一定的业绩条件才能购买一定的股票，条件达到之日为给予日；员工行权购买股份的那一天为行权日；有时认股权计划规定一个到期日，认股权到期后，员工就不能再行权了。

（2）股票期权

股票期权，是指一个公司授予其员工在一定的期限内（如 10 年），按照固定的期权价格购买一定份额的公司股票的权利。行使期权时，享有期权的员工只需支付期权价格，而不管当日股票的交易价是多少，就可得到期权项下的股票。期权价格和当日交易价之间的差额就是该员工的获利。如果该员工行使期权时，想立即兑现获利，则可直接卖出其期权项下的股票，得到其间的现金差额，而不必非有一个持有股票的过程。究其本质，股票期权就是一种受益权，即享受期权项下的股票因价格上涨而带来的利益的权利。

（3）认股权与股票期权的异同

认股权是股票期权的概念运用到公司管理中衍生出来的。从本质上看，认股权是一种看涨股票期权，期权的买方为员工，期权的卖方为发行公司。认股权和作为衍生金融工具在交易所交易的股票期权有诸多相同之处，他们的持有者均没有参与管理的权利、分得收益的权利、分得其他剩余财产的权利。

股票期权与认股权是有区别的。认股权是由公司发行的，允许持有者在将来一段时间内以既定价格买进一定数量的股票的证明文件。二者的区别在于：

①对流通股的影响：当期权被行使时，股票只是在投资者间流通，而公司的流通股股数是不会变动的；当投资者行使认股权时，公司要发行新股给投资者，使流通股股数增加。

②对股权的稀释：股票期权不会稀释股权；而认股权由于流通股股数增大自然会稀释股权，它主要体现在每股收益的稀释和市场价值的稀释。但实际上，美国公司在采用股票期权时，大部分是采用认股权的做法。

2. 认股权的特征

与一般意义的股票期权相比，认股权有许多自己的特征：

(1)认股权和股票期权的发行主体、发行对象和发行目的不同。交易所设计的股票期权是为了提供一种避险工具而向公众发行的，而认股权是公司为了激励员工而向员工发行的。

(2)认股权和股票期权的期限也不相同。股票期权的期限一般较短，短则几个月，长不过一年。作为一种长期激励制度，认股权的期限一般较长，短的有几年，长的可达十年或以上。

(3)认股权和股票期权的流通性不同。股票期权在交易所可自由流通，其到期行权的比例大大小于转让的比例。而除个人死亡、完全丧失行为能力等情况外，认股权只能行权而不能转让。

(4)认股权和股票期权的摊薄性不同。股票期权不具摊薄性，而认股权行权时，来源于新发行的股票则有摊薄效应。

8.3.4　优先股

优先股是相对于普通股而言的。主要指在利润分红及剩余财产分配的权利方面优先于普通股。优先股是一种"混合"证券，它将股票和债券的特征结合起来。在公司利润分配和公司破产清算时分配公司资产的权利优先于普通股，但位于债务之后。

1. 优先股的特征

优先股有以下几个主要特征：

(1)优先股有优先利润分配权。优先股股东在利润分配上享有优先于普通股股东的权利。优先股的股利支付率一般是事先设定的，通常不会随公司经营业绩的变化而发生增减。

(2)优先股有优先求偿权。公司破产清算时，在偿还全部债务之后，优先股股东对公司剩余财产的分配顺序优先于普通股股东。

(3)优先股股东一般无投票权。优先股股东一般没有表决权，但在涉及与优先股有关的问题时有权参加表决。

(4)优先股可由公司赎回。优先股与普通股一样没有到期日,但公司在发行时通常会设定赎回条款,从而使公司有权按照规定的价格赎回优先股。优先股的特征类似于债券,不同于债券的是优先股股利不能在税前支付,从而失去抵扣税金的好处。但公司为什么会发行优先股呢? 其原因是公司未能按期支付股利,不会导致发行公司违约。还有些国家规定,如果优先股股东是公司投资者,它所获得的优先股股利中有 70% 可以免交所得税。这种税收上的减免优惠使得优先股的收益率通常会低于债券。

2. 优先股的类型

与普通股不同,优先股的种类较多,不同类型的优先股所包含的权利有所不同,其分类有以下几种:

(1)累积优先股与非累积优先股

累积优先股是指公司过去未支付的股利可以累积计算,并由以后年度的利润补发。公司只有将累积的优先股股利付清以后,才能发放普通股股利。这是一种常见的、发行范围非常广的优先股。非累积优先股是指过去未支付的股利不再补发的优先股。若公司某年度有盈利,则优先股股东可以优先于普通股股东获取股利;若该年度的盈利不够支付优先股股利,则所欠部分不累积计算,也不在以后年度的盈利中予以补发。公司一般很少发行这种股票。

(2)参与优先股与非参与优先股

参与优先股是指优先股股东在获取定额股利后,还有权与普通股股东一起参与剩余利润的分配。也就是说,当公司利润增加时,优先股股东除按固定股利利率获得股利外,还可分得额外股利。由于参与分配的方式和比例不同,参与优先股还可分为全部参与分配的优先股和部分参与分配的优先股。前者是指优先股股东有权与普通股股东共享本期剩余利润;后者是指优先股股东有权按规定额度与普通股股东共同参加本期利润分配。非参与优先股是指优先股股东只按固定股利率获取股利,不能参与剩余利润的分配。

(3)可转换优先股与不可转换优先股

可转换优先股允许股东在未来一定时期内,按一定价格将优先股转换成公司的普通股或公司债券。可转换优先股使其股东在公司经营状况不好时受到保护,而在公司经营状况良好时可以享受更多的好处。不过,这类优先股在出售时价格较高,使公司可以筹集到更多的资金。不可转换优先股是指不具有转换成公司普通股或公司债券权利的优先股。

(4)可赎回优先股与不可赎回优先股

可赎回优先股是指公司可以在未来某一时期按规定价格赎回的优先股。这种选择权属于发行公司。公司赎回股票的目的主要是为了减轻股息负担,因此,这种优先股的价格低于不可赎回优先股。不可赎回优先股是指公司无权从持股人手中赎回的优先股。

3. 优先股筹资的利弊

发行优先股与其他融资方式相比,有其自身的优缺点。

优先股筹资的优点

(1)优先股没有固定的到期日,不用偿还本金,使公司拥有长期、稳定的资金来源。同时,大多数优先股还附有赎回条款,使得这部分资金的运用具有较大的弹性,也便于控制公司的资本结构。

(2)优先股没有投票权,使公司能够避免优先股股东参与投票,从而保证了普通股股东的控制权。

(3)优先股是公司的权益资本,有利于提高公司的负债能力,不会像公司债券一样成为公司的强制性约束。当公司盈利不足以支付优先股股利时,公司可以拖欠,不至于加剧公司资金周转的困难。

优先股筹资的缺点:

(1)成本较高。债券的利息费用是在税前支付的,可作为公司的应纳税所得额,从而给公司带来节税收益。而优先股股利是从税后利润中支付的,没有抵扣税金的好处,因而成本较高。

(2)优先股的限制较多。发行优先股通常有许多限制条件,如对普通股现金股利支付的限制、对公司借债的限制等。

(3)优先股要求支付固定的股利,当公司盈利下降时,优先股股利将可能成为公司的财务负担。如果不得不延期支付,又将影响到公司的形象。

(4)优先股股东在股利分配、破产清算等方面享有优先权,这使普通股股东在公司经营状况不佳时的利益受到影响。

8.4 公司的期权融资

8.4.1 期权融资概述

1. 期权的含义

期权又称期权合约,是以金融衍生产品作为行权品种的交易合约。指在特定时间内以特定价格买卖一定数量交易品种的权利。合约买入者或持有者以支付保证金——期权费(Option Premium)的方式拥有权利;合约卖出者或立权者收取期权费,在买入者希望行权时,必须履行义务。

从其本质上讲,期权实质上是在金融领域中将权利和义务分开进行定价,使得权利的受让人在规定时间内对于是否进行交易,行使其权利,而义务方必须履行。在期权的交易时,购买期权的和约方称作买方,而出售和约的一方则叫做卖方;买方即是权利的受让人,而卖方则是必须履行买方行使权利的义务人。

2.期权的类型

期权可分为买方期权和卖方期权,前者也称为看涨期权或认购期权,后者也称为看空期权或认沽期权。按执行时间的不同,期权还可分为欧式期权和美式期权。欧式期权,是指只有在合约到期日才被允许执行的期权,它在大部分场外交易中被采用。美式期权,是指可以在成交后有效期内的任何一天被执行的期权,多在场内交易中被采用。

买进看涨期权,在支付权利金后,便可享有买入相关期货的权利。一旦价格上涨,便履行看涨期权,以低价获得期货多头,然后按上涨的价格水平高价卖出相关期货合约,获得差价利润,在弥补支付的权利金后还有盈利。如果价格下跌,则可放弃或低价转让看涨期权,其最大损失为权利金。看涨期权的买方之所以买入看涨期权,是因为通过对相关期货市场价格变动的分析,认定相关期货市场价格较大幅度上涨的可能性很大。一旦市场价格大幅度上涨,那么,他将会因低价买进期货而获取较大的利润,大于他买入期权所付的权利金数额,最终获利,他也可以在市场以更高的权利金价格卖出该期权合约,从而对冲获利。

【例8-2】 看涨期权:1月1日,标的物是铜期货,它的期权执行价格为1850美元/吨。A买入这个权利,付出5美元;B卖出这个权利,收入5美元。2月1日,铜期货价上涨至1905美元/吨,看涨期权的价格涨至55美元。A可采取两个策略:

行使权利:A有权按1850美元/吨的价格从B手中买入铜期货;B在A提出这个行使期权的要求后,必须予以满足,即便B手中没有铜,也只能以1905美元/吨的市价在期货市场上买入而以1850美元/吨的执行价卖给A,而A可以1905美元/吨的市价在期货市场上抛出,获利50美元/吨(1905−1850−5)。B则损失50美元/吨(1850−1905+5)。

售出权利:A可以55美元的价格售出看涨期权、A获利50美元/吨(55−5)。

如果铜价下跌,即铜期货市价低于敲定价格1850美元/吨,A就会放弃这个权利,只损失5美元权利金,B则净赚5美元。

看跌期权:1月1日,铜期货的执行价格为1750美元/吨,A买入这个权利,付出5美元;B卖出这个权利,收入5美元。2月1日,铜价跌至1695美元/吨,看跌期权的价格涨至55美元/吨。此时,A可采取两个策略:

行使权利:A可以按1695美元/吨的价格从市场上买入铜,而以1750美元/吨的价格卖给B,B必须接受,A从中获利50美元/吨(1750−1695−5)。B

损失 50 美元/吨(1750－1695＋5)。

售出权利:A 可以 55 美元的价格售出看跌期权。A 获利 50 美元/吨(55－5)。

如果铜期货价格上涨,A 就会放弃这个权利而损失 5 美元权利金,B 则净赚 5 美元。

通过例 8-2,可以得出以下结论:一是作为期权的买方(无论是看涨期权还是看跌期权)只有权利而无义务。他的风险是有限的(亏损最大值为权利金),但在理论上获利是无限的。二是作为期权的卖方(无论是看涨期权还是看跌期权)只有义务而无权利,在理论上他的风险是无限的,但收益是有限的(收益最大值为权利金)。三是期权的买方无需付出保证金,卖方则必须支付保证金以作为必须履行义务的财务担保。

3. 期权的构成要素

期权主要有如下几个构成因素:

(1)执行价格(又称履约价格,敲定价格)。期权的买方行使权利时事先规定的标的物买卖价格。

(2)权利金。期权的买方支付的期权价格,即买方为获得期权而付给期权卖方的费用。

(3)履约保证金。期权卖方必须存入交易所用于履约的财力担保。

(4)标的资产。每一期权合约都有一标的资产,标的资产可以是众多的金融产品中的任何一种,如普通股票、股价指数、期货合约、债券、外汇,等等。通常,把标的资产为股票的期权称为股票期权,依此类推。所以,期权有股票期权、股票指数期权、外汇期权、利率期权、期货期权等,它们通常在证券交易所、期权交易所、期货交易所挂牌交易,当然,也有场外交易。

(5)期权行使价。在行使期权时,用以买卖标的资产的价格。在大部分交易的期权中,标的资产价格接近期权的行使价。行使价格在期权合约中都有明确的规定,通常是由交易所按一定标准以减增的形式给出,故同一标的的期权有若干个不同价格。一般来说,在某种期权刚开始交易时,每一种期权合约都会按照一定的间距给出几个不同的执行价格,然后根据标的资产的变动适时增加。至于每一种期权有多少个执行价格,取决于该标的资产的价格波动情况。投资者在买卖期权时,对执行价格选择的一般原则是:选择在标的资产价格附近交易活跃的执行价格。

(6)数量。期权合约明确规定合约持有人有权买入或卖出标的资产数量。例如,一张标准的期权合约所买卖股票的数量为 100 股,但在一些交易所亦有例外,如在香港交易所交易的期权合约,其标的股票的数量等于该股票每手的买卖数量。

（7）行使时限（到期日）。每一期权合约具有有效的行使期限，如果超过这一期限，期权合约即失效。一般来说，期权的行使时限为一至三、六、九个月不等，单个股票的期权合约的有效期间至多约为九个月。场外交易期权的到期日根据买卖双方的需要量身订制。但在期权交易场所内，任何一只股票都要归入一个特定的有效周期。

8.4.2　可转换证券

1. 可转换证券的含义和构成要素

（1）可转换证券的含义

可转换证券，是指持有人可以根据发行时的约定，在未来的某一特定时期，按照特定的价格，将其转换为普通股的证券，包括可转换债券和可转换优先股。可转换债券和可转换优先股分别属于债券和优先股的范畴。

可转换证券是附有认股权的债券，兼有公司债券和股票的双重特征。具有双重选择权的特征：持有人具有是否转换的权利；发行人具有是否赎回的权利。

（2）可转换证券的基本要素

①转换价格和转换比率。按照国际惯例，公司发行可转换证券时，必须明确规定转换价格或转换比率，这是可转换证券最重要的条款。转换价格是指可转换证券转换为普通股时的普通股的价格。转换比率则是指可转换证券转换为普通股时一张可转换证券能够转换的普通股的股数。

$$转换价格 = \frac{可转换证券面值}{转换比率} \tag{8-1}$$

②有效期限。债券发行之日至偿清本息之日的时间。转换期限：转换起始日至结束日。我国《上市公司证券发行管理办法》规定：可转换公司债券的最短期限为 1 年，最长为 6 年，发行后 6 个月可转换为公司股票。

③赎回是发行人提前赎买回未到期的发行在外的可转换债券。前提往往是公司股票价格连续高于转换价格一定幅度；回售是公司股票在一段时间内连续低于转换价格达到一定幅度时，可转债持有人按事先约定的价格卖给发行人；转换价格修正条款是由于公司送股等原因导致股票名义价格下降时需要调整转化的价格。

2. 可转换证券的价值和价格

（1）可转换证券的价值

可转换证券赋予投资者以将其持有的债务或优先股按规定的价格和比例，在规定的时间内转换成普通股的选择权。可转换证券有两种价值：理论价值和转换价值。

①理论价值。可转换证券的理论价值是指当它作为不具有转换选择权的一种证券的价值。估计可转换证券的理论价值,必须首先估计与它具有同等资信和类似投资特点的不可转换证券的必要收益率,然后利用这个必要收益率算出它未来现金流量的现值。

②转换价值。如果一种可转换证券可以立即转让,它可转换的普通股票的市场价值与转换比率的乘积便是转换价值,如前所述即:

$$转换价值＝普通股票市场价值×转换比率 \qquad (8\text{-}2)$$

(2)可转换证券的市场价格

当市场价格＝理论价格(转换平价);

当市场价格＞理论价格(转换升水);

当市场价格＜理论价格(转换贴水)。

可转换证券的市场价格必须保持在它的理论价值和转换价值之上。如果价格在理论价值之下,该证券价格低估,这是显然易见的;如果可转换证券价格在转换价值之下,购买该证券并立即转化为股票就有利可图,从而使该证券价格上涨直到转换价值之上。为了更好地理解这一点,我们引入转换平价这个概念。

①转换平价

转换平价是可转换证券持有人在转换期限内可以依据把债券或优先股转换成公司普通股票的每股价格,除非发生特定情形,如发售新股、配股、送股、派息、股份的拆细与合并,以及公司兼并、收购等情况下,转换价格一般不作任何调整。前文所说的转换比率,实质上就是转换价格的另一种表示方式。

$$转换平价＝可转换证券的市场价格/转换比率 \qquad (8\text{-}3)$$

转换平价是一个非常有用的数字,因为一旦实际股票市场价格上升到转换平价水平,任何进一步的股票价格上升肯定会使可转换证券的价值增加。因此,转换平价可视为一个盈亏平衡点。

②转换升水和转换贴水

一般来说,投资者在购买可转换证券时都要支付一笔转换升水。每股的转换升水等于转换平价与普通股票当期市场价格(也称为基准股价)的差额,或者说是可转换证券持有人在将债券或优先股转换成普通股时,相对于当初认购转换证券时的股票价格(即基准股价)而做出的让步,通常被表示为当期市场价格的百分比,公式为:

$$转换升水＝（转换平价－基准股价）×转换比例 \qquad (8-4)$$

$$转换升水比率＝转换升水/基准股价 \qquad (8-5)$$

而如果转换平价小于基准股价,基准股价与转换平价的差额就被称为转换贴水,即

$$转换贴水＝（基准股价－转换平价）×转换比例 \qquad (8-6)$$

$$转换贴水比率＝转换贴水/基准股价 \qquad (8-7)$$

转换贴水的出现与可转换证券的溢价出售相关。

③转换期限

可转换证券具有一定的转换期限,它是说该证券持有人在该期限内,有权将持有的可转换证券转化为公司股票。转换期限通常是从发行日之后若干年起至债务到期日止。

【例 8-3】　某公司的可转换债券,年利率为 10.25%,2000 年 12 月 31 日到期,其转换价格为 30 元,其股票基准价格为 20 元,该债券价格为 1200 元。

转换率＝1200/30＝40

转换升水＝（30－20）×40＝400

转换升水比率＝10/20＝50%

8.4.3　可交换债券

1. 可交换债券的含义

可交换债券(Exchangeable Bond,简称 EB)是指上市公司股份的持有者通过抵押其持有的股票给托管机构进而发行的公司债券,该债券的持有人在将来的某个时期内,能按照债券发行时约定的条件用持有的债券换取发债人抵押的上市公司股权。可交换债券是一种内嵌期权的金融衍生品,严格地可以说是可转换债券的一种。

2. 可交换债券的特征和功能

(1)可交换债券的特征

①可交换债券和其转股标的股份分别属于不同的发行人,一般来说可交换债券的发行人为控股母公司,而转股标的的发行人则为上市子公司。

②可交换债券的标的为母公司所持有的子公司股票,为存量股,发行可交换债券一般并不增加其上市子公司的总股本,但在转股后会降低母公司对子公司的持股比例。

③可交换债券给筹资者提供了一种低成本的融资工具。由于可交换债券给投资者一种转换股票的权利,其利率水平与同期限、同等信用评级的一般债

券相比要低。因此即使可交换债券的转换不成功,其发行人的还债成本也不高,对上市子公司也无影响。

(2)可交换债券的功能

①融资:由于可交换的债券发行人可以是非上市公司,所以它是非上市集团公司筹集资金的一种有效手段。

②收购兼并:当在收购兼并过程中遇到资金短缺的问题,可以在实施收购之前发行专门为收购设计的可交换债券。

③股票减持:可交换债券的一个主要功能是可以通过发行可交换债券有序地减持股票,发行人可以通过发行债券获取现金,同时也可避免相关股票因大量抛售致使股价受到冲击。

3. 可交换债券的优缺点

(1)可交换债券的优点

可交换债券可以为发行人获取低成本融资的机会。由于债券还赋予了持有人标的股票的看涨期权,因此发行利率通常低于其他信用评级相当的固定收益品种。

一般而言,可交换债券的转股价均高于当前市场价,因此可交换债券实际上为发行人提供了溢价减持子公司股票的机会。例如,母公司希望转让其所持的子公司5%的普通股以换取现金,但目前股市较低迷,股价较低,通过发行可交换债券,一方面可以以较低的利率筹集所需资金,另一方面可以以一定的溢价比率卖出其子公司的普通股。

与可转债相比,可交换债券融资方式还有风险分散的优点,这使得可交换债券在发行时更容易受到投资者青睐。由于债券发行人和转股标的的发行人不同,债券价值和股票价值并无直接关系。债券发行公司的业绩下降、财务状况恶化并不会同时导致债券价值或普通股价格的下跌,特别是当债券发行人和股票发行人分散于两个不同的行业时,投资者的风险就更为分散。由于市场不完善,信息不对称,在其他条件不变的情况下,风险分散的特征可使可交换债券的价值大大高于可转债价值。

与发行普通公司债券相比,由于可交换债券含有股票期权,预计的还本压力较普通债券减少,且在债券到期时一般不影响公司的现金流状况,因此可以降低发行公司的财务风险。在成熟的资本市场,可交换债券比可转债更容易被分拆发售,即将嵌入的认股权证与债券拆开并且作为单独的交易工具出售。

(2)可交换债券的缺点

可交换债券的发行,可能会导致转股标的股票发行人的股东性质发生变化,从而影响公司的经营。比如原母公司持有的上市子公司股票,如果母公司减持欲望强烈时,母公司有可能会发行较大量的可交换债券,从而在转股完成后使子公司的股东变得分散,甚至会影响到子公司的经营。可交换债券由于较可转债更为复杂,因此发行方案的设计也更为复杂,要求投资人具有更为专业的投资及分析技能。

4.可交换债券与可转换公司债券的异同

(1)相同点

①面值相同。都是每张人民币一百元。

②期限相同。都是最低一年,最长不超过六年。

③发行利率较低。发行利率一般都会大幅低于普通公司债券的利率或者同期银行贷款利率。

④都规定了转换期和转换比率。

⑤都可约定赎回和回售条款。即当转换(股)价高于或低于标的股票一定幅度后,公司可以赎回,投资者可以回售债券。而可交换债券在实际操作是否约定,还要看以后的具体募集发行条款,以往发行的可转换债券都约定了这两个条款。

(2)不同点

①发债主体和偿债主体不同。可交换债券是上市公司的股东;可转换债券是上市公司本身。

②发债目的不同。发行可交换债券的目的具有特殊性,通常并不为具体的投资项目,其发债目的包括股权结构调整、投资退出、市值管理、资产流动性管理等;发行可转债用于特定的投资项目。

③所换股份的来源不同。可交换债券所换股份是发行人持有的其他公司的股份;可转换债券所换股份是发行人自身未来发行的新股。

④对公司股本的影响不同。可转换债券转股会使发行人的总股本扩大,摊薄每股收益;可交换债券换股不会导致标的公司的总股本发生变化,也无摊薄效应的影响。

⑤抵押担保方式不同。上市公司大股东发行可交换债券要以所持有的用于交换的上市的股票做质押品,除此之外,发行人还可另行为可交换债券提供担保;发行可转换公司债券,要由第三方提供担保,但最近一期经审计的净资产不低于人民币十五亿元的公司除外。

⑥转股价的确定方式不同。可交换债券交换为每股股份的价格应当不低于募集说明书公告日前三十个交易日上市公司股票交易价格平均值的百分之九十;可转换债券转股价格应不低于募集说明书公告日前二十个交易日该公司股票交易均价和前一交易日的均价。

⑦转换为股票的期限不同。可交换公司债券自发行结束之日起十二个月后方可交换为预备交换的股票,现在还没有明确是欧式还是百慕大式换股;可转换公司债券自发行结束之日起六个月后即可转换为公司股票,现实中,可转换债券是百慕大式转股,即发行六个月后的任何一个交易日即可转股。

⑧转股价的向下修正方式不同。可交换债券没有可以向下修正转换价格的规定;可转换债券可以在满足一定条件时,向下修正转股价。

8.4.4 认股权证

1.认股权证的概念及特征

(1)认股权证的概念

认股权证是公司发行的、持有者可以按规定的价格购买一定数量普通股的权利证书。认股权证通常是和公司债券或优先股一起发行的,也有和债券或优先股分开单独发行的。前者发行的证券称为附有认股权证证券。

(2)认股权证的特征

①认股权证是优先购买公司普通股的权利证书,但不是公司的资金来源。认股权证往往是随公司债券或优先股一起发行的,或者是按发行证券的一定比例赠送给投资者,或者低价出售给投资者。认股权证持有者有权按照某种优惠价格优先购买公司发行的普通股,因此,认股权证通常被认为是公司发行债券或优先股的"甜点心",有助于吸引投资者购买公司新发行的债券或优先股。

②认股权证规定了每张认股权证所能认购的固定的普通股股数。

③认股权证规定了认购普通股的价格,这个价格通常称为执行价格。执行价格一般高出该种普通股当前市场价格的 10%~30%。执行价格一般是固定的,也可以随普通股的市场行情进行调整,调整趋势通常是随时间的推移而逐渐提高。

④认股权证规定了认股权证持有人行使认股权的有效时间。在有效时间内,认股权证持有人可以行使认股权,也可放弃认股权。

2.认股权证的价值

由于认股权证赋予了其持有人按照某种优惠价格优先购买公司发行的普通股的权利,在预期未来普通股市场价格上升的情况下,认股权证持有人可以以较低的价格认购公司普通股,然后将普通股抛出,获得套利好处,因此,认股权证是有价值的。

认股权证通常是与债券或优先股一起发行的,发行时,认股权证与公司所发行的债券或优先股有分离的情况,也有不分离的情况。在认股权证和债券或优先股不分离的情况下,认股权证的价值体现在其所附着的债券或优先股价值之内,因此,对认股权证的价值的研究就需结合其所附着的债券或优先股的价值的研究一并进行。实际上,这种情况与可转换证券的价值的研究相类似,即研究附有认股权证证券的价值。附有认股权证证券的价值也有三种,即原始证券价值、认购价值和市场价值。认购价值相当于可转换证券的转换价值。

在认股权证和债券或优先股分离的情况下,投资者可以分开出售证券和认股权证。对于独立存在认股权证而言,其价值有两种:理论价值和市场价值。

(1)认股权证的理论价值。认股权证的理论价值是指其在证券市场上出售时的最低价格。用公式表示为

$$V = (P - E) \cdot N \tag{8-8}$$

式中:V 表示认股权证的理论价值;P 表示普通股市场价格;E 表示用认股权证购买普通股的执行价格;N 表示每张认股权证可以认购的普通股股数。

根据公式(8-8),在普通股的市场价格低于执行价格时,认股权证的理论价值似乎存在负值的可能。但从实际情况看,这种可能性是不存在的。因为当普通股的市场价格低于执行价格时,持有认股权证的投资者就会放弃认股权证赋予的认股权,不是按执行价格购买普通股,而是按市场价格购买普通股。因此,认股权证的理论价值最低只能为零,至于正值为多少,则取决于普通股市场价格与执行价格之间的差额与每张认股权证可以认购的普通股股数的乘积。由于普通股的市场价格会随着时间的推移而波动,因此,认股权证的理论价值也就不是固定不变的,而是随着普通股市场价格的波动而变化。

(2)认股权证的市场价值。认股权证的市场价值是指认股权证在证券市场上的交易价格。认股权证的市场价格以其理论价值为最低价格。这是因为,在认股权证的市场价格低于其理论价值时,投资者购入认股权证,并把它转换成普通股,然后再按市场价格将普通股抛售出去,获取套利收益。正因如此,认股权证的市场价格不会低于其理论价值。认股权证的市场价格通常高于其理论价值,高出部分称为认股权证的理论价值溢价。认股权证的市场价格之所以会高于其理论价值,即产生理论价值溢价,是因为在预期普通股市场价格上升的情况下,认股权证投资具有杠杆效应。所谓杠杆效应,是指等额投资可购得的认股权证数比可购得的普通股股数要多。当普通股市场价格上升超过认股权证交易时的普通股价格时,投资于认股权证的潜在利润将大于投资于普通股的利润;并且在普通股市场价格上升幅度进一步加大时,这种潜在的利润会以更快的速度增加。

(3)认股权证溢价。认股权证溢价是认股权证的市场价格高出其理论价值的部分。从表面上看,认股权证溢价是由于认股权证的杠杆作用引起的,但从本质上看,认股权证溢价的原因则在于普通股市场价格的变动。在人们对普通

股市场价格预期看涨的情况下,认股权证的杠杆作用会逐渐减弱,从而认股权证理论价值溢价会逐渐降低。这是因为,伴随着人们对普通股市场价格看涨的普遍预期,认股权证的理论价值必然会上升,进而使认股权证的市场价格上升,这就增加了认股权证的购买成本,使得等额投资所购得的认股权证数减少,认股权证的杠杆作用逐渐减弱。认股权证的理论价值、市场价格以及理论价值溢价的关系可用图 8-2 表示。

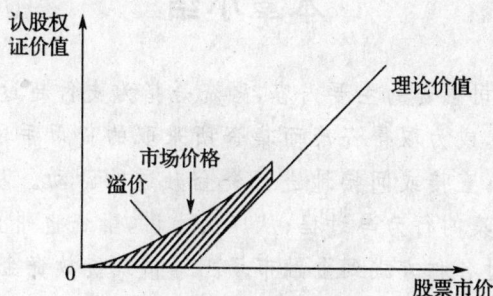

图 8-2 认股权证的理论价值、市场价格和理论溢价的关系

3. 认股权的性质

认股权证的持有者可以行使认股权,也可以放弃认股权,因而认股权是一种选择权,具有期权的性质。下面分别从认股权证的发行和交易两个方面来分析认股权所具有的期权性质。认股权证通常是随公司证券一起发行的,这种证券称为附有认股权证证券,包括附有认股权证债券和附有认股权证优先股。下面我们以附有认股权证债券为例进行分析。从认股权证的发行看,认股权的期权费表现为公司发行的附有认股权证债券的利率低于一般债券利率的差额。从认股权证的出售方即发行债券的公司看,其出售认股权的收益是固定的,即附有认股权证债券利率低于一般债券利率的差额,而损失却是无限的,即认股权证规定的认购价格低于普通股市场价格部分所带来的多发行的普通股股数,认购价格低于普通股市场价格的价差越高,公司多发行普通股股数也越多。从认股权证的购买方即债券投资者看,其损失是固定的,即投资于附有认股权证债券所得收益低于投资于一般债券所得收益的差额,而收益却是无限的,即当普通股市场价格高于认股权证规定的认购价格时,行使认股权,按认股价格购入普通股,然后再将普通股抛出,获取套利收益。普通股市场价格比认股价格越高,投资者的套利收益也越高。

从认股权证的交易看,认股权的期权费表现为认股权证的交易价格。从认股权证的出售方看,其收益是固定的,即转让认股权证所得收入,而其损失却是无限的,即未来普通股市场价格上升时,投资者丧失的潜在套利收益,未来普通股市场价格上升的幅度越是高于认购价格,投资者丧失的潜在套利收益也越多。从认股权证的购人方看,其损失是固定的,即放弃认股权时,购人认股权证的支出,而其收益却是无限的,即当未来普通股市场价格上升时,行使认股权所获得的套利收益,未来普通股市场价格上升的幅度越是高于认购价格,投资者获得的套利收益也越多。

本章小结

本章介绍了公司融资的主要内容,融资是指为支付超过现金的购货款而采取的货币交易手段,或为取得资产而集资所采取的货币手段,是货币资金的持有者和需求者之间,直接或间接地进行资金融通的活动。从狭义上讲,融资是一个公司的资金筹集的行为与过程;从广义上讲,融资也叫金融,就是货币资金的融通,当事人通过各种方式到金融市场上筹措或贷放资金的行为。

融资方式即公司融资的渠道,可以分为两类:债务性融资和权益性融资。前者包括银行贷款、发行债券、应付票据和应付账款等,后者主要指股票融资。

短期融资是指筹集公司生产经营过程中短期内所需要的资金。短期融资的使用期限一般规定在 1 年以内,它主要用以满足公司流动资产周转中对资金的需求。主要包括自发性融资、短期借款、短期融资券以及短期融资组合等方式。

长期债务融资是指公司为了保证一定的生产经营规模,对所需资金的融资活动。与短期融资相比其主要具有期限长,对投资项目要求的收益率高以及对资本结构的安排要求高的特点。主要包括长期债券、定期借款以及融资租赁等方式。

权益融资是通过扩大公司的所有权益,如吸引新的投资者,发行新股,追加投资等来实现,而不是出让所有权益或出卖股票,权益融资的后果是稀释了原有投资者对公司的控制权。包括普通股融资、认股权以及优先股融资等方式。

期权融资主要以股票期权的形式进行,股票期权,是指一个公司授予其员工在一定的期限内(如 10 年),按照固定的期权价格购买一定份额的公司股票的权利。行使期权时,享有期权的员工只需支付期权价格,而不管当日股票的交易价是多少,就可得到期权项下的股票。

可转换证券,是指持有人可以根据发行时的约定,在未来的某一特定时期,按照特定的价格,将其转换为普通股的证券,包括可转换债券和可转换优先股。

可交换债券是指上市公司股份的持有者通过抵押其持有的股票给托管机构进而发行的公司债券,该债券的持有人在将来的某个时期内,能按照债券发行时约定的条件用持有的债券换取发债人抵押的上市公司股权。

认股权证是公司发行的、持有者可以按规定的价格购买一定数量普通股的权利证书。认股权证通常是和公司债券或优先股一起发行的,也有和债券或优先股分开单独发行的。前者发行的证券称为附有认股权证证券。

关键概念

融资;债务融资;权益融资;短期融资;自发性融资;短期借款;短期融资券;短期融资组合;长期债券;定期借款;融资租赁;普通股融资;认股权;优先股;期权融资;可转换证券;可交换债券;认股权证

复习思考题

1.什么是融资方式? 研究融资方式的意义是什么?

2.如何理解商业信用是一种"自发资金来源"?

3.普通股与优先股各有哪些基本特征?

4.债券主要有哪几种分类方式?

5.短期融资券有何特点?

6.短期借款有哪几种协议形式? 它们之间有何区别?

7.简述看涨期权与看跌期权的特点。

8.试比较股权融资和债权融资的含义,股权融资和债权融资的特点有哪些?

第9章

公司重组

9.1　公司重组概述

公司重组(Corporate Restructuring)是指公司以资本增值为目标,运用资产重组、负债重组和产权重组的方式,优化公司资产结构、负债结构和产权结构,以充分利用现有资源,实现资源进一步优化配置的过程。

9.1.1　公司重组理论

现代公司的形成和发展大体上经历了三个阶段,即雇主的公司、企业家的公司、经理的公司。现代公司理论是"经理的公司理论",是有关所有权与控制权关系的理论。现代公司理论重点研究出资者、经理人,以及其他利益关系者之间的关系,特别是解释现代公司高层经理的行为,并在此基础之上解释如何使公司经理能够对公司资源的其他贡献者负责任的问题,即相应的公司治理问题。

公司重组与现代公司治理结构的变革密不可分。20世纪90年代以来,公司治理开始受到重视,人们对公司治理所涵盖的内容也有了更广泛的讨论和认识。过去人们曾将公司治理狭义地理解为有关董事会的结构与股东在董事会决策中的权利。现在人们对于公司治理已有更为广泛的理解,比如有专家认为,公司治理是一种法律、文化和制度性安排的有机整合。这一整合决定了上市公司可以做什么,谁来控制它们,这种控制是如何进行的,它们从事的活动所产生的风险与回报是如何分配的。可以认为,美国经济体制与美国公司治理结构的变革是推动其公司重组的重要因素。比如以机构投资者为代表的股东积极干预对绩效低下的公司形成重组的压力。

公司目标是经营理念的反映,对解释公司行为有着决定性的作用。在实践中,公司目标的选择会对股东与其他利害相关者,如雇员、债权人、供应商、客户,甚至社区的利益有直接影响。作者的研究表明,20世纪六七十年代出现了公司组织过度膨胀与过度多元化的趋势,影响了股东利益,而80年代的重组是重新将股东财富和利润放在公司目标的首位,是对公司目标的重新认识。

公司重组既可体现为以新建、并购为特征的扩展,也可体现为以剥离、分立、分拆、紧缩规模、紧缩范围为特征的收缩,还可体现为既有扩展又有收缩的综合战略。20 世纪 90 年代以来得到很大发展的公司核心能力与竞争优势理论,以及与之有关的公司专用化人力资本对上述趋势提供了解释。比如公司可能将与核心能力无关的业务剥离出去。

公司对速度经济性和网络经济性的追求对处于信息时代的公司行为有较好的解释。速度经济性强调要素、产品的流动速度与通过能力的提高所带来的成本节约与效益增加,而网络经济性则强调以公司资源为基础,消除公司组织的内外部障碍和错误,有效进行沟通,让信息共享,对内外部资源有效利用与整合。这样的追求都会导致不同范畴的公司重组。

9.1.2　公司重组的动机

公司重组的动机有很多,可将其分为生产与经营动机、发展与战略动机、财务动机、防范风险动机等。

1. 生产与经营动机

(1)扩大生产规模以降低成本

为扩大生产规模、降低生产成本,公司将以新建或重组的方式进行对外直接投资。对一个生产同类产品的公司的重组比新建一个同样规模的公司过程简单,所需时间短、有时支出的资金较少。对同类公司的重组将两个公司的生产体系纳入统一指挥之下,公司可以进行集中统一的进货、集中统一的销售和集中统一的生产管理,从而充分利用生产规模的优势降低成本。出于扩大生产规模和降低成本的考虑,进行重组是一种较为普遍的重组动机。

(2)实现资源互补以提高利润创造能力

每个公司都拥有一定的资源,这些资源既包括有形的资产和人力资源,也包括无形的商誉、信誉、公司文化和经营管理经验等。公司经营的本质就在于充分利用有限的现有资源谋求尽可能多的利润,并尽可能多地扩充现有资源。从这个角度看,重组是公司资源的一种重组,这种重组并非重组双方公司资源的简单相加,而是一种优势互补的有机组合。两个公司的合并不仅意味着资源量的相加,而且意味着资源质的提高,即资源利润创造能力的提升。

公司重组的一个重要的动机在于实现两个公司资源的互补,以提高公司资源创造利润的能力。两个公司资源的互补体现在公司资产、人力资源以及技术等因素的有机组织。在科学技术发展日新月异、技术因素在公司竞争中起着越来越重要作用的今天,出于技术上的考虑进行的公司重组活动日渐增多。

(3)获得稳定的原材料供应或产品销售渠道

理论上,公司利润的来源在于产品销售收入与原材料价格及其他投入物(劳动力、资本和企业家等)价格的差额。因此,公司利润的实现有赖于以下几方面:其一,稳定充足的原材料供应;其二,稳定顺畅的销售渠道;其三,稳定充足的资本、劳动力及企业家等资源。

稳定、正常的原材料供应是公司正常运营并创造利润的基础。对部分公司而言,防范由于原材料供应不稳定所造成风险的重要对策就是拥有公司自有的原材料生产和供应能力。拥有公司自有的原材料生产和供应能力的最便捷方法是对原材料生产和供应商进行重组。产品销售是公司利润实现的关键,产品销售渠道是公司的重要资源。在一个陌生的市场上立足的关键在于公司自身销售渠道的建立。为了尽快建立自己的销售渠道以进入某市场,公司可以重组一个拥有自己销售网络的中间商或零售商,也可以重组一个在该市场上已经建立了完整销售渠道的同类公司。对于煤炭公司来讲,重组下游公司可实现煤炭的就地转化,降低对市场的依赖程度,进而更好地把握和调控市场。

(4)获取无形资产

无形资产是公司为进行生产经营活动而取得或创造的,能为公司带来利润但不具备物质形态的资源。无形资产是公司竞争优势的载体,是公司借以创造利润的最重要资源。无形资产包括专利权、专有技术、商标权、著作权、专营权、土地使用权和商誉等。公司无形资产一般都可以从生产资料市场上购得,但部分无形资产往往无法在市场上通过交易购得,如商誉、重要的专利技术、公司形象等。因此,对拥有某项无形资产的公司的重组往往是获得该项资产重要的,甚至是唯一的方法。

2. 发展与战略动机

(1)扩大市场份额,提高市场优势

公司间的竞争集中体现在对特定市场的争夺。在激烈的市场竞争中立足,并为长期利润最大化打下基础的关键是对市场的占领。现实生活中,多数公司考虑更多的往往不是利润,而是市场。公司很可能为了挤垮竞争对手占领市场而牺牲短期的利润。对竞争对手的重组是提高市场份额、扩充市场势力最直接也是最有效的手段。

(2)进入成长性的新行业

成长性的新行业蕴含着巨大的商业机会,然而,公司进入某一个新行业,特别是已经形成垄断格局的新行业,往往要冒较大的风险,而小规模进入又往往具有一定的成本劣势。通过对拟进入的行业中的公司进行重组,公司既回避了上述诸多问题,又节约了时间。

（3）国际化

国际化是许多大公司、大集团的发展方向。国际化可以在全球范围内分散公司经营所面临的种种风险，可以使公司充分利用其全球化的优势进行便利的融资、避税、转移利润和外汇交易等操作，也可以使公司充分利用发展中的新兴市场获得利润。

如果公司开展跨国经营，进入另一个国家的市场，会面临一系列进入壁垒，例如，可能受到来自贸易保护主义势力的种种阻力。公司选择有效的跨国重组方式，就有可能在很大程度上降低进入壁垒。

3. 财务动机

（1）避税或取得税收减免收益

公司可通过重组，以达到合理避税的目的。例如，一家有较多账面盈余的公司重组一家亏损公司，可以降低纳税支出。亏损的公司作为重组对象，以利用其亏损递延来降低纳税支出。所谓亏损递延是指公司如果在某年出现亏损，该公司不但可以免付当年的所得税，其亏损还可以向后递延，以抵消以后年度的利润。另外，对享受税法规定的种种减免税优惠措施的公司的重组可以使重组公司获得税收减免收益。

（2）开展资本运营，增强公司发展潜力

利润最大化是公司的目标。然而，累积过多的利润也会给公司发展带来一些问题。因此，拥有较高累积利润的公司会面临如何通过资本运营来提高其价值创造能力的问题。在没有较明确的投资方向的情况下，对一个或几个潜力较大的业务进行重组，可以将累积利润有效地转化为公司的价值创造能力。如果将资本运营的目的和调整公司经营方向、多角化经营、国际化等重组动机结合起来，公司的重组行为将对公司发展产生良好的促进作用。

（3）获得在资本市场上筹资的能力

公司的上市资格对公司而言是一种资源。通过上市，公司可以从资本市场上募集经营所需资金。除了上市公司在融资方面的特殊地位之外，公司的价格还表现在其作为一个公众公司和资本市场参与者的身份及其特殊权益。如果一国政府对公司上市实施较严格的控制，公司的上市资格将成为一种稀缺资源。买壳上市是一种对上市公司进行收购，以获得其上市公司资格的公司重组行为。通过买壳及买壳后的资产重组，公司可以实现其资产的间接上市。买壳上市是公司进入资本市场的一条捷径。

4. 防范风险动机

多角化经营可以降低公司的经营风险。一个跨越多个行业的公司集团较之集中于某一特定行业甚至特定产品的公司抵御风险的能力强。原先集中于特定行业的风险随着公司所进入行业和所生产产品的多元化而得以分散,某一行业的不景气、某一产品的滞销或者公司在某一行业或者产品上的竞争失败不会对整个公司构成毁灭性的打击。而对于一个集中于某一特定行业,甚至集中于某一特定产品的公司而言,该行业的长期不景气、该产品的严重滞销或者公司在该行业或者产品上的竞争失败对公司的打击则是致命的。对于一个在激烈的市场竞争中追求利润、谋求发展的现代公司而言,它只有两条道路可以选择:要么集中于某一行业或某一产品,并在该行业或产品的市场竞争中建立绝对的优势地位;要么进行多角化经营以分散风险。

公司是否倾向于进行多角化经营与公司经营者的经营指导思想密切相关。现代市场经济中公司无不以追求利润为首要目标,但激烈的市场竞争使公司经营者不得不较多地考虑风险因素。一味地追求利润而忽略对风险的防范很容易使公司在激烈的市场竞争中面临被吞并甚至破产的厄运。另外,一味地追求利润可能在竞争对手以牺牲暂时利润为代价的竞争中败下阵来从而失去对市场的占领。所以,公司经营者必须在其经营决策中对追求利润和防范风险两者加以平衡。以追求利润为决策导向的经营者倾向于公司生产和经营范围的多样化,倾向于对公司稳定性的追求,而这往往是大公司高级管理人员共同的特点。

9.1.3　公司重组的方式

公司重组的关键在于选择合理的公司重组方式。而合理的重组方式选择标准在于创造公司价值,实现资本增值。目前,中国公司重组实践中通常存在两个问题:一是将公司重组片面理解为公司兼并或公司扩张,而忽视其售卖、剥离等公司资本收缩经营方式;二是混淆合并与兼并、剥离与分立等方式。进行公司重组价值来源分析,界定公司重组方式内涵是必要的。公司重组的方式是多种多样的。

1. 合并(Consolidation)

指两个或更多公司组合在一起,所有原有公司都不以法律实体形式存在,而建立一个新的公司,如将 A 公司与 B 公司合并成为 C 公司。但根据《中华人民共和国公司法》的规定,公司合并可分为吸收合并和新设合并两种形式。一个公司吸收其他公司为吸收合并,被吸收的公司解散;两个以上公司合并设立一个新的公司为新设合并,合并各方解散。

2. 兼并(Merger)

指两个或更多公司组合在一起,其中一个公司保持其原有名称,而其他公司不再以法律实体形式存在。如财政部 1996 年颁布的《企业兼并有关财务问题的暂行规定》中指出,兼并是指一个企业通过购买等有偿方式取得其他公司的产权,使其失去法人资格或虽保留法人资格但变更投资主体的一种行为。

3. 收购(Acquisition)

指一个公司以购买全部或部分股票(或称为股份收购)的方式购买了另一公司的全部或部分所有权,或者以购买全部或部分资产(或称资产收购)的方式购买另一公司的全部或部分所有权。股票收购可通过兼并或标购(Tender Offer)来实现。兼并的特点是与目标公司管理者直接谈判,或以交换股票的方式进行购买;目标公司董事会的认可通常发生在兼并出价获得目标公司所有者认同之前。使用标购方式购买股票的出价直接面向目标公司所有者。收购其他公司部分与全部资产,通常是直接与目标公司管理者谈判。收购的目标是获得对目标公司的控制权,目标公司的法人地位并不消失。

4. 接管或接收(Takeover)

指某公司原具有控股地位的股东(通常是该公司最大的股东)由于出售或转让股权,或者股权持有量被他人超过而使控股地位旁落的情况。

5. 标购(Tender Offer)

指一个公司直接向另一个公司的股东提出购买他们所持有的该公司股份的要约,达到控制该公司目的的行为。

6. 剥离(Divestiture)

"剥离"一词的理论定义目前主要来自于英文"Divestiture",指一个公司出售它的下属部门(独立部门或生产线)资产给另一公司的交易。具体来说,是指公司将其部分闲置的不良资产、无利可图的资产或产品生产线、子公司或部门出售给其他公司以获得现金或有价证券。剥离的这一定义与中国目前的公司或资产售卖的含义基本相同。

剥离是指公司根据资本经营的要求,将公司的部分资产、子公司、生产线等,以出售或分立的方式,将其与公司分离的过程。因此,剥离应含有售卖和分立两种方式。

售卖是指公司将其所属的资产(包括子公司、生产线等)出售给其他公司,以获取现金和有价证券的交易。在国有公司改制中,国有资本所有者根据资本经营总体目标要求,将小型国有公司整体出售,也属于售卖范畴。

分立来自英文"Spin offs"。从本义看,是指公司将其在子公司中拥有的全部股份按比例分配给公司的股东,从而形成两家相互独立的股权结构相同的公司。这一定义实质上与中国国有公司股份制改造中的资产剥离含义基本相同。中国国有公司改制中的资产剥离往往是指将国有公司非经营资产或非主营资产,以无偿划拨的方式,与公司经营资产或主营资产分离的过程。通过资产剥离,可分立出不同的法人实体,而国家拥有这些法人实体的股权。分立是剥离的形式之一。

7. 破产(Bankrupt)

破产简单地说是无力偿付到期债务。具体地说,指公司长期处于亏损状态,不能扭亏为盈,并逐渐发展为无力偿付到期债务的一种公司失败。公司失败可分为经营失败和财务失败两种类型。财务失败又分为技术上无力偿债和破产。破产是财务失败的极端形式。公司改制中的破产,实际上是公司改组的法律程序,也是社会资产重组的形式。

【例9-1】 两德统一后的欧洲公司重组之路

1990年,两德统一,原东德社会主义计划经济体制即向市场经济体制转变,大部分国有公司走上了改制重组之路。它们的具体做法如下:

1.政府的政策支持

在两德统一的大背景下,统一后的德国实行市场经济,政府对国有公司改制重组决心大,全盘接管了所有的国有公司,并且鼓励家族公司和大集团公司收购国有公司,只要符合改制条件,就按市场机制规范操作。因为资产评估监督、约束机制健全,他们不受国有资产流失或保值增值思想的束缚。对原东德国有公司的改制,德国财政给予了强有力的支持。这一方面基于原西德雄厚的经济实力,另一方面在两德统一后,德国政府征收10%的团结税,用于承担包括改制重组在内的各种"统一"成本,使改制重组工作得以比较顺利地进行。

2.科学的公司价值评估和资产评估

对每一改制重组国有公司,政府先委托社会上权威的研究评估机构进行调查,研究分析该公司是否有存在的价值。若答案是否定的,该公司则被归入破产行列;若答案是肯定的,则计算出需注入多少资金才能使公司存活,政府根据评估意见,将公司推到市场竞卖。

3.规范市场交易

收购者出于自身利益的考虑,会对公司进行认真的资产核算,最后通过市场手段达成交易。收购者在购得国有公司的同时还必须保证投入的资本到位和确保一定量的员工就业3~5年,以使公司能够存活并保留一定的就业水平,维持社会稳定。

4.健全社会保障体系

改制重组必然涉及裁员问题。德国社会保障体系给失业员工提供了基本生活保障。被裁减下来的员工,可以去劳动局(或大公司内工会)登记,领失业救济金或被推荐再就业。据了解,由于德国的社保完善且条件比较优越,在改制重组过程中,基本没出现过被裁员工闹事的情况。

5. 准备充分, 循序渐进

德国的国有公司改制重组工作, 既注重前期的调查分析准备, 也不失时机、循序渐进地开展了主辅剥离、减员分流工作。从 1990 年两德统一到 1997 年政府全盘接管原东德国有公司, 历时 7 年。期间政府、公司员工都有充分的思想准备、组织准备, 为公司最后的改制重组创造了很好的条件。

上述做法使得大规模公司重组取得了很好的效果。如德国 VEM 公司的转制重组成功, 就是两德统一后原东德国有公司改制带有普遍性的一个例子。VEM 公司主要生产各种电机, 是东德时期比较大的一家国有公司, 两德统一前有职工 3000 多人。产品主要在东欧销售, 年销售额为 4000 万美元。1990 年德国统一后, 政府接管该公司直到 1997 年改制为止。从 1990 年两德统一到 1997 年, VEM 公司属国有公司编制, 但也开始进行重组改制准备, 对产品结构、销售市场进行了调整, 对食堂、幼儿园等辅助机构进行剥离, 对年龄达 55 岁的员工提前办理退休, 以突出主业, 减少公司员工人数。1997 年, VEM 公司被一家家族公司收购, 改制重组为私有化公司。重组后的 VEM 公司业务量逐年增加, 2002 年销售额达到 6000 万美元, 员工人数保持在约 400 人的水平, 公司经济效益明显提高。

9.2 公司并购

9.2.1 公司并购的概念

公司并购(Mergers and Acquisitions, M&A)包含兼并和收购两层含义。

国际上习惯将兼并和收购合在一起使用, 统称为 M&A, 在中国称为并购, 即公司之间的兼并与收购行为, 是公司法人在平等自愿、等价有偿的基础上, 以一定的经济方式取得其他法人产权的行为, 是公司进行资本运作和经营的一种主要形式。

公司并购从行业角度划分, 可将其分为以下三类:

1. 横向并购

横向并购是指同属于一个产业或行业, 或产品处于同一市场的公司之间发生的并购行为。横向并购可以扩大同类产品的生产规模, 降低生产成本, 消除竞争, 提高市场占有率。

2. 纵向并购

纵向并购是指生产过程或经营环节紧密相关的公司之间的并购行为。纵向并购可以加速生产流程, 节约运输、仓储等费用。

3. 混合并购

混合并购是指生产和经营彼此没有关联的产品或服务的公司之间的并购行为。混合并购的主要目的是分散经营风险,提高公司的市场适应能力。

从并购公司的行为来划分,可以分为善意并购和恶意并购。善意并购主要通过双方友好协商,互相配合,制定并购协议。恶意并购是指并购公司秘密收购目标公司股票等,最后使目标公司不得不接受出售条件,从而实现控制权的转移。

9.2.2 公司并购的方式

公司并购的方式有很多种,最主要有以下十种:

1. 直接购买

直接购买是指公司利用现有资金直接收购某一公司的资产或股权,达到控制目的的并购方式,因此又称为现金购买方式。这种购买方式简单、直接,但价格风险大,公司往往要付出高于市价成本的代价才能达到控制目的。如果双方协调一致,达成共同利益目标,收购能很快完成;如果双方意见分歧,买方将付出更高的代价,甚至有失败的危险。因此,直接购买方式一般是势力强、财力充足的公司才使用。

2. 股票购买

公司在购买被兼并公司时采用股票支付方式支付并购价款。特点是在不需要减少公司资产的情况下,通过增加发行股票,取得对被兼并公司的控制权,因此又称为增量控股并购方式。股票购买方式是目前公司最理想的购买方式之一。一方面,这种方式使被投资公司成为公司集团的组成部分,能满足生产、经销的需求,在不减少公司资产的情况下扩大公司权益。另一方面,少数股权的存在有利于调整公司资本结构,便于公司选择最佳资产组合。

3. 混合购买

混合购买方式是指公司在购买被兼并公司时,采用现金和股票同时支付价款的方式进行并购。一般认为,在公司资金紧张时,采用付现成本最低的投资方式往往比总成本最低的投资方式更为有利,因此认为采用股票支付方式更可取。但股票投资方式往往资金成本高、投资风险大,所以采用混合购买方式不失为一种最佳选择。公司应根据自身的经济实力,从资金成本最佳的角度考虑选择支付方式,确定现金和股票支付的比重。混合购买方式在目前公司兼并中占有很大的比例。

4. 债券购买

债券购买方式是通过发行大量的公司债券筹集资金,从而购买被兼并公司的股权或资产。这种方式的最大特点是利用债券的作用来融资,调整公司资本结构,因此又称为杠杆收购。这种方式的实质是举债购买公司的行为,因此必须建立在发达的信用制度和资本市场基础上才有可能。这种方式使兼并公司可以利用被兼并公司的盈利及资产来偿还债务,使自身保持良好的经营业绩。

5. 合资兼并

合资兼并方式是指投资公司通过资金、技术或其他资产与被兼并公司进行合资,达到控制被兼并公司股权的并购方式。通过合资控股方式实施兼并是目前公司最常用的并购方式之一。特点是可以以少量资金,达到控股兼并目的,从而降低并购成本和投资风险,实现预期目标。

6. 跨国并购

从跨国公司对外投资的特点来讲,对外直接投资进入国外市场的具体方法有收购和创建两种,其中收购兼并外国公司的方式具有进入迅速、充分利用被兼并公司管理人员及制度、利用被兼并公司技术和分销渠道的特点,往往比创建更能节约时间,并能迅速对外国市场做出反应,抓住市场机会。因此,这种方式很容易被跨国公司所采用。

7. 债权转股兼并

债权转股兼并方式是指被兼并公司由于长期大量拖欠兼并方债务,在资不抵债的情况下,经过双方协商,兼并方将债权按一定的折股比例转为被兼并公司的股权,达到控股的兼并方式。公司由于经营不善,造成严重亏损,资不抵债,因而产权必然发生贬值,所以将债权折合成股权,控制被兼并公司可以达到降低投资成本、提高兼并效果的目的。

8. 承担债务兼并

承担债务兼并方式是指投资公司以承担被兼并公司的全部债务为条件而接受被投资公司资产的兼并方式。被兼并对象大多是虽然目前并不严重亏损或并非资不抵债,但前景十分渺茫的公司。投资方为扩大公司规模,着眼于公司长远发展,往往选择这种公司为兼并对象。

9. 股票回购兼并

股票回购兼并方式是指投资公司通过回购被兼并公司对外发行的流通股份,达到控制和兼并公司目的的并购方式。在西方信用制度和证券资本十分发达的国家和地区,这种方式普遍为投资公司所采用。投资公司在股价低落时乘虚而入,低价吸进股票,从而控制被兼并公司的股权。这种方式往往存在恶意控股的目的,中国目前禁止上市公司、证券商抢购上市流通股,以免扰乱金融秩序。

10. 分立控股兼并

分立控股兼并方式是指投资公司将某一分公司或子公司独立出来与被兼

并的公司合股,创立新的公司,然后通过子公司控制被兼并公司股权达到兼并目的。母公司通过间接控股兼并,既有利于经营权分离,又能利用被兼并公司占有的市场、技术和分销网络,为母公司带来经济利益。

并购方式的选择可以最大限度地降低公司的投资成本和风险,公司应根据实际情况,采用相应的并购方式,提高并购效果,扩大公司规模,改善资本结构和产业结构。

9.2.3　股权收购及防御

1. 股权收购的概念

股权收购(Share Acquisition)是指以目标公司股东的全部或部分股权为收购标的的收购。控股式收购的结果是 A 公司持有足以控制其他公司绝对优势的股份,并不影响 B 公司的继续存在,其组织形式仍然保持不变,法律上仍具有独立法人资格。B 公司持有的商品条码,仍由 B 公司持有,而不因公司股东或股东股份数量持有情况的变化而发生任何改变。商品条码持有人未发生变化,其使用权当然也未发生转移。

由于控股式收购并不改变 B 公司的组织形式,其仍具有独立法人资格,对外独立承担法律责任,因此,除法律有特殊规定外,B 公司对外的所有行为都应当以 B 公司的名义做出,A 公司无权以其本身的名义代替 B 公司对外做出任何行为,而只能在内部通过其持有的 B 公司的绝对优势的股份来行使支配或控制 B 公司的权利。

2. 股权收购的目的

股权收购通过购买目标公司股东的股份,或者收购目标公司发行在外的股份,或向目标公司的股东发行收购方的股份,换取其持有的目标公司股份。

当收购方购买目标公司按一定比例取得股权,从而获得经营控制权,称之为接收该公司;而未取得经营控制权的收购称之为投资。"接收"收购的目的是为了获得控制权,而投资的目的则可能是看准了此项投资未来有较高的回报率,也可能是为了加强双方的合作关系或为了进入某个产业领域做准备,还有可能是为了获得目标公司的无形资产(商誉、人才、销售网络等)。

收购者成为被收购公司的股东,可以行使股东的相应权利,但必须承担法律法规所规定的责任。

【例 9-2】　股权收购的税务处理案例

2008 年 9 月,上市公司 A 发布重大重组预案公告称,公司将通过定向增发,向该公司的实际控制人中国海外控股公司 B 公司(注册地在英属维尔京群岛)发行 36809 万股 A 股股票,收购 B 公司持有的水泥有限公司 C 的 50% 的股权。增发价 7.61 元/股。收购完成后,C 公司将成为 A 公司的控股子公司。C 公司成立时的注册资本为 856839300 元,其中建工建材总公司 D 公司的出资金额为 214242370 元,出资比例为 25%,B 公司的出资金额为 642596930 元,出资比例为 75%。根据法律法规,B 公司本次认购的股票自发行结束之日起 36 个月内不得上市交易或转让。

1. 业务的性质

此项股权收购完成后,A 公司将达到控制 C 公司的目的。

2. 公司所得税政策的适用

尽管符合控股合并的条件且所支付的对价均为上市公司的股权,但由于 A 公司只收购了水泥有限公司 C 公司 50% 的股权,没有达到 75% 的要求,因此应当适用一般性处理:

(1)被收购公司的股东:B 公司,应确认股权转让所得。

股权转让所得=取得对价的公允价值-原计税基础

$$=7.61 \times 368090000 - 856839300 \times 50\% = 2372745250 \ 元$$

由于 B 公司的注册地在英属维尔京群岛,属于非居民公司,因此其股权转让应纳的所得税为:2372745250 × 10% = 237274525 元

(2)收购方:A 公司取得(对 C 公司)股权的计税基础应以公允价值为基础确定,即 2801164900 元(7.61 × 368090000)。

(3)被收购公司:C 公司的相关所得税事项保持不变。

如果其他条件不变,B 公司将转让的股权份额提高到 75%,也就是转让其持有的全部 C 公司的股权,那么由于此项交易同时符合财税规定的五个条件,因此可以选择特殊性税务处理:

• 被收购公司的股东:B 公司,暂不确认股权转让所得。

• 被收购公司:C 公司的相关所得税事项保持不变。

• 收购方:A 公司取得(对 C 公司)股权的计税基础应以被收购股权的原有计税基础确定,即 642629475 元(856839300 × 75%)。

因此,如果 B 公司采用后一种方式,转让 C 公司 75% 的股权,则可以在当期避免 2.37 亿元的所得税支出。

3. 防御股权收购

很多公司为防止其他公司或个人收购其股权,尤其是恶意的股权收购,需要采取一些防御措施,其中最常采用的方法如下:

(1)超级多数条款

超级多数条款,是指上市公司对于修改公司章程、与其他公司合并或被收购等事项必须经过出席股东大会的全体股东有表决权的四分之三或其他特定

多数以上通过。超级多数条款,将使得收购人必须购买特定多数的股份才能实现其控制上市公司的目的。

《中华人民共和国公司法》(以下简称《公司法》)规定,股份有限公司股东大会对公司合并、分立或解散公司做出决议,必须经出席会议的股东所持表决权的三分之二以上通过;修改公司章程必须经出席股东大会的股东所持表决权的三分之二以上通过。

(2)交错选举董事条款

交错选举董事条款,是指在公司章程中规定,将董事会分成三组,每一组董事的任期都是三年,每年都有一组董事任期届满,即每年股东大会只能换届选举三分之一的董事。

在交错选举董事制度下,一般来说,收购方收购上市公司,只能在两年或三年以后才可以控制董事会,从而在时间上阻止了收购方对上市公司的控制;但这种安排只能推迟收购方控制董事会的速度,不能最终阻止收购方控制上市公司;而且,收购方还可以通过召开股东大会对公司章程进行修改。如果在公司章程中对超级多数条款、交错选举董事条款同时作出规定,可以较为有效地增加收购方控制目标公司的难度,并一定程度上起到威慑作用。

《公司法》规定:"董事任期由公司章程规定,但每届任期不得超过三年。"《公司法》并没有规定所有董事的任期必须相同,也没有规定所有董事必须在同一时间任期届满。

因此,只要董事任期不超过三年,上市公司在章程中规定交错选举董事条款,并不违反《公司法》的规定。

(3)限制董事提名资格

限制董事提名资格,是指在公司章程中对董事候选人的提名做出不利于收购方的规定。如深圳发展银行股份有限公司的公司章程第81条规定,董事候选人的提名由上一届董事会在广泛征求股东意见的基础上提出;丽珠医药集团股份有限公司的公司章程第73条规定,持股10%或以上的股东可提名董事候选人。

(4)股东持股时间条款

股东持股时间条款,是指在公司章程中规定,股东在取得股份一定时间以后才能行使董事提名权,以维持公司管理层和经营业务的稳定。股东持股时间条款有助于阻止收购方在取得上市公司股权后立即要求改选董事会。

根据我们的初步查询,未发现有中国境内上市公司设置类似条款的情形。我们理解,股东持股时间条款存在因实质限制股东根据《公司法》、《上市公司股东大会规范意见》可以享受的向股东大会提出议案(包括更换董事的议案)的合法权利而被认定为无效条款的可能。

(5)股份回购与死亡换股股份回购

股份回购(Share Repurchase)与死亡换股股份回购,是指目标公司或其董事、监事回购目标公司的股份。回购股份在实战中往往是作为辅助战术来实施的。

如果单纯通过股份回购来达到反收购的效果,往往会使目标公司库存股票过多,一方面不利于公司筹资,另一方面也会影响公司资金的流动性。目标公司财务状况是制约这一手段的最大因素。死亡换股即目标公司发行公司债券、特别股或其组合以回收其股票。这同样起到减少在外流通股份和提升股票价格的作用。但死亡换股对目标公司的风险很大,因负债比例过高,财务风险增加,即使公司价值不变,但权益比重降低,股价不见得会随在外流通股份的减少而升高。更有甚者,即便股价等比例上涨,但买方收购所需要的股数也相应的减少,最后收购总价款变化不大,目标公司可能只是白忙一场。

(6)"金色降落伞"计划

金色降落伞(Golden Parachutes)计划,是指由上市公司股东大会通过决议并由上市公司与管理层签订协议,约定当上市公司被收购且管理层并非因自身原因被解雇时,管理层人员可以领取高额补偿金。这种方法将增加收购方的收购成本,降低其收购后的公司的预期利益。

《上市公司收购管理办法》指出,被收购公司的董事、监事、高级管理人员针对收购行为所做出的决策及采取的措施,不得损害公司及其股东的合法权益。因此,如果上市公司与管理层签订的协议约定,在上市公司高管因上市公司被收购而被解雇时,上市公司必须向该等管理人员支付高额赔偿金。

(7)"白衣骑士"计划

白衣骑士(White Knight)计划,是指收购发生后,被收购公司可以寻找一个善意的合作公司以更高的价格向其发出收购要约,以挫败敌意的收购者。

(8)"毒丸"计划

毒丸(Poison Pill)长期以来就是防御股权收购的理想武器。"毒丸计划"正式名称为"股权摊薄反收购措施",最初的形式很简单,就是目标公司向普通股股东发行优先股,一旦公司被收购,股东持有的优先股就可以转换为一定数额的收购方股票。在最常见的形式中,一旦未经认可的一方收购了目标公司一大笔股份(一般是 10%~20%的股份)时,"毒丸"计划就会启动,导致新股充斥市场。一旦"毒丸"计划被触发,其他所有的股东都有机会以低价买进新股。这样就大大地稀释了收购方的股权,继而使收购变得代价高昂,从而达到抵制收购的目的。在盛大收购新浪的过程中,新浪就采用了此种方法。

"毒丸"计划一般分为"弹出"计划和"弹入"计划。

"弹出"计划通常指履行购股权,购买优先股。例如,以 100 元购买的优先股可以转换成目标公司 200 元的股票。"弹出"计划最初的影响是提高股东在收购中愿意接受的最低价格。如果目标公司的股价为 50 元,那么股东就不会接受所有低于 150 元的收购要约。因为 150 元是股东可以从购股权中得到的溢价,它等于 50 元的股价加上 200 元的股票减去 100 元的购股成本。这时,股东可以获得的最低股票溢价是 200%。

在"弹入"计划中,目标公司以很高的溢价购回其发行的购股权,通常溢价高达 100%,就是说,100 元的优先股以 200 元的价格被购回。而敌意收购者或触发这一事件的大股东则不在回购之列。这样就稀释了收购者在目标公司的权益。"弹入"计划经常被包括在一个有效的"弹出"计划中。

《上市公司收购管理办法》明确禁止上市公司的董事会在收购期间提议发行新股,且上市公司发行新股需要取得中国证监会等相关部门的审批。

(9)"牛卡"计划

"牛卡"计划,又称不同表决权股份结构,是指将股份分为 A、B 二类股票。在美国股市新发行股票为 A 类股票,而所有原始股份为 B 类股票。每 1 股 B 类股票的表决权相当于 10 股 A 类股票的表决权。这种安排将大大提高收购方控制上市公司的股份比例下限。

(10)焦土战术

焦土战术(Scorched Earth Policy)同样是一种两败俱伤的策略。常用做法主要有两种:

一是出售"冠珠"。公司可能将引起收购者兴趣的"皇冠上的珍珠"(Crown Jewels),即那些经营好的子公司或者资产出售,使得收购者的意图无法实现,或者增加大量资产,提高公司负债,最后迫使收购者放弃收购计划。

二是采用虚胖战术。公司购置大量与经营无关或盈利能力差的资产,使公司资产质量下降;或者是做一些长时间才能见效的投资,使公司在短时间内资产收益率大减。通过采用这些手段,使公司从精干变得臃肿,收购之后,买方将不堪重负。

采取类似"自残"的方式,降低收购者的收购收益或增加收购者风险也能够达到击退恶意收购的目的。

综上所述,超级多数条款、交错选举董事条款、"毒丸"计划等安排是西方国家上市公司防止恶意收购较为常见的一些做法。而我国现行的法律框架,仍主要侧重保护上市公司利益、股东利益(特别是中小股东利益)、债权人利益等,而对于控股股东利益的保护主要体现在公开、公平、公正的法律原则及收购发生时趋为严格的信息披露制度上,非常有效地防止恶意收购的措施较少。

此外,根据《证券法》等相关法律法规的规定,收购方持有上市公司5%的股份时,或其所持该上市公司股份比例每增减5%时,均应当进行报告和公告,在报告期限内和其后2日内,不得再行买卖该上市公司的股票,因此,这种严格的信息披露要求,既可能大大增加收购方的收购成本,还可以延长收购方入主的期限。

【例9-3】 "毒丸"计划案例——新浪反击盛大

2005年2月18日,盛大(Nasdaq:SNDA)于美国当地时间周五宣布,截至2005年2月10日,该公司同控股股东地平线媒体有限公司一起通过公开股票市场交易收购了新浪公司(Nasdaq:SINA)大约19.5%的已发行普通股。而且,盛大已经按照美国证券法向美国证券交易委员会提交了报告,该公司在报告中表明了对所持有新浪股票的受益所有权,同时还公布了相关交易。紧接着,2月19日23时,新浪CEO兼总裁汪延代表管委会发给全体员工一封信,表明了新浪不被控制、不受影响的态度。2月24日,新浪正式表态,不欢迎通过购买股票的方式控制新浪,同时其管理层抛出"毒丸"计划,以反击盛大收购。根据Nasdaq数据显示,盛大此时的市值约为21.3亿美元,新浪是12.9亿美元。在一般情况下,新浪可以以每份购股权0.001美元或经调整的价格赎回购股权,也可以在某位个人或团体获得新浪10%或以上的普通股以前(或其获得新浪10%或以上普通股的10天之内)终止该购股权计划。

1. 收购过程

据透露,2004年10月,在决定参股新浪之前,陈天桥曾与新浪管理层、董事会进行沟通,希望通过协议收购形式控股新浪,但遭婉拒。此后,陈开始暗中赴美联络新浪机构投资者,同时通过在开曼群岛注册的Skyline传媒有限、Skyline国际投资以及盛大传媒有限三家公司秘密吸纳新浪股份,其中Skyline传媒有限公司所持股份的权益持有人为陈天桥的妻子雒芊芊和弟弟陈大年。

按照美国1968年制定的《威廉姆斯法》,收购方在取得目标公司5%或以上股权时应履行披露义务,并向美国证交会(SEC)提交13D表格。陈通过四家关联公司分别收集新浪股份,当是出于避免触及5%临界点的考虑。其后,随着新浪第四季度财报公布后股价急跌,陈伺机出手,最终累计收购新浪股份至19.5%,并同时向SEC提交了13D表格。通常,该表格只有在收购方有取得目标公司控制权的目的时才被要求提交。陈天桥的意图至此表露无遗。

事后查明,在这场被盛大内部命名为"闪电计划"的股票收购计划中,新浪的三家持股机构与一家基金均成为盛大的盟友,这四家机构同时也是盛大的股东。

据分析师查证,上述四家股东目前持有新浪的股份比例为18.59%,加上盛大的持股,比例将达到38.09%,在新浪的主要股东中所占比例则达47%,若盛大与这些股东合谋，基本可以控制新浪的董事会。

数据显示，在这轮收购行动中，新浪与盛大的共同股东 Axa 所持股份从 1.75％增至 5.84％，摩根斯坦利则增至 2.18％。"这几家共同股东很可能在盛大与新浪董事会的谈判中扮演撮合者或调解人的角色。"和讯网 CEO 谢文表示，这一批人未来很可能站在盛大一边，主张两家公司合并，因为这对他们更为有利。

谢文同时表示，在占股达 60％的机构投资者中，除了 20％属于盛大的盟友外，其余的股东仍可能倾向新浪董事会，从而使新浪董事会控制的投票数与盛大相当。

但如果这一对垒剧是一场"阳谋"，新浪董事会何以又在考虑良久之后使出杀手锏——"股东权益计划"。

2."毒丸"计划

新浪在面对盛大收购的时候，采用了"毒丸"计划。新浪"毒丸"计划的核心是：如果盛大及关联方再收购新浪 0.5％ 或以上的股权，购股权的持有人（收购人除外）将有权以半价购买新浪公司的普通股。现有股东可以行使权利，以半价增持新浪股权，以图摊薄盛大持股，令收购计划无功而回。从目前股权构成来看，盛大已经是新浪的第一大股东。盛大如果持股超过 51％，就会自动成为新浪董事会成员，目前盛大可以作为股东参加当年 9 月 30 日之前的股东大会，如果届时各种股东允许，盛大就可以进入新浪董事会。但是，新浪董事会是铰链型结构。即新浪董事会共有 9 名成员，设有补偿委员会（陈丕宏、陈立武、段永基）、审计委员会（陈立武、曹德丰、张懿宸）、股份管理委员会（姜丰年、汪延）。董事会的 9 名董事共分为三期，任期 3 年且任期交错，每年只有一期董事任职期满，进行新的董事选举。因此，如果收购方盛大不能重组新浪董事会和管理层，哪怕其持有再多的股份，也等于没有收购，因为没办法实施改组和展开新的战略。根据"毒丸"计划，盛大如果想达到股权的 20％，就必须付出已经付出的 2.3 亿美元的一半。可以看出，"毒丸"计划客观上稀释了恶意收购者的持股比例，增大了收购成本，或者使目标公司现金流出现重大困难，引发财务风险，使恶意收购者一接手即举步维艰，让收购者感觉好似吞下毒丸，最终实现反收购的目的。在新浪设置"毒丸"计划之后，段永基已向盛大抛出了绣球——代表新浪董事会的合并意向。但这还不是一个完整的方案。段永基之所以不出方案，不是因为没有方案可出，而是他在等，等着陈天桥出方案。但陈天桥偏偏迟迟不肯出方案，段永基一招扑空。

段永基的意图以及心理价位不难从公开资料分析而知。按照新浪向美国证券交易委员会递交的 8-K 报告，新浪董事会已决定采取"毒丸"计划，即通过扩大公司股本，抑制盛大进一步获得新浪更多股份。按照该计划，如果盛大进一步增持新浪股份,将使其收购成本暴涨为每股 90 美元以上,这无形中给出了新浪董事会对新浪市值的心理价位。但这个价位却是盛大万万承受不起的。盛大购入 19.5％ 新浪股份的平均成本价才不到 30 美元。照这个价位,即便盛大有意入主新浪,也无此能力;即便盛大管理层同意该价格,盛大的股东也不可能答应。因为这对盛大的股东也是不公平的。

有专家推算,新浪对盛大收购代价的底线应该在每股 50 美元,最高则为 100 美元,因为 50 美元恰好比新浪 52 周内最高股价略高一点。在这个价格区间,新浪董事会甚至可能接受盛大的任何条件,包括控股、合并乃至从纳斯达克自动消失。但如果以每股 100 美元的价格成交,以此推算,新浪的市值可达 50 亿美元左右。而从盛大此前入股 19.5％ 新浪股份的收购价格来看,盛大的心理价位应该介于每股 20 美元至 40 美元之间。双方报价至少仍有每股 10 美元以上的差距。

于是谈判本身不能不变为一场耐心与耐力的比拼——看谁能耗得过谁。种种迹象显示,有备而来的盛大似乎更有耐心一些,也更愿意打持久战。因为盛大入股新浪的价格之低,几乎可确保其有赚无赔。谈得成固然好,谈不成也可全身而退。更要命的是,在目前乃至未来的若干时间段,时间的天平始终倾向并将继续倾向盛大一边。

当然,新浪也不是没有诚意。由于新浪手里握有"毒丸"计划这张牌,没有了被控股的后顾之忧,似乎大可不必降格以求。但假如盛大方面迟迟不出价,新浪会不会等不及? 面对不急于出招的陈天桥,新浪会不会以短平快的方式结束眼前乱局,重新考虑既有计划?

从新浪高层的强势态度来看,似乎没有理由认为新浪董事会在软磨硬泡的盛大面前失去耐心。新浪给人的感觉是,管理层的稳定压倒一切,而不是其他。但到最后,新浪的机构投资者或许会等不及,于是转而与盛大联手,在股东大会发挥影响,迫使新浪董事会放弃"毒丸"计划。虽然,这些机构在新浪董事会还没有话语权。

盛大目前的第一目标,应该是进入并控制董事会,其次则是进入但并不控制董事会。在后一种情形下,双方的战略合作可以有更多的延伸空间,但对盛大卖股就不利了,因为作为董事,盛大抛售股票的行为已构成内幕交易。这无异于给自己套上一道枷锁。

盛大还有第三种选择,就是持股但不进入董事会,不再继续增持股份,而是在此基础上与新浪展开合作。但这显然并非盛大的本意。

显然,对双方来说,唯一的上策就是合并。所谓合并,就是两家之中只能有一个上市公司留下来,另一个则全部换成对方公司的股票。但是,双方要这么做,至少面临两道障碍:其一是"毒丸"计划,其二是要有新浪90%以上股东的同意。这两道障碍大大削弱了双方合并的可能性。

2006年11月7日,盛大互动娱乐有限公司宣布售出盛大持有的总计3703487股新浪普通股,总净收益为99105312美元。本次出售后,盛大将继续持有6118278股新浪股份。这表明"毒丸"计划最终还是起到了应有作用。新浪因此避免被重组,盛大也只好伺机而退。

9.3　破产与清算

9.3.1　公司经营失败

1.公司经营失败的界定

对于公司经营失败的界定,历来说法不一,中西方学者各有其不同的判断和定义。一些国内学者把公司能否按时偿还银行贷款本息作为公司经营失败与否的界定标准。还有一些认为对上市公司经营失败的界定可以根据研究目的不同分为:①无力付息还本的公司;②ROE(净资产收益率)低于银行利率的公司;③ST的公司;④PT的公司。

西方学者对公司经营失败的界定,归纳起来主要有如下观点:

(1)以法律破产界定失败。持该类界定标准的文献最多。有些学者认为公司经营失败包括法律上的破产、被接管与重整。还有一类学者将倒闭、无偿债能力,或为债权人利益而清算的公司归类为失败公司。

(2)从现金流量角度界定失败。基本观点为:公司主要在于储存现金,当储存的现金耗用殆尽,则公司被认为破产失败。Beaver(比佛,1966)提出流动资产流量模型,将公司视为流动资产的"储水库",公司盈余为水库流入量,公司支出为水库流出量,水库是流入与流出的缓冲器。因此,公司经营失败也就是公司是否能够维持"储水库"的流入与流出的平衡。而后提出的现金流量模型,将公司比喻为流动资产的储水槽,当公司发生下列状况时,破产概率将增加:储水槽的容量变小、来自营运的流入量减少、来自营运的流出量增加、潜在流出量变大(债权上升)、流出量与流入量的变异增加等。一直无法产生足够的现金补偿债权人,则公司失败。

(3)失败过程论。部分文献认为破产只是一种失败的结果,公司经营失败应该考虑到其他因素以及经营失败的过程和阶段。有学者将公司经营失败视为连续状态,认为公司经营失败是由主力产品销售下降、短期债务拖延偿付、优先股息未能发放、公司债违约、宣告破产等一连串的状态所造成的。公司失败并非突然发生,而是存在一个发生过程,具体有三种表现形式:慢性失败、收益失败、严重失败。慢性失败是指公司失败信息早在失败前几年出现,许多财务比率都呈现劣向变化,越是接近失败期间情况越恶化。收益失败是指公司在失败前几年与健康公司在负债率与流动比率上并没有明显差异,失败的原因在于公司收益恶化。严重失败是指,直到失败前一年失败公司与健康公司在财务指标上才出现显著差异,在此之前并不易察觉,公司状况迅速恶化。

2. 公司经营失败的原因

对于经营失败的公司来讲,造成其经营失败的原因是多种多样的。归纳起来分为公司外部因素和公司内部因素。

(1)外部因素

外部因素对于公司来讲,是不可控因素,只能被动地加以适应。外部因素主要包括:

①国家宏观经济环境变化。国家宏观经济环境主要指国家宏观经济的发展状况及未来趋势(如 GNP 等)、国家产业政策、财政政策(如国家预算的调整、税收政策的调整等)、货币政策(如利率的调整、货币供应量的变化等)以及相关的经济法规等的调整变化。

②自然环境的恶化。自然环境发生变化,自然资源短缺、环境污染等是造成公司经营失败的一个比较次要的原因,也是最让人感到无奈和遗憾的原因。

③目标市场消费者需求变化。目标市场消费者的需求是公司生存之本,随着社会经济的不断发展,消费者的需求处于不断变化之中,但很多国内公司把握不到这种变化的趋势,仍然固守原有的产品和经营策略,坚信"酒香不怕巷子深"的传统经营理念,向市场提供的产品或服务同消费者的真正需求相脱节,无法有效满足消费者的需求,从而造成公司在竞争中失败。

④市场竞争。竞争是市场经济一个很残酷的事实,公司在市场中随时随地面临各种正当或不正当的竞争。在竞争中不具有自己的核心竞争力,无法树立同竞争对手相区别的公司或产品特色,无法赢得消费者的信任和信心的公司必然逃脱不了失败的命运。

⑤新闻媒体的负面报道。中国有句成语叫"众口铄金",可以形象地描述出新闻媒体对公司的负面报道对公司经营的沉重打击。在历史上也不乏由于媒体的报道造成公司经营困顿,最终退出市场的例子。2001 年中秋的"南京冠生园"曝光事件,结果不仅毁了一家老字号,还"株连九族",使全国各地的"冠生园"几乎全军覆没,甚至影响到了全国的月饼市场;而提起来仍让所有人心有余悸的"三鹿奶粉"事件更是让曾经人人称道的"三鹿"品牌和公司一夜之间声名毁尽,其厉害程度可见一斑。

（2）内部因素

公司内部因素是使得公司经营失败的另一个重要方面。内部因素主要包括：

①产品因素。包含在这一类中的因素主要有：产品设计问题、产品分销问题等。产品设计问题主要集中在产品开发的早期阶段。在这一时期，容易出现两个问题，一是产品设计与市场需求脱节；二是容易出现实际开发进度与计划和预算不一致的情况。某些公司仓促地将尚未成熟的产品推向市场，结果出现很多问题（产品质量、售后服务等），引起消费者的极大不满；而某些公司严格以消费者的要求为准绳来进行产品设计，达不到消费者的全部要求决不推出，过于保守，行动迟缓，往往会落后于竞争对手，丧失市场机会。对于分销或销售来讲，不恰当的分销策略容易造成产品不能及时递送到消费者手中，或是在分销过程中造成产品的质量或包装等方面出现问题。如果消费者不能及时拿到所购买的商品，或是拿到的商品与自己的预期不符，公司就会丧失自己的客户。

②公司促销/沟通问题。促销/沟通是公司利用广告、销售促进、公共关系以及人员推销等手段将有关产品和公司的信息传递给目标消费者或潜在消费者的有效途径或方式。但在促销实践中，有些公司在利用这一方式时，往往夸大其词，不切实际地鼓吹自己的产品，这样做的结果是在消费者心目中形成了对公司产品过高的期望。一旦消费者拿到这种产品，发现实际接触到的产品并不像所宣传的那样，甚至还有很多缺陷，也就是说其实际感受与预期产生较大差距，最终引起消费者对产品的不满进而引起其对公司的不满。

③财务问题。公司的财务问题实质上就是公司的资金问题。适时适量地保证公司经营所需要的资金，是公司持续经营、不断发展壮大的前提。而在实际当中，造成很多公司失败的一个很重要原因就是公司管理者头脑中缺乏资金管理的风险、收益和成本的权衡观念，资金管理不善。财务问题主要表现为：战线拉得过长，投资项目效益不高，资金供应上出现空白；应收账款占用资金过多，而又无法及时回收；产品积压，存货过多，占用了大量的资金等。

④管理问题。在众多失败公司的案例中，有很大一部分都是由于公司管理方面出现问题造成的。特别是那些正处于高速发展时期的公司，管理中的矛盾表现得更为突出，更加尖锐，更加激烈。由于公司都是由人组成的，所以，公司管理中出现的问题归根结底都是由人造成或与人有关的，因此，公司人力资源管理也起到了很大的作用。对于一个公司来讲，其高层管理者的知识背景、从业经验、管理直觉和团队合作精神在很大程度上决定了该公司的生存和发展。管理者为公司制定发展战略和竞争策略时，如果忽视对公司内外部环境的分析，以及公司内外其他各方面的建议，仅凭自己的个人经验或一时冲动，其决策

必然失误。巨人集团的史玉柱就是很好的例子,一项巨人大厦的工程就将巨人集团拖进了深渊。

9.3.2 财务危机的预警

由于公司有发生潜在财务危机的可能,建立财务预警体系就变得至关重要。

财务预警就是以公司的财务报表、经营计划、相关经营资料以及所收集的外部资料为依据,根据公司建立的组织体系,采用各种定量或定性的分析方法,将公司所面临的经营波动情况和危险情况预先告知公司经营者和其他利益相关方,并分析公司发生经营非正常波动或财务危机的原因,挖掘公司财务运营体系中所隐藏的问题,以督促公司管理部门提前采取防范或预防措施,为管理部门提供决策和风险控制依据的组织手段和分析过程。

不可否认,公司财务危机是多方面因素造成的,但是产生财务危机的根本原因是财务风险处理不当。财务风险是现代公司面对市场竞争的必然产物,尤其是在中国市场经济发育不健全的条件下更是不可避免,因此,加强公司财务风险管理,建立和完善财务预警体系尤为必要。

1. 建立短期财务预警系统,编制现金流量预算

由于公司理财的对象是现金及其流动,就短期而言,公司能否维持下去,并不完全取决于是否盈利,而取决于是否有足够的现金用于各种支出。预警的前提是公司有利润,对于经营稳定的公司,由于其应收账款、应付账款及存货等一般保持稳定,因此经营活动产生的现金流量净额一般应大于净利润。公司现金流量预算的编制,是财务管理工作中特别重要的一环,准确的现金流量预算,可以为公司提供预警信号,使经营者能够及早采取措施。为能准确编制现金流量预算,公司应该将各具体目标加以汇总,并将预期未来收益、现金流量、财务状况及投资计划等以数量化形式加以表达,建立公司全面预算,预测未来现金收支的状况,以周、月、季、半年及一年为期,建立滚动式现金流量预算。

2. 确立财务分析指标体系,建立长期财务预警系统

对公司而言,在建立短期财务预警系统的同时,还要建立长期财务预警系统。其中获利能力、偿债能力、经济效率、发展潜力指标最具有代表性。获利是公司经营的最终目标,也是公司生存与发展的前提。

公司为适应未预料的需要和机会,应该具备采取有效措施,改变现金流的流量与时间的能力,这就是财务弹性。反映财务弹性的指标有:用于测定公司全部资产的流动性水平的营运资金与总资产比率、到期债务本金偿付率、实有净资产与有形长期资产比率、应收账款及存货周转率。

公司的风险在一定程度上归因于举债经营,一个全部用自有资本从事经营的公司只有经营风险而没有财务风险。因此,要权衡举债经营的财务风险来确定债务比率,应将负债经营资产收益率与债务资本成本率进行对比,只有前者大于后者,才能保证本息到期归还,实现财务杠杆收益;同时还要考虑债务清偿能力,债务资本在各项目之间配置合理的程度。考核指标有:长期负债与营运资金之比,资产留存收益率以及债务股权比率。

3.结合实际采取适当的风险策略

在建立了风险预警指标体系后,公司对风险信号的监测,如出现产品积压,质量下降,应收账款增加,成本上升,要根据其形成原因及过程,制定相应的切实可行的风险管理策略,降低危害程度。面临财务风险通常采用回避风险、控制风险、接受风险和分散风险策略。其中控制风险策略可进一步分类,按控制目的分为预防性控制和抑制性控制,前者指预先确定可能发生的损失,提出相应的措施,防止损失的实际发生。后者是对可能发生的损失采取措施,尽量降低损失程度。

由于市场经济的发展,利用财务杠杆作用筹集资金进行负债经营是公司发展的途径。从大量负债经营实例不难得出几点教训:公司经营决策失误,盲目投资,没有进行事前周密的财务分析和市场调研是造成失误的原因,虽然适度举债是公司发展的必要途径,但必须以自有资金为基础,如资本结构中债务资本过大,必然恶性循环。同时公司偿债能力强弱是对负债经营最敏感的指标,只从偿债能力看,负债比率越低,公司偿债能力越强,但未必合理,如公司借款利率小于利润率。公司应充分利用负债经营的好处。不同产业的负债经营合理程度是不一样的,一般是第一产业为 0.2 左右,第二产业为 0.5 左右,第三产业为 0.7 左右。

9.3.3 财务重组

财务重组(Financial Restructuring)是指对陷入财务危机但仍有转机和重建价值的公司,根据一定程序进行重新整顿,使公司得以复苏和维持的做法,是对已经达到破产界限的公司的抢救措施。通过这种抢救,濒临破产公司中的一部分,甚至大部分能够重新振作起来,摆脱破产厄运,走上继续发展之路。

财务重组的方式包括非正式财务重组和正式财务重组。前者是指与债权人达成自愿协议进行的重组,后者是指通过法律程序的正式安排进行的重组。

1.非正式财务重组

非正式财务重组是指公司直接与银行或债权人进行协商,做出债务展期或债务和解的安排。

(1)债务展期与债务和解

为了对债务人实施控制,保护债权人的利益,在实施债务展期或债务和解

后,债权人通常采取下列措施:

①坚持实施某种资产的转让或由第三方代管;

②要求债务公司股东转让其股票到第三者代管账户,直至还清欠款为止;

③债务公司的所有支票应由债权人委员会会签,以保持回流现金用于还清欠款。

(2)准改组

准改组不需要法院参与,也不解散公司,也不改变债权人的利益,只要征得债权人和股东的同意不立即向债权人支付债务和向股东派发股利,便可有效地实施准改组。

非正式财务重组的优点在于:一是避免了履行手续所需的大量费用;二可以减少重组所需要的时间;三是谈判有更大的灵活性。其缺点是难以达成一致;没有法律的参与,协议的执行缺乏法律保障。

2. 正式财务重组

正式财务重组是在法院受理债权人申请破产案件的一定时期内,经债务人及其委托人申请,与债权人会议达成和解协议,对公司进行整顿、重组的一种制度。正式财务重组的基本程序:首先,向法院提出重组申请;然后,法院任命债权人委员会;再次,制定公司重组计划;最后,执行公司重组计划。而制定重组公司的计划需要包括下述四项内容:

(1)估算重组公司的价值。

(2)调整公司的资本结构,削减公司的债务负担和利息支出,为公司继续经营创造一个合理的财务状况。

(3)公司新的资本结构确定之后,发行新的证券替换旧的证券,实现公司资本结构的转换。

(4)其他措施。

9.3.4 破产和清算程序

1. 破产

破产是指当债务人的全部资产无法清偿到期债务时,债权人通过一定法律程序将债务人的全部资产供其平均受偿,从而使债务人免除不能清偿的其他债务。破产多数情况下都指一种公司行为和经济行为。

经济意义上的破产是指债务人的一种特殊经济状态,在此状态中,债务人已无力支付其到期债务,而最终不得不倾其所有以偿债务。法律意义上的破产是指一种法律手段和法律程序,通过这种手段和程序,概括性地解决债务人和众多债权人之间的债权债务关系。

2. 破产程序

破产案件归法院审理,审理破产案件的法院称为破产法院。大陆法系和英美法系的破产程序基本相同,大体分为以下几个阶段:

(1) 开始程序

破产程序因当事人申请而开始,债权人和债务人都可以提出破产申请。提出申请时,必须讲明破产原因。破产案件一般归债务人营业所所在地的法院管辖;无营业所的,归债务人普通审判籍所在地的法院管辖;无营业所与普通审判籍的,归债务人不动产所在地的法院管辖。对当事人提出的破产申请,法院要进行审查,有正当理由的,予以受理,否则即予驳回。

(2) 宣告程序

破产由法院宣告。宣告破产前,必须对破产案件进行审理。审理方法由法院决定,可以依职权调查,可以进行言词辩论,也可以两种方法同时采用。审理后,确认具备以下条件的,即可宣告破产:具备法定的破产原因;债权人具有申请破产的权利;债务人具有破产的能力。

宣告破产要使用书面裁定。破产裁定书必须记明宣告破产的具体时间,确定呈报债权时间,确定调查债权和召开第一次债权人会议的日期,宣布扣押命令,采取保全措施。

(3) 进行程序

法院宣告债务人破产后,应从熟悉会计或者法律业务的人员中,选任破产管理人,并即发出公告宣布下列事项:破产裁定的主要内容;破产管理人的姓名、住址;报明债权的时间;第一次债权人会议的日期;命令破产人的债务人和财产持有人,不得向破产人清偿债务或者交付财产,而应向破产管理人说明情况,听候处理。

报明破产债权,应当遵守法院规定的期限,不在规定的期限内申报的,不能成为破产债权,不得以破产人的财产受偿。报明破产债权的方式,是向法院提出书面报告,说明债权数额和形成债权的原因,并提出必要的证据。

法院对于报明的债权,必须进行调查。参加调查的主要人员是破产管理人,另外还有破产人和已经报明债权的破产债权人。对于申报的债权,破产管理人和破产债权人可以提出异议,由法院审理确定。没有提出异议或者异议已经消除的债权,即可确定为破产债权。破产债权的持有人,有权参加债权人会议和破产人财产的分配。债权人会议是债权人表达意志的组织,由所有登记的破产债权人组成,由法院召集和主持。

在执行程序中,可以清算和分配的破产人的财产,叫做破产财团。在破产宣告时和破产程序进行中,一切属于破产人的财产,以及将来可以行使的财产请求权,都属于破产财团。破产财团由破产管理人占有、管理、变价和分配。

（4）终结程序

结束破产案件的法律程序。结束破产案件的原因是分配、强制和解与破产终止。

分配是终结破产程序的主要形式。破产管理人应当根据破产财团的变价情况，按照破产债权的性质和数额，依据平等分配的原则，制作破产财产分配表，经破产人会议同意和法院批准，进行分配。

强制和解是指破产人与债权人达成协议，以解决他们之间的债务纠纷。强制和解须经债权人会议讨论，得到出席会议的过半数债权人（其债权数额超过破产债权总额的 3/4）的同意，即可决议通过，对全体债权人发挥效力，不同意此项办法的少数债权人也得遵守。债权人会议讨论通过的和解协议，须经法院审查，做出许可或者不许可的裁定。许可裁定确定后，即终结破产程序。

破产终止。原因有二：一是经全体破产债权人的同意；二是因破产财团的财产太少，不足以偿付破产程序的费用。不论哪一种原因，破产终止均须法院裁定确定。

（5）复权程序

复权是恢复破产人因破产宣告而被限制的各种权利。破产人的权利是否受限制，各国破产法规定不同：如法国采取惩戒主义，限制破产人的各种公私权利；德国采取非惩戒主义，不限制破产人身份上的权利。

复权的申请，由破产人向法院提出。破产人在清偿债务后，或者依其他方法免除债务时，才有权提出申请。破产债权人有权提出异议。没有提出异议或者异议无理由的，法院做出准予复权的裁定，恢复破产人受到限制的各种权利。

（6）清算

清算是终结现存的法律关系，处理其剩余财产，使之归于消灭的程序。清算是一种法律程序，社团注销时，必须进行财产清算。未经清算就自行终止的行为是没有法律效力的，不受法律保护。

其中，公司清算和破产清算的定义有所不同，需要加以区分。公司清算是公司在终止过程中，为终结公司现存的各种经济关系，对公司的财产进行清查、估价、变现、清理债权、债务、分配剩余财产的行为。为满足市场经济发展的要求，为保护投资者和债权人的合法权益，公司财务制度和有关法则对公司清算做出了规定。破产清算是指在债务人全部财产不足以清偿其债务，或无力清偿其到期债务的情况下，依法就债务人的全部财产对债权人进行公平清偿的一种司法偿债程序。

3. 清算的程序

根据我国《公司法》的规定，公司清算程序如下：

（1）组织清算组。有限责任公司的清算组由股东组成，股份有限公司的清算组由董事或者股东大会确定的人员组成。

（2）公告和通知债权人及催报债权。清算组成立后，应立即直接通知、公告债权人并进行债权登记，以便债权人在法定期限内向清算组申报债权。清算组成立后应在 10 日内通知已知的债权人并在报纸上至少公告 3 次，债权人应当在接到通知书之日起 30 日内，未接到通知书的自第一次公告之日起 45 日内，向清算组申报债权，逾期未申报者，即视为放弃债权，不列入清算债权。

（3）编造财产账册，制订清算方案。清算组清理公司财产，编制资产负债表和财产清单。包括固定资产和流动资产，有形资产和无形资产，还包括债权和债务。在清理后，还需编制资产负债表和财产清单，作为下一步工作的基础，并报股东会或者有关主管机关确认。

（4）清偿债务。公司财产足以清偿全部债务的，按下列顺序清偿：首先，支付清算费用；其次，职工工资和劳保费用；再次，缴纳所欠税款；最后，清偿公司债务。

（5）分配剩余财产。在清偿债务后，公司的剩余财产由公司的股东按持股比例进行分配。

如遇到法律规定的特殊情形，可以转向特殊的破产清算。按照《公司法》的有关规定，因公司解散而清算，清算组在清理公司财产、编制资产负债表和财产清单后，发现公司财产不足清偿债务的，应当立即向人民法院申请宣告破产。清算组在清理公司财产、编制资产负债表和财产清单后，制订清算方案，在经相关部门、组织确认后，即可按照方案来分配财产。清算结束后，清算组应当制作清算报告和清算期间收支报表及各种财务账簿。在股东会、股东大会或人民法院确认后，清算报告生效。将其报送公司登记机关，申请注销公司登记，并进行公告。至此，公司清算工作全面结束，公司清算实现了它的最终法律效力——公司人格消灭。

需要强调的是，有限责任公司股东之间因分利不匀等其他人为因素，导致公司趋于解散，个别股东请求予以清算不成，由此产生的纠纷，人民法院一般不予受理。这一举措，是鉴于股东之间的权利义务由股东契约自治和公司章程规定，隶属于《公司法》的私法调整范畴，上述纠纷未涉及社会公众利益的，国家一般不主动实行干预。人民法院作为国家司法机关，应当严格遵循《公司法》基本原则，重视和尊重公司的高度自主权，只有在国家利益、社会公众利益面临受损时才可适时、适当地介入公司内部运作，而不能依个别公司、个别股东的要求而随意或强制地进行清算，否则会影响交易的安全和市场经济生活的有序，使司法调整陷入被动。

9.4 公司清盘、剥离和分立

9.4.1 公司清盘

清盘(Liquidation)是一种法律程序,即公司的生产运作停止,所有资产(包括生产工具的机械、工厂、办公室及物业)在短期内出售,变回现金,按先后次序偿还(分派给)未付的债项,之后按法律程序宣布公司解散的一连串过程。清盘可以简单分为两种,包括自动清盘和强制清盘。

1.自动清盘

自动清盘即在该公司成员例如合伙人、有限公司股东的意愿下主动清盘,把资产出卖,变回现金,分派给债主及股东等,结束其公司法律个体。自动清盘可分为公司成员自动清盘和债权人自动清盘。

当公司的成员决定将公司进行自动清盘并解散公司,自动清盘便会进行。如果公司的成员议决公司进行清盘,公司通常便会停止运作而自动清盘亦会宣告开始。如果公司有偿还债务能力,而公司成员又能提供法定的声明以证明公司的偿还能力,则该清盘会视为公司成员自动清盘。

2.强制清盘

强制清盘是因一家公司的资金不能抵偿负债,债主以民事法追讨,最后由法院发出强制清盘令的情况。

如果公司的负债过多,其债权人及/或公司成员可以向法院提出清盘呈请。清盘呈请提出后,法院将进行清盘呈请聆讯,最后法院会发出强制清盘令,勒令公司进行清盘。

9.4.2 资产出售和剥离

1.资产出售

公司如需结束现有业务,除了清算和股权转让方式外,另一种方式就是资产出售。

资产出售(Asset Sale)是指购买方以现金、股票或其他有价证券收购卖方公司全部或实质全部资产,从而接管卖方公司的营业。

资产出售是中外合资公司退出目前经营行业的一种常用的方式,这种方式并不消灭法人主体,所以在资产出售之后,法人只是获得了资产出售的对价,理论上,资产出售所得对价还是法人财产,而不是股东财产,股东只享有所有者权益。

资产出售时,主要考虑的问题无疑是出让价格的高低,因此一定要注意出售方式。多数公司选择打包出售、分拆出售以及整合后出售等方式,出售价格往往相差很远。

一般来说,在资产出售后,收购方取得合同中约定的各项资产的所有权,通常用这些资产继续原营业;出售方取得收购方支付的对价而丧失所出售资产的所有权。但实践中更多的情况是,资产出售方因资产出售而停止了原有经营,进而进行清算并最终导致法人地位的终结。

2. 资产剥离

资产剥离是指在公司股份制改制过程中将原公司中不属于拟建股份制公司的资产、负债从原有的公司账目中分离出去的行为。

剥离并非是公司经营失败的标志,它是公司发展战略的合理选择。公司通过资产剥离,可使资源集中于核心业务的经营上,增强核心业务的竞争力。同时剥离还可以使公司资产获得更有效的配置、提高公司资产的质量和资本的市场价值。

资产剥离有两种不同的界定方法:一种是狭义的方法,认为资产剥离指公司将其所拥有的资产、产品线、经营部门、子公司出售给第三方,以获取现金或股票,或现金与股票混合形式的回报的一种商业行为;另一种是广义的方法,认为资产剥离除了资产出售这一种形式以外,还包括公司分立和股权切离等形式。

【例 9-4】 资产剥离方式的选择

对上市公司的资产进行剥离目前出现的方式主要有两种:

(1)单纯资产剥离方式

上市公司根据其经营目标或战略需要对其资产进行简单的剥离,如中远增持众城股票成为第一大股东之后在 10 月 26 日公告将众城的全资子公司——上海众城外高桥发展有限公司转让给中远置业发展有限公司,转让价格 4633 万元。该公司账面资产总值 4462 万元,负债 1843 万元,账面净资产 2619 万元,评估后,资产总值 4933 万元,负债 1844 万元,账面净资产 3088 万元,重置成本法,该公司 1997 年 1～6 月份税后利润为 4.5 万元。

中远在 12 月 5 日的公告中指出,剥离外高桥发展有限公司的原因是:"由于目前受经济宏观调控的影响,公司缺乏规模经济,优势无法进一步体现(通过转让),使其与中远集团在外高桥保税区的现有优势得到重新组合和配置,发挥其应有的市场经济作用。"剥离众城大酒店原因是:"随着餐饮业市场竞争的不断加剧,该酒家经营发展已日益受到限制,为了调整资产结构,提高资产的整体质量。"众城超市转让原因是"作为众城大厦的商业配套设施,因其经营规模和服务范围受到一定限制,经营业绩一直不甚理想。为了尽快提高公司资产的整体质量。"

（2）战略性资产剥离

上市公司对其掌握的资产质量进行评估后,将一部分不良资产进行剥离（一般是剥离给其母公司）,由母公司经过一定的资产整合和处理后,再由上市公司按一定的价格回购。这种方式进行的资产剥离是上市公司资产重组的一种较为特殊的形态。它一般有以下特点:

采用此种方式进行资产剥离的上市公司以真空电子和广电股份为代表。如真空电子在 1997 年 10 月 30 日公告,将其所有的上海电子管厂的部分资产有偿转让给广电集团,出让价为 6956 万元。广电股份 1997 年 12 月 24 日公告将上海录音器材厂有偿转让给上海广电（集团）有限公司,出让价为 9414 万元（截至 1997 年 9 月 30 日,上海录音器材厂账面资产 46333 万元,负债 44878 万元,净资产 1454 万元,主营收入 8220 万元,主营利润－221 万元,净利润 51.2 万元,有职工 1064 人,离退休职工 574 人）。

采用此种方式进行的资产剥离对于上市公司的意义正如真空电子在 1998 年 4 月 20 日的公告中指出的:通过了对上海电子管厂实行资产重组整体方案的预案,该资产重组的整体方案,即通过上海电子管厂被上海广电（集团）有限公司收购再由真空电子兼并回来的整体行为达到了以下效果:

①消化 GE 项目造成的巨额不良资产。

②享受国家对困难国有公司的兼并免息政策。

③使真空电子的资产结构得到明显改善。

而广电股份在其 1997 年 12 月 24 日公告中称:"以零价格转让后,实施破产、经审计评估,两公司的有效资产为 24000 万元,上无四厂 15600 万元,上无十八厂 8400 万元,公司（广电股份）董事会决定出资 2400 万元收购该两公司,通过上述资产运作,公司共核销债务 108621 万元。"通过如上分析可以总结出此种资产剥离方式对上市公司的意义所在。

9.4.3　股权分割

1.股权分割的含义

股权作为一种资产,同其他资产一样具有流动性、可分性、可逆性、可预见性、收益性等基本特性;同时由于上市公司股权还是金融性资产,其收益性进一步可分为投资性收益、支配（控制）性收益、投机性收益。

中国上市公司的股权由于历史性原因,一开始就存在着分割,并持续不断累积。概括地讲,股权分割有四层含义:一是股权从形式上被分割为流通股权与非流通股权；二是股权属性及权益发生分割；三是股权成本发生分割；四是基于前三者基础之上的股权持有者行为分割与组合。股权分割的这四种表现，导致股权权益及成本发生变异，进而影响经济主体的成本权益观；也催生出证券市场上新的强势主体，并引致这些经济主体的取利行为异化。

2. 股权分割导致股权属性与权益变异

股权分割导致股权资产属性发生重大变化，本质属性发生异化，进而股权价值及潜在价值发生分割，表现出许多新特征：

首先，流动性异化。从流动性角度看，股权分割导致中国证券市场出现"流动性分割"、"流动性悖论"和"流动性冲击悖论"三种情况。流动性分割是指非流通股与流通股在两个几乎独立的市场上流动，这种分割使证券市场存在广泛的"二元结构"；两者在组织方式、交易成本等方面有重大差异。这意味着非流通股与流通股的流动性权利及实现存在差异，因而理论上可以证明两者必然存在价值差异。流通股价格实际上包含了流通性溢价，甚至还包含了本应流通但人为禁止流通的非流通股转移性溢价。流动性悖论是指上市公司流通股的高流动性与股权整体的低流动性之间的悖论。进一步地，在股权分割下，上市公司流通股流动性高却与市场接管机制无关；上市公司股权整体流动性低却与市场稳定性无缘。

其次，可分性异化。股权分割下，流通股具有充分可分性，不存在自愿交易者门槛。而非流通股的可分性较差，非流通股交易在经济上存在审批、执行等刚性成本，而且还受到政策限制。高门槛提高了交易成本，阻挡了大量的意愿交易者；这不仅显失公平，而且使大量交易不可行，全社会损失了部分交易效率和福利。即便达成的交易也往往询价不充分，特别是在司法裁定的非流通股交易中，借以快速变现清偿为目的，使非流通股交易中充满了"寻租"空间。

再次，可逆性异化。可逆性是指资产所有者可以实现的价值与同期购买者购买该资产所支付的成本间的差额或百分比。资产可逆性与交易成本负相关。在股权分割下，如果认为非流通股与流通股同质（正如一些学者和管理者认为的两者可以等价那样），非流通股几乎具有完全的不可逆性。整个市场巨大的转换成本或交易成本，将使非流通股持有价值等价变现为同期流通股市价成为梦想。

第四，可预见性异化。股权分割首先使流通股与非流通股的价值预估相对独立；其次，股权分割加重了股权价值的不确定性；另外，股权分割还为股权价值增加了新的考量因素。例如，控股性非流通股权有获得流通股投机性控制收益的可能；控股性流通股权有获得控制性投机收益的可能。

最后，收益及回报性的异化。股权分割下，首先两类股权的成本、收益有很大差异。其次,总体上流通股价波幅及相应的价差收益较大,故流通股权以博取差价获得投机性收益为主;非流通股权则获得包括投机性收益在内的综合收益。再次,两类股权可能融合或合作,获取综合收益最大化;表现为非流通股控股方在二级市场坐庄或合谋坐庄,而流通股控股方合谋控制上市公司或买壳。

9.4.4 公司分立

1.公司分立

公司分立是指母公司将其部分资产和负债转移给新建的公司,产生一个新的法律实体。

具体做法是母公司把其在一家或几家子公司持有的股权,按照母公司现有股东的持股比例分配给公司的原股东,这样原来只持有一家公司股票的股东现在拥有两家或多家公司的股票,股东像在母公司一样对新公司享有同样比例的权益(刚分立时)。但新公司作为一个独立的决策单位,可以拥有不同于母公司的政策和战略。在分立过程中,不存在股权和控制权向第三者的转移,没有现金交易,也不需对子公司进行资产重估。

此外,公司分立还有两种变通形式:子股换母股和完全析产分股。子股换母股(Split-offs)指一个公司把其在子公司中占有的股份分配给子公司中的一些股东(而不是全部母公司股东),交换其在母公司中的股份。它不同于纯粹的分立。在子股换母股中,两个公司的所有权比例发生了变化。与纯粹的分立相比,根本差别在于是全部股东还是部分股东得到子公司的股份。完全析产分股(Split-ups)指将原母公司分成几个独立的子公司,原公司不再存在。由于母公司选择不同的方式向股东提供子公司股票,所有权比例会发生变化。这种形式的公司分立与我国《公司法》中涉及的公司分立颇为相似。

需要明确的是,国外上市公司分立不同于我国《公司法》中规定的公司分立。我国《公司法》规定:公司分立须编制资产负债表和财产清单,并且公司债权人有权在规定期限内要求公司偿债或提供相应担保。从此规定来看,公司分立是原公司与分立出的新公司进行财产的完全分割,因此原公司需要清偿债务(如果债权人要求),以维护债权人利益,并且在分立后,原公司的股东可能只是某一家公司的股东。而从国外上市公司分立的实践来看,上市公司分立一般不需要母公司进行资产清算(完全析产分股除外),也不发生现金交易,母公司的债权人无权要求公司进行财产清算和债务清偿,母公司也无须提供相应的担保。同时由于上市公司分立后,母公司会按照持股比例将分立后新公司的股票作为一种红利分配给股东,所以母公司的股东会成为新公司的股东。即使在"完全析产分股"形式下,公司分立也只涉及资产与负债的转移即由母公司向子公司转移,虽然要求母公司进行资产清算,但母公司无须进行债务清偿;同时,由于母公司是将分立出的所有子公司的股权按一定的比例分配给股东,所以原母公司股东成为分立出的所有子公司的股东,而不只是某一家子公司的股东。

2. 公司分立与资产剥离的区别

公司分立是不同于资产剥离的一种公司产权裂变方式,更经常地与被控制的子公司联系在一起。资产剥离是母公司或控股公司将子公司、部门、产品生产线等出售给其他公司以取得现金回报。在多数情况下,资产剥离给现有的其他公司,不会产生新的法律实体。而公司分立虽然不涉及现金交易,但肯定会产生一个或多个新的法律实体。

对母公司来说,公司分立可能比资产剥离更具优势:

(1)在资产剥离的情况下,当母公司没有任何投资机会需要融资时,母公司不得不决定用出售收入做什么。

(2)股市会产生公司分立的利多消息,赋予两家公司的价位比公司分立前母公司的价位更高。当然,股市的溢价是建立在公司透明的基础上的,透明度越高,溢价越低,反之,则溢价越高。对于多种经营公司来讲,某些业务缺乏透明度是难免的。因此分立成为多种经营公司简化业务的较好选择之一。

(3)分立有时可以用来反击敌意收购。

(4)分立给予被分立部门管理层较大的自由度和集约性,会激发分立公司管理层更大的能量,增加分立公司的价值。

斯基帕和史密斯(1983年)的研究发现:母公司在分立宣布日可获得2.84%的超常收益率,超常收益率的大小与分离出的子公司相对于母公司的规模大小呈正相关,从金额来看,公司的全部收益率约等于被分离出的子公司的价值,如公司分立前的价值为5,分立后,母公司价值仍为5,子公司价值为1,这样总价值将变为6。

本章小结

公司重组指公司以资本增值为目标,运用资产重组、负债重组和产权重组的方式,优化公司资产结构、负债结构和产权结构,以充分利用现有资源、实现资源进一步优化配置的过程。公司重组的动机有很多,可将其分为生产与经营动机、发展与战略动机、财务动机、防范风险动机等。公司重组的关键在于选择合理的公司重组方式。公司重组的方式主要有合并、兼并、收购、接管(或接收)、标购、剥离、售卖、分立和破产。每一种重组的方式适用的条件、操作过程和结果均不同,需要加以区分。

现代公司理论、现代公司治理结构的变革、对公司目标的重新认识、产品生命周期理论、公司核心能力与公司的边界、速度经济性与网络经济性等理论是诸位学者在理论层面对公司重构从多个角度的解释,对公司重构在理论上起着指导作用。

公司并购从行业角度划分,可将其分为横向并购、纵向并购和混合并购三类。公司并购具体的方式有直接购买方式、股票购买方式、混合购买方式、债券购并方式、合资兼并方式、跨国并购方式、债权转股兼并方式、承担债务兼并方式、股票回购兼并方式、分立控股兼并方式等。股权收购是指以目标公司股东的全部或部分股权为收购标的的收购。股权收购的目的可能是为了取得控制权,或者是获取有较高的投资回报率,也可能是为了加强合作关系,或进入某个产业领域,或是获得无形资产等。为防止其他公司或个人收购本公司股权,尤其是恶意的股权收购,需要采取一些防御措施,其中最常采用的方法如超级多数条款、交错选举董事条款、限制董事提名资格、股东持股时间条款、股份回购与死亡换股股份回购、"金色降落伞"计划、"白衣骑士"计划、"毒丸"计划、"牛卡"计划、焦土战术等。其中一些方法会导致两败俱伤的局面,如非必要,在实际中很少用到。

对于公司经营失败的界定,历来说法不一。从法律破产、现金流量、退出市场或是组织理论视角下,各有其定义。公司经营失败的原因多种多样,归纳起来主要是公司外部因素和公司内部因素。公司外部因素,诸如宏观环境、市场竞争等,对于公司是不可控因素;内部因素,诸如产品、销售、财务、管理方面的问题,是公司自身引起的。

为防止公司发生财务危机,建立财务预警体系变得至关重要。主要做法是建立短期财务预警系统,编制现金流量预算;确立财务分析指标体系,建立长期财务预警系统;结合实际采取适当的风险策略。财务重组是指对陷入财务危机,但仍有转机和重建价值的公司,根据一定程序进行重新整顿,使公司得以复苏和维持的做法,是对已经达到破产界限的公司的抢救措施。财务重组的方式包括非正式财务重组和正式财务重组。

破产是指当债务人的全部资产无法清偿到期债务时,债权人通过一定法律程序将债务人的全部资产供其平均受偿,从而使债务人免除不能清偿的其他债务。破产程序一般分为开始、宣告、进行、终结、复权等阶段。

清算是终结现存的法律关系,处理其剩余财产,使之归于消灭的程序。清算程序包括组织清算组、公告和通知债权人及催报债权、编造财产账册并制订清算方案、清偿债务、分配剩余财产等阶段。

清盘是公司的生产运作停止,所有资产在短期内出售、变回现金,按先后次序偿还(分派给)未付的债项,之后按法律程序宣布公司解散的一连串过程。清盘可以简单分为自动清盘和强制清盘。

资产出售是指购买方以现金、股票或其他有价证券为对价收购卖方公司全部或实质全部的资产而接管卖方公司的营业。对于购买方来讲,也就是资产收购。

资产剥离是指在公司股份制改制过程中将原公司中不属于拟建股份制公司的资产、负债从原有的公司账目中分离出去的行为。

股权分割的四层含义:一是股权从形式上被分割为流通股权与非流通股权;二是股权属性及权益发生分割;三是股权成本发生分割;四是基于前三者基础之上的股权持有者行为分割与组合。这四层含义,导致股权权益及成本发生变异;也催生出证券市场上新的强势主体的取利行为异化。

公司分立是指母公司将其部分资产和负债转移给新建的公司,产生新的法律实体。公司分立还有两种变通形式,即"子股换母股"和"完全析产分股"。公司分立与资产剥离在很多方面有区别,需要加以区分。

关键概念

公司重组;公司并购;股权收购;公司经营失败;财务重构;破产;清算;公司清盘;资产出售;资产剥离;股权分割;公司分立

复习思考题

1.公司重组的动机有哪些?

2.公司重组的方式有哪些? 剥离、分立、售卖三种方式之间是什么关系?

3.什么叫并购? 公司并购方式有哪些?

4.防御股权收购的方式有哪些? 请举例具体说明"毒丸"计划与"金色降落伞"计划。

5.什么是公司失败? 公司失败的原因有哪些?

6.财务重组有哪些方式?

7.什么是公司分立与资产剥离? 二者有何异同?

第 10 章

公司治理

10.1 公司内部治理

10.1.1 公司内部治理结构

公司治理的核心是公司内部治理。公司内部治理是指通过一种制度安排，来合理地配置所有者(主要是股东)与经营者之间的权利与责任关系，实现所有者对经营者进行有效监督和制衡的目的。

公司治理的目标是保证股东利益的最大化，防止经营者对所有者利益的背离。其主要特点是通过股东大会、董事会、监事会及管理层所构成的公司治理结构的内部治理。

1. 公司内部治理结构的制衡关系

公司内部治理结构涉及多层制衡关系，主要的制衡关系包括公司内部股东大会、董事会、监事会的三个主体的分权结构和内部制衡关系，以及董事会与总经理的经营决策权与执行权的分权结构和内部制衡关系。如何有效地设计委托人与代理人之间的契约关系，使代理人行为与委托人目标达成一致，是公司内部治理要解决的核心问题。这两层关系又可分解如下：

(1)所有者和经营者的委托受托经营关系

两权分离，所有者或股东大会授权经营者或其集体从事经营活动。为保证两者分权明确，所有者只行使所有权，经营者享有经营权。为使经营者不仅享有权利，还必须承担经营责任，实现经营权利与义务的对等，形成权责制衡关系。有关这两个方面的规定是通过所有者与经营者的委托受托责任关系体现的，并以契约(比如说公司章程)予以明确规定的。

(2)所有者和监事会的委托受托审计责任关系

所有者或股东大会授权监事会从事监督活动，监事会有代表所有者或股东大会对经营者或其集体进行监督的权利。与这种权利相对称，监事会必须对经营者的行为是否符合所有者或股东的利益进行监督，并承担相应的审计责任。

所有者或股东大会与监事会的这种关系是通过所有者与监事会的委托受托责任关系体现的,并以审计契约或公司章程中监事会的规定予以明确的。

(3)监事会与经营者的监督与被监督关系

监事会受所有者或股东的委托对经营者进行监督。监事会享有监督权,经营者必须接受监督。两者是监督与被监督的关系,其相互关系也以契约的方式规定,如公司法或监事工作条例等。

(4)董事会和经理层的经营决策与执行关系

董事会和经理层都是经营者集体的构成要素。但是,由于执行经营分权,董事会拥有决策权,总经理或其集体拥有执行权。不仅存在两个主体的权责如何分割,并相互制约的问题,也存在他们各自的权责结构的对称问题,这些也必须在有关契约中明确规定。

2. 公司内部治理结构需要解决的问题

公司的内部治理结构是否就是上述内容呢? 应该说,公司内部治理结构的主要框架就是如此,但仅有框架是不行的,必须使这一框架按照某种方式进行良性运行才能达到预期的目的。为此,在这一框架结构下,还必须解决如下几个问题:

(1)如何形成有行为能力的股东大会

股东大会是公司最高权力机构。公司管理的其他层次的权力,根本上是来源于股东大会的授予。因此,公司法对股东大会的权利作了详细规定。我国《公司法》第四条规定:“公司股东依法享有资产收益、参与重大决策和选择管理者等权利。”

股东大会的行为能力是整个公司治理结构形成的基础。如果股东大会不能有效行使权利,所谓股东大会的决策权和授予权、监督权(如对监事权会的监督权)的行权能力就难以真正发挥。到底怎样才能使股东大会有行为能力,这是整个治理结构体系得以有效运行的前提。

(2)如何形成公司的组织治理结构

公司内部治理并非事必股东或股东大会躬亲,通过建立相互制约的组织体系,并进行各主体之间的权责划分、权责制衡就能充分实现股东大会的有效授权。到底建立什么样的组织体系,进行怎样的权责划分才能够实现有效的公司治理呢? 这是我们需要解决的问题。

产生这一问题的原因在于股东或其大会能力的局限性,如果股东或其大会拥有各种行为能力,就可以自己经营,也就不必聘请经营者,更谈不上公司的治理结构。正是由于股东或其大会的行为能力的局限性,就有必要设立经营权主体;正是由于股东或其大会的行为能力的局限,在建立经营权主体后,必须设立另一主体来监督经营权主体的行为是否符合所有权要求。原本属于所有者的权利、责任、利益,现在必须在设立的各主体之间进行分割,并使之相互制约,最终实现经营者的行为与所有者的目标达成一致。

(3)如何形成公司的决策治理结构

公司的组织治理结构是分权的结构,不仅产生了不同功能的主体,而且相互制衡,最终要保证董事会和总经理及其集体的行为与所有者的目标达成一致。从这个意义上讲,公司的组织治理结构的根本任务是要完成对经营者集体的监督制约,使经营者集体不发生背德行为,但公司治理结构仅限于此是不够的。

在公司组织治理结构的分权体系中,经营者集体享有了经营决策权和经营执行权。公司的根本任务不仅是要保护股东投入资本的价值,更为重要的是要经营投入的资本,以使资本增值。达成此目标,经营者必须进行科学、有效的经营决策。为此必须实现两个基本条件:一是经营者能够站在客观公正的立场进行决策,也就是决策必须反映决策事项本身的性质,不能以各自的好恶进行决策。或者说要为所有者或股东的利益而决策,不能以经营者的利益为出发点进行决策;二是经营者能够做出正确的决策,这当然要求决策主体具有专业水平。两个条件中,第一个条件是第二个条件的前提,它的根本目的是要实现决策维权,就是维护股东投资的安全,为此,要建立决策制衡机制,防止侵权决策;第二个条件是要实现决策维利,就是维护股东投资的收益,为此,要建立决策优化机制,防止错误决策。可以看出组织治理结构以"防守"为主,而决策治理结构以"进攻"为主。

(4)如何建立健全公司的内部控制制度

内部控制制度是为了保护公司财产的安全、防止会计信息失真、保证公司的经营决策得以实行而在公司内部建立的一整套制度体系。在公司治理结构中,之所以必须建立这套制度体系,是基于公司内部存在分层委托代理关系,首先是董事会与经理层之间的分层委托代理关系,其次是基于公司内部实行分层管理,在每一个上层与下层之间发生的委托代理关系。在这一委托代理关系体系中,所有者的财产被分层委托代理经营、管理;经营者或其集体的决策也在分层授权执行;公司各层次的信息也被逐层上报或逐层下传,要保证所有者或股东的利益全面实现,不能仅仅依靠高层的组织治理和决策治理结构,还必须建立一个有效的控制体系,使公司的每个层次都能保证所管财产的安全,所提供信息的真实,对决策的执行有力。这就是建立健全内部控制制度。

长期以来,我们对公司内部治理结构的关注更多的是就公司的股东与经营者的关系以及公司的最高决策层和管理层而言的,实际上这是一个残缺不全的结构。在公司内部分层管理的情况下，所有者过去以自己出钱自己经营的状况必须改变，变为所有者出资、公司内部多层次经营管理。所以，所有者或股东的财产不仅由经营者或其集体代理经营和管理，而且，也要由各个较低层次的员工代理经营和管理。这是对所有者与经营者委托代理关系的一种延伸。在这样一种延伸体系下，如果不能建立健全有效的内部控制制度，就很难保证在公司的各个层次实现股东的利益、保证经营者或其集体决策的全面贯彻。

公司内部治理结构的四个方面是一个完整的体系，股东或其大会的行权能力是治理结构的基础；组织治理结构是要在两权分离的条件下，保证经营者或其集体的行为与所有者或股东的目标达成一致；决策治理结构是为了保证经营者或其集体的决策科学、有效。组织治理结构和决策治理结构正好实现两权分离下所有者资本保值、增值的两个目标，且其针对的主体是经营者或其集体；内部控制制度是将所有者资本保值、增值的目标，以及经营者或其集体的经营决策在公司各个层次得以落实的体系。四者缺一不可。

10.1.2 股东：所有权

1. 股东的定义

从一般意义上说，股东（Shareholders）是指向公司出资并对公司享有权利和承担义务的人。

由于公司类型及取得股权的方式不同，对股东的含义可以做不同的表述。按照我国《公司法》的规定，在中国境内设立的公司可以分为有限责任公司和股份有限公司。有限责任公司的股东是指在公司成立时向公司投入资金或在公司存续期间依法取得股权而享有权利和承担义务的个人或机构；股份有限公司的股东就是在公司成立后合法取得公司股份并对公司享有权利和承担义务的个人或机构。

股东权利（Shareholders Rights）又称股东权，是指在按公司法注册的公司中，公司财产的一个或多个权益所有者拥有哪些权利和按什么方式、程序来行使权利。相对于所有权、产权、出资人权利，股东权利是最清楚、明确的权利。

股东权利是由法律规定的。在不同的国家，股东权利可能会有所差别，即使在同一个国家，不同类型公司的股东权利也不一样。在中国，法律规定股份有限公司的股东可通过股东大会"决定公司的经营方针和投资计划"；而在美国，法律规定"开放型公司"（相当于中国的股份有限公司）的股东权利基本上仅限于投票选举董事和调整资本结构等事项，根本没有决定经营方式和投资计划的权利，但封闭型公司的股东可以通过协议限制董事会的所有决定权，甚至可取消董事会由股东直接经营。

2. 股东权利的内容

(1) 股东身份权。《公司法》规定:有限责任公司成立后,应当向股东签发出资证明书;有限责任公司应当置备股东名册。

(2) 参与决策权。《公司法》规定:股份有限公司股东大会由全体股东组成。股东大会是公司的权力机构。股东出席股东大会会议,所持每一股份有一表决权。股东大会作出决议,必须经出席会议的股东所持表决权过半数通过。但是,股东大会作出修改公司章程,增加或者减少注册资本的决议,以及公司合并、分立、解散或者变更公司形式的决议,必须经出席会议的股东所持表决权的三分之二以上通过。

(3) 选择、监督管理者权。《公司法》规定:股东大会选举董事、监事,可以依照公司章程的规定或者股东大会的决议,实行累积投票制。

(4) 资产收益权。《公司法》规定:公司分配当年税后利润时,应当提取利润的百分之十列入公司法定公积金,并提取利润的百分之五至百分之十列入公司法定公益金。公司法定公积金累计额为公司注册资本的百分之五十以上的,可不再提取。公司的法定公积金不足以弥补上一年度公司亏损的,在依照前款规定提取法定公积金和法定公益金之前,应当先用当年利润弥补亏损。公司在从税后利润中提取法定公积金后,经股东大会决议,可以提取任意公积金。公司弥补亏损和提取公积金、法定公益金后所余利润,有限责任公司按照股东的出资比例分配,股份有限公司按照股东持有的股份比例分配。

(5) 知情权。《公司法》规定:股东有权查阅公司章程、股东名册、公司债券存根、股东大会会议记录、董事会会议决议、监事会会议决议、财务会计报告,对公司的经营提出建议或者质询。

(6) 提议、召集、主持股东会临时会议权。《公司法》规定:董事会不能履行或者不履行召集股东大会会议职责的,监事会应当及时召集和主持股东大会;监事会不召集和主持的,连续九十日以上单独或者合计持有公司百分之十以上股份的股东可以自行召集和主持股东大会。

(7) 优先受让和认购新股权。《公司法》规定:经股东同意转让的出资,在同等条件下,其他股东对该出资有优先购买权;公司新增资本时,股东有权优先按照实缴的出资比例认缴出资。

(8) 转让出资或股份的权利。《公司法》规定:股东持有的股份可以依法转让。股东转让其股份,应当在依法设立的证券交易场所进行或者按照国务院规定的其他方式进行。

3. 股东权利的种类

(1) 按照股东权利的目的,可以分为财产权和管理权。股东权利可分为财产权和管理参与权。前者如股东身份权、资产收益权、优先受让和认购新股权、转让出资或股份的权利,后者如参与决策权,选择、监督管理者权,提议、召集、主持股东会临时会议权,知情权,提议、召集、主持股东会临时会议权。其中,财产权是核心,是股东出资的目的所在,管理参与权则是手段,是保障股东实现其财产权的必要途径。

(2)按照股东权的内容,可以分为自益权和共益权。这是最基本的分类。自益权是指股东以自己的利益为目的而行使的权利,如请求分红的权利,请求分配剩余财产的权利。这类权利无需其他股东的配合即可以行使。共益权是指股东参与公司经营管理的权利,但客观上是有利于公司和其他股东的,故称为共益权,如表决权,查阅权这类权利一般需要结合其他股东一同行使。自益权主要是指财产权,共益权主要是指管理公司事务的参与权,他们共同构成完整的股东权。自益权表明了股东的财产性请求权,共益权则直接表明股东权的身份性和支配性。

(3)按照股东权的性质,可以分为固有权和非固有权。固有权是指除非得到股东的同意,不得以章程或者股东大会决议予以剥夺或者限制的权利,它又叫不可剥夺权;非固有权是指可以依照章程或者股东大会决议予以限制或者剥夺的权利,又称为可剥夺权。固有权往往是和股东的基本权益相关的权利,如对股份和出资的所有权,普通股的表决权,因而,这类权利常常由公司法或者商法加以明确规定,以强行法形式赋予股东。

(4)按照股东权的行使方式,可以分为单独股东权和少数股东权。单独股东权是指股东自己就可以行使的权利,自益权和共益权的表决权都是单独股东权。少数股东权是指须持有公司一定比例的股份才可以行使的权利,《公司法》第四十条规定只有持有公司股份十分之一以上有表决权的股东才享有临时股东大会召集的请求权。行使少数股东权的,既可以是股东一人亦可以是数人共同去做。法律设置少数股东权的目的在于防止股份多数决的滥用,保护中小股东。

4.股东权利的本质

法学界对股东权本质的认识主要有三种观点,即股东权所有权说、股东权债权说和股东权社员权说。

股东权所有权说认为股东权的性质属于物权中的所有权,股东权就是股东的财产所有权,或曰出资者所有权,是股东对其投入公司的财产享有的支配权,股东权的所有权性质可进一步定性为财产所有权中的按份共有(也有认为是共同共有的),公司财产属于全体股东按份共有,各个股东都是公司财产的按份共有人,各自按照自己股东权的份额对公司财产享有的所有权。

持这一观点的人同时也指出,作为所有权性质的股东权与民法中典型的所有权相比有自己的特点,股东权是传统所有权的变态,因此传统典型所有权称为常态所有权,股东权称为变态所有权,二者的区别在于:传统所有权中所有人对物的直接支配权在股东权中表现为间接支配权,即由股东授权董事会对财产行使权利,是所有权权能与所有权的分离;传统所有权的客体为有形物,股东权的客体为股票。

10.1.3 董事会:监控权

1. 董事会的定义

董事会(Board of Directors)是依照有关法律、行政法规和政策规定,按公司或公司章程设立并由全体董事组成的业务执行机关。

董事会具有如下特征:董事会是股东大会或公司职工股东大会这一权力机关的业务执行机关,负责公司或公司和业务经营活动的指挥与管理,对公司股东大会或职工股东大会负责并报告工作。股东大会或职工股东大会所作的有关公司重大事项的决定,董事会必须执行。

股份公司成立以后,董事会就作为一个稳定的机构而产生。董事会成员可以按章程规定随时任免,但董事会本身不能撤销,也不能停止活动。董事会是公司的最重要的决策和管理机构,公司的事务和业务均在董事会的领导下,由董事会选出的董事长、常务董事具体执行。

2. 董事会的关键职能

董事会受聘于股东大会并对其负责,其权利主要为"监控权"。根据 OECD《公司治理原则》,董事会的主要职能归纳为以下几点:

(1)审查和指导制订公司战略、重要的行动计划、风险对策、年度预算和商业计划、绩效目标以及监督目标的执行和公司绩效的实现、监督重要的资金支出、收购、出售等公司行为。

风险对策不仅与公司战略密切相关,而且越来越受到董事会的关注。该对策包括确认公司为了达到其目标而能够接受的风险类别和程度,因而对其进行风险管理使风险不超出预期水平对管理者来说非常重要。

(2)监控公司的治理实践成效,在需要的时候加以方向上的干预。董事会对公司治理的监督包括:不断地审核公司内部制度,以确保所有管理者的责任清晰;必要时,董事会要对自身运作、董事会成员以及首席执行官或董事长进行评估。

(3)监控关键的经营主管人员,在必要的时候更换关键经营主管人员;监督人员更替方案。在德国《公司法》所确立的"二级结构董事会"中,监事会同时负责指定一般情况下由大多数主要经营人员组成的管理董事会。

(4)选择、确定报酬；协调主要经营主管人员和董事会的薪酬，使之与公司和股东的长期利益保持一致。在越来越多的国家中，由全部或大部分独立董事组成的委员会来管理薪酬政策和对董事及关键经营人员的聘请。同时，也要求薪酬委员会成员拒绝担任不同公司的薪酬委员会委员，防止利益冲突。

(5)保证董事会的选聘和任命过程正规化、透明性。董事会或提名委员会有特殊的义务确保提名过程透明并得到普遍认可。其次，在发掘具有合适知识水平、竞争力和专业知识，能够为公司增加价值的董事会成员方面，董事会也起到了核心作用。

(6)监督经营层、董事会成员和股东之间的潜在利益冲突（包括滥用公司财产），监督包括财务报告和公司资产的使用在内的内部控制系统，避免关联交易中的舞弊行为。

(7)确保公司的会计、财务（包括独立审计）报告的真实性，对于风险管理系统、财务和运作控制，确保其按照法律和相关标准执行。董事会应该对财务报告系统的真实性承担最终责任。

(8)监督信息披露和对外沟通过程。董事会需要明确建立其自身和经营管理层关于信息披露与交流的职能和责任。

总的来说，董事会主要是通过其下设的薪酬委员会、提名委员会以及战略发展委员会等机构，以对经理层考核、任免、审计的方式来实施其监督和控制权。

10.1.4　高层管理：经营业绩

1.高层管理人员的含义

高层管理人员是指对整个组织的管理负有全面责任的人，他们主要制订组织的总目标、总战略，掌握组织的大致方针，主持公司的主要生产经营管理工作，并对整个组织的绩效负责。

公司高层管理人员在战略决策中的职责主要有制订公司的任务和战略，拟定公司的基本管理制度和机构，组织和实施公司年度经营计划和投资方案，确定公司各事业部的任务并按照任务给各部门分配资源，考核各事业部的工作，保证整个公司按照战略规划顺利运作等。

2.高层管理人员的绩效考评

高层管理人员的业绩，即指高层管理人员的个人业绩，是高层管理人员依据其自身知识、能力、经验、关系等素质合理调配公司内外部资源，对公司的生存、发展形成影响和最后结果的体现。

财务绩效。财务指标容易量化，能较好地体现股东利益，也容易被高层管理人员接受。改善内部流程,关注学习和成长,获取客户的满意,最终都是为了提升财务方面的表现。主要指标有实现营业额、净资产收益率、成本费用率、应收账款周转率、资产负债率等。

客户绩效。客户绩效是指高层管理人员在自身能力水平下,通过自身的努力,促进了有关客户方面的业绩的完成或对未来客户关系的改善产生一定的影响,前者是绩,后者是效。客户绩效指标主要有顾客满意度、顾客的投诉次数、产品的市场占有率、老顾客的维持度、新客户开发率。

业务流程管理绩效。随着公司对战略管理的关注,公司利润的产生很大程度上取决于公司内部的业务过程,业务流程的畅通运转会极大地提高工作的效率,降低成本。同样作为个人,合理科学的工作流程和业务建设也能不断地提高业绩水平。主要指标有公司战略实施、相关制度的建立、业务流程再造等。

学习和成长绩效。要保持公司的竞争优势,必须拥有核心竞争力。什么是公司的核心竞争力呢?许多实践者将目光投身于公司内部的人力资本和创新能力。高素质的员工为其提供不断地学习与创新的条件和机制,公司才能在学习中不断进步与成长。这就是公司基业长青的源动力。高层管理人员在此方面的绩效即表现为高层管理人员如何开发智力资本,鼓励公司内部创新。其相应的评价有员工满意度、员工保持比率、研发投入比重、新产品数量、新技术转化率等。

10.2 公司外部治理

10.2.1 公司外部治理机制

1. 外部治理机制

外部治理指的是外部力量对公司行为的治理机制,公司所处的市场环境、宏观环境都可以构成对公司的治理。市场环境主要指资本市场、产品市场、经理人市场以及劳动力市场,宏观环境对公司治理的影响来自政府法规、消费者团体、环保组织等外部环境因素。外部环境所包含的市场是公司的利益相关者参与公司治理的场所,其对公司治理的影响力大小与市场的完善程度相关。

(1)资本市场。资本市场包括股票市场、借贷市场,是公司进行融资的主要场所。在发达的股票市场中,公司的股价会随着公司经营业绩的好坏而波动。公司业绩较好时,投资者获得的回报更丰厚,因此投资公司股票的意愿更强烈,这意味着公司发行新股、配股时可以获得更高的溢价,从而为原股东、经理人员带来好处。相反,公司业绩不良则会导致股东抛售股票,使得股价走低。当公司价值被严重低估时,将会触发收购。收购者取得控股地位后,通常会改组董事会,重新选聘高层管理人员,促使公司的价值回归。在此过程中,原有董事、经理层会被接管,这种接管迫使董事、经理层尽职工作,为了实现公司的利益而努力。

借贷市场对公司的治理体现在:信用良好的公司能以较低的利率发行债券或者获得贷款;公司经营不善或者无力还本付息时,债权人可以按照借款协议中的条款,通过诉讼强制该公司还款,公司资产在此过程中会被拍卖,甚至整个公司会破产清算。

（2）产品市场。产品市场是否能形成对公司的治理与很多因素相关,在竞争激烈、替代品种多、潜在进入容易发生的背景下,产品市场可以形成对经理层的有效激励和约束。如果经理层的能力不济或者不够尽职,公司的市场份额将被竞争者侵占,公司的客户也将转而选择其他厂商的产品。在这种情况下,所有者、债权人、员工的利益都会受到损害,公司高管人员也会因此面临被接管的威胁。

（3）经理人市场。在一个有效的经理人市场中,为公司带来良好业绩的经理可以获得高工资和快速提升的机会,能力不足或者损害公司利益的经理将被辞退。由于经理人的业绩信息能够在市场上广泛传播,被辞退的经理得到雇用的机会将会减少,甚至可能被逐出市场。对于替换成本较高的员工,公司需要付出足够多的工资才能吸引并留住他们,员工对公司的治理也能促进公司综合竞争力的提高。

2. 内、外部治理机制的关系

所有治理公司的手段和制度机能之间构成了相互制衡的互补与替换关系,这就是公司的治理机制。公司治理机制包括公司内部治理机制和外部治理机制。

内部治理机制主要解决公司股东、董事、经理以及雇员之间的权责关系以及相应的风险分摊问题,诸如激励机制、监督机制、决策机制,等等。外部治理是指影响和约束公司行为和表现的所有外部力量及其传导程序。

外部治理机制主要包括市场、法律和社会等方面的机制。"市场"主要指声誉和信用市场、产品市场、经理人市场和控制权市场所具有的特殊机制。"法律"主要是指有关公司行为的所有法制规则,其中公司法、破产法的作用尤为突出。而社会机制则指除了市场和法制机制以外的所有其他机制,如政治、舆论、道德以及文化等对公司行为的直接或间接约束。

公司的内、外部治理机制有很大不同。内部治理可以独立发挥作用,而外部机制则只能通过内部治理而起作用。内部治理是公司治理的内生因素,需要付出治理成本;而外部治理则是公司治理的外生因素,并不需要耗费委托人的资财。此外,内部治理是一种直接的治理,而外部治理则更多地属于间接治理。与内部治理机制相比,外部治理总是在事后发挥作用,它是通过为公司治理提供公平竞争的市场环境、法制环境和公司业绩的客观信息,以便于公司治理的实现。

外部治理无法直接对公司发生治理作用,而必须通过内部治理机制产生治理效应,那么了解外部治理机制作用的程序或路径就很重要。借用一个形象的比喻,从外部治理到内部治理就如同一摞叠加起来的盘子,处于最低端的可被称为"制度环境",包括社会的政治、法律、文化及其他制度和惯例,它们对其上的各种市场体系和直接相关的法律制度产生支撑和约束作用,而各种市场与法律制度和体系又对公司股东会、董事会及其他组织的运作直接产生作用,并最终由董事会完成对代理人的一切治理活动。显然,这一过程反映了外部治理机制与内部治理机制之间的互补关系。需要指出的是,外部治理机制与内部治理机制有时也会构成一种替代关系,但本节强调了其互补性的一面。

内部治理与外部治理是协调统一的关系,外部环境影响到内部治理结构的设计和运转,它们相互补充构成了完整的公司治理结构,如图 10-1 所示。

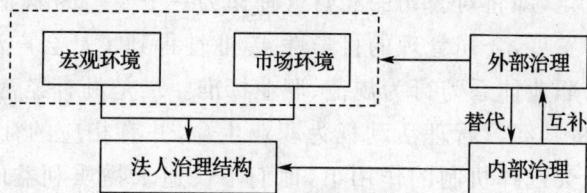

图 10-1 公司治理模型

10.2.2 市场机制在外部治理中的作用

1. 产品与生产要素市场

一个公司是否能在市场竞争中立足,最终取决于产品和服务能否在竞争中胜出,被消费者接受和认可。市场是检验公司成败的标准。能在参与产品市场竞争中成活下来的公司才有进一步发展的可能。所以,规范和竞争的产品市场是评判公司经营成果和经理人员管理业绩的基本标准,优胜劣汰的市场机制能起到激励和鞭策经理人员的作用。市场压力是大部分自由市场经济防止公司滥用它们的权利和长期维持经营的基本机制,对于公司经营者有着无形的制约作用。

模型假设:首先,经营者是风险规避者,而且其努力不可观测;第二,市场上存在两种公司,一种由所有者直接控制,另一种由经营者控制。在一个没有进入和退出壁垒以及产品自由定价的竞争市场中,增加一个新公司,整个市场的总产量就会增加,价格就会相应的下降。由于产品价格竞争及由此引起的公司绩效竞争,增加了经营者实现最低利润约束的难度,于是,他们就不得不努力地增加投入,降低生产成本。特别地,由于所有者直接控制的公司不存在量权分立产生的代理成本,生产成本较低,从而可以以较低的价格在市场上竞争。而哈特模型证明,产品市场的竞争机制正是通过大量所有者控制的公司进入市场,影响市场价格,促使经营者激烈竞争,降低成本来发挥作用的。市场竞争越激烈,对经营者行为的约束力就越强,即使市场上不存在所有者直接控制的公司,只要没有形成市场垄断,只要有足够数量的中小公司参与竞争,也会对经营者产生压力,达到约束经营者行为的效果。

2. 经理人市场

公司治理水平的高低很大程度上取决于是否有一个功能完善的经理人市场的存在。因为这种市场的存在能根据经理人员的前期表现对其人力资本进行估价,进而激励经理人员努力工作。

职业经理人是以公司经营管理为职业,深谙经营管理之道,熟练应用公司内外各种资源,担任一定管理职务的受薪人员。这一群体有两个重要特点:一是经理人员职业化,即将对公司的经营管理作为一个专门的职业来对待。这是由于市场经济的发展,公司管理的科学性、专业性得到了社会广泛认同,形成了一系列经理人的职业体系与行为规范、职业标准。二是具有经营管理者职业资格的经理人员,将其经营管理活动视为职业生命,并有相应的社会角色标准与约束机制。在社会选择机制的作用下,他们不仅追求物质利益的满足,更重要的是体现一种职业文化与职业精神,并以此激发经营管理者的创造智慧与献身精神。经理人市场制度化,是经理人职业化的根本保证。建立和完善对职业经理人的激励约束机制,如年薪制度、期权制度、监督制度等,都需要通过国家法律、法规、公司章程和消费者的认同等来推动。

竞争、健全的经理人市场可以使经理在公司之间自由流动,由市场机制来决定其价格(即薪酬)。市场机制起着区分"高能"与"低能"经理人的功能并使前者能够获得高薪与晋升,后者会被替代甚至被淘汰出市场。在英美模式下,经理人市场作为一个无形的市场发挥着十分巨大的作用,起着"优胜劣汰"的作用,无能的和不负责任的经理人员被解雇后很难再找到如意的工作,而破产的可能和争夺控制权的行为又会给那些企图偷懒和追求过高报酬的经理人再次敲响警钟。在现实社会中,股东"用脚投票"机制和资本市场上的故意收购对经理人的经营失误具有很强的惩罚性。因而,在位的经理人会非常珍惜自己的地位和声誉,尽心尽力地经营和管理公司,努力提高公司的获利水平和市场价值,从而在经理人市场上建立良好的声誉,提高自身的人力资本价值。

3. 资本市场

资本市场（包括证券市场和并购市场）作为公司治理的外部机制有着独特的作用，通过证券市场进行控制权配置是公司外部治理的重要方式之一。这是由于证券市场的价格定位职能为公司控制权配置主体的价值评定奠定了基础，而发达的资本市场使得公司产权流动极其方便，适度的接管压力也是合理的公司治理结构的重要组成部分。

在美国和英国的证券市场上，上市公司的股权高度分散，人数众多且分散的股东由于缺乏专门的知识和信息，要股东相互达成一致来监控公司高管的成本是巨大的。所以，一般股东没有兴趣直接监管和约束公司经理人员，而是把兴趣放在股票收益率的变化上。股票收益率与公司的价值判断联系在一起，如果股东对公司经营状况不满意而选择卖出公司股票（即股东"用脚投票"），则将首先拉低公司的股价，使公司价值贬值。为避免和降低这种情况的发生概率，公司管理人员会主动改善经营。另一方面，由于上市公司的股票具有高流动性的特点（股票在股票市场上不断地被买进与卖出），当公司经营业绩不佳，股东为规避风险而选择卖出股票时，随着公司股价的下跌，会将公司置于可能被收购的境地。一旦公司被并购，现任经理人员可能面临解除聘用的威胁。这其中最具威胁的就是"恶意收购"的存在。

所谓恶意收购，就是当一个公司由于经营不善，其市场价值低于实际价值时，公司外部的收购者就会在事先不与被收购公司的董事会、经营层进行协商沟通的情况下，直接通过资本市场大量收购分散的股份，对公司采取敌意收购行动。如果收购者的收购意图遭到被收购公司董事会的抵抗，收购者只能通过出高价，直接从股东手中购买股票。一旦收购者购买到足以改变被收购公司董事会组成所需比例的股票之后，就会改变被收购公司的管理结构和被收购公司的原管理层，由收购方的人员替代被收购方，被收购公司的原董事以及管理层原则上都要从原先的职位中被撤换下来，不但丧失了职权，而且名誉扫地，被抛到竞争力很弱的待聘者行列。这种资本市场上每天都在上演的收购事件，使得公司处于一个控制权市场中，公司大股东和管理层身处动荡的市场之中，使其在公司原来稳定的管理地位处于相对的不稳定之中，这就在客观上给经理层造成一种威胁和监督，迫使公司的董事和经理人忠于职守，不断提高公司的经营绩效，为广大股东的利益服务。

自 20 世纪 90 年代以来，美国通用汽车（GM）、IBM 等多家大公司的 CEO 被赶下台，充分显示了股东"用脚投票"的治理能力。资本市场的并购活动被看成是能够维护广大股东利益的最有效的公司治理机制，对在位的公司经理可以起到威慑作用。

资本市场是公司控制权争夺和易手的场所，是资本市场对公司管理层施加影响和实现资源配置的重要方式，也是市场发挥作用的重要场所。利用资本市场进行控制权配置是公司外部治理的重要方式之一。

10.2.3　利益相关者的监督

几乎各国的公司法都认定股东是公司的所有者，且是唯一的所有者，拥有至高无上的权利。然而理论和现实的发展超出了法律制定者们的预料。一方面，所有者的范围扩大了，公司的所有者不仅包括物质资本所有者——股东和债权人，而且包括人力资本所有者——劳动者，并且随着知识经济的发展和科学技术的进步，人力资本的作用越来越重要。另一方面，公司的责任增加了，公司运营不仅影响到在公司做了各种专用性或通用性投资的所有者的利益，而且影响到其他利益相关者的利益，如顾客、供应商、当地社区居民、政府等。除股东外，来自于其他利益相关者的制衡对公司经营者正在产生越来越大的影响。

1. 债权人的监督

债权人是公司借入资本即债权的所有者。债权与股权不同：首先，债权的义务人（即债务人）必须是特定的；第二，债权必须要由特定的义务人协助才能实现。

公司债权主要通过三条渠道形成：第一是公司贷款，这种债权要求公司按期还本付息，并履行贷款合同中规定的义务，如担保、抵押、接受贷款机构（如商业银行）监督，等等；第二是公司发行公司债券，这种债权享有利息请求权和偿还请求权，即公司必须按一定利率偿付公司债券的利息和按期偿还公司债权；第三是商业经济活动的赊欠，这种债权要求公司必须履行交易合同中规定的义务。

公司贷款是公司为弥补自有资本的不足而向银行等金融机构进行的借款，具有有偿性和限定性的特点。所谓有偿性是指公司只能在一个限定时间内支配这笔资金，到期不仅要如数偿还，而且不论公司经营状况如何，都必须按事先规定的利息率支付利息。限定性是指贷款只能用于特定的用途，公司不能任意支配挪用。如果债权人发现公司有不按规定用途使用这笔资金的情况，有权收回贷款。各国公司法都规定，公司利润要首先偿还贷款，公司利润只有在偿还应付贷款后才能用于偿还公司债务、发放股息和红利等。公司如到期不能偿还贷款，债权人有权按合同规定的要求对公司资产进行清理变现或展期。

为了维护自身的权益，债权人通常会密切关注、积极监督公司的生产经营活动，发现问题及时通知公司采取对策。为了保护债权人的利益，不少国家的法律均规定公司的债权人有权进入董事会，在债券存续期间有权在董事会中占据一定的席位,以全面、实时地了解、参与公司的所有重大决策,从而形成从外部对公司进行监督和控制的机制。

但从中国的现实情况来看,债权人治理机制还没有发挥其应有的作用,债权人的利益也就得不到合理的保护。在众多破产公司中,一般债权人分不到钱,蒙受损失最大的往往是国有银行和公司等。尽管契约、法律以及非正式方式可以在事先被债权人用来明确和保护其权利,但资金一旦放贷出去,使用权就掌握在债务人手中。由于借贷双方之间存在信息不对称,以及股东和债权人之间存在利益冲突,契约中规定的条款不一定完全得到执行,甚至被债务人有意违反。在此情况下,债权人权利的行使就是事后的,面临的损失或被动局面已成既定事实。为了避免这种状况的出现,债权人就应该在事前采取积极的防范措施,事中实施严格的监督,而不是事后被动地利用契约或法律赋予的权利。

2. 员工的监督

公司员工作为公司人力资产的所有者,地位和作用越来越重要。首先,现代公司之间的竞争最终都归结为人力资源的竞争,拥有知识、经验和技能的员工是公司在竞争中制胜的决定性因素。其次,员工的知识和技能只是一种潜在的生产力,要将这种潜力发挥出来,必须给予一定的诱导和刺激,创造适宜的环境和条件。再次,公司员工作为一种人力资产,具有一定的专用性,这种专用性将员工个人的命运与公司的命运紧密联系起来,他们与公司共荣辱,同患难,具有强烈的责任感和参与意识;只有利用好这种热情,才能使公司充满活力。最后,随着科学技术的进步和知识经济的发展,将会涌现出越来越多的知识型公司,在这些公司中,员工不仅成为人力资产的所有者,而且成为物质资产的所有者,即公司的所有者。员工作为公司重要的资源和人力资产的所有者,具体地说,应有以下权利:

(1)剩余索取权。公司员工在按劳动合同和其他规定得到工薪报酬的同时,有权以奖金或其他形式参与公司税后利润的分配。

(2)剩余控制权。公司决策对公司员工的切身利益有重大影响,因此员工应享有一部分剩余控制权,一旦某些决策损害其自身利益,便于他们及时采取对策。

(3)监督权。公司员工作为内部所有者(人力资产所有者),了解公司真实情况,掌握真实信息,能有效行使监督职能。

(4)管理权。从人力资产所有者的意义上说,员工是公司的主人之一,因此应享有一定的管理权,如提供合理化建议,自主管理,共同决策等。

3. 客户的监督

客户是公司产品或服务的消费者,公司价值和利润能否实现,在很大程度上取决于客户的选择。另一方面,客户选择公司的产品或服务,同时也就获得了一组权利。根据各国消费者权益保护法,这些权利包括:

(1)安全权。消费者在购买、使用商品和接受服务时享有人身、财产安全不受损害的权利,消费者有权要求经营者提供的商品或服务符合保障人身、财产安全的要求。安全权是消费者应享有的最重要的权利,在许多国家的立法中得到体现。

(2)知情权。消费者的消费需求是千差万别的,可满足某需求的商品或服务也是多种多样的,消费者往往是根据自己的需要、偏好、消费知识等,做出对自己最有利的选择。消费者要做出最有利于自己的选择,必须对有关商品或服务的真实情况有所了解,为此需要享有知情权。法律从保护消费者的一般利益出发,规定消费者有权根据商品或者服务的不同情况,要求经营者提供商品的价格、产地、生产者、用途、性能、规格、等级、主要成分、生产日期、有效日期、检验合格证明、使用方法说明书、售后服务等有关情况,或者要求经营者提供服务的内容、规格、费用等情况。

(3)自主选择权。消费者享有自主选择商品或服务的权利,也就是说,可以根据自己的需要和意愿选择商品或服务。具体包括以下几个方面:

①消费者有权自主选择商品或者服务的经营者。

②消费者有权自主选择商品品种或者服务方式。

③消费者有权自主决定购买或者不购买任何一种商品,接受或者不接受任何一项服务。

④消费者在自主选择商品时,有权进行比较、鉴别和挑选。

(4)求偿权。消费者因购买、使用商品或者接受服务受到人身、财产损害的,享有依法获得赔偿的权利等。

从另一方面看,如果公司产品和服务令消费者满意,通常消费者会形成一种对公司产品的较强的偏好,形成客户忠诚度。要改变或取消这种偏好往往会给消费者带来负效用。为了切实保护消费者的权利和利益不受侵害,消费者应拥有对公司的监督权。

4.供应商的监督

供应商是公司生产经营所需劳动资料和劳动对象即生产资料的供给者,这些生产资料包括:机器设备和工具;厂房、仓库、道路等基础设施;原材料、燃料、动力等。供应商是引致投资者,即他们的投资是由公司的产量或规模决定的,因而与公司经营状况关系密切。供应商与公司利益相关的程度,取决于以下三个维度:第一是交易规模,包括交易额度和交易频率;第二合同期限;第三资产专用性程度。

一般说来,交易规模越大,交易合同期限越长,供应商资产专用性程度越高,供应商的需求就越是与公司经营状况相关。公司运营良好,产量增加,规模扩大,对供应商产品的需求就会增加,供应商才会有长远利润。反之,公司减产、停产或破产,对供应商会产生连锁反应,直接损害其经济利益,如生产线闲置、人员过剩、产品积压、货款收不回来,等等。特别是对那些做了专用性投资的,与公司签订了长期合同的大宗供应商来说尤其如此。因此,供应商为维护自己的利益,应当享有对公司营运的监督权。

5. 社区居民的监督

公司的经营不仅直接影响到所有者、交易者的利益,而且对公司所在社区的居民亦有重大影响。首先,公司为当地居民提供就业机会,增加居民收入。公司经营得好,当地就可以有较多的就业岗位,居民收入会增加,福利会提高;公司经营不好,当地居民的生活水平就会下降。其次,公司的生产经营直接影响当地的环境,对居民的身心健康产生影响。如有的公司单纯追求盈利,忽视环境保护,大量排放废水、废气、废物,产生各种噪音;有的公司管理不严,跑、冒、滴、漏各种有害物质,对当地居民的生活构成威胁。再次,公司的扩张亦会给社区居民带来影响。譬如公司扩建可能要动迁居民,上新项目或许会带来污染,大量招雇外地工人会加剧当地公共交通、教育、住房、用水、用电、饮食等方面的矛盾,给居民生活带来不便,等等。

所以,社区居民为维护自身利益,应享有监督公司活动的权利。

6. 政府的监督

严格说来,政府与其他利益相关者的地位不可同日而语。从经济方面看,政府的主要职能是:运用经济、法律等政策和手段调控国民经济运行,维护正常的交易秩序,建立公平竞争的市场机制,打击市场中过度垄断或破坏法律的市场竞争主体。同时,政府还要站在公正的立场上,调解不同所有者、经营者、管理者、劳动者之间以及相互之间的矛盾和冲突。此外,政府应制定法律和建立相应的执法机构,对公司的经营活动实行管制。政府同样是公司的利益相关者,除了上述原因之外,还与政府的特殊性有关:

首先,政府的目标之一是促进就业,而公司是吸纳就业人员的主要部门,公司景气与否直接关系到"产业后备军"的多寡,从而关系到社会和政局的稳定。第二,维持政府这架机器运转的主要"燃料和动力"是税收,而来自公司的各项税是政府税收收入的主要来源之一,公司经营不善或偷税漏税都会减少政府的收入流,从而使政府的运转失灵。第三,政府庞大的购买清单和公共工程开支计划也需要公司来满足或实现,如何保证质量并按期交货是政府所关心的。如果公司出现经营亏损,势必影响政府的"政绩"。

基于以上考虑,政府应有权对公司实施监督。政府监督主要是通过经济管制实施的,包括制定反垄断法和反不正当竞争法,制定公共事业管制法、颁发许可证、价格管制等,制定社会经济管制法律等。

在国有股占有绝对或相对控股的公司,政府具有特殊的双重职能。它一方面代表股东在公司治理中发挥内部治理的作用,同时又作为资本市场或者证券市场的监督者,通过信息披露等法规的制定来担任外部治理的角色。

7. 机构投资者的监督

机构投资者可以定义为一种特殊的金融机构,集中了众多自然人的资本,为了特定目标,在可接受的风险范围和规定时间内,追求投资收益的最大化。

随着机构投资者实力的壮大和股权集中度的提高,机构投资者逐渐认识到"用脚投票"是一种低效率的方式,相反,积极参与到公司治理中将为其带来高额的回报。机构投资者积极参与公司治理,带来了所投资股票市场价值的持续增长,所获回报大大超过了其投入。

机构投资者具有的优势决定了其在公司治理中能发挥积极作用。首先是信息优势,机构投资者是一个专家化的主体,代表自然人投资者行使资本经营权或所有权,它的信息发现和挖掘能力远胜于普通投资者,其对公司价值的评估能力领先于市场。其次是规模优势,机构投资者能聚集较多的资本,它的规模优势决定了其具有较强的博弈能力,参与公司监督产生的收益大于其监督成本。第三是技术优势,成熟、理性的机构投资者坚持价值投资理念,选择价值被低估的公司进行投资,并在投资后积极参与公司治理和监督,产生明显的报酬效应。

机构投资者参与公司治理的方式有很多:

(1)遏制"掏空行为"。控股股东利用其对上市公司的控制权,促使上市公司对其进行"利益输送",逐步掏空上市公司,这势必会影响上市公司的正常经营活动,也侵害了包括机构投资者在内的中小股东的利益。机构投资者为了维护自身在上市公司的利益,会对控股股东的掏空活动进行监督。而且,机构投资者通常持有较多的股份,或者通过联合其他机构投资者等手段有能力在股东大会、董事会上发挥其监督职能,这将有利于缓解当前上市公司内部存在的因控股股东与中小股东之间利益冲突而产生的严重代理问题。

(2)监督管理者。目前,我国资本市场和经理人市场尚处于发展时期,监督体系尚有许多不完善之处,因此,外部市场对公司管理人员的监督十分有限。另一方面,国家仍是我国上市公司的最大股东,由于作为国家的大股东对上市公司经理人员的监督链条过长,因此对公司的监督十分有限。在这种情况下,机构股东通过与公司管理层私下沟通、公开发表反对意见等方式监控管理层的行为,成为国家大股东和外部市场监督公司的一种有效替代机制,从而减少了公司对外部资本市场监督的依赖性,从而提高公司对管理者的监督效率。

(3)管理者激励。代理理论认为股东可以通过设计合适的薪酬政策来给管理层以激励,从而使其能够选择并从事有利于股东财富提高的行为。一方面,机构投资者可以通过私下协议的方式直接要求公司修改管理层薪酬计划,另一方面,即使当机构投资者选择出售股票而不是直接通过参与治理改变公司时,他们也会对公司治理产生间接影响:股价下跌的压力对其他投资者的信号作用以及股东组成的变化。这种间接影响的存在也引申出机构投资者与管理层报酬之间关系的"顾客效应"假说,即机构投资者可以通过他们的偏好和交易间接地影响公司。

(4)重大事项决策。在购进公司股票以后,机构投资者可以以公司股东的身份参加股东大会,向上市公司提出问题,对上市公司的运作发表评论,并向股东大会提出建议报告。较大的持股比例使机构投资者在股东会上拥有较多的表决权,其推选的董事和监事人选在股东大会获得表决通过的概率较高。通过股东大会推举董事会成员,机构投资者可以直接参与公司在人事、财务以及发展战略等方面的重大决策。

但是,现实中部分机构投资者的投机行为使得他们并不能发挥其在公司治理中的作用。为了更好地发挥机构投资者对管理者的监督和激励作用,缓解控股股东与中小投资者之间的利益冲突,完善公司治理结构、改进公司治理水平,需要监管当局制定相关的政策,并予以积极的引导。

10.2.4 信息披露制度

1. 信息披露制度及其内容

信息披露制度,也称公开披露制度,是上市公司为保障投资者利益、接受社会公众的监督而依照法律规定必须将其自身的财务变化、经营状况等信息和资料向证券管理部门和证券交易所报告,并向社会公开或公告,以便使投资者充分了解情况的制度。它既包括发行前的披露,也包括上市后的持续信息公开。

在理论上,信息披露分为强制性信息披露和自愿性信息披露。一般来说,强制性信息披露主要集中在对公司概况及主营业务、基本财务信息、重大关联交易、审计意见、股东及董事人员信息等方面。自愿性信息披露主要集中在将管理者对公司长期战略及竞争优势的评价、环境保护和社区责任、公司实际运作信息、前瞻性预测信息、公司治理效果等。公司公开披露的信息包括但不限于:

(1)招股说明书,募集说明书;

(2)上市公告书;

(3)定期报告，包括年度报告、中期报告和季度报告；

(4)临时报告，包括董事会、监事会、股东大会决议公告，收购、出售资产公告，关联交易公告，对外担保公告，重大事件公告，股票异常波动公告，公司合并、分立公告等；

(5)公司治理的有关信息，主要包括董事会、监事会的人员及其构成，董事会、监事会的工作及其评价，独立董事工作情况及其评价，各专门委员会的组成及工作情况，公司治理的实际状况及与上市公司治理准则存在的差异及其原因；

(6)公司股东权益的有关信息，包括持有公司股份比例较大的股东以及一致行动时可以控制公司的股东或实际控制人的详细资料，公司股东变动情况以及其他可能引起股份变动的重要事项，公司控股股东增持、减持或质押公司股份，或公司控制权发生转移等。

2. 信息披露制度的意义

上市公司建立信息披露制度具有十分重要的意义。

(1)对投资者的意义。股东和潜在投资者需要得到足够详细的信息，以便对股票的价值、持有和表决做出有根据的决策，并使他们能对经理层的工作做出评价。健全、及时、全面的信息披露制度有利于减少投资人获取上市公司信息的成本，提高获取信息的效率。市场经济发达、资本市场活跃的国家的经验表明：强有力的信息披露制度有利于吸引更多资金，维持人们对资本市场的信心；而信息短缺或不对称则会影响市场的运作能力，导致资源配置不合理。

(2)对上市公司的意义。信息披露可以减少投资者与上市公司之间信息的非对称程度，提高股票的市场流动性，从而降低资本成本，提高公司价值。实践证明，信息披露制度的完善直接关系到公司治理的成败。一个强有力的信息披露制度是对上市公司进行监督的典型特征，是股东具有行使表决权能力的关键。上市公司作为公众公司，其股权的开放性决定了它的股东高度分散且股权的流动性强。

公司委托代理理论和信息不对称理论还说明，公司经理层只有按照信息披露制度披露公司经营全面、真实的信息，才能使股东与公司经理层之间建立良好的互信关系，切实改善公司治理，公司透明度明显提高，防止证券欺诈等不法行为的发生；也有利于上市公司在投资者的影响下不断改善自身的经营管理，促使公司的经营管理趋于国际化、规范化。

(3)对利益相关者的意义。信息披露不仅影响着投资者的价值判断，同时也影响着债权人等利益相关者。这是由于上市公司的信息披露是面向社会公众的。作为公司的债权人，对于公司是否有能力偿还债权自然尤为关注，即使在债权尚未到期的情况下,也会十分关注公司的经营信息。信息披露无疑为债权人提供了一条公开、透明的渠道,有利于债权人在必要情况下提前采取有力措施保全自己的债权。

3.我国的上市公司信息披露现状

我国证券市场目前还存在着比较突出的信息披露违规、违法行为,信息披露是我国证券市场的薄弱环节,但也是证券市场健康发展的当务之急,特别是在我国加入世贸组织的大背景下,建立适应国际一体化趋势的证券法体系是非常关键的。因此,对其缺陷的分析及完善显得尤为重要。我国上市公司信息披露存在的主要问题有:

(1)信息披露不真实、不准确或存在重大遗漏。公司管理者为了自身经营管理中的利益,蓄意歪曲或隐匿真实、准确的信息,给投资者造成错觉,具有误导性和欺诈性。

(2)信息披露不及时。《公开发行股票公司信息披露实施细则》中规定,年度报告摘要应在年度股东大会召开至少 20 个工作日前公布,但目前许多上市公司仅在股东大会召开前 1~2 天甚至会后才公布,使许多信息的披露有信息过时之感。

(3)信息披露不严肃。证券监管部门一再强调上市公司必须在其指定的报刊上按具体规定的时间发布信息,但迄今为止仍有上市公司在时间、场合、地点错位的情形下披露信息,使投资者无法全面准确地掌握信息。

(4)滥用预测性财务信息。上市公司的预测信息能力有高有低,不少公司为了筹集资本,往往夸大其词地描述公司前景,而最终受害的仍旧是广大的投资者。

(5)大户操纵市场。中国证券市场上某些参与者由于拥有雄厚的资本、丰富的专业技巧,不仅与政府、上市公司有着紧密联系,而且与证券经营机构及新闻媒体也有着特殊的利益关系,这些优势条件,使得他们能够操纵股市牟取暴利,导致我国股市长期不稳定。

【例 10-1】 中国上市公司信息披露存在的问题

(1)上市公司追求不正当利益

上市公司为了追求某些不正当利益,不惜在信息披露方面违规违法的案例在中国证券市场上并不罕见。较为典型的有:①为了获取暴利,欺诈、包装上市。如"蓝田股份"、"PT 红光"、"郑州百文"等原本不具备股票发行和上市条件的公司,通过虚假包装,都堂而皇之地挂牌上市了。②为了保住某些资格,恶意粉饰财务会计信息。例如,由于我国在上市公司的配股问题上设置了净资产收益率门槛,因此,有些不符合规定条件而又想保住配股资格的上市公司就虚构利润。

（2）内幕交易者牟取非法利益

一直以来，不成熟的中国证券市场显得投机性过强，过强的投机性又成了滋生庄家行为的土壤。由于庄家坐庄和出局的重要手法是炮制题材和适时地披露题材。因此，如果没有上市公司有效和密切的配合，庄家运作会寸步难行。就此而言，庄家行为和内幕交易者具有天然的内在联系，有时甚至是同一的。

（3）大股东侵占上市公司利益

我国上市公司股权结构的一个明显特征是国家股比重大，流通股比重小。"一股独大"使得我国上市公司治理结构极不完善。尽管《上市公司治理准则》明确规定"控股股东与上市公司应实行人员、资产、财务分开，机构、业务独立，各自独立核算、独立承担责任和风险"，但在实践中，却普遍存在上市公司与大股东"五分开"分不开，大股东利用种种手段侵占上市公司利益的现象。

（4）规则制度不完善、监管处罚欠力度

客观地讲，到目前为止，我国尚未建立起一套公开透明、纲目兼备、层次清晰、易于操作、公平执行的信息披露规范体系，例如，会计准则、审计准则尚待完善。又如，86.4%的会计师事务所实行公司制也有问题。在美国，会计师事务所不得实行有限责任制，只能是合伙制；在中国香港，会计师事务所实行有限责任合伙制，必须有一个人承担无限连带责任。

4. 解决我国上市公司信息披露问题的对策

（1）完善公司内部结构，加强公司内部控制。从公司治理的角度来说，建立合理的股权结构，大力促进上市公司的产权改革，建立健全股东的产权监督机制，协调董事会和监事会的职能，建立起适用于所有董事的受托责任概念，建立有效的激励约束机制，确保经营者行为的长期规范化。突出管理层对会计信息披露的责任，加大对财务总监的会计诚信建设情况的考核力度，加强监事会的监督。

（2）加强外部审计。加强外部审计，推进会计师事务所的体制改革，发挥公司外部监管制度的作用。加强对上市公司的外部监管力度最有效的方法之一就是加强外部审计的作用。一方面查错纠弊是注册会计师的审计目标；另一方面加强外部审计要保持其独立性。

（3）加大执法力度。严格执法，保证相关法规的真正贯彻。一方面要建立健全相关的法规。目前，我国政府有关部门先后制定并发布了数十项相关的法规和制度，如《上市公司财务报表披露细则》、《公司法》、《会计法》、《公开发行股票公司信息披露实施细则》等，法规和制度正在日臻完善。另一方面，要加大相关法规、制度执行情况的检查力度。针对造假违规成本低，对那些敢于铤而走险的单位和个人，加大处罚力度。严厉的制裁手段，有利于司法人员对违法造假案件的裁决和执法,并使造假者名声扫地甚至破产,得到法律的严惩,以警示后来者不敢重蹈覆辙。

总之,规范上市公司的信息披露是一项艰巨而复杂的工作,信息披露质量的真正提高需要各方面的共同努力,既有内部的也有外部的。提高上市公司质量和业绩水平是证券市场长期、平稳、健康发展的根本任务。通过各方的努力其问题必然会得到解决,上市公司信息披露一定会向着更加规范的方向发展,证券市场各方的利益也将会得到更好的维护。

【例 10-2】 中国石化的所有权及公司治理

所有权:中国石化集团及其他国有股东处于绝对控股地位,呈现典型的"一股独大"特征。至于中石化集团则是由国有资产监督管理委员会代表国家对其进行监督管理。

内部治理结构:从股权结构、公司治理的机构设置及激励机制三个方面来研究中国石化的内部公司治理:

中国石化的股权结构。该集团的股权结构呈以下特点:一是中国石油化工集团绝对控股。中国石化在重组改制上市过程中,既坚持石油石化基础产业以公有制为主体,又努力构建多元制衡的股权结构,但中国石油化工集团控股地位并未改变,并逐步得到强化。2001、2002、2003 年末,中国石油化工集团对中国石化控股比例均为 55.06%。2004 年,中国石油化工集团受让国家开发银行、中国信达资产管理公司部分股份。转让完成后,中国石油化工集团合计持有中国石化 588 亿股,持股比例为 67.917%。至 2005 年末,中国石油化工集团持股比例达 71.23%。中国石化集团对中国石化的控制权得到进一步加强,国家控股也保证了中国石油战略计划的一致性。二是股权结构逐步多元化。从2001 年以来中国石化股权结构的演变来看,除了中国石油化工集团保持较强的控股地位外,2005 年末,国家开发银行和国有资产管理公司持股占 6.19%,外资股占 19.35%,国内公众股占 3.23%,多元制衡的股权结构有利于该集团实现成功的公司治理。

中国石化的组织结构。遵循《公司法》和证交所上市规则,中国石化成立了股东大会、董事会和监事会,引进了独立董事制度。股东大会在公司治理中的重要作用表现在其对董事会的制衡和授权上,中国石化股东大会将其决定投资计划、资产处置、对外担保的权力明确并有限的授予董事会;中国石化董事会由13 名成员组成,包括 4 名独立董事。公司董事由全体董事会成员过半数投票选举产生和罢免。董事会下设战略委员会、审计委员会、薪酬与考核委员会。中国石化的许多董事既是董事会成员,又是高层管理成员,董事长由国家委任。从资本市场的表现来看,中国石化的董事会发挥的作用基本上得到了投资者的认可。中国石化监事会由 12 名监事组成,包括 8 名股东代表和 4 名职工代表监事。监事会对股东大会负责,对公司财务以及公司董事、高管履行职责的合法性进行监督、维护公司及股东的合法权益。中国石化的 12 名监事中有 10 名在公司领薪,监事会成员全部是具有丰富的工作经验或行业内资深专家,专业性较强。

中国石化的激励制度。中国石化遵循"永不满足、各得其所"的理念,建立了公司的激励机制。该公司在严格定编定员的基础上,对干部实行竞聘上岗,对工人通过技能鉴定和考核择优上岗,在搞好再就业培训的同时,减员分流人员直接进入社会失业保险,使员工树立竞争意识、忧患意识、进取创新意识。在分配制度上,积极引入劳动力市场价格,调整职工收入关系,拉开岗位分配差距,实行高级管理人员特别薪酬计划,使员工收入和公司业绩紧密挂钩。中国石化于 2000 年底建立长期激励机制,实行股票增值权计划,使用每股净资产的增加值来激励高管人员,由董事滚动授予,定时行权。规定自授予之日起的第三年、第四年和第五年,行权的比例累计分别不得超过授予该被授予人的总股票增值权的 30%、70% 和 100%。中国石化通过实施上述激励政策,在一定程度上调动了各级员工的积极性。

外部治理结构:中国石化的外部治理主要来自于中国政府、员工、健康、安全环保体系。中国石化作为国有控股公司,应承担更多的社会责任,对中国政府负责。它对 47 个贫困县开展对口扶贫活动,累计投入 7.5 亿元资金建设基础设施,新建 246 所学校。员工是中国石化地位较为重要的利益相关者,该公司本着对员工负责的原则保护员工的基本权益,但其也面临大量裁员的压力。中国石化是中国环保工作做得最好的公司之一,健康、安全、环境管理体系较为完善,但其也面临较高的成本压力。

【例 10-3】 中国航油(新加坡)股份有限公司巨亏案

中国航油料集团公司是以原中国航空油料总公司及所属部分企事业单位为基础组建的国有大型航空运输服务保障公司,由国务院国有资产监督管理委员会直接管理的中央公司,集团公司现有包括中国航空油料总公司、中国航油集团陆地石油公司、海天航运有限公司在内的全资、控股子公司 11 个,参股公司 6 个,并在美国设有驻外办事处 14 个。其海外子公司中国航油(新加坡)股份有限公司(简称"中航油")是以经济持续、高速增长的中国为依托的石油类跨国公司。

经国家有关部门批准,新加坡公司在取得中国航油集团公司授权后,自 2003 年开始做油品套期保值业务,并扩大公司业务范围,开始从事石油衍生品期权交易。

2004 年 10 月 10 日,国际原油价格达到当时的历史最高位,中国航油面临高达 1.8 亿美元的账面亏损。

10 月 20 日,中航油集团为筹集资金支付补仓资金,透过德意志银行新加坡分行配售 15%的中航油股份,令集团持股比例由 75%减至 60%,集资 1.08 亿美元贷款给中航油新加坡公司。

11 月 29 日,陈久霖被迫向新加坡法院申请破产保护,并指出中航油集团已承诺继续为中航油新加坡公司还欠款,并正与新加坡政府拥有的淡马锡集团联合注资 1 亿美元协助公司重组事宜进行协商。

11 月 30 日,中航油终止所有原油期货交易。至此,累计亏损 5.54 亿美元。

12 月 13 日,中航油宣布成立一家全资子公司——中国航油贸易有限公司,开始航空油料现货贸易业务。

2005 年 1 月 24 日,中航油向新加坡高等法院递交了宣誓书和重组方案,中航油表示将先期偿付债权人 1 亿美元现金,其中 7000 万美元来自新注入资金,3000 万美元则来自该公司现有资产。同时,将债权人总额为 1.2 亿美元的债务重组为延期 8 年逐年偿还的债务。母公司将不参与先期现金偿还及延期债务的偿还,而是将股东贷款转换成中航油股权,其转换价格由母公司、新投资者及中航油协商决定。

2 月 4 日继中国航油债权人之一、日本三井住友(Sumitomo Mitsui)银行起诉中国航油后,伦敦标旗银行等债权人公开表态拒绝接受中航油债务重组计划。

5 月中旬,中航油债务重组计划获批,韩鲜京能源同时撤诉。该方案将偿还债务人款项的比例由之前的 41.5%提高到 54%,同时也将分 8 年偿还债务的期限缩短到 5 年。

2006 年 3 月 3 日,中航油新重组方案高票通过,此次提交特别股东大会投票表决的重组方案包括债务重组计划,还包括 5 股并 1 股的股份合并、定向发行新股和债转股等。中国航油集团将联合 BP 和淡马锡向中航油注资 1.3 亿美元,其中,中国航油集团将投资 7577 万美元购买 2.489 亿股新股(约占重组后总股本的 34.44%),BP 投资亚洲私人有限公司将投资 4400 万美元购买 1.446 亿股新股(约占重组后总股本的 20%),Aranda 投资私人有限公司(淡马锡控股私人有限公司的非直接子公司)将投资 1023 万美元购买 3360 万股新股(约占重组后 4.65%的股份),部分 B 类债权人出资 2200 万美元认购 7228 万股新股(约占重组后总股本的 10%),小股东股权将占 14.47%。

本章小结

公司内部治理结构是指所有者对经营者的一种监督与制衡机制，即通过一种制度安排，来合理地配置所有者与经营者之间的权利与责任关系。公司治理的目标是保证股东利益的最大化，防止经营者对所有者利益的背离。其主要特点是通过股东大会、董事会、监事会及管理层所构成的公司治理结构的内部治理。

公司内部治理的四个主要方面包括如何建立健全公司的内部控制制度、如何形成公司的组织治理结构、如何形成公司的决策治理结构、如何形成有行为能力的股东大会。

股东是指向公司出资并对公司享有权利和承担义务的人。股东具有股东权利，具体包括股东身份权、参与决策权、选择及监督管理者权、资产收益权、知情权、转让出资或股份的权利、召集股东大会临时会议权、优先受让和认购新股权等。对股东权本质的认识有争议，本书倾向于认为股东权是一种所有权。

董事会是依照有关法律、行政法规和政策规定，按公司或公司章程设立并由全体董事组成的业务执行机关。董事会受聘于股东大会并对其负责，其权利主要为"监控权"。

高层管理人员是指对整个组织的管理负有全面责任的人，主要负责制订组织的总目标、总战略，掌握组织的大致方针，主持公司的主要生产经营管理工作，并对整个组织的绩效负责。对高层管理人员的绩效考评主要包括财务绩效、业务流程管理绩效、客户绩效、学习和成长绩效几个方面。

公司外部治理指的是外部力量对公司行为的治理机制。公司所处的市场环境、宏观环境都可以构成对公司的治理。内外部治理机制有明显不同，但具有替代互补的关系，二者需要协调统一。

市场机制在公司外部治理中的作用，主要体现为产品和生产要素市场、经理人市场、资本市场的影响和制约。

除股东外，来自于其他利益相关者的监督与制衡对公司经营也产生很大的影响。这些利益相关者主要包括债权人、员工、客户、供应商、社区居民、政府、机构投资者等。

信息披露制度，是上市公司为保障投资者利益、接受社会公众的监督而依照法律规定必须将其自身的财务变化、经营状况等信息和资料向证券管理部门和证券交易所报告，并向社会公开或公告，以便使投资者充分了解情况的制度。

从投资者、上市公司、利益相关人的角度看,建立完善的信息披露制度有十分重要的意义。中国上市公司信息披露存在披露不真实、不及时,滥用预测性财务信息,大户操纵市场等诸多问题,需要加强监管,不断完善。

关键概念

公司内部治理、股东、董事会、高层管理人员、公司外部治理、信息披露制度、转型经济体的公司治理、国际环境下的公司治理

复习思考题

1. 如何理解公司治理的概念?
2. 在公司治理结构中,股东应该具有哪些权利?
3. 在公司治理结构中,监事会如何发挥作用?
4. 试述董事的含义及其具有的权利和义务。
5. 公司外部治理机制包含哪些方面?
6. 试述外部治理机制与内部治理结构之间的关系。
7. 信息披露具有什么作用? 中国的资本市场如何建立完善的信息披露制度?
8. 利益相关者的监督包括哪些内容?
9. 利益相关者监督与公司治理之间具有什么联系与区别?

参考文献

[1] 斯蒂芬 A. 罗斯,伦道夫 W. 韦斯特菲尔德,杰弗里 F. 杰富. 公司理财. 6 版. 吴世农,沈艺峰,等,译. 北京:机械工业出版社,2005

[2] 张晋生. 公司金融. 北京:清华大学出版社,2010

[3] 小唐纳德 H. 丘. 新公司金融:理论与实践. 北京:中信出版社,2007

[4] 让·梯诺尔. 公司金融理论. 北京:中国人民大学出版社,2008

[5] 若昂·阿马罗·德·马托斯. 公司金融理论. 费方域,译. 上海:上海财经大学出版社,2009

[6] 博迪,凯恩,马科斯. 投资学精要. 4 版. 马勇,胡波,译. 北京:中国人民大学出版社,2007

[7] 李增泉,孙锋,王志伟."掏空"与所有权安排来自我国上市公司大股东资金占用的经验证据. 会计研究,2004(12):3-13

[8] 刘志彪,姜付秀,卢二坡. 资本结构与产品市场竞争强度. 经济研究,2003(7):60-67

[9] 吕长江,韩慧博. 上市公司资本结构特点的实证分析. 南开管理评论,2001(5):26-29

[10] 张春. 公司金融学. 北京:中国人民大学出版社,2009

[11] 范霍恩,瓦霍维奇. 现代企业财务管理. 11 版. 北京:经济科学出版社,2002

[12] 爱默瑞,芬尼特. 公司财务管理. 北京:中国人民大学出版社,1999

[13] 夏皮. 现代公司财务金融. 北京:金融出版社,1992

[14] 布雷利,迈尔斯. 公司财务原理. 北京:机械工业出版社,2002

[15] 肖作平. 资本结构影响因素和双向效应动态模型. 会计研究,2004(2):36-41